Mitternacht/Ruesch
Mehr Gewinn durch systematische Vermögensplanung

des gesamt bevölker ATTILA MAUTES

- 5 J. Aktionäre in BRD
21 " der gesamt bevölkerung USA u GB, S. 42
- 117 Jahren Aktien VS Renten } Cowen 43
Aktien 12 J VS Renten 5 %
- RANDOM WALK-THEORIE = "PRINZIP ZUFALL" P. 51

↓

NICHT PROGNOSTIZIERBAR

Edgar Mitternacht
Arno Ruesch

Mehr Gewinn durch systematische Vermögensplanung

Strategien zum Vermögensaufbau

GABLER

Die Deutsche Bibliothek – CIP-Einheitsaufnahme

Mitternacht, Edgar:
Mehr Gewinn durch systematische Vermögensplanung :
Strategien zum Vermögensaufbau / Edgar Mitternacht ;
Arno Ruesch. – Wiesbaden : Gabler, 1995
ISBN 3-409-14064-6
NE: Ruesch, Arno:

Der Gabler Verlag ist ein Unternehmen der Bertelsmann Fachinformation.

Lektorat: Silke Strauß

Satz: Satzstudio RESchulz, Dreieich-Buchschlag
Druck und Bindung: Wilhelm & Adam, Heusenstamm
Printed in Germany
ISBN 3-409-14064-6

Vorwort

Mit deutschen Aktien konnte man 1993 über 40 Prozent verdienen. Wer den richtigen Riecher hatte und sein Geld an exotischeren Märkten wie Hongkong oder Kuala Lumpur anlegte, konnte sein Vermögen binnen Jahresfrist gar verdoppeln. Mit diesem Buch wollen wir Ihnen jedoch keine Anleitung geben, wie man in möglichst kurzer Zeit reich wird. Denn auch wir wissen aus eigener Erfahrung nur allzu gut, daß ein gehöriges Maß an Risikobereitschaft dazugehört, will man überdurchschnittliche Renditen bei der Verwaltung des eigenen Vermögens erzielen. Wer spektakuläre Anlageerfolge erzielen will, muß auch bereit sein, zumindest vorübergehend mehr oder minder große Kursverluste hinzunehmen – eine Erfahrung, die viele Anleger 1994 machen mußten.

Mit diesem Buch wollen wir vielmehr denjenigen einen Ratgeber an die Hand geben, die ihren Vermögensaufbau langfristig planen und dabei zwar ordentlich Geld verdienen wollen, aber nicht um jeden Preis. Wer nachts gut schlafen will, ist sicherlich gut beraten, nicht alles auf eine Karte zu setzen. Dies schließt zwar die Aktienanlage und auch die Anlage in exotischen Ländern, den sogenannten Emerging Markets, nicht aus. Wir sind jedoch der Meinung, daß für eine erfolgreiche und risikobewußte Geldanlage gewisse „Spielregeln" eingehalten werden müssen.

Insbesondere die gerade in jüngster Zeit in Deutschland immer populäreren Erkenntnisse der Modernen Portfoliotheorie, die ihren geistigen Vätern, den drei amerikanischen Professoren Markowitz, Sharpe und Miller vor einigen Jahren den Nobelpreis für Finanzwissenschaften eingetragen haben, bieten die nützliche Grundlage für einen verantwortungsbewußten und strategischen Vermögensaufbau. Gerade diejenigen Anleger, die Risiken bei der Geldanlage einerseits möglichst gering halten, auf der anderen Seite die sich bietenden Chancen an den internationalen Finanzmärkten nutzen möchten, sehen in diesen wissenschaftlichen Erkenntnissen eine ideale Grundlage für ihr eigenes Denken und Handeln.

Das Gedankengut der Modernen Portfoliotheorie und das, was man als Anleger daraus lernen kann, stellen deshalb auch die Grundlagen dieses Buches dar. Aber keine Angst, wir möchten Sie nicht mit lebloser Wissenschaft und grauer Theorie überhäufen, dazu sind die beiden Autoren zu sehr Praktiker. Vielmehr haben wir versucht, diese Wissenschaft möglichst verständlich darzustellen und anhand von praktischen Beispielen zu erläutern. Gerade die praktische Anwendung dieser Erkenntnisse spielt für uns eine große Rolle. Aus diesem Grund haben wir auch den Profis bei ihrer Arbeit einmal über die Schulter geschaut.

Für eine sinnvolle Streuung der verfügbaren Geldmittel auf Aktien, Renten und Geldmarktanlagen im Rahmen einer internationalen Anlagestrategie sind in der Regel größere Geldbeträge erforderlich. Da nicht jedermann in der glücklichen Lage ist, ein umfangreiches Vermögen sein eigen nennen zu können, stellen Investmentfonds vielfach die einzige brauchbare Möglichkeit dar, eine optimierte Anlagestrategie zu realisieren. Wir haben deshalb den Anlagemöglichkeiten mittels Investmentfonds besondere Aufmerksamkeit geschenkt. Aber auch den Fragen, welchen Sinn Anlagen in Futures-Fonds, Nebenwerte-Fonds und Emerging-Market-Fonds machen und worauf dabei zu achten ist, sind wir nachgegangen.

Im Juni 1995

Edgar Mitternacht
Arno Ruesch

Inhaltsverzeichnis

1. Einführung

Was heißt „Portfoliomanagement"?

Portfoliomanagement ist einer jener englischen Ausdrücke, für die kein gleichwertiger Ersatz in der deutschen Sprache besteht. Bezeichnungen wie „Vermögensverwaltung" oder „Depotbetreuung" bringen die wichtige aktive Komponente des Portfoliomanagements zu wenig zur Geltung. Portfoliomanagement umfaßt auch die laufende Überwachung und Anpassung der Anlagen an die Bedürfnisse und Wünsche des Kunden (Kundenprofil) einerseits und an eine gezielte Anlagestrategie andererseits.

Wesentliche Kriterien für die Erstellung eines Kundenprofils sind die aktuelle finanzielle Situation des Anlegers (Gesamtvermögen, Einkommen, Steuerbelastung), seine künftigen finanziellen Bedürfnisse und daraus abgeleitet seine Risikofähigkeit sowie aufgrund der individuellen Einstellung seine Risikobereitschaft. Anhand dieser Angaben kann grundsätzlich eine Grobunterteilung in einkommens- und kapitalgewinnorientierte Anlegertypen vorgenommen werden. Entsprechend kann das Anlageziel bestimmt werden, nämlich auf Ertrag, auf Kapitalgewinn oder auf Ertrag und Kapitalgewinn gleichermaßen ausgerichtet.

Bei der Entwicklung einer Anlagestrategie geht es darum, aus den verschiedenen verfügbaren Anlagemöglichkeiten ein optimales Portfolio zusammenzustellen, und zwar hinsichtlich Potential der Rendite und der Begrenzung des Risikos. Die einzelnen Anlagekategorien (Aktien, Renten, Edelmetalle, Liquidität) und Anlagewährungen gilt es, günstig zu gewichten. Entsprechend den sich ändernden Rahmenbedingungen und Erwartungen (Politik, Wirtschaft, Kapitalmarkt, Börse, Währungen) sind regelmäßige Anpassungen der Anlagestrategie notwendig. Auf Wertpapierebene muß aufgrund von Branchen-, Gesellschafts-, Zins- und Kursentwicklungen oft täglich disponiert werden, was einen sehr großen Researchaufwand und eine hohe Kompetenz des Verantwortlichen verlangt.

Banken und spezialisierte Vermögensverwaltungsfirmen verfügen über besonders ausgebildete Fachleute für das Portfoliomanagement. Sie nehmen sogenannte Vermögensverwaltungsaufträge entgegen und tätigen selbständig im Interesse des Kunden die notwendigen Anlagedispositionen. Für diese Dienstleistung und die regelmäßige Berichterstattung wird in der Regel eine Verwaltungsgebühr belastet.

In diesem Buch geht es darum zu zeigen, wie diese Profis arbeiten und vielleicht dem einzelnen Anleger das eine oder andere Handwerkszeug mitzugeben, damit er künftig selbständiger sein eigenes Vermögen optimal verwalten kann.

Portfoliomanagement in der Lebensfinanzplanung

Der Bau eines Hauses und die Vermögensverwaltung weisen einiges an Gemeinsamkeiten auf. Der Bauherr hat beispielsweise seine Vorstellungen über das Aussehen, die Größe oder die Raumeinteilung seines Traumhauses. Der Anleger will mit seinem Vermögen eines oder mehrere Ziele erreichen. Solche Ziele können etwa die materielle Absicherung oder die Altersvorsorge sein oder auch sehr konkret die Finanzierung eines bestimmten Objektes. Der Architekt entwirft die Pläne, die in Diskussion mit dem Bauherrn laufend angepaßt werden, bis das geplante Haus mit den Vorstellungen des Bauherrn und den gegebenen Möglichkeiten übereinstimmt.

Der Vermögensverwalter seinerseits empfiehlt eine geeignete Anlagestrategie und die passenden Anlageinstrumente und zeigt die verschiedenen Möglichkeiten sowie die damit verbundenen Konsequenzen auf. Der Architekt überwacht die Realisierung im Auftrag des Bauherrn, fällt aber auch im Sinne des Bauherrn eigene Entscheidungen. Der Vermögensverwalter legt das Vermögen im Rahmen der gemeinsam festgelegten Anlagepolitik an und ist für die laufende Überwachung und Berichterstattung verantwortlich.

In beiden Situationen setzt eine erfolgreiche Zusammenarbeit Vertrauen und Fachwissen voraus. Das Vertrauen des Bauherrn in den Architekten oder des Anlegers in den Vermögensverwalter ist notwendig, weil das Resultat erst am Ende sichtbar und beurteilbar ist. Vom Fachwissen des Architekten oder des Vermögensverwalters hängt wesentlich die Qualität ab, die unter Umständen erst nach mehreren Jahren zum Tragen kommt. Während das Vertrauen im Rahmen einer langjährigen Beziehung wächst, muß das Fachwissen laufend aktualisiert werden. In den folgenden Kapiteln soll deshalb versucht werden, Konzepte einer modernen und ganzheitlichen Vermögensplanung vorzustellen. Oft ist dies mit einem Blick „hinter die Kulissen" verbunden. Die dazu notwendigen Kenntnisse werden in den ersten beiden Kapiteln dieses Buches vermittelt.

Die verschiedenen Anlageziele – zum Beispiel, „Millionär zu werden“

Die Anforderungen, die eine Geldanlage erfüllen muß, um „optimal“ zu sein, sind immer die selben. Die Anlage soll

- einen möglichst hohen Ertrag abwerfen, zumindest aber einen angemessenen Wertzuwachs erwarten lassen (höchstmögliche Rendite)
- eine größtmögliche Sicherheit bieten (geringes Risiko), und sie soll darüber hinaus
- jederzeit wieder zu Bargeld gemacht werden können (ständige Liquidität)

Diese drei Bedingungen allesamt zu jeder Zeit zufriedenstellend zu erfüllen, kommt der Quadratur des Kreises nahe. Es geht also nicht. Der Geldanleger muß sich auf Kompromisse einlassen, denn es gibt keine Anlageform, die alle genannten Eigenschaften in idealer Weise in sich vereinigt. Gäbe es sie, hätte nur sie allein eine Existenzberechtigung – alle anderen dagegen nicht, weil sie nicht mehr konkurrenzfähig wären.

Wer mit seinem Geld einen möglichst hohen Gewinn erzielen möchte und sich dabei z. B. auf ein Options- oder Termingeschäft einläßt – es handelt sich dabei im Grunde um nichts anderes als um eine Wette –, geht natürlich ein hohes Risiko ein und kann i. d. R. auch über sein Kapital nicht jederzeit verfügen. Ein Anleger, der sein Geld auf's Sparkonto legt, hat zwar kein Risiko, kann jedoch jederzeit an sein Geld. Aber sein „Gewinn“ entpuppt sich nach Abzug von Inflationsrate und Steuern real oft als Verlust. Im Klartext: Sein Vermögen schrumpft!

Obwohl immer wieder versucht wird, diese Grundregeln zu durchbrechen, gelingt das nur in den seltensten Fällen. Wer sein Geld so anlegen möchte, daß in optimaler Weise sowohl dem Wunsch nach Liquidität und Ertrag als auch den Aspekten Wachstum und Sicherheit Rechnung getragen wird, darf sich nicht mit einer einzigen Anlageform begnügen, das heißt, er **muß** sein Vermögen streuen. Der englische Fachausdruck für diese Vermögensverteilung lautet „Asset Allocation“ und ist heute aus der modernen Geldanlage nicht mehr wegzudenken.

Zweckmäßigerweise sollte sich jeder Sparer auch darüber im klaren sein, wofür er sein Geld anlegt: Anschaffungen, Hobby und Reise, Ausbildung der Kinder, eigene Vermögensbildung, Aussteuer und Heirat, Existenzgründung, Familien- und Altersversorgung, allgemeine Weiterbildung. Es gibt viele Sparziele, die häufig eine unterschiedliche Anlagestrategie erfordern. Eine Aufstellung gibt am besten darüber Auskunft, wie lange das Kapital gebunden werden soll. Eines ist dabei nicht zu vergessen: Ein Teil des Geldes soll immer so angelegt sein, daß der Anleger jederzeit darüber verfügen kann.

In der Praxis findet dazu oft ein Modell Anwendung, das die Möglichkeiten und Ziele in vier Lebensphasen einteilt:

- **Phase 1:** Existenzsicherung (bis zum 35. Lebensjahr),
- **Phase 2:** Etablierung (35. bis 45. Lebensjahr),
- **Phase 3:** Risiko- und Spielphase (45. bis 60. Lebensjahr),
- **Phase 4:** „Erntezeit" und Alterssicherung (ab 60. Lebensjahr).

Existenzsicherung heißt die Phase der Absicherung von Arbeitskraft (Unfall, Krankheit, Einkommensausfall), der Aus- und Weiterbildung. Ein erster Geld- oder Kapitalstock ist zu bilden. Manövrier-Liquidität und Notgroschen durch Sparen und den Abschluß einer Lebensversicherung runden diese Phase ab.

Die **Etablierung** soll den erreichten Lebensstandard sichern. Zusätzlich zum bisher dominierenden Sicherheitsgedanken wird das Ziel „Kapitalwachstum" wichtig. Die Strategie heißt nun: Profitieren von den Zyklen an den Märkten. Der Anleger sollte jetzt eine Vermögensverteilung auf Festverzinsliche, Investmentfonds-Anteile, Aktien oder Gold vornehmen. Er kann ein eigen- oder fremdverwaltetes Wertpapierdepot zusammenstellen. Spätestens in dieser Zeit sollte der Erwerb einer Immobilie in Erwägung gezogen werden. Investitionen in Renten sind als Anlage sicher, und sie machen sich besonders im Alter bezahlt – als zusätzliche Einnahmequelle oder als preiswertes Zuhause.

Die **Spielphase** beginnt „im besten Alter". Das Leben beruhigt sich, Basis- und Fixkosten sinken. Auf der anderen Seite steigen die Einkünfte weiter an, der finanzielle Spielraum wächst. Anleger können nun größere Risiken eingehen. Als Anlagemöglichkeiten bieten sich jetzt spekulative Anlageformen im Aktienbereich oder an den Terminmärkten an.

In der **Erntezeit** wird das Vermögen umgestellt auf ertragreiche Anlageformen, um davon zu leben. In dieser Phase sind Leibrenten, Immobilien oder Auszahlungspläne in offenen Immobilienfonds, Geld oder Gold zu empfehlen.

Selbstverständlich läßt sich nicht jeder Anleger in ein solches Schema pressen. Es gibt auch durchaus ernstzunehmende Kritik an solchen Modellen, wie beispielsweise die, wonach die Spielphase, also die Zeit, in der in risikoreichen Anlageformen spekuliert wird, möglichst in den jungen Jahren des Anlegers liegen sollte. Ein Verlust des eingesetzten Kapitals verkraftet ein Fünfundzwanzigjähriger in der Regel leichter als ein Fünfundfünzigjähriger, der bis zu seiner Pensionierung kaum noch eine Chance hat, den Verlust wieder aufzuholen.

WICHTIG

Anleger sollten sehr vorsichtig sein, wenn bei der Geldanlage mit Schablonen gearbeitet wird. Es erleichtert zwar der Bank die Beratung, führt aber kaum zu einem optimalen Ergebnis. Besser ist in jedem Falle eine individuelle Beratung, die heute leider immer höhere Anlagebeträge erfordert.

Der Ertrag einer Geldanlage, der die Anlageentscheidung maßgeblich beeinflußt, kann in verschiedenen Formen vorkommen:

- als fest vereinbarter oder gleitender Zins (z. B. bei Spareinlagen, Sparbriefen, festverzinslichen Wertpapieren
- als Dividenden bei Aktien oder als Ausschüttung (auf Investmentfonds-Zertifikate) oder auch
- als Wertzuwachs (Kursgewinne bei Aktien und festverzinslichen Wertpapieren, Optionen, Terminkontrakten, Finanzinnovationen usw.).

Wenn zwei Anlageformen gleich sicher sind und gleiche Liquidität versprechen, geben die Renditen den Ausschlag, also das, was unter dem Strich als Profit herauskommt. Bei einem korrekten Vergleich verschiedener Renditen müssen zusätzlich Verwaltungskosten, Gebühren und Steuern mitgerechnet werden. Sonst belügt sich der Anleger nämlich selbst. Er muß sich zum Beispiel vergegenwärtigen, daß beim Kauf von Investmentzertfikaten teils bescheidene, teils deftige Aufschläge anfallen, oder daß beispielsweise ein Diamant oder ein Kunstwerk nur mit Abschlägen zwischen 20 und 40 Prozent wieder zu Geld gemacht werden kann.

Außer dem laufenden Ertrag und dem Wertzuwachs können steuerliche Vergünstigungen den Anlageerfolg entscheidend mitbestimmen. Doch auch derjenige, der all diese Faktoren in sein Kalkül einbezieht, ist immer noch nicht am Ziel: Das Anlageergebnis eines Wertpapierdepots wird in erster Linie von der richtigen Streuung bestimmt. Timing-Gesichtspunkte, also der Versuch, zu den günstigsten Kursen zu kaufen und zu Höchstkursen zu verkaufen, haben langfristig gesehen kaum Einfluß auf das Anlageergebnis. Im Folgenden geht es nun darum, die Risiken und Chancen börsengehandelter Anlagen zu beziffern und Wege aufzuzeigen, wie man Risiken minimieren und Chancen maximieren kann. Das Ergebnis ist eine optimale Vermögensstreuung, die etwas (fast) Unmögliches möglich macht:

Mehr Gewinn durch weniger Risiko!

2. Modernes Portfoliomanagement als Risikomanagement

In diesem Kapitel werden die theoretischen Grundlagen einer optimierten Vermögensstrukturierung beschrieben. Aber keine Angst: Es geht nicht darum, komplizierte Formeln oder weltfremde Theorien herunterzubeten, sondern darum, den Bogen von der Theorie zur Praxis zu spannen.

2.1 Unterschiede zwischen traditionellem und modernem Portfoliomanagement

Wenn es um das „moderne" Portfoliomanagement geht, so stellt sich natürlich die Frage, was daran so modern sein soll. Doch bevor diese Frage beantwortet werden kann, ist es wichtig zu wissen, was man im allgemeinen unter einer „traditionellen Vermögensverwaltung" versteht, also davon, was vor dem modernen Portfoliomanagement war.

In der traditionellen Vermögensverwaltung wird die Prognostizierbarkeit von Börsenkursen mittels fundamentaler oder technischer Daten unterstellt. Man geht also davon aus, daß zukünftige Börsentendenzen vorhergesagt werden können. Meist geht es darum, eine einzelne Wertpapiergattung (z. B. Renten oder Aktien), manchmal auch einzelne Wertpapiere zu analysieren. Das Ziel der traditionellen Vermögensverwaltung lag stets darin, die Rendite zu maximieren. Dabei lagen oft qualitative Analysen zugrunde; d. h., es wurden Kriterien wie z. B. die Qualität des Managements eines Unternehmens beurteilt.

Das große Problem der traditionellen Vermögensverwaltung: Die Märkte verarbeiten heutzutage marktrelevante Informationen viel zu schnell, als daß sich der Anleger primär auf subjektive Prognosen verlassen dürfte. Wer kennt es nicht, daß bei fünf Beratern sechs Meinungen vertreten werden? Fazit: Insbesondere die Grobstrukturierung des Portfolios („Asset Allocation") sollte mit großer Disziplin und ohne große Emotionen vorgenommen werden. Neue Konzepte sind also gefragt!

Entgegen der traditionellen Vermögensverwaltung geht das moderne Portfoliomanagement davon aus, daß die Börsenkurse nicht prognostizierbar (d. h. vorhersagbar) sind. Grundlage für diese Art des Vermögensmanagements bildet die Moderne Portfoliotheorie, die so modern schon nicht mehr ist. Sie wurde nämlich bereits im Jahr 1952 von Harry Markowitz begründet. Markowitz erhielt übrigens fast vierzig Jahre später dafür zusammen mit seinen Kollegen Sharpe und Miller den Wirtschafts -Nobelpreis. Es handelt sich um eine absolut „logische" Theorie, die davon ausgeht, daß

- überdurchschnittliche Gewinne kaum erzielbar sind ohne entsprechende Risikobereitschaft und
- sich eine systematische Diversifikation (Streuung) der Anlagen langfristig lohnt.

Primäres Ziel des modernen Portfoliomanagements ist also die Optimierung von Risiko und Rendite.

Damit stützt sich das moderne Portfoliomanagement auf folgende Eckpfeiler:

- Duale Zielfunktion: Die Rendite steht nicht allein, sondern gleichberechtigt mit dem Risiko im Zentrum der Analyse.
- Im Gegensatz zur traditionellen Vermögensverwaltung gibt es keine Präferenzen für den Heimatmarkt, sondern es liegt stets ein globaler Ansatz zugrunde.
- In einer Zeit wachsenden Konkurrenzdrucks wird der Einsatz moderner Finanzinstrumente immer wichtiger.
- Nicht ein einzelnes Wertpapier oder eine Wertpapiergattung, sondern alle Formen der Vermögensanlage werden berücksichtigt.
- Wenn es darum geht, Rendite und Risiko in ein optimales Verhältnis zu bringen, spielt der Computer eine wichtige Rolle.

Als Lösung bietet das Moderne Portfoliomanagement optimierte Portfolios an. Wie dieser Prozeß der Portfoliooptimierung im Detail abläuft, werden wir im weiteren Verlauf des Buches sehen. Vorab nur soviel:

In allen finanziellen Bereichen spielt Kontinuität eine große Rolle. Je beständiger sich ein Wert entwickelt, um so präziser läßt sich seine zukünftige Größe bestimmen. Eine kontinuierliche Anlagerendite führt zu relativ exakt bestimmbaren Erträgen aus dem Portfolio. Eine geringen Schwankungen unterworfene, risikoarme Anlagerendite ist die Voraussetzung, daß das Ziel eines nachhaltigen Wertzuwachses erreicht werden kann. Der Prozeß, der zu einer kontinuierlichen Anlagerendite eines Portfolios führt, wird auch als Portfoliooptimierung bezeichnet.

Dabei ist eine gesteigerte Ertragsmöglichkeiten nicht gleichzusetzen mit erhöhtem Risiko. Entscheidend sind sorgfältige Diversifikation (Streuung), eine auf höchste Qualität ausgerichtete Wertpapierauswahl und geringe Transaktionskosten, um eine kontinuierliche, risikoarme Anlagerendite zu erzielen.

Ein optimiertes Portfolio ist ein Portfolio, das eine gewünschte Anlagerendite mit geringstmöglichem Risiko erzielt, ohne die gemeinsam von Bank und Anleger erarbeiteten Richtlinien zu verletzen. Für viele Kunden ist diese Eigenschaft von besonderer Bedeutung, da häufig aufgrund gesetzlicher Vorschriften (bei institutionellen Anlegern) eine Mindestverzinsung des Kapitals erbracht werden muß, und zwar ungeachtet der Zinsentwicklung am Kapitalmarkt. Unter einem optimierten Portfolio ist aber auch ein Portfolio zu verstehen, das bei vorgegebener Risikotoleranz die größtmögliche Rendite aufweist.

WICHTIG

Das primäre Ziel des Modernen Portfoliomanagements besteht darin, ein optimales Verhältnis zwischen Risiko und Ertrag eines Portfolios unter Berücksichtigung der individuellen Risikoneigung des Anlegers zu finden. Nur eine planvolle Investitionsstrategie bringt konstantere und höhere Renditen.

2.2 Die Risiken einer Geldanlage

Es wurde bereits angedeutet: Das Risiko einer Geldanlage ist bei dem Modernen Portfoliomanagement genauso wichtig, wie die Renditeerwartungen. Im Gegensatz zur Rendite, die sich stets nur aus den Komponenten Kursgewinne, laufende Erträge sowie eventuellen Steuervorteilen zusammensetzt, ist das Risiko bei der Geldanlage vielschichtiger. Zunächst einmal versteht man im Zusammenhang mit der Geldanlage unter Risiko vor allem die Gefahr, Geld zu verlieren. Und das kann einem Anleger auf verschiedenste Art und Weise blühen.

Bonitätsrisiko

Zunächst einmal besteht bei jeder Art von Geldanlage ein Bonitätsrisiko. Damit ist das Risiko gemeint, daß der Schuldner, d. h., derjenige, der das Geld des Anlegers erhält, einmal nicht mehr in der Lage oder nicht willens sein könnte, Zinszahlungen oder die Rückzahlung des Kapitals vorzunehmen. Bei Aktien gibt es dieses Risiko eigentlich nicht. Zwar trägt der Aktionär ein Insolvenzrisiko, dabei handelt es sich aber um ein unternehmerisches Risiko, das der Anlageform der Aktie als Risikopapier Rechnung trägt.

Viel bedeutender ist das Bonitätsrisiko bei festverzinslichen Wertpapieren. Hier werden von Seiten des Schuldners immerhin feste Versprechungen hinsichtlich Zinszahlungen sowie einer Kapitalrückzahlung (Tilgung) gemacht. Bleibt man bei einer nationalen Betrachtung (z. B. ein deutscher Anleger, der nur von deutschen Schuldnern begebene festverzinsliche Papiere kaufen will), so bestehen für Bankschuldverschreibungen sowie für Staatsanleihen keine Bonitätsrisiken; für Bankschuldverschreibungen deshalb nicht, weil die Banken gegenseitig für einen möglichen Konkursfall geradestehen. Kommt also ein Institut in Zahlungsschwierigkeiten, werden die Gläubiger (Anleger) aus dem gemeinsamen Einlagensicherungsfonds der Mitgliedsinstitute entschädigt.

Ähnlich problemlos verhält es sich bei Staatsanleihen. Jeder Staat wird seine Schulden in einheimischer Währung zurückzahlen können, da er dank Steuerhoheit und der Notenpresse über Finanzierungsmöglichkeiten verfügt, die z. B. private Unternehmen nicht haben. Zinszahlungen sowie die Rückzahlung des Nominalbetrags sind also gesichert.

Anders präsentiert sich die Situation bei Industrie- und Dienstleistungsunternehmen, wo die Zahlungen im voraus nicht als gesichert gelten können. Sie müssen deshalb auf Papiere mit gleicher Laufzeit höhere Zinsen zahlen als der Staat. Je schlechter die Bonität eines Unternehmens, desto höher ist der Zins im Vergleich zu Staatsanleihen, da die Anleger für dieses Risiko entschädigt werden wollen. Die Differenz zu Staatsanleihen ist im Zeitablauf nicht konstant, sondern von verschiedenen Faktoren abhängig. Neben der konjunkturellen Situation haben das Zinsniveau sowie das Ausmaß von Zinsschwankungen einen entscheidenden Einfluß.

Daß dieses Bonitätsrisiko nicht nur eine abstrakte Größe ist, zeigen Untersuchungen von Moody's, einer der bedeutendsten Rating-Agenturen der Welt. Je schlechter die Bonitätseinstufung, desto größer ist die Wahrscheinlichkeit, daß ein Unternehmen die Zinszahlungen oder die Rückzahlung nicht zum vereinbarten Zeitpunkt leisten kann. Ein Investor muß damit rechnen, daß rund 27 % aller Unternehmen, die zum Zeitpunkt der Emission mit „B" (mindere Qualität) eingestuft werden, nach fünf Jahren in Zahlungsschwierigkeiten geraten. Ob die Inhaber solcher Anleihen letztlich einen Verlust erleiden oder ob die Zahlungen nur mit Verspätung erfolgen, geht aus dieser Analyse nicht hervor. Auch ohne diese Zahlen genau zu kennen, läßt sich festhalten: Je schlechter die Bonität, desto größer das Risiko, daß die Anleiheinhaber bei einem Teil der vereinbarten Zahlungen definitiv das Nachsehen haben!

Risiko der schleichenden Geldentwertung

Ein weiteres Risiko, das fast alle Kapitalanlagen betrifft, ist das Geldwertrisiko. Damit ist die Inflation, gemessen an der Entwicklung der Lebenshaltungskosten gemeint. Die Inflation höhlt die eigene Währung aus. Schutz bietet deshalb lediglich eine Anlage in ausländischer Währung. Darüber hinaus macht sich die Geldentwertung insbesondere bei Geldwertanlagen bemerkbar. Geldwertanlagen sind Kapitalanlagen wie festverzinsliche Wertpapiere, Lebensversicherungen, Sparpläne u. ä. Je länger die Laufzeit dieser Anlagen ist, umso stärker wirkt sich der inflationäre Effekt aus. Besonders deutlich wird dies bei Lebensversicherungen mit Laufzeiten von bis zu 30 Jahren. In dieser Zeit verliert die DM bei einer Inflationsrate von durchschnittlich vier Prozent pro Jahr fast zwei Drittel ihrer Kaufkraft.

Neben Auslandsanlagen wird oft ein weiterer Ausweg empfohlen, um einer inflationären Aushöhlung der Kaufkraft zu begegnen: die Anlage in Sachwerten. Sachwerte sind beispielsweise Aktien, Immobilien, Gold, Rohstoffe usw. In der Tat zeigt die historische Entwicklung, daß sich Sachwerte langfristig gesehen besser als die Lebenshaltungskosten entwickelt haben. Das bedeutet, daß es mit einer Sachwertanlage möglich war, die Kaufkraft des angelegten Kapitals real zu erhalten bzw. zu erhöhen.

Anleger sollten beachten, daß dies bei einer Kapitalanlage das Mindestziel sein muß. Schließlich geben sie ihr Geld für eine bestimmte Zeit aus ihrer Verfügungsgewalt. Kann sich der Anleger nach Ablauf dieser Zeit für das fällige Kapital zuzüglich Zinsen weniger leisten als zuvor, so hat die Anlage keinen Sinn gemacht. Es wäre besser gewesen, das Geld sofort in den Konsum fließen zu lassen.

Als klassischer Inflationsschutz – allerdings ebenfalls nur in der langfristigen Betrachtung – hat sich Produktivvermögen, insbesondere in Form von Aktienanlagen bewährt:

Wie wir in Abschnitt 2.6 noch sehen werden, haben Aktien als einzige Wertpapiergattung langfristig eine positive Realverzinsung erzielt. In den USA war dies mit festverzinslichen Anlagen unter Berücksichtigung der Steuern bereits seit den siebziger Jahren nicht mehr möglich. Insofern ist die Bezeichnung „Sicherheitsanlagen" für festverzinsliche Wertpapiere unangebracht. Je länger deren Laufzeit, je höher die Gefahr, daß

	Anleger A	Grundlage	Anleger B
	wählt „Sicherheit"		wählt „Risiko"
1938	Er legt 10.000 RM auf einem Sparkonto mit vier Prozent Jahreszins „mündelsicher" an		Er investiert 10.000 RM in Aktien zum Kursdurchschnitt auf der Basis des Jahres 1938 „nicht mündelsicher"
1948	Daraus entwickelt sich bis ein Guthaben von 14.515 RM.		
		Währungsreform	
1948	Abwertung 10:1 4% Gewinn seit 1948	= 1.451,50 DM	
1953	Kontostand + Korrektur auf 5:1	= 1.765,97 DM = 1.451,50 DM	
1953	Guthaben:	3.217,47 DM	
		Ergebnis	
1988	Guthaben: 12.696,41 DM		durchschnittlicher Kurswert: 124.669,– DM
			Unterstellung: Keine Dividende seit 1961!

Abbildung 1: Risiko macht sich bezahlt

die Inflationsrate den Anlageerfolg auffrißt und sogar die Kaufkraft des Anlagekapitals angreift. Das Beispiel in Abbildung 1 verdeutlicht dies. Es ist auch deshalb interessant, weil es auf einen Zeitraum von 60 Jahren ausgelegt ist und verschiedene krisenhafte Entwicklungen berücksichtigt.

WICHTIG

Aktien haben die schlimmsten Katastrophen – den verlorenen Krieg, den totalen wirtschaftlichen Zusammenbruch und die anschließende Währungsreform – glänzend überstanden. Geldwerte, einschließlich Lebensversicherungen und Pfandbriefe schnitten weit weniger erfolgreich ab.

Politische Risiken

Bei Geldanlagen im Ausland sind u. U. auch noch die politischen Risiken zu beachten. Das politische Risiko ist Teil des Länderrisikos und beinhaltet z. B. die Gefahr, daß Vermögen durch die jeweilige Regierung konfisziert oder vorübergehend eingefroren wird. Diese Gefahr besteht vor allem in Ländern einer jungen Demokratie, in denen stets die Gefahr eines (Militär-)Putsches latent ist. Entsprechende Erfahrungen haben manche Anleger insbesondere mit Geldanlagen in südamerikanischen Ländern gemacht, in denen es dann von den sechziger bis Mitte der achtziger Jahre einige Wirren, Militärputsche u. ä. gab.

WICHTIG

Erhöhte Länderrisiken schlagen sich sofort in einer entsprechend höheren Verzinsung nieder, die ein derartiges Land z.B. für seine Staatsanleihen international zahlen muß. Somit gibt der internationale Bond-Markt (z.B. der Euromarkt in Luxemburg, Zürich und London) mit den verschiedensten börsennotierten Staatsanleihen einen guten Anhaltspunkt für die jeweilige Bewertung des Länderrisikos.

Währungsrisiken

Bei Auslandsanlagen, insbesondere im industrialisierten Ausland, wie z. B. in Europa, den USA oder Japan, stehen nicht zwangsläufig die politischen Risiken im Vordergrund, sondern vielmehr die mit dem Auslandsinvestment verbundenen Währungsrisiken. Darunter versteht man in erster Linie die Gefahr, nach einem zuvor erfolgten Umtausch von DM in die Fremdwährung (Anlagewährung) beim Rücktausch (z. B. durch Verkauf oder Fälligkeit) ein ungünstigeres Umtauschverhältnis zu erzielen als zuvor.

Das Währungsrisiko kann eminent wichtig sein und beeinflußt insbesondere die Geldanlagen im festverzinslichen Fremdwährungsbereich (siehe Kapitel 3). Aber auch die deutsche Wirtschaft, die international Handel betreibt, hat entsprechende Währungsrisiken zu tragen – und zwar sowohl der Exporteur als auch der Importeur.

Um Währungsrisiken zu beschränken, steht den Marktteilnehmern grundsätzlich eine ganze Palette von Möglichkeiten zur Verfügung. Dazu gehören insbesondere:

I. Risikovorbeugende Maßnahmen

- Bildung vonReserven
  - Risikozuschläge in der Kalkulation
  - Streuung des Wechselkursrisikos
  - Direktinvestitionen im Ausland

II. Risikomindernde Maßnahmen

- Durch unternehmerische Anpassung
  - Interner Ausgleich von Devisenpositionen
  - Zahlungsverzögerung bzw. -beschleunigung
- Durch Vertragsgestaltung des Grundgeschäfts
  - Fakturierung in Inlandswährung
  - Kontrahierung in Drittwährungen
  - Währungsoptionsrechte
  - Kurssicherungsklauseln
  - Preisvorbehalt
  - Vorauszahlungen, Bar- und/oder Teilzahlung
  - Aufteilung des Verlustes zwischen den Vertragspartnern

III. Risikokompensierende Maßnahmen

- Covering
  - Devisentermingeschäfte
  - Fremdwährungskredite
  - Wechselkursversicherung (Hermes u.a.)
  - Forderungsübertragung (Diskontierung von Währungswechseln, Forfaitierung von Exportforderungen, Export-Factoring)
- Hedging
  - Currency Futures
  - Devisenoptionen

Dieses Instrumentarium ermöglicht ein individuelles Fremdwährungs-Management. Allerdings würde es hier zu weit gehen, die einzelnen Komponenten zu erklären. Für einen Kapitalanleger ist dies i.d.R. ohnehin nur von zweitrangiger Bedeutung. Ein Spekulant wird bewußt auf mögliche Devisenkursveränderungen setzen, ein sicherheitsorientierter Anleger wird wohl keine Absicherung vornehmen, da ansonsten der Zinsvorsprung der ausländischen Währung dahin wäre. Für ihn kommt lediglich eine sehr breite Streuung in Frage; oder aber eine Absicherung dann, wenn der Anleger nicht auf Zinsdifferenzen aus ist, sondern z.B. von einem Zinssenkungstrend durch steigende Anleihekurse profitieren will. Aufgrund der hohen Kosten, die mit Auslandsanlagen meist verbunden sind, will eine derartige Strategie gut überlegt sein.

WICHTIG

Ein Schutz vor dem Währungskursrisiko ist für einen Privatanleger vor allem durch Devisenoptionen, -optionsscheine oder -termingeschäfte möglich. Alle drei haben gemeinsam, daß sie Geld kosten. Meist bleibt deshalb einem international orientierten Anleger nichts anderes übrig, als die Währungsrisiken bewußt in Kauf zu nehmen.

Kursrisiken

Mit Ausnahme des Inflationsrisikos finden alle zuvor genannten Risiken im Kursrisiko der entsprechenden Anlageform Ausdruck. Voraussetzung ist natürlich, daß für die Anlageform Kurse gestellt werden. Sparbriefe, Festgelder u. ä. fallen damit nicht darunter. In erster Linie ist das Kursrisiko bei Aktien akut, aber auch bei festverzinslichen Wertpapieren können Kursverluste nicht nur die Zinszahlungen egalisieren, sondern darüber hinaus zu einer echten Vermögensminderung führen.

Bonitätsrisiken, politische Risiken und Währungsrisiken wirken sich vor allem auf die Kurse (meist ausländischer) festverzinslicher Wertpapiere aus. Hinzu kommen natürlich die Erwartungen der Marktteilnehmer über den zukünftigen Zinstrend. Befürchten viele Anleger steigende Zinsen in der Zukunft, werden sie heute ihre Anleihen verkaufen, das Geld zwischenzeitlich sicher parken und dann wieder in Anleihen investieren, wenn sie der Meinung sind, das Zinshoch sei erreicht. Da es aber keine absolute Grenze gibt, handelt es sich dabei um einen Prozeß, der zu ständigen Kursschwankungen führt, die abhängig von der künftigen Zinseinschätzung sind.

Da steigende Zinsen Kursverluste bei Anleihen nach sich ziehen, fallende Zinsen dagegen Chancen auf steigende Anleihekurse verheißen, ist es notwendig, den künftigen Zinstrend anhand bestimmter Indikatoren richtig zu prognostizieren. Die wichtigsten Methoden hierzu werden in Kapitel 3 vorgestellt.

Noch viel eminenter ist das Marktrisiko bei Aktien. Hier kann eine falsche Einschätzung der zukünftigen Kursentwicklung viel Geld kosten. Im Gegensatz zu festverzinslichen Wertpapieren haben Aktien keinen festen Rückzahlungszeitpunkt. Das Risiko ist damit also wesentlich höher einzuschätzen. Es gibt zahlreiche Beispiele für Aktien, deren Kurs gefallen ist und die es über Jahrzehnte nicht mehr geschafft haben, das ursprüngliche Kursniveau zu erreichen. Hinzu kommt, daß die Faktoren, die die Aktienkurse beeinflussen, sehr vielschichtig sind. Es gibt heute trotz zahlreicher Computermodelle keine Methode, Aktienkurse im voraus zu berechnen. Selbst eine Trendprognose gestaltet sich schwierig, da stets der Faktor „Zufall" eine gewisse Rolle spielen kann. Wir werden uns den aktuellen Stand der Analyse- und Prognosemethoden in Kapitel 3 und 8 näher ansehen.

2.3 Wie werden Risiken gemessen?

In der Modernen Portfoliotheorie wird Risiko nicht einfach als „Verlust“ definiert, sondern es gibt verschiedene Kennzahlen zur Messung und Quantifizierung des Risikos. Alle Kennzahlen können zwar eine gewisse Plausibilität für sich in Anspruch nehmen, aber auf der anderen Seite sind diese Kennzahlen oft ernst zu nehmender Kritik ausgestzt.

Die Volatilität (Standardabweichung)

Ein übliches Risikomaß für Aktien ist die Standardabweichung. Als Berechnungsgrundlage dienen frühere Kursschwankungen, z. B. die Kursgewinne und -verluste pro Monat während einer bestimmten Zeit. Diese Kursgewinne werden zum durchschnittlichen Monatsgewinn in Beziehung gesetzt. Aus den Abweichungen zu diesem Durchschnitt zieht man Schlüsse über die zukünftige Schwankungsanfälligkeit der Aktie. Damit ist die Standardabweichung definiert als die wahrscheinliche Abweichung eines zukünftigen Kursgewinnes vom erwarteten (= durchschnittlichen) Kursgewinn.

Wichtig also: Während man unter dem Ertrag den Wertzuwachs des Portfolios versteht, wird Risiko als die Volatilität (Schwankungsfreudigkeit) des Portfolios definiert.

Dies klingt sehr plausibel, wird man doch einer Aktie, die sehr stark schwankt, bereits intuitiv ein höheres Risiko zusprechen, als einem Papier, das nur sehr geringe Kursschwankungen aufweist. Hinzu kommt, daß man die Standardabweichung durch ein bestimmtes mathematisches Verfahren konkret fassen kann. Zwar funktioniert dies nur auf der Basis historischer Kursentwicklungen mit allen Unwägbarkeiten, was die Projektion in die Zukunft anbetrifft, dennoch lassen sich auf dieser Basis konkrete Aussagen über Ausmaß und Wahrscheinlichkeit der zukünftigen Abweichungen vom durchschnittlichen Kursgewinn machen. Dies allerdings nur unter der Voraussetzung, daß wir es mit normalen Verhältnissen zu tun haben. Statistiker sprechen hier von der sogenannten Normalverteilung, die sich wie folgt berechnet:

Angenommen, der durchschnittliche Monatsgewinn einer Aktie betrage 1 % und die Standardabweichung 5. In diesem Fall werden die künftigen Monatsgewinne mit einer Wahrscheinlichkeit von 67 % (diese Größe steht statistisch fest) innerhalb der Standardabweichung liegen. Dies ergibt eine Spanne von +6 (1+5 = 6) und -4 (1-5 = -4). Mit einer Wahrscheinlichkeit von 95 % (auch dabei handelt es sich um eine feststehende statistische Größe) werden die künftigen Monatsgewinne innerhalb von zwei Standardabweichungen liegen. Dies ergibt eine Spanne von +11 (1+10 = 11) und – 9 (1-10 = -9).

Standardabweichung und Varianz sind zwei Begriffe, denen Anleger heute ständig begegnen, denn sie stellen die Maßeinheit der Volatilität dar. Deshalb sollen nachfolgend die Berechnungsschritte zur Ermittlung der Standardabweichung anhand eines einfachen Beispiels gezeigt werden, um noch einmal zu verdeutlichen, was hinter dieser Risikokennzahl steckt.

Gewöhnlich wird die Standardabweichung von Aktien mit dem Computer berechnet. Die Frage ist nur, welchen Zeitraum man dabei zugrundelegt. Zum einen ändern sich Volatilitäten im Zeitablauf, zum anderen ist die absolute Höhe in verschiedenen Zeiträumen unterschiedlich. Der amerikanische Börseninformationsdienst Value Line nimmt z. B. die wöchentlichen Kursveränderungen während der letzten fünf Jahre als Grundlage. Wir wollen dies anhand eines vereinfachten Beispiels nachvollziehen, das einen Zeitraum von sechs Monaten betrifft. Die Berechnung umfaßt dabei im wesentlichen sieben Schritte:

1. Berechnung des monatlichen Kursgewinnes oder -verlustes einer Aktie während sechs Monaten.
2. Berechnung des Durchschnitts aus den monatlichen Kursveränderungen (12:6 = 2).
3. Berechnung der Abweichungen der monatlichen Kursveränderungen vom Durchschnitt. Im Januar beträgt sie z. B. + 8 % (10-2 = 8).
4. Quadrierung sämtlicher Monatsabweichungen. Das ergibt z. B. im Januar 64 (8 hoch 2 = 64).
5. Addition sämtlicher quadrierter Monatsabweichungen (= 166).
6. Division der Summe durch die Anzahl Beobachtungswerte minus 1 (166: (6-1) = 166:5 = 33,2). Daß von dieser Summe eine Einheit abgezogen wird, ist von statistischer Bedeutung und trägt der erhöhten Unsicherheit bei wenigen Beobachtungswerten Rechnung. Das Ergebnis heißt Varianz.
7. Indem man die Wurzel aus der Varianz zieht, erhält man schließlich die Standardabweichung von 5,76 (Wurzel aus 33,2 = 5,76).

Tabelle 1: Berechnung der Standardabweichung einer Aktie

Zeit	Kursveränd.	Abweichung vom Durchschnitt (+2%)	im Quadrat
Januar	+10%	+8	64
Februar	+ 2%	0	0
März	– 6%	–8	64
April	+ 4%	+2	4
Mai	– 3%	–5	25
Juni	+ 5%	+3	9

Durchschnittlicher Kursgewinn: 12 : 6 = 2
Varianz: 166 : 5 = 33,2
Standardabweichung: Wurzel aus 33,2 = 5,76

Die Standardabweichung kann sowohl für eine einzelne Aktie als auch für ein ganzes Aktienportfolio berechnet werden. Allerdings ist die Standardabweichung einer einzelnen Aktie nur von begrenzter Aussagekraft für das Risiko eines gesamten Aktienportfolios. Die Kursbewegungen und damit die Risiken der einzelnen Aktien können sich mehr oder weniger gegenseitig ausgleichen. Deshalb wird die Standardabweichung eines Aktienportfolios normalerweise geringer ausfallen als der gewichtete Durchschnitt aus den Standardabweichungen der einzelnen Aktien.

Kritik an der Standardabweichung als Risikomaß

Wenngleich die Standardabweichung als Bewetrungsmaßstab in der Praxis stark verbreitet ist, ist sie besonders in den letzten Jahren stark unter Beschuß geraten. Die Kritik setzt dabei bereits an der Definition der Standardabweichung an. So wird das Risiko, sprich der Verlust als negative Abweichung von einem erwarteten Ertrag definiert. Nimmt man also beispielsweise an, daß ein Investor, der statt eines erwarteten Ertrags von 12 Prozent nur 10 Prozent verdient, so müßte man hier einen Verlust in Höhe von 2 Prozentpunkten unterstellen. Dies wäre zwar nach der Theorie richtig, in der Praxis jedoch realitätsfremd.

Noch deutlicher zeigt die Problematik ein Beispiel der Firma Keppler Asset Management: Angenommen, eine Aktie steigt in einem Monat um 10 Prozent, im nächsten Monat um 5 Prozent und im darauffolgenden Monat um 15 Prozent. Ein Investment in dieser Aktie wäre auf Basis der Standardabweichung der monatlichen Erträge als riskanter einzustufen als eine Aktie, die in jedem Monat kontinuierlich um 15 Prozent fällt. Während der Besitzer des „riskanten" Titels 32,8 Prozent verdient, verliert der Anleger im zweiten Papier im gleichen Zeitraum 38,6 Prozent seines Kapitals; er kann sich jedoch damit trösten, daß dieser Verlust vollkommen „risikolos" zustandekam, denn die Standardabweichung ist in seinem Fall null …

Keppler Ratio

Da nicht nur die Wahrscheinlichkeit eines Verlustes, sondern selbstverständlich auch die potentielle Höhe eine Rolle spielt, muß jedes brauchbare Risikomaß diese beiden Komponenten einschließen. Die Keppler Asset Managament Inc., New York, hat hierzu ein Schema entwickelt, daß auf den strengen Risikohinweisen, die für den amerikanischen Kapitalanlagemarkt gelten, aufbaut. Demnach erfüllt lediglich der über einen möglichst langen Untersuchungszeitraum gemessene Erwartungswert eines Periodenverlusts das obige Kriterium.

Zur Berechnung dieses Erwartungswerts multipliziert man die Eintrittswahrscheinlichkeit eines Verlusts (= Anzahl aller Verlustperioden innerhalb des Untersuchungszeitraums dividiert durch die Anzahl aller untersuchten Perioden) mit dem Durchschnittsverlust pro Periode (= Summe aller realisierten und nicht realisierten Verluste dividiert durch die Anzahl der Verlustperioden). Eine weitere Indikation für das Risiko einer Anlage ist nach Keppler der maximale Wertverlust, gemessen an einem vorherigen Höchststand (maximum drawdown).

Keppler Asset Manangement hat ein interessantes Schema zur umfassenden Darstellung der Portfolio-Performance entwickelt, die es dem Kunden erlaubt, Zufallsgewinner von seriösen Managern zu unterscheiden. Demnach sollte ein solcher Ergebnisausweis folgende Ertrags- und Risikodaten enthalten, die zu Vergleichszwecken auch für einen repräsentativen Index anzugeben sind:

1. Anzahl der Perioden im untersuchten Zeitraum (Monate, Quartale, Jahre)

2. Anzahl der Gewinnperioden
3. Anzahl der Verlustperioden
4. Arithmetischer Durchschnittsertrag pro Periode
5. Geometrischer Durchschnittsertrag pro Periode
6. Höchster Periodenertrag
7. Niedrigster Periodenertrag
8. Wahrscheinlichkeit der Erzielung eines Periodengewinns (Punkt 2 dividiert durch Punkt 1)
9. Durchschnittsgewinn aller Gewinnperioden
10. Erwartungswert eines Periodengewinns (Punkt 8 mal Punkt 9)
11. Wahrscheinlichkeit des Eintretens eines Periodenverlusts (Punkt 3 dividiert durch Punkt 1)
12. Durchschnittsverlust aller Verlustperioden
13. Erwartungswert eines Periodenverlusts (Punkt 11 mal Punkt 12)
14. Größte Anzahl aufeinanderfolgender Verlustperioden
15. Größter prozentualer Kursrückgang nach einem vorherigen Höchststand
16. Standardabweichung der Durchschnittserträge pro Periode (um die Vergleichbarkeit mit herkömmlichen Performance-Messungen zu gewährleisten).

Aus den Punkten 4, 13 und 16 können dann sowohl der risikoadjustierte Ertrag (Punkt 4 dividiert durch Punkt 13) und der um den Volatilitätsfaktor adjustierte Ertrag (Punkt 4 dividert durch Punkt 16) ermittelt werden, wobei letzterer vor allem dazu dient, Vergleiche mit sogenannten „optimierten“ Portfolios zu ermöglichen.

Die von Keppler geforderte Darstellung von Risikokennzahlen ergibt ein sehr differenziertes Bild, das viele Probleme, die der Standardabweichung anhaften, vermeidet. So z. B. das Problem, daß die Verteilung der Erträge einer Anlage asymmetrisch sein können. Eine Ertragsverteilung kann z. B. aufgrund der Tatsache asymmetrisch sein, daß Aktionäre „nur“ 100 Prozent ihres Investments verlieren, Aktien jedoch im Kurs um mehr als 100 Prozent steigen können.

Der Beta-Faktor

Eine weitere in der Modernen Portfoliotheorie sehr bedeutsame Risikokennziffer ist der sogenannte Beta-Faktor. Dieser Faktor bringt zum Ausdruck, in welcher Weise sich der Kurs einer einzelnen Aktie gegenüber der allgemeinen Kursentwicklung eines gesamten Aktienmarktes entwickelt – oder vereinfacht gesagt, wie stark ein einzelner Wert im Vergleich zum Gesamtmarkt schwankt. Eine Aktie, die sich genauso stark wie der entsprechende Aktienmarkt bewegt, weist einen Beta-Faktor von 1 auf. Dies bedeutet, daß zum Beispiel im Falle eines Indexanstieges um 10 % auch der Kurs dieser Aktie um 10 % steigt.

Eine Aktie mit einem Beta von z. B. 1,2 schwankt um 0,2 (= 20 %) stärker als der Markt: So würde ein Index-Anstieg um 10 % zu einem Kursanstieg bei der Aktie um 12 % führen. Eine solche Aktie weist neben überdurchschnittlichen Gewinnchancen auch entsprechend höhere Verlustrisiken auf.

Eine Aktie mit einem Beta von beispielsweise 0,8 verändert sich weniger stark als der Gesamtmarkt. Ein Indexanstieg von 10 % würde hier lediglich zu einem Anstieg von 8 % bei dem entsprechenden Einzeltitel führen. Eine solche Aktie weist neben unterdurchschnittlichen Verlustrisiken auch entsprechend geringere Gewinnchancen auf.

Zur Berechnung des Beta-Faktors wird üblicherweise der Computer eingesetzt. Der amerikanische Börseninformationsdienst Value Line benützt wöchentliche Daten über einen Zeitraum von fünf Jahren. Andere begnügen sich mit vierzehntäglich aktualisierten Daten über einen Zeitraum von zwei Jahren. Wichtig ist auch hier, daß sich der Beta-Faktor auf der Basis von historischen Daten berechnet.

Aber nicht nur die Kursschwankungen einzelner Aktien können in Bezug zu den Schwankungen des Gesamtmarktes gesetzt werden, sondern dies funktioniert genauso bei Portfolios. Der Beta-Faktor eines Aktienportfolios setzt sich aus dem gewichteten Durchschnitt der Aktien im Portfolio zusammen. Wenn Aktien verschiedener Länder in einem Portfolio enthalten sind, ist es sinnvoll, jedes Land gesondert zu betrachten. Die Beta-Faktoren der verschiedenen Länder dürfen also nicht gemischt werden. Das Beta eines Portfolios läßt sich demnach folgendermaßen ermitteln:

Tabelle 2: Ermittlung des Beta-Faktors

Aktie	Beta	Betrag (DM)	Beta x Betrag
A	1,5	20 000	30 000
B	1,2	10 000	12 000
C	0,9	20 000	18 000
		50 000	60 000 : 50 000 = 1,2

Was die Kontinuität des Beta-Faktors anbetrifft, so schwankt das Beta einzelner Aktien im Zeitablauf ganz erheblich. So lag beispielsweise der Beta-Faktor der Bayer-Aktie zwischen 1976 und 1990 zwischen 0,6 und 1,4. Ein Portfolio, das aus den fünf größten DAX-Titeln besteht, hätte seinen Beta-Faktor in dieser Zeit nur ganz wenig verändert. Grundsätzlich kann festgestellt werden, daß sich die Beta-Faktoren von Portfolios im Zeitablauf nur sehr langsam ändern, wodurch ihre Einsetzbarkeit für anlagestrategische Planungen gewährleistet ist. Gleiches läßt sich beispielsweise für die Standardabweichung nicht sagen. Diese Größe ist im Zeitablauf erheblichen Schwankungen unterworfen.

Die THETA Finanzberatung & Portfolio AG hat zu den Beta-Faktoren von Aktien folgende Feststellungen getroffen:

- Betas ändern sich in unterschiedlichem Ausmaß und unterschiedlicher Richtung über die Zeit hinweg.
- Betas tendieren langfristig Richtung 1.
- Betas von 1 tendieren eher wieder weg von 1.
- Die Mehrzahl der Betas liegt zwischen 0,6 und 1,4.

In der Praxis liegt eine Anlagestrategie darin, Aktien mit hohem Beta zu kaufen, wenn ein steigender Aktienmarkt erwartet wird. Dann nämlich werden Aktien mit hohem Beta im Vergleich zum Markt überdurchschnittliche Ergebnisse erbringen. Umgekehrt sollte man bei einer drohenden Marktschwäche auf Niedrig-Beta-Aktien setzen, denn diese machen einen allgemeinen Kursrückgang am Aktienmarkt nicht so stark mit.

So weit zur Theorie. Die Frage ist nur, ob dies in der Praxis tatsächlich so ist. Denn: Vergleicht man zwei Investments, von denen das eine mit Sicherheit eine Million DM erbringt, das andere entweder null oder zwei Millionen DM mit gleicher Wahrscheinlichkeit, so würden wohl die meisten die erste Alternative wählen, obwohl der Erwartungswert für den Ertrag bei beiden Anlagen gleich ist. Der Grund hierfür liegt im unterschiedlichen Risiko. Unsicherheit und damit Risiko bewertet der Durchschnittsinvestor negativ; er bevorzugt bei gleichem Ertrag das geringere Risiko. Oder anders betrachtet: Ist ein Investment mit höherem Risiko verbunden, so muß es als Ausgleich einen höheren Ertrag versprechen.

Das gilt zweifellos auch für das Beta-Konzept. Da Aktien mit einem hohen Beta stärker schwanken als der Markt, beinhalten sie ein entsprechend hohes Risiko, was sich langfristig auch in einer überdurchschnittlichen Rendite widerspiegeln muß, da die Anleger ansonsten dieses Risiko nicht eingehen würden.

Auf die Dauer erzielten Aktien mit hohem Beta-Faktor somit eine überdurchschnittliche Gesamtperformance. Die großen Kursrisiken solcher Aktien sind jedoch nicht jedermanns Sache. Am ehesten ist ein Anleger dann gewillt, höhere Risiken einzugehen, wenn er die Börsenaussichten als sehr positiv einschätzt. Der Beta-Faktor eines Aktien-Portfolios läßt sich aber auch künstlich erhöhen, nämlich durch den Kauf von Aktien auf Kredit oder durch den Kauf von Kaufoptionen und Optionsscheinen.

Traut der Anleger dagegen dem Aktienmarkt nicht mehr so recht, wird er entweder seinen Aktienanteil reduzieren oder den Beta-Faktor seines Aktienportfolios durch entsprechende Umtauschoperationen verringern. Eine künstliche Senkung des Beta-Faktors eines Aktienportfolios ist auch durch Leerverkäufe und durch den Kauf von Verkaufsoptionen möglich.

Bemerkenswerte Kritik

Die Theorie der Beta-Faktoren gilt zwar als wissenschaftlich bestechend und schlüssig, ist aber aus vielen Gründen auch heftig kritisiert worden. Bei der Umsetzung in die Praxis zeigen sich viele Fußangeln: Es werden notgedrungen historische Kurszusammenhänge verwandt, und es ist strittig, welche Zeiträume für die Berechnung herangezogen werden sollen (die Ergebnisse fallen dabei unterschiedlich aus).

Anleger, die der Verwendung von viel Mathematik bei der Beurteilung der künftigen Börsenentwicklung mißtrauisch gegenüberstehen, haben in jüngster Zeit bemerkenswerte Schützenhilfe erhalten. Zwei Professoren der Universität von Chicago, Eugene F. Farma und Kennet R. French, haben eine Langfristuntersuchung angestellt und als Ergebnis vorgetragen, daß Aktien, die stärkere Kursausschläge aufweisen als der Gesamtmarkt, sich längerfristig nicht besser als die Masse der Aktien entwickelt haben. Die Untersuchung analysiert die Aktienkursverläufe einiger tausend Titel für einen Zeitraum von fünfzig Jahren. Das Ergebnis: Es gibt keinen Zusammenhang zwischen Volatilität und Kursentwicklung. Das läßt Zweifel daran aufkommen, ob der Beta-Faktor bei Anlageentscheidungen sinnvollerweise überhaupt berücksichtigt werden soll.

Mit diesen Erkenntnissen wurde der „Vater" des Beta-Faktors, Professor Sharpe, konfrontiert. Dieser räumte zwar ein „bemerkenswertes Set empirischer Daten über die Vergangenheit" ein, doch halte er weiter an seinem Modell fest, denn bei ihm komme es nicht auf den Beta-Faktor einer einzelnen Aktie, sondern auf den Beta-Faktor des Gesamtportfolios an.

Nicht auszuschließen ist, daß die neuen Untersuchungen von Farma und French das Verhalten der Anleger beeinflussen könnten. Wenn es zutrifft, daß Aktien mit hohem Beta sich längerfristig doch nicht besser entwickeln als der Gesamtmarkt, könnte die Beliebtheit dieser Papiere schwinden. Betroffen wären zum Beispiel Aktien aus den Bereichen Luftfahrt, Computer, Halbleiter oder Biotechnologie.

WICHTIG

Beta-Faktoren als Risikokennziffern machen praktisch nur dann Sinn, wenn sie auf ganze Portfolios bezogen werden. Einzel-Betas (zumindest die der DAX-Werte) werden regelmäßig (z.B. im Handelsblatt) veröffentlicht. Die Standardabweichung (Volatilität) ist als Risikokennzahl ebenfalls mit hohen Unsicherheiten behaftet. Einzig die Keppler-Kennzahlen machen einen Sinn, wobei hier das Problem besteht, daß sich diese Kennzahlen in Deutschland noch nicht durchgesetzt haben und entsprechend schwer zu erhalten sind. Alle drei Risikokonzepte haben den Nachteil, sich nur auf historisches Datenmaterial stützen zu können.

2.4 Risikoreduzierung durch Diversifikation

Es wurde bei der Beschreibung des Beta-Konzeptes bereits angesprochen: Die Kursentwicklung des gesamten Aktienmarktes bestimmt die Kursentwicklung einer einzelnen Aktie bis zu einem bestimmten Grad mit, aber eben nur bis zu einem bestimmten Grad. Es bleibt demnach eine Restgröße in der Kursschwankung der einzelnen Aktie, die nicht vom Markt bestimmt wird. Dabei handelt es sich um das titelspezifische oder unsystematische Risiko. Darunter ist das Risiko zu verstehen, daß im einzelnen Unternehmen steckt. Publiziert beispielsweise die Siemens AG an einem allgemein freundlichen Börsentag schlechte Unternehmenszahlen und fällt der Kurs der Siemens-Aktien daraufhin, so ist das allein auf das titelspezifische Risiko zurückzuführen. Die (freundliche) Marktentwicklung hat an diesem Tag praktisch keinen positiven Einfluß auf die Kursentwicklung gehabt.

Der Einfluß der Marktentwicklung wird als Marktrisiko oder systematisches Risiko bezeichnet. Beide Risikokomponenten zusammen ergeben das Gesamtrisiko einer Aktie.

Betrachtet man nun ein Portfolio mit verschiedenen Aktien, so lassen sich Gesamtrisiko, titelspezifisches Risiko und Marktrisiko wie folgt darstellen:

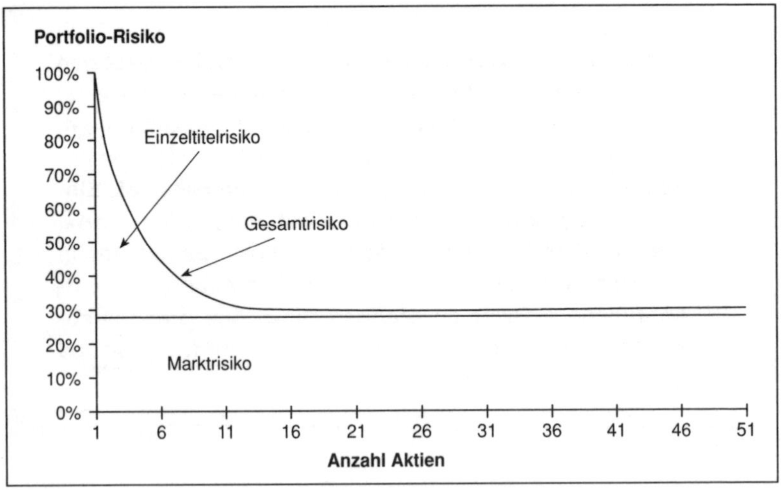

Abbildung 2: Risikoreduktion durch Aktien-Diversifikation

Die Abbildung zeigt, daß mit der Anzahl der Titel, die sich in dem Portfolio befinden, das Gesamtrisiko abnimmt. Dieses „Wunder" nennt man Diversifikation. Durch den Verkauf verschiedener einzelner Werte wird das titelspezifische Risiko vermindert. Das ist darauf zurückzuführen, daß sich bestimmte Kursbewegungen, die titelspezifisch sind, teilweise ausgleichen. Die Grafik zeigt auch, daß sich das titelspezifische Risiko ebenso wie das Gesamtrisiko mit der Anzahl der im Portfolio vorhandenen Aktien vermindert; dies funktioniert aber nur bis zu einem gewissen Punkt. Der Diversifikationseffekt greift nämlich nur beim titelspezifischen Risiko. Das eigentliche Marktrisiko läßt sich nicht mehr diversifizieren. Die Grafik zeigt auch, daß der Diversifikationseffekt in einer Kurve verläuft. Das bedeutet, daß zunächst wenige Titel genügen, um das Gesamtrisiko deutlich zu senken. Soll das Risiko weiter in Richtung Marktrisiko reduziert werden, werden immer mehr Aktienwerte benötigt um noch einen zusätzlichen Diversifikationseffekt zu erreichen.

Obwohl ein gesamter Aktienmarkt viele hundert verschiedene Aktien umfaßt, reichen circa 20 verschiedene Aktien aus, um circa 98 % des titelspezifischen Risikos wegzudiversifizieren. Ein Depot mit diesen 20 Aktien spiegelt also die Entwicklung eines gesamten Aktienmarktes zu 98 % wider. Abweichungen einzelner Aktien, die auf unternehmensspezfische Gründe zurückzuführen sind, beeinflussen das Ergebnis nur noch zu 2 %.

Bei einer guten Einzeltitel-Diversifikation reduziert sich das Gesamtrisiko um bis zu 40 %. Aber wie gesagt: Das Gesamtrisiko kann durch Diversifikation nicht bis auf 0, sondern lediglich bis zum Marktrisiko reduziert werden. Dieses Marktrisiko kann nur dann noch einmal reduziert werden, wenn internationale Werte beigemischt werden. Dann kann die Gesamtrisikokurve unter die Marktrisikolinie eines nationalen Marktes sinken.

Mit zunehmender Anzahl von internationalen Wertpapieren können die Risiken eines Portfolios deutlich gesenkt werden. Bestehen in den Anlagerichtlinien oder Vorgaben des Anlegers Beschränkungen dahingehend, daß nur in den heimischen Markt, nicht aber im Ausland investiert werden darf, so ist dies, was die Risiko-Optimierung anbetrifft, schädlich.

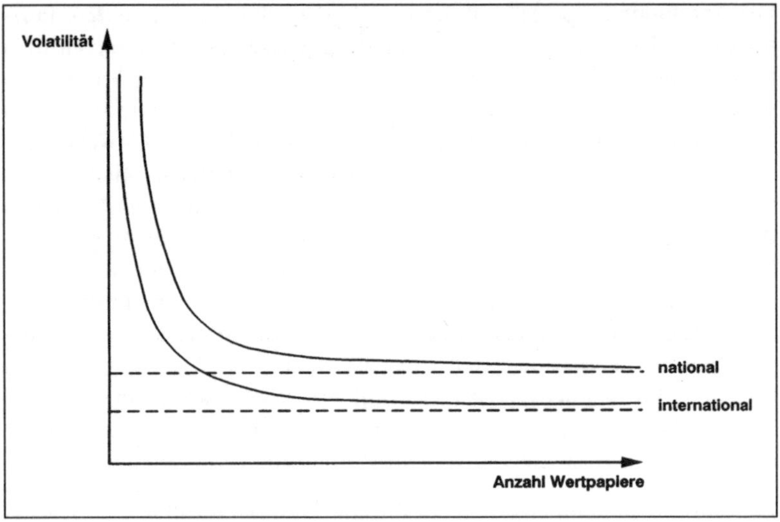

Abbildung 3: Der Diversifikationseffekt in der graphischen Darstellung

WICHTIG

Die Streuung der Anlagemittel bei der Geldanlage ist eines der wichtigsten Gesetze, denn nur dadurch lassen sich die Risiken, die der einzelnen Anlageform eigen sind, insgesamt reduzieren. Danach verfahren im übrigen auch die Investmentfonds, die eine so starke Streuung vornehmen, daß das titelspezifische Risiko praktisch ganz verschwunden ist. Damit kann bereits ein Kleinanleger von den verminderten Risiken profitieren. Ansonsten wäre ein gewisses Kapital notwendig, um selbst eine Streuung durch den Kauf vieler verschiedener Aktien vorzunehmen.

Daß sich durch Diversifikation Risiken vermindern lassen, haben wir soeben gesehen. Was aber geschieht auf der Ertragsseite. Muß die Risikoverminderung mit einer Verminderung des Ertrages erkauft werden?

Stellen Sie sich vor, die Anleihe eines äußerst desolaten Schuldners mit somit absolut zweifelhafter Qualität rentiert mit 14 %. Plötzlich begibt die Bundesregierung eine Staatsanleihe mit einer Verzinsung von 16 %, somit eine höhere Verzinsung bei höherer Sicherheit. Wäre dies nicht auch paradox?

Umso überraschender mag es für manchen Anleger sein, daß genau der in diesem Beispiel beschriebene Effekt bei der richtigen Diversifikation der Anlagemittel erzielt wird, nämlich eine Verminderung des Risikos bei einem gleichzeitigen Ansteigen der Rendite!

Die Kurve in Abbildung 4 zeigt diesen Effekt noch einmal besonders deutlich. Durch die Beimischung von Aktien läßt sich der Ertrag eines reinen Anleiheportfolios (100 % Anleihe, 0 % Aktien) erhöhen, und gleichzeitig wird das Risiko des Gesamtportfolios reduziert. Die Graphik zeigt, daß das Portfoliorisiko bei einer Kombination von 80 % Obligationen und 20 % Aktien am geringsten ist.

Man erkennt außerdem, daß eine sogenannte konservative und risikoscheue Anlage von 100 % Anleihen ein höheres Risiko aufweist als eine „aggressive" Anlage von 80 % Anleihen und 20 % Aktien!

Die letzte Ebene der Risikoreduktion betrifft die internationale Diversifikation. Wie die Abbildung 3 zeigt, läßt sich dabei ein besonders starker Diversifkationseffekt erzielen. Wegen der unterschiedlichen wirtschaftspolitischen Ausrichtung der einzelnen Länder gibt es immer wieder erhebliche Abweichungen in der Kursentwicklung. Die verschiedenen Fremdwährungen bedeuten zwar, einzeln betrachtet, eine zusätzliche Risikokomponente, bilden aber zugleich eine weitere Diversifikationsdimension. Eine global ausgerichtete Anlagepolitik bietet nicht nur sehr viele Möglichkeiten zur Risikoreduktion, sondern auch zur Ertragssteigerung. Viele ausländische Aktienmärkte wiesen in den letzten 15 Jahren eine deutlich bessere Performance auf als der schweizerische Aktienmarkt, weil etwa das Wirtschaftswachstum deutlich höher lag und/oder eine liberale Wirtschaftspolitik verfolgt wurde. Das trifft besonders für die industriellen Schwellenländer in Asien, in letzter Zeit aber auch für Südamerika zu.

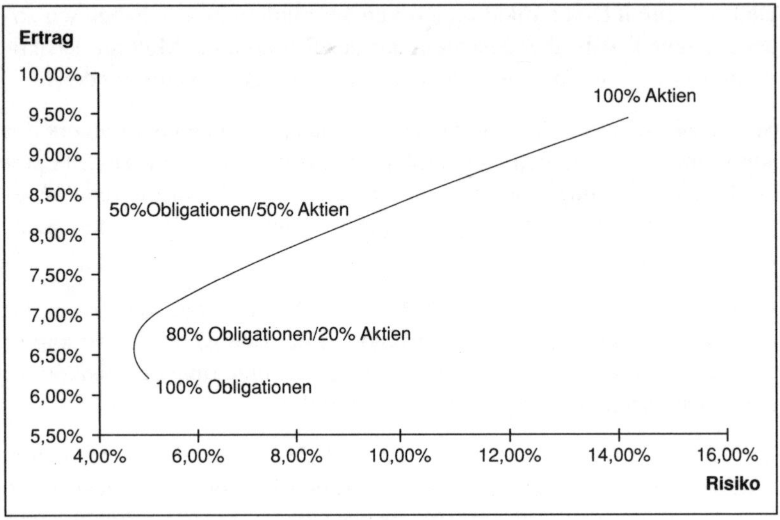

Abbildung 4: Ertragssteigerung durch Diversifikation

Die Entwicklung der Weltwirtschaft dürfte auch in den kommenden Jahren dazu führen, daß sich eine Reihe von Finanzmärkten überdurchschnittlich entwickeln wird. Eine internationale Anlagestrategie führt deshalb auch in Zukunft nicht nur zu einer deutlichen Risikoreduktion, sondern trägt auch zu einer erheblichen Steigerung der Renditen bei. Viele institutionelle Anleger im In- und Ausland haben diese Vorteile erkannt und sind immer mehr an einer internationalen Diversifikation interessiert. Selbstverständlich gilt auch hier, daß eine internationale Diversifikationsstrategie nicht maßlos verfolgt wird. Der Länderauswahl beziehungsweise dem Währungsmix sowie dem richtigen „Stock Picking", das heißt, der Fundamentalanalyse von Unternehmen, kommt auch künftig eine große Bedeutung zu.

Zusammenfassend läßt sich festhalten, daß das Risiko umso kleiner wird je mehr Investitions-"Körbe" berücksichtigt werden, – und desto kleiner wird auch die Gefahr, das Vermögen auf's Spiel zu setzen. Eine diversifizierte globale Anlagestrategie dürfte deshalb die konservativste Anlagepolitik darstellen.

Die Privatbank Schröder Münchmeyer Hengst, Düsseldorf, hat diese Effekte für den deutschen Markt untersucht. Dabei wurde ein Zeitraum von

Januar 1978 bis Dezember 1991 zugrundegelegt. Ausgegangen wurde zunächst von einem rein deutschen Portfolio. Untersucht wurde, wie sich das Risiko (gemessen durch die Volatilität) sowie der Return, also die Gesamtrendite, veränderte. Die Untersuchung brachte folgende Ergebnisse:

Tabelle 3: Die Mischung macht's beim Rentendepot

	Verhältnis deutsche Renten/ ausländische Renten	**Votalität in %**	**Return in %**
1	100/0	5,2	6,8
2	90/10	4,9	7,0
3	80/20	4,8	7,3
4	70/30	4,9	7,5
5	60/40	5,2	7,7
6	50/50	5,7	8,0
7	40/60	6,3	8,2
8	30/70	7,0	8,4
9	20/80	7,8	8,7
10	10/90	8,7	8,9
11	0/100	9,6	9,1

Die Untersuchung zeigte, daß durch die Beimischung von ausländischen Renten auf der einen Seite der Return kontinunierlich anstieg, auf der anderen Seite dies zunächst mit einer Verminderung des Risikos möglich war. Bis zu einem Mischungsverhältnis von 80 % inländischer und 20 % ausländischer Renten (laufende Nummer 1 bis 3) nahm das Risiko gemessen an der Volatilität ständig ab, und zwar von 5,2 % auf 4,8 %. Gleichzeitig stieg aber der Return von 6,8 % auf 7,3 % an. Es war in einem internationalen Rentendepot durch die richtige Mischung aus in- und ausländischen Papieren also möglich, das Risiko zu vermindern und gleichzeitig die Rendite zu erhöhen!

Unter den gleichen Bedingungen wurde die Untersuchung für ein entsprechendes Aktiendepot durchgeführt. Wieder wurde ein Zeitraum von 13 Jahren zugrundegelegt und wiederum wurde mit einem rein inländischen Aktiendepot begonnen, dem nach und nach ausländische Aktien beigemischt wurden:

Aktien

Tabelle 4: Die Mischung macht's beim Aktiendepot

	Verhältnis deutsche Renten/ ausländische Renten	Volatilität in %	Return in %
1	100/0	19,3	13,5
2	90/10	18,1	13,7
3	80/20	17,2	13,9
4	70/30	16,3	14,1
5	60/40	15,7	14,3
6	50/50	15,2	14,5
7	40/60	15,0	14,8
8	30/70	15,1	15,1
9	20/80	15,3	15,4
10	10/90	15,8	15,7
11	0/100	16,5	16,0

Auch hier das gleiche Bild: Zunächst vermindert sich die Volatilität bei gleichzeitiger Erhöhung des Ertrags. Dies zeigt, daß der Diversifikationseffekt nicht von einer bestimmten Anlageform abhängt, sondern sowohl bei Renten als auch bei Aktien greift – bei Aktien sogar noch viel stärker, denn bei einem Mischungsverhältnis von 40 % inländischen und 60 % ausländischen Aktien konnte das Risiko gleich um deutliche 4,3 %-Punkte, nämlich von 19,3 % auf 15,0 % reduziert werden. Gleichzeitig erhöhte sich der Return von 13,5 % auf 14,8 %.

Allerdings sollte folgendes beachtet werden: Die aufgezeigten Diversifikationseffekte ändern sich sehr schnell. Vergangenheitswerte in die Zukunft zu transformieren, ist grundsätzlich sehr problematisch. Die einzig zulässige Aussage ist eigentlich die, daß sich durch die internationale Diversifikation die Effizienz verbessern läßt – um wieviel, muß die Zukunft zeigen. Internationale Diversifikation lohnt sich aber auch nicht in jedem Fall. Legt man z. B. den Zeitraum zwischen 1990 und 1993 zugrunde, dann hätte sich z. B. bei einem deutschen Aktiendepot eine Diversifikation mit japanischen Aktien nicht gelohnt. Jede Beimischung mit japanischen Papieren hätte lediglich das Risiko erhöht und den Return vermindert – und dies, obwohl eine entsprechende Diversifikationsuntersuchung, die 1990 gemacht worden wäre, eine entsprechende Vorteilhaftigkeit signalisiert hätte. Aber eine solche Untersuchung konnte sich nur auf Zahlenmaterial von vor 1990 stützen, und da ist der japanische Aktienmarkt noch gestiegen …

Wann der Diversifikationseffekt greift und wann nicht

Daß sich durch den Diversifikationseffekt Risiken vermindern und Erträge steigern lassen, haben wir soeben gesehen. Nur: Wann greift der Effekt und wann nicht? Zu Beginn dieses Kapitels wurde behauptet, daß sich bereits mit einer Handvoll unterschiedlicher Aktien die Risiken deutlich vermindern lassen. Allerdings gilt es aufzupassen: Handelt es sich um Aktien, die einen ähnlichen Kursverlauf aufweisen, so greift der Diversifikationseffekt kaum oder überhaupt nicht. Wird z. B. statt der Deutschen-Bank-Aktie ein Paket aus Deutsche Bank, Dresdner Bank, Commerzbank, Bayerische Hypobank und Bayerische Vereinsbank geschnürt, so kann dadurch praktisch keine Diversifkation erzielt werden. Der Grund dafür ist in der Parallelität der Kursentwicklung zu suchen. Je unterschiedlicher die Kurse verlaufen, umso höher ist der Diversifikationseffekt. Denn nur dann können sinkende Kurse von steigenden Kursen ausgeglichen werden.

Ähnlich verhält es sich bei der internationalen Diversifikation, wenn an verschiedenen Börsen angelegt werden soll. Mit statistisch eng zusammenhängenden Börsen ist es wie mit alten Ehepaaren: Sie laufen schon mal auseinander, aber am Ende bleiben sie doch zusammen. Es gibt eine Kennzahl, die aufzeigt, wie stark sich die Kursentwicklung verschiedener Börsen ähnelt: die Korrelation.

Für den Mathematiker ist die Korrelation zunächst eine einfache Konstruktion, eine Formel, die nichts mit Kapitalmärkten zu tun hat. Sie mißt, grob gesagt, ob sich zwei Zeitreihen im Zeitablauf eher in die gleiche oder in die entgegengesetzte Richtung bewegen. Ein praktisches Beispiel: Man beginnt mit den monatlichen Veränderungen des Deutschen Aktienindex (DAX) und des französischen Index CAC-40 von Dezember 1989 bis Januar 1994. Im nächsten Schritt subtrahiert man von jedem DAX-Monatswert den Schnitt aller Werte zwischen 1989 und 1994; gleiches ist für den CAC-40 vorzunehmen. Sodann wird die DAX-Differenz Dezember 1989 mit der CAC-40-Differenz Dezember 1989 multipliziert. Liegen sowohl DAX- als auch CAC-40-Wert über ihrem Durchschnitt, so ist das Produkt logischerweise positiv (ebenso der Fall, wenn beide Werte unter ihren Durchschnitten liegen). Liegt aber nur einer unter dem Schnitt und der andere darüber, wird das Produkt negativ.

Diese Berechnung wird für jeden einzelnen Monat ausgeführt, die Resultate werden summiert. Überwiegen in Anzahl und Intensität die positiven Monate, dann ist die Summe positiv. Die Summe vergrößert (verkleinert) sich mit der Anzahl und Intensität der gemeinsamen (entgegengesetzten) Abweichungen vom Schnitt. Nach einer noch erforderlichen mathematischen Normierung wird das Ergebnis, der „Korrelations-Koeffizient", zu einer Kennzahl, die zwischen + 1 und – 1 pendeln kann.

Wenn in dem vorigen Aktien-Index-Beispiel bei jeder positiven Monatsvewegung (über den Schnitt) des DAX auch entsprechende positive Bewegungen des CAC-40 eingetreten sind, so ist der Korrelations-Koeffizient 1. Das bedeutet, daß die Kursbewegungen an beiden Märkten sich in die gleiche Richtung im gleichen Umfang bewegt haben (z. B. beide Märkte sind um genau 10 % gestiegen).

Sind aber die Bewegungen genau diametral, so wird der Koeffizient zu – 1. Damit stößt man zwangsläufig auf das Thema Diversifizierung: Genau entgegengesetzt heißt ja nichts anderes, als daß die Abwärtsbewegung des einen Marktes durch die Aufwärtsbewegung des anderen ausgeglichen wird. (z. B. DAX minus 10 %, CAC-40-Index plus 10 %). In der Regel liegen die gemessenen Werte zwischen diesen beiden Extrempunkten. Für eine internationale Diversifikation ist es ungemein wichtig, darauf zu achten, daß in Länder investiert wird, die untereinander eine niedrige Korrelation aufweisen.

Dies gilt für nicht nur für die Aktienmärkte. Allerdings gelten an den Rentenmärkten andere Korrelationskoeffizienten. Da häufig die inländischen Einflußfaktoren die Zinsentwicklung stärker beeinflussen als ausländische Zinsbewegungen, liegt die Korrelation mit den ausländischen Märkten fast durchweg niedriger als im Aktienbereich. Die niedrigste Korrelation wird mit dem spanischen Rentenmarkt erreicht. Rentenmarktrisiken lassen sich aber auch hervorragend durch die Beimischung von italienischen und amerikanischen Renten vermindern:

WICHTIG

Korrelationen werden auf der Basis historischer Kursbewegungen errechnet. Diese einfach auf die Zukunft zu übertragen, kann sehr gefährlich sein, da sich Korrelationen im Zeitablauf ändern. Märkte, die bisher eine sehr unterschiedliche Kursentwicklung aufwiesen, können sich plötzlich sehr ähnlich entwickeln, z.B. wenn sich die Volkswirtschaften aufgrund von gesetzlichen oder anderen Rahmenbedingungen stärker ineinander verzahnen. Mit der erhofften Diversifikation kann es dann schnell vorbei sein.

2.5 CAPM und APT: Anlagemodelle von Nobelpreisträgern unter der Lupe

Wir haben es bereits zu Beginn dieses zweiten Kapitels angedeutet: Es soll hier darum gehen, die theoretischen Grundlagen des Modernen Portfoliomanagements kennenzulernen. Dazu gehört auch die Vorstellung von zwei führenden theoretischen Modellen, für die ihre geistigen Väter Markowitz, Sharpe und Miller sogar den Wirtschafts-Nobelpreis erhielten.

Es handelt sich um Theorien, deren Bestätigung durch die Praxis teilweise noch aussteht. Es ist der einzige Abschnitt in diesem Buch, in dem auch einige Formeln vorkommen. Doch keine Angst: Sämtliche Rechnungen werden mit Beispielen verdeutlicht und lassen sich auf jedem Taschenrechner nachvollziehen. Trotz der unvermeidlichen Formeln sollen die Grundzüge der beiden Theorien im folgenden dargestellt werden.

Das Capital-Asset-Pricing-Modell (CAPM)

Das Capital-Asset-Pricing-Modell (CAPM, auch Kapitalanlagepreis-Modell genannt) dient der Bestimmung des Preises oder Risikos eines Wertpapiers. Im CAPM spielen der risikolose Zinssatz und das systematische oder Marktrisiko eine Rolle. Dieses Marktrisiko wird durch folgende Einflußfaktoren bestimmt:

- Zinssätze,
- Wirtschaftsindikatoren,
- Politisches Umfeld,
- Geld- und Fiskalpolitik.

Dagegen wird das titelspezifische Risiko (unsystematische Risiko) bestimmt durch

- Unternehmensgewinne,
- Technische Entwicklungen,
- Personelle Ressourcen,
- Preispolitik,
- Übernahmepolitik, Fusionen.

Die Hauptbedeutung des CAPM liegt jedoch weniger in seiner mechanischen Anwendung als im theoretischen Konzept des Risikomaßes Beta.

An der Entwicklung des CAPM war der Amerikaner William Sharpe (1963) maßgeblich beteiligt. Im CAPM kommen wichtige Grundgedanken und Annahmen der Modernen Portfoliotheorie deutlich zum Ausdruck. Es wurde deshalb auch schon gesagt, daß es diese von Henry Markowitz bereits ein Jahrzehnt zuvor begründete, neue Disziplin geradezu verkörpert.

Eine wichtige Rolle bei dem Kapitalanlagepreis-Modell spielt der risikolose Zinssatz. Als risikolos werden z. B. die Geldmarktpapiere des amerikanischen Schatzamtes (Treasury Bills) betrachtet. Für ausländische Anleger besteht allerdings noch ein Währungsrisiko. Die kurze Laufzeit ist wichtig, um das Zinsänderungsrisiko auszuschalten.

Nach dem CAPM bestimmt nicht etwa das Gesamtrisiko, sondern nur das Marktrisiko, mit dem eine Aktie behaftet ist, den erwarteten Ertrag dieser Aktie. Praktisch jede Aktie hat ein Marktrisiko, d. h., ihre Kursbewegung richtet sich mehr oder weniger stark nach dem allgemeinen Börsentrend. Das Eingehen von titelspezifischen oder unsystematischen Risiken, welche sich ohnehin wegdiversifizieren lassen, wird nicht belohnt. Je höher also das Marktrisiko eines Wertpapiers ist, desto höher fällt sein Ertrag aus.

Natürlich läßt sich das CAPM auch in einer Formel ausdrücken. Diese ist einfacher, als man vielleicht vermuten wird, denn der Ertrag einer Aktie läßt sich dabei als Summe lediglich zweier Faktoren berechnen:

Ertrag von Aktie X = risikoloser Zinssatz + Risikoprämie

dabei gilt:

Risikoprämie = Risikopreis x Risikomenge

Risikopreis = Ertrag des Marktes (Em) – risikoloser Zinssatz(R) Risikomenge = Beta (B)

In die einzelnen Elemente aufgelöst, präsentiert sich diese Formel wie folgt:

$$E = R + (Em - R) \times B$$

Zahlenbeispiel: 10,9 = 7 + (10-7) x 1,3

In diesem Zahlenbeispiel ergibt sich für Aktie X ein Ertrag von 10,9 %, wenn der Zinssatz 7 %, der Marktertrag 10 % und der Beta-Faktor dieser Aktie 1,3 beträgt.

Für die Bewertung einer Aktie stehen zwei Diskontierungsformeln zur Verfügung, welche zum gleichen Ergebnis führen. Aus praktischen Gründen wird hier nur die risikobehaftete Diskontierungsformel behandelt. Außerdem kann das Problem auch mit einer Kapitalisierungsformel angegangen werden.

Die Zuverlässigkeit der Formeln steht und fällt mit den analytischen Vorarbeiten, die in jedem Fall vorgenommen werden müssen. Bei der Diskontierung versucht man, den Aktienkurs z. B. in fünf Jahren zu bestimmen und diskontiert ihn anschließend auf den gegenwärtigen Zeitpunkt. Bei der Kapitalisierung schätzt man den mutmaßlichen Jahresertrag und kapitalisiert ihn. Im Diskontierungs- bzw. Kapitalisierungsfaktor ist neben dem risikolosen Zinssatz noch eine Risikoprämie enthalten. Je höher diese Risikoprämie ist, desto niedriger fällt der heutige Soll-Aktienkurs aus.

Wertung: Das CAPM besticht durch seine Einfachheit. Diese Stärke ist jedoch zugleich auch seine Schwäche. So fehlen neben dem Beta-Faktor weitere Variablen, die in Wirklichkeit ebenfalls eine Rolle spielen. Ferner gibt die Berechnung des Beta-Faktors gelegentlich Anlaß zu Schwierigkeiten. Nicht zuletzt darf man keine Wunder von der Zuverlässigkeit des Beta-Faktors in bezug auf Kursschätzungen bei einzelnen Aktien erwarten. Dem Mangel der Einseitigkeit wird im Arbitragepreis-Modell (Arbitrage Pricing Theory, APT) durch das Hinzufügen weiterer Faktoren abgeholfen. Damit handelt man sich jedoch eine wesentlich kompliziertere Methode ein.

Das Arbitragepreis-Modell (APT)

Das Arbitragepreis-Modell (Arbitrage Pricing Theory: APT) wurde 1976 von Stephen Ross erstmals beschrieben. Es ist eine Weiterentwicklung des Kapitalanlagepreis-Modells (Capital Asset Pricing Model: CAPM).

Als Grundlage werden wichtige allgemeine Risikofaktoren wie Wirtschaftswachstum, Zinssätze, Inflationsraten etc. benützt. Es wird nun untersucht, wie der Kurs einer Aktie in der Vergangenheit auf Veränderungen dieser Risikofaktoren reagiert hat. Mit den so ermittelten Zusammenhänge bzw. Sensitivitäten hofft man, das zukünftige Verhalten von Atkeinkursen berechnen zu können. Selbstverständlich benötigt man dazu noch Prognosen für die Risikofaktoren. Wenn nun der errechnete Soll-Aktienkurs über dem gegenwärtigen Kurs liegt, wäre dies nach dem Arbitragepreis-Modell ein Grund zum Kaufen.

Wenn eine gewinnbringende Veränderung eines Faktors von großer Wahrscheinlichkeit ist, kann man ein entsprechendes Aktienportfolio aufbauen. Man wählt zu diesem Zweck Aktien mit einer hohen Sensitivität auf diesen Faktor aus. Gleichzeitig verkauft man Aktien leer, die auf diesen Faktor wenig aber ähnlich auf die übrigen Faktoren reagieren. Dadurch bleibt im Portfolio der gewünschte Faktor wirksam, während die unerwünschten Risikofaktoren eliminiert werden. Bei einer genügend großen Anzahl Aktien werden auch die titelspezifischen Risiken wegdiversifiziert.

Tabelle 5: Sensitivitäten der verschiedenen Faktoren

	Faktor 1	Faktor 2	Faktor 3
Kauf von Aktie A	0,5	0,3	0,2
Leerverkauf von Aktie B	0,0	0,3	0,2
Wirksamer Faktor	0,5	0,0	0,0

Ein Vorgehen ohne Leerverkäufe ist ebenfalls möglich. Man stellt dann das Aktienportfolio so zusammen, daß die unerwünschten Faktoren möglichst geringe und die erwünschten Faktoren möglichst große Auswirkungen auf den Ertrag haben.

Was sind die Unterschiede zum CAPM? Beim APT ist der erwartete Ertrag einer Aktie nicht nur von einem Faktor (Beta-Faktor) abhängig wie beim CAPM, sondern wird von mehreren Faktoren bestimmt. Anstelle einer Ertragsrate für den gesamten Markt wird für jeden Faktor eine separate Ertragsrate berechnet. Ausgangspunkt ist jeweils die durchschnittliche Sensitivität des betreffenden Faktors von eins. Je nach Sensitivität einer Aktie auf die verschiedenen Faktoren verändern sich diese Ertragsraten. Zusammen ergeben sie schließlich den erwarteten Gesamtertrag einer Aktie.

Die APT-Formel geht vom risikolosen Zinssatz (R) aus. Dank dem Eingehen von allgemein wirksamen (systematischen) Risiken, die durch Faktoren (F) ausgedrückt werden, läßt sich ein Mehrertrag (E1 – R) über den risikolosen Zinssatz hinaus. Je sensibler nun eine Aktie auf eine Veränderung der Risikofaktoren (F) reagiert, desto größer wird im positiven Falle der erwartete Mehrertrag (F(E1-R) sein.

Es verbleibt noch eine Restkomponente, die nicht durch allgemeine Risikofaktoren erklärbar ist. Es handelt sich hier um das sogenannte titelspezifische oder nichtsystematische Rsiiko, das jedoch in einem gut diversifizierten Portfolio ohnehin unbedeutend ist.

Demnach lautet die Formel des APT-Modells:

$$E_T = R + F_1(E_1 - R) + F_2(E_2 - R) + \text{Rest}$$

Dabei gilt:

E_T = erwarteter Totalertrag einer Aktie
E_1 = erwarteter Ertrag einer Aktie, wenn der 1. Faktor 1,0 beträgt (wie Beta-Faktor 1,0 des Markt-Portfolios)
E_2 = erwarteter Ertrag einer Aktie, wenn der 2. Faktor 1,0 beträgt
R = risikoloser Zinssatz
F_1 = Reaktion (Sensitivität) des erwarteten Ertrages (E1) einer Aktie auf Veränderungen des 1. Faktors
Rest = nicht durch Faktoren erklärbares titelbezogenes Risiko bzw. Ertrag
$E_1 - R$ = Risikoprämie, wenn der 1. Faktor 1,0 beträgt

Bewertung einer Aktie:

Für die betreffende Aktie werden folgende Sensitivitäten angenommen:
$F_1 = 1,5 \quad F_2 = 0,5 \quad F_3 = 2,0$

Die faktorbezogenen erwarteten Erträge seien:
$E_1 = 8\,\% \quad E_2 = 10\,\% \quad E_3 = 9\,\%$

Der risikolose Zinssatz (R) betrage 7 %.

Durch das Eingehen der drei Faktorrisiken läßt sich der erwartete Ertrag von 7 % (risikolos) auf 14 % erhöhen:

$$E_T = 7 + 1,5(8-7) + 0,5(10-7) + 2,0\,(9-7) = 14\,\%$$

Bewertung des APT-Modells: Die Anwendung des APT ist noch nicht sehr weit gediehen. Das kommt z. T. daher, weil das APT ziemlich kompliziert ist und sich ohne Computer praktisch nicht bewältigen läßt. Darüber hinaus müssen die verschiedenen Faktoren erst einmal klassifiziert und quantifiziert werden. Obwohl das APT der Wirklichkeit mehr Rechnung zu tragen scheint als das CAPM, vermag es nach William Sharpe, einem Altmeister der Finanzmarktanalyse, das letztere nicht zu ersetzen, sondern nur zu ergänzen.

WICHTIG

Die beiden theoretischen Modelle CAPM und APT sind keinesfalls neu – auch wenn sie die Grundlage der „Modernen“ Portfolio-Theorie bilden. Es handelt sich auch keinesfalls um „Geheimmodelle“, mit denen sich die Aktienkurse von morgen bestimmen lassen. Im Gegenteil: Für das CAPM gibt es für den deutschen Markt alleine drei Untersuchungen, die besagen, daß dieses Modell in der Praxis versagt hat. Problematisch sind die Schätzungen, wo kleine Irrtümer gleich das gesamte Ergebnis ad absurdum führen können. Anleger sollten diese Modelle deshalb nicht zu wichtig nehmen.

2.6 Historische Risiko-/Ertragsmuster verschiedener Anlageformen

Sicherlich ist es Ihnen bereits aufgefallen, daß ein Großteil der Daten, die für den Anlageprozeß nach der Modernen Portfoliotheorie gewonnen werden, aus der Vergangenheit stammen. So z. B., wenn es um die Bestimmung des Risikos geht oder wenn die Parallelität von Kursverläufen verschiedener Aktien oder Märkte bestimmt werden soll. In jedem Fall kann nur der Versuch unternommen werden, aus den Erkenntnissen vergangener Verläufe Prognosen für die Zukunft zu geben. Dies ist natürlich mit Unwägbarkeiten verbunden, können vergangene Ereignisse doch nicht ohne weiteres in die Zukunft übertragen werden.

Und doch zeigt sich bei sehr langfristigen Untersuchungen, die teilweise die Kapitalmärkte der letzten einhundert Jahre unter die Lupe genommen haben, daß die Auswirkungen bestimmter Ereignisse oft gleich sind – daß sich bestimmte Kursverläufe im Zeitablauf wiederholen und daß sich bei ähnlichem volkswirtschaftlichen, monetärem fiskalpolitischen und steuerlichen Umfeld auch die Kursverläufe in verschiedenen Zeitperioden stark ähneln.

Somit mag es – sofern sich der Betrachtungszeitraum über eine statistisch aussagefähige Dauer erstreckt – legitim sein, die Wertentwicklung verschiedener Anlageformen zu vergleichen, um Auskunft darüber zu erhalten, welche Anlageinstrumente sich in der Vergangenheit am besten geschlagen haben und welche das höchste Risiko beinhaltet haben.

Bei all den Untersuchungen, die im Folgenden vorgestellt werden, steht eines im Mittelpunkt: Aktien schlagen Renten! Das alles entscheidende Argument für die Aktie ist nämlich die zu erwartende höhere Rendite. Nach einer Untersuchung der Deutschen Bank haben Aktien Renten und Festgelder in ihrer Wertentwicklung geschlagen. Und zwar unabhängig davon, ob man den Zeitraum seit 1955, 1982 oder 1988 betrachtet. Die große Ausnahme in Deutschland bilden die durch Ölpreisschocks und eine Lohn-Preis-Spirale geprägten 70er Jahre. Aber selbst unter Berücksichtigung dieser besonders schwierigen Phase erzielte ein Investor in den DAX-Werten seit 1955 eine Rendite von 13,5 Prozent p.a. Eine Anlage in Bundesanleihen oder Festgeld verzinste sich im gleichen Zeitraum lediglich mit 7,5 Prozent bzw. 6,5 Prozent.

Für die letzte Dekade gilt Ähnliches. Für 10.000 DM, die ein Anleger zu Beginn der 80er Jahre in Bundesanleihen investierte, hätte er Anfang der 90er Jahre 21.600 DM erlöst. Hätte er jedoch in die Aktien des DAX investiert, betrüge sein Vermögen stolze 33.400 DM. Selbst unter Berücksichtigung aller einer solchen Berechnung immanenten Unsicherheitsfaktoren ist das Ergebnis eindeutig: Auf längere Sicht schlagen Aktien Renten. Berücksichtigt man steuerliche Aspekte, fällt das Ergebnis noch deutlicher zugunsten der Aktie aus. Schließlich resultiert ein großer Teil der Erträge aus Kursgewinnen, die für Privatpersonen bei Veräußerung der Papiere nach mindestens sechs Monaten steuerfrei sind.

Überraschend ist dieses Ergebnis nicht. So erklärt die Moderne Portfoliotheorie bekanntlich, daß ein Anleger nur dann bereit ist, eine risikoreichere Anlage zu wählen, wenn der zu erwartende Ertrag eine dem Risiko entsprechende Prämie abwirft. Das Ergebnis ist somit eine logische Konsequenz unseres Wirtschaftssystems. Denn auch ein Unternehmen wird nur dann in Produktionsanlagen und Maschinen investieren, wenn der erwartete Ertrag aus der Investition über dem am Kapitalmarkt zu erzielenden Zins liegt. Nur dieser „Risikozuschlag" bietet die notwendigen Anreize, unternehmerisches Risiko einzugehen.

Trotz der objektiven Vorzüge der Aktie spricht die Anlage-Wirklichkeit eine andere Sprache. Nur fünf Prozent der angelegten Gelder wandern in diese langfristig ertragreicheren Renditepapiere. Es gibt in Deutschland kaum mehr als vier Millionen Aktionäre – etwa fünf Prozent der Gesamtbevölkerung -, während es in England 12 Millionen und in den USA 51 Millionen oder jeweils 21 % der Bevölkerung sind. Wie erklärt sich diese offenkundig fehlende Vorliebe für Aktien?

In Deutschland ist das Image der Aktie einseitig geprägt. Es ist schon erstaunlich, wie übereinstimmend Befragte aller Alters- und Einkommensgruppen in Deutschland an Spekulation und ihre Auswüchse denken, wenn sie nach Aktien gefragt werden. Auch die bittere Erfahrung des Vermögensverlustes nach zwei Weltkriegen wirken bis heute nach. Aus gutem Grund also begleitete den Anleger der Nachkriegszeit eine besonders vorsichtige Mentalität bei seinen Investmententscheidungen. Schließlich weiß der erfahrene Anleger, daß unternehmerischer Erfolg und Mißerfolg manchmal eng beieinander liegen können. Managementfehler sowie Fusionen und Kooperationen, die sich nicht auszahlen, bekommen Aktienanleger im Kurs zu spüren. Ferner verändern technische

Innovationen ganze Industriezweige. Wechselnde Erfordernisse des Umweltschutzes belasten einzelne Unternehmen, während sie anderen neue Geschäftsfelder eröffnen. Licht und Schatten liegen bei Aktien oft nahe beieinander. Des weiteren gestalten vorübergehende heftige Kursausschläge, ausgelöst durch das gleichgerichtete Verhalten von großen institutionellen Anlegern, das souveräne Investment in Aktien nicht immer einfach. Dennoch sprechen insbesondere auch die sehr langfristigen Anlageergebnisse von Aktien, selbst wenn die Weltkriege dazwischen lagen, eine eindeutige Sprache:

Einer Untersuchung von Ralf Conen liegt die Periode von 1875 bis 1992 zugrunde. Dabei fällt auf, daß Aktien mit einem durchschnittlichen Anlageerfolg von jährlich 12,03 % (arithmetisches Mittel) deutlich höhere Erträge als Anleihen mit 5,28 % erwirtschaften konnten. Speziell für die Zeit nach dem Zweiten Weltkrieg gilt diese Aussage umso mehr, als Aktien nominal jährlich 16,59 %, Anleihen aber lediglich 6,16 % Ertrag brachten. Diese Betrachtung mündet in einer positiven Risikoprämie von 6,75 % über den gesamten Zeitraum und 10,43 % für die Nachkriegszeit. Auch nach Beachtung des Kaufkraftschwundes durch Inflation zeigt sich die reale Aktien-Risikoprämie mit 6,59 % bzw. für die Nachkriegszeit von 10,35 % bemerkenswert hoch.

Das Fazit der Ralf-Cohen-Studie: Wer auch nach Steuern und Inflation eine gute Rendite am Kapitalmarkt erzielen will, muß Aktien besitzen. Je länger dabei der Anlagezeitraum, desto eher vermindert sich der Nachteil stark schwankender Renditen, d. h., hoher Volatilität bei Aktien. So liegt bei Betrachtung von Ein-Jahres-Halteperioden die Aktienrendite in 58 % aller Fälle über der Rentenrendite, im Fall von 20-Jahres-Perioden aber schon in über 83 % aller Fälle. Betrachtet wurden dabei alle möglichen sich überlappenden Perioden, für die durchgängig Daten verfügbar waren. Mit wachsendem Anlagehorizont werden die Unterschiede der Minimum- und Maximum-Renditen kleiner. Die Standardabweichung nimmt ab, während gleichzeitig der Renditevorteil der Aktien deutlich hervortritt.

Währungsumstellungen und Hyperinflation verhindern, daß über den Gesamtzeitraum von 1876 bis heute chronologische und lückenlose Datenreihen vorliegen. Eine Berechnung der kumulierten Performance über den Gesamtzeitraum ist daher nicht möglich. Die einzelnen Perioden, also die Zeit bis zum Ersten Weltkrieg, die Zeit nach der Hyperinflation und die Jahre nach dem Zweiten Weltkrieg können nur separat betrachtet werden. In allen drei Subperioden zeigt sich die Überlegenheit der Aktie gegenüber den Anleihen nicht nur bei Betrachtung der Nominalrenditen, sondern insbesondere bei dem realistischeren Vergleich nach Abzug von Geldentwertung und Steuern. So hätte sich bei einem Anfangsinvestment von einer Mark in Aktien in den Jahren von 1876 bis 1913 ein Endwert von 14,11 DM, für den Zeitraum von 1949 bis 1992 ein Endwert von 183,91 DM ergeben. Dies liegt deutlich über den vergleichbaren Ergebnissen bei einer Rentenanlage von 3,78 respektive 12,74. Nach Steuern und Inflation wäre ein Vermögen, in Aktien angelegt, um das fast 30-fache gestiegen, während das gleiche Vermögen in Renten real geschrumpft wäre.

Betrug nun die durchschnittliche Nominalrendite für Renten von 1875 an circa 5 %, so kann anhand der vorhandenen Daten die Frage beantwortet werden, wie groß die Wahrscheinlichkeit ist, eine solche Mindestrendite von 5 % in irgendeinem Jahr zu erzielen. Die Wahrscheinlichkeit liegt für Aktien bei 62 %, für Renten bei 54 %. Nach Steuern und Inflation beträgt die Chance bei Aktien immer noch 56 %, bei Renten nur 16 %. Die Chance, bei Aktien eine Mindestrendite von 10 % zu erreichen, beträgt nominal bei Aktien immerhin noch 53 %, bei Renten lediglich 5,4 %.

Diese Aussagen gelten nicht nur für den deutschen Markt. Sie werden auch vom größten Kapitalmarkt der Welt in den USA bestätigt. Demnach würde ein US-Dollar, im Jahr 1802 (!) investiert, heute bei kontinierlicher Wiederanlage der Erträge ein nominales Vermögen von 955.000 US-$ ergeben. Der gleiche Dollar hätte bei einer Anlage in Anleihen 5.770 US-$, in Festgeld 2.680 US-$ erbracht. In Gold angelegt, würde ein US-Dollar heute lediglich einen Wert von 15,8 US-Dollar verkörpern. Real, nach Abzug des Kaufkraftverlustes durch Inflation, erbrachten Aktien einen Wert von 86.100 Dollar, Anleihen 52 Dollar, Festgeld 24 Dollar und Gold 1,42 Dollar. Es fällt auf, daß die Anlage in Gold nicht mehr, aber auch nicht weniger ist, als eine nahezu perfekte langfristige Absicherung gegen Vermögensverlust durch Inflation. Gold ist also dann interessant, wenn die Weltinflation ungewöhnlich hoch ist.

---

1 Siegel, Jeremy J.: The Equity Premium: Stock and Bond Returns since 1802, Finacial Analysts Journal, Jan.-Feb. 1992, S. 28ff.

Über die gesamte Periode hinweg schlugen Aktienrenditen die Rentenrenditen auf Jahresbasis in 57,7 % aller Fälle. Bezogen auf 30-jährige Anlagezeiträume waren es sogar knapp 89 %. Sogar, wenn die Halteperioden auf fünfjährige Zeiträume verkürzt werden, schlugen Aktien eine Rentenanlage seit 1926 im Verhältnis 4:1 und seit 1872 immer noch im Verhältnis 3:1. Dabei war die reale Aktienrendite über verschiedene Subperioden mit circa 6 % bemerkenswert stabil.

Ähnlich stellen sich die Verhältnisse in Großbritannien dar. Hundert Britische Pfund im Jahre 1918 in Aktien investiert, stiegen auf ein Vermögen von 13.000 Pfund, Renten hingegen hatten lediglich 250 Pfund erwirtschaftet.

WICHTIG

Aktien gehören in jedes Wertpapier-Portfolio. So viel läßt sich nach sehr langfristigen vergangenheitsbezogenen Untersuchungen sagen. Je langfristiger eine Geldanlage erfolgen soll, je höher soll der Aktienanteil gewählt werden, denn je geringer wird das Risiko, einen negativen Ertrag hinnehmen zu müssen. Im Gegenteil: Je länger der Anlagehorizont, je höher die Chance, mit Aktien den höchsten Ertrag aller Anlageformen zu erzielen.

3. Praktische Umsetzung der Erkenntnisse

3.1 Erster Schritt: Kundenanalyse

Die Frage ist natürlich, wie die im vorangegangenen Kapitel beschriebenen mehr oder weniger theoretischen Erkenntnisse konkret in der Praxis umgesetzt werden. Hierbei haben sich in der letzten Zeit gewisse Standards entwickelt, wobei die konkrete Umsetzung dennoch von Bank zu Bank verschieden ist.

Beauftragt der Kunde einen professionellen Verwalter für seine Geldanlage, wie z. B. eine Vermögensverwaltung oder eine Bank, so sollte er darauf achten, daß zwei Punkte erfüllt sind, bevor er sich definitiv zu einer Geschäftsbeziehung entschließt. Der erste Punkt besteht in der Gewißheit, daß der Vermögensverwalter den Kenntnisstand des Anlegers richtig einschätzen kann, seine Situation, insbesondere seine Erwartungen an die Geldanlage sowie natürlich die Risikobereitschaft, die er bezüglich seines Vermögens hat. Der zweite Punkt ist das fachliche Knowhow des Verwalters, also die Kompetenz, die Bewegungen an den internationalen Finanzmärkten zu analysieren und zu prognostizieren.

Die Analyse der Anlegererwartungen in bezug auf die zu erzielenden Erträge und damit einhergehend die spätere Kapitalverwendung sowie die Prognose der Finanzmärkte führen gemeinsam zu einer Entscheidung über die optimale Struktur eines Wertpapiervermögens. Damit wird ein regelmäßiger Entscheidungskreislauf begonnen, denn die Ergebnisse der Vermögensverwaltung (Rendite und Wertschwankungen) sowie die sich ändernden Finanzmärkte führen zu einer kontinuierlichen Überprüfung der Struktur des Wertpapiervermögens und u. U. zu Anpassungen. Zusammen mit der regelmäßigen Kontrolle des Anlageerfolges (s. nächstes Kapitel) bildet sich somit ein Kreislauf aus Analyse der Anlegererwartungen und der Bildung optimal strukturierter Wertpapierdepots im Rahmen einer individuellen Asset Allocation, die auf der Basis von entsprechenden Prognosen vorgenommen werden. Dieser grundsätzliche Ablauf, bei dem es zwischen den einzelnen Banken und Vermögensverwaltungen kaum Unterschiede gibt, läßt sich anhand der folgenden Abbildung am Beispiel Vermögensverwaltung der Commerzbank noch einmal anschaulich verdeutlichen:

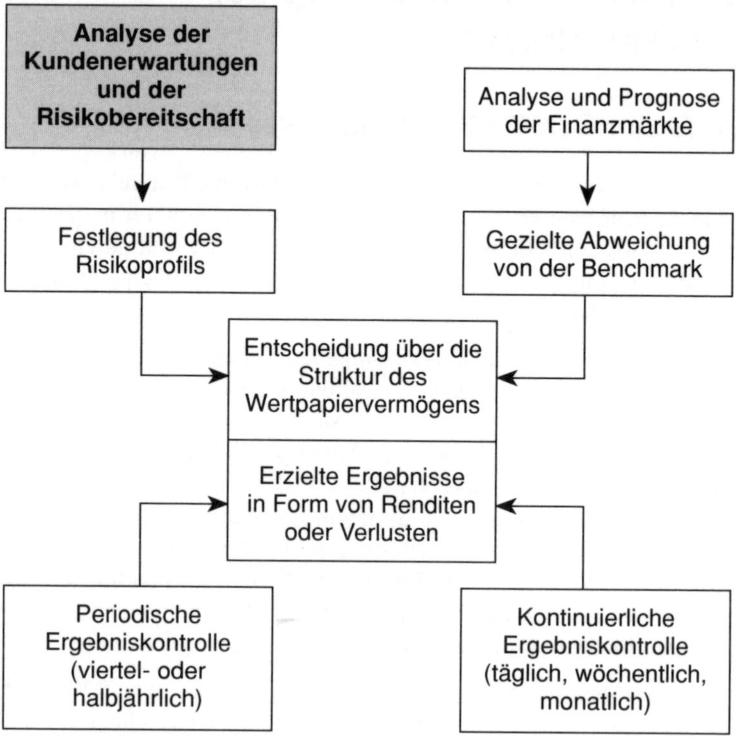

Quelle: Commerzbank Vermögensverwaltung

Abbildung 5: Entwicklung eines optimalen Wertpapierdepots

Am Anfang steht stets die Analyse der Anlegerbedürfnisse. So sollte sich der Kunde bzw. Anleger insbesondere über folgende Punkte im klaren sein:

- Was soll bei der Vermögensanlage im Vordergrund stehen: Substanzerhaltung oder Renditeerwartung?
- Welche Risikoneigung bringt der Anleger mit?
- Muß eine bestimmte Cash-flow-Struktur berücksichtigt werden, z. B. regelmäßige Zahlungen aus dem Depot?
- Wie sieht der Anlagehorizont des Kunden aus?

- Müssen bestimmte Liquiditätsanforderungen erfüllt sein?
- Welche Referenzwährung ist vorgegeben?

Aufgrund dieser Vorgaben legt der Verwalter das Risikoprofil des Wertpapierdepots durch eine erste grobe Gliederung fest. Bei der Konstruktion einer adäquaten Rendite-Risiko-Struktur muß er aber noch mehr beachten:

- Bestehen von seiten des Anlegers noch irgendwelche Nebenziele?
- Gibt es Vorgaben bei den einzelnen Anlagekategorien?
- Existieren Vorgaben von einzelnen Anlagemärkten?
- Sind Währungsrestriktionen zu beachten?
- Dürfen Kursabsicherungsinstrumente eingesetzt werden?
- Sind besondere steuerliche Gesichtspunkte zu berücksichtigen?
- Gibt es rechtliche oder markttechnische Einschränkungen, die bei der Grobstrukturierung beachtet werden müssen?
- Welche Maßstäbe werden intern und extern zur Erfolgsmessung herangezogen?

Diese Punkte machen die Individualität einer Vermögensverwaltung aus. Wenn der Vermögensverwalter seinen Kunden im Hinblick auf dessen Erwartungen und Risikobereitschaft kennengelernt hat, so ist dies schon einmal die „halbe Miete“ für eine langfristig erfolgreiche Zusammenarbeit. Die andere Hälfte wird von der Qualität der Marktprognosen des Vermögensverwalters bestimmt. Während wir hierauf im nächsten Punkt noch detailliert eingehen werden, eine kurze Beschreibung, wie es die Vermögensverwaltung der Commerzbank damit hält:

Hier wird zunächst einmal auf historische Werte zurückgegriffen, wobei unterstellt wird, daß die Finanzmärkte sich in Zukunft zumindest langfristig etwa so verhalten, wie sie das in der Vergangenheit getan haben. In der Praxis wird „Rendite“ meistens als „langjähriges durchschnittliches Ergebnis“ definiert und kann für unterschiedliche Wertpapierstrategien ermittelt werden. Diese können dann miteinander verglichen werden, etwa Anlagen in Aktien mit der Anlage in Renten. Wie dort ebenfalls beschrieben wird, wird als Maß für das Risiko noch immer häufig die Standardabweichung verwendet, also vereinfacht ausgedrückt, die durchschnittliche Renditeschwankung. Daß diese Meßzahl wenig hilfreich ist, haben wir bereits gesehen.

Die Commerzbank verwendet als eine der ersten Institute nicht die Standardabweichung als Risikomaß, sondern alternative Risikokennziffern. So hat sich nach den Erfahrungen der Bank vor allem das Aufzeigen der positivsten und negativsten Renditen, also der besten und schlechtesten Jahresergebnisse bewährt. Die Bank bemißt dem Zeithorizont ebenfalls eine zentrale Rolle bei, denn allgemein läßt sich formulieren, daß mit zunehmender Haltedauer die Wahscheinlichkeit steigt, den erwarteten Ertrag zu realisieren. Je höher der Aktienanteil gewählt wird, desto mehr muß – bei gleichem Risiko – auch der Investmenthorizont ausgeweitet werden.

Dem Kunden werden schließlich vier Kategorien angeboten, innerhalb derer er sein Vermögen nach festen Richtlininien verwalten lassen kann. So bietet z. B. die Commerzbank verschiedene Management-Möglichkeiten an und stellt die möglichen Ergebnisse anhand von historischen Untersuchungen durch sogenannte „Worst- und Best-case-Szenarien“ (beste und schlechteste bisher realisierte Ergebnisse) dar. Der Anleger sieht damit auf einen Blick, daß zu jedem Ertragsprofil ein entsprechendes Risikoprofil gehört, das er zu tragen bereit sein muß.

3.2 Zweiter Schritt: Marktprognosen und die Bewertung der verschiedenen Anlageformen

Nach der Analyse der Kundenbedürfnisse bieten Marktprognosen und die Analyse der verschiedenen Anlageformen die Grundlage für die Bildung von optimierten Depots. Von der Qualität der Prognosen und der Asset-Analyse hängt letztendlich das Anlageergebnis ab. Zwar haben sich auch hier Standards durchgesetzt, dennoch gibt es aufbauend auf diesen Standards eine ganze Reihe zusätzlicher Prognose- und Bewertungsmethoden, die von Bank zu Bank unterschiedlich sind und die teilweise wie ein heiliger Gral gehütet werden.

Die Frage ist natürlich, was aufgrund welcher Daten prognostiziert wird. Bei dem „Was“ ist es vordergründig einfach: In erster Linie sollen die künftigen Anlageergebnisse, die sogenannten „Returns“ verschiedener Anlageformen prognostiziert werden. Dies geschieht vor allem aufgrund der Bewertung politischer und gesellschaftlicher Megatrends, struktureller Änderungen in den Rahmenbedingungen sowie der gesamttechnischen Entwicklungen. Darüber hinaus finden markttechnische und -psychologische Gesetzmäßigkeiten, Zeitreihenmuster (Chartanalyse) sowie die fundamentale Bewertung von Unternehmensdaten und -nachrichten Berücksichtigung. Wichtig ist dabei vor allem der Prognosehorizont.

Bei den traditionellen Prognosemodellen wurden meist historische Kursentwicklungen für die zukünftigen Trends zugrundegelegt. So ist es heute noch üblich, die aktuelle gesamtwirtschaftliche Situation zu analysieren, eine ähnliche Situation in der Vergangenheit zu suchen und die damalige Entwicklung von Aktien, Zinsen und Währungen auf die jetzige Situation umzulegen. Verschiedene Prognosemodelle basieren auf dieser Annahme und haben eines gemeinsam: Sie funktionierten nicht. Die Ursache hierfür liegt darin, daß sich zwar die Konjunktur in bestimmten Schwankungen entwickelt, dies aber nicht immer von den Märkten in gleicher Richtung und gleichem Umfang nachvollzogen wird. Sei es, weil der Antizipationsmechanismus der Börse, also diejenige Zeit, in der sich eine kommende Wirtschaftsentwicklung bereits in den heutigen Kursen widerspiegelt, sich verändert (nämlich immer länger wird) oder aber die gesamtwirtschaftliche Entwicklung von anderen Einflußfaktoren überlappt wird.

Alles Zufall – oder was?

Wichtig deshalb noch einmal: Vergangene Szenarien spielen in den heutigen Prognosemodellen nur noch eine sehr untergeordnete Rolle. Angesichts vieler auf den international wichtigsten Börsenplätzen durchgeführter Studien könnte man allerdings die Frage nach dem Sinn von Prognosen stellen. Diese Studien, insbesondere für amerikanische Aktien (Fama und Blume 1966, Jensen und Bennington 1970) und deutsche Aktien (Nagler 1979, Hofmann 1973) kamen nämlich zu dem Ergebnis, daß die Börsenkurse einem sogenannten „Random Walk" unterliegen. Hinter diesem Fachausdruck verbirgt sich die von allen Börsianern am meisten gefürchtete Theorie, wonach sich die Aktienkurse nach dem „Prinzip Zufall" bewegen, d. h., sie sind im Zeitablauf unabhängig und deshalb nicht prognostizierbar.

Diese Theorie bedarf einer genauen Betrachtung, stellt sie doch einen wichtigen Baustein im Modernen Portfoliomanagement in Frage und mehr noch: Wenn sich die Börsenkurse zufällig entwickeln, im vorhinein also nicht bestimmt oder prognostiziert werden können, welchen Sinn haben dann noch börsengehandelte Wertpapiere in einer seriösen Anlagepolitik? Welche Rechtfertigung für risikobehaftete Engagements gibt es, wenn keine Aussage über die möglichen Chancen (steigende Kursen) und Risiken (fallende Kurse) mehr möglich sind. Und das ganze gipfelt schließlich in einer ohnehin von vielen deutschen Anlegern vertretenen Meinung: „Die Börse ist ein Spielcasino!"

Nach der „Random-Walk-Theorie" ist dieser Einwand nicht so einfach von der Hand zu weisen, denn was unterscheidet eine Roulette-Kugel, die ein zufälliges Ergebnis erbringt, schon von Börsenkursen, die sich zufällig entwickeln?

Selbst wenn die Random-Walk-Theorie zweifelsfrei richtig wäre (auf die Kritikpunkte kommen wir noch zu sprechen), so können Millionen Börsianer und Hunderttausende von Anlageberatern dennoch aufatmen: Denn selbst dann ist die Börse nicht mit einem Spielcasino gleichzusetzen. Aktien werden nämlich beispielsweise aufgrund realwirtschaftlicher Vorgänge bewertet, und daraus folgt, daß die erwartete Rendite von Finanzinstrumenten letztendlich positiv ist. Dies ist der größte Unterschied zum Spielcasino, auch wenn sich die Kurse an der Börse zufällig bewegen würden: Während der Erwartungswert im Casino negativ ist (Die Spielbank gewinnt langfristig immer, die Spieler verlieren langfristig), ist er an der Börse positiv. Hierzu sei noch einmal auf Kapitel 2.6. verwiesen.

Aktienanalyse

Solange es Finanzmärkte gibt, wird auch versucht, ihre Entwicklung zu prognostizieren. Institutionen wie Banken, Versicherungen, wissenschaftliche Forschungsinstitute und auch private Anleger versuchen, mit qualitativen, quantitativen, technischen, fundamentalen und anderen Methoden zu Aussagen über die Bewertung und die künftige Entwicklung von Wertpapieren zu kommen. Nachdem wir zuvor die Entwicklung der Prognosetechniken skizziert haben, geht es nun darum, ausgehend von gegebenen Rahmenbedingungen einige Methoden der Bewertung der verschiedenen Wertpapierarten aufzuzeigen. Selbstverständlich könnte alleine dies ein Buch füllen, und es sind auch schon viele Bücher über dieses Thema geschrieben worden.

Was beeinflußt die Aktienkurse?

So einfach diese Frage klingt, so schwierig ist ihre Beantwortung. Da niemand in die Zukunft blicken kann (auch die Prognostiker in den Banken nicht) müßte die Frage eigentlich lauten: „Was beeinflußte die Aktienkurse in der Vergangenheit?"

Daß man gerade solche Analysen nicht undifferenziert durchführen kann, haben wir gesehen. Dennoch ist es wichtig, ökonomisch plausible Einflußfaktoren auf den Aktienmarkt herauszufinden, deren Einfluß zu untersuchen und in einem weiteren Schritt Schlüsse für die Bewertung des aktuellen Anlageumfeldes zu ziehen.

Das zuvor genannte (und kritisierte) Aktienbewertungsmodell ist keinesfalls das einzige seiner Art. Man hat nämlich schon recht früh festgestellt, daß es eigentlich nur wenige Haupteinflußfaktoren sind, die die Aktienkursentwicklung erklären. So veröffentlichte ein Amerikaner namens Donner bereits im Jahre 1934 ein Modell, dem der Zeitraum von 1870 bis 1913 zugrunde lag. Schon damals konnte er den Aktienindex zu 96 % erklären, indem die Dividendenentwicklung mit 60 %, die Zinsen mit 12 % und eine Trendvariable mit 24 % gewichtet wurden.

In der deutschen Börsengeschichte modifizierte Prof. Udo Hielscher im Jahre 1966 dieses Modell für den Zeitraum von 1952 bis 1964, wobei er nicht die Dividenden, sondern die Gewinne pro Aktie zugrunde legte. Das Ergebnis: Ein Modell, das die Aktienkurse zu 92 % erklärte. Nachdem auch noch die Rentenrendite berücksichtigt wurde, stieg der Erklärungsbeitrag auf 95 %.

Für die jüngste Zeit gibt es ebenfalls von Hielscher ein Modell von 1989/90, das den Zeitraum von 1982 bis 1989/90 umfaßt. Dieses Modell erklärt die Aktienkurse zu 94 %, wobei die Gewinne pro Aktie einen Erklärungsbeitrag von 47 % aufwiesen, der Zins von 27 % und die Geldmenge (M1) von 20 %.

All diesen Modellen ist jedoch eines gemeinsam: Sie sind allesamt als Diagnosemodelle, nicht als Prognosemodelle zu verstehen, da vergangenheitsbezogen.

Korrelationsanalysen: Der Blick zurück

Die Frage ist natürlich, inwieweit einzelne Einflußfaktoren die Kurse deutscher Aktien bewegen. Interessant ist es beispielsweise immer dann, wenn in der Berichterstattung der Medien dem Leser oder Betrachter plausible Erklärungen für die Kursveränderungen geliefert werden. Da ist dann z. B. die Rede von konjunktureller Abschwächung, von Zinsanstieg und zunehmender Inflationsgefahr als mögliche Gründe für Kursrückgänge. Andererseits werden z. B. steigende Auftragseingänge, Auslandskäufe und zunehmende Barmittel von Investmentfonds als vermeintliche Ursachen für Kurssteigerungen genannt. Wären die angesprochenen Faktoren wirklich bestimmend für die Kursveränderungen und -entwicklungen und würden sie womöglich vor den Kursen bekannt sein, könnte man aus der Kenntnis und Beobachtung dieser Faktoren Aufschluß über die zukünftige Kursentwicklung bekommen.

Die Erklärungen der Kommentatoren für die Kursveränderungen erfolgen in der Regel durch Aufzeigen fundamentaler Bestimmungsfaktoren aus dem gesamt- und kreditwirtschaftlichen Bereich. Es stellt sich die Frage, ob die Begründungen tatsächlich zutreffen und ernsthaft, d. h., wissenschaftlich geprüft und untersucht worden sind.

Eine Methode, die Existenz und Intensität eines Zusammenhanges zwischen zwei Größen bzw. Variablen – z. B. Aktienkursen und Zinsniveau – zu untersuchen, ist die Korrelationsanalyse.

Speist man die Variablen Aktien-Index und Zinsniveau für einen bestimmten Zeitraum in die Formel des Korrelationskoeffizienten ein, so ergibt sich eine Dezimalziffer (= Korrelationskoeffizient) zwischen – 1,00 und + 1,00. Werte von exakt + 1,00 signalisieren einen 100 %igen Gleichlauf beider Variablen im Berichtszeitraum, während ein Koeffizient von – 1,00 besagt, daß beide Variablen einen total entgegengesetzten Verlauf hatten.

Wäre z. B. die Korrelation zwischen Kapitalmarktzinsen und Aktienkursen + 1,00, so wäre ein 10 %iger Zinsanstieg (beispielsweise von 8 % auf 8,8 %) von einem 10 %igen Aktienkursanstieg (z. B. von 2.000 im DAX auf 2.200 Punkte) begleitet. Meist wird ein entgegengesetzter (negativer) Zusammenhang zwischen Zinsen und Aktienkursen unterstellt, so daß sich als Korrelationskoefizient eine negative Dezimalzahl zwischen 0 und -1,00 ergeben müßte. Ein Korrelationskoeffizient um 0 bzw. im Bereich von – 0,6 bis + 0,6 deutet auf überhaupt keinen bzw. nur geringen Zusammenhang zwischen zwei Variablen hin.

Mit Hilfe des Computers lassen sich, falls eine entsprechende Datenbank mit den nötigen historischen gesamt- und kreditwirtschaftlichen Daten zur Verfügung steht, alle aufgestellten Behauptungen über bestimmte Zusammenhänge als zutreffend oder nicht zutreffend herausfiltern (wohlgemerkt stets auf Basis vergangenheitsbezogener Daten).

Das benötigte Datenmaterial hierfür läßt sich größtenteils den Monatsberichten der Deutschen Bundesbank entnehmen. Um hier einige Korrelationsanalysen beispielhaft aufzuzeigen, wurden für den langen Zeitraum von 1974 bis 1991 (17 Jahre) Korrelationen berechnet. In den Beispielen wurde versucht, den Einfluß folgender Größen auf den deutschen Aktienmarkt zu ermitteln (in Klammern der entsprechende Korrelationswert):

- 10-Jahres-Zinsniveau (– 0,56)
- Wertpapierbestände der Banken (– 0,64)
- Geldkapitalbildung (– 0,70)
- Konsumentenpreisindex (– 0,83)
- Auslandsposition der Deutschen Bundesbank (– 0,92)

Um auf höchstmögliche Korrelationen zu kommen, wurden häufig statt der aktuellen Einzelwerte Mehrmonats-Durchschnittswerte verwendet. Außerdem läßt sich durch Verfeinerung der Technik erkennen, ob die Einflußfaktoren einen Vorlauf oder einen Nachlauf gegenüber den Kursen haben. In seltenen Fällen können sie auch synchron laufen.

WICHTIG

Mit Hilfe der Korrelationsanalyse läßt sich die Auswirkung verschiedener Einflußfaktoren auf die vergangene Aktienkursentwicklung darstellen. Mit dieser (vergangenheitsbezogenen) Analyse lassen sich aber weder Aussagen für die künftige Aktienkursentwicklung noch über die Bewertung der Märkte herleiten. Die Bedeutung der Korrelationsanalyse sollte deshalb nicht überschätzt werden.

Da die Korrelationsanalyse damit nur in sehr begrenzter Art und Weise zur Aktienanalyse geeignet ist muß auf andere Methoden der Aktienbewertung zurückgegriffen werden. Zu den klassischen Methoden gehört dabei zum einen die Fundamentalanalyse und zum anderen die Chartanalyse. Meist finden beide Methoden in Kombination Einfluß in die Anlagestudien der Banken.

Die Fundamentalanalyse bei der Aktienbewertung

Im globalen Ansatz wird bei der Fundamentalanalyse zunächst einmal die gesamtwirtschaftliche Entwicklung analysiert. Dazu zählt die Bewertung und Einschätzung von Bruttosozialprodukt, Devisenkursentwicklungen, gesamtwirtschaftlichen Entwicklungen europa- bzw. weltweit, der Zinsen und einzelnen Branchenentwicklungen.

Bei der Untersuchung der branchenspezifischen Einflußfaktoren sind wiederum folgende Punkte zu analysieren:

- Auftragseingang und -bestand
- Umsatzentwicklung (Menge und Preis)
- strukturelle Änderungen
- spezielle Brancheneinflüsse
- internationale Brancheneinflüsse.

Der globalen Fundamentalanalyse liegt die Idee zugrunde, daß sich die Aktienkurse insgesamt langfristig am gesamtwirtschaftlichen Wachstum orientieren.

Bei der Fundamentalanalyse als Einzelanalyse werden die unternehmensspezifischen Chancen und Risiken unter die Lupe genommen und in bestimmten Aktienkurskennzahlen ausgedrückt. Ein Vergleich dieser Kennzahlen soll Aussagen über die Attraktivität (Über- und Unterbewertungen) von einzelnen Aktien ermöglichen.

Wichtigstes Analyseziel ist die Ermittlung bzw. Schätzung der zukünftigen Gewinne einer Aktiengesellschaft. Anhänger der Fundamentalanalyse glauben, daß sich der Kurs der Aktien langfristig stets nach dem Gewinn(-wachstum) des Unternehmens richtet. Deshalb sind Gewinnschätzungen sehr wichtig in der Fundamentalanalyse. Gewinnschätzungen lassen sich allerdings nur auf recht komplexe Art und Weise durch die Analyse von Bilanz und Ergebnisrechnung sowie entsprechenden Unternehmensbesuchen abgeben. Dabei gibt es Einzelfaktoren zu untersuchen, wie beispielsweise:

- Tätigkeitsspektrum des Unternehmens
- Konzernstruktur
- Unternehmenswachstum
- Ertragswachstum
- Finanzielle Verhältnisse

- Marktstellung
- Lieferanten-/Kundenstruktur
- Wertschöpfung
- Investitionen und Finanzierung
- Management
- Unternehmensstrategie
- Image des Unternehmens
- Bekanntheitsgrad des Unternehmens und der Produkte
- Einschätzung der Produkte im Vergleich zur Konkurrenz
- Absatzwege
- Innovationsfähigkeit
- Marktbreite
- Modetrends
- Übernahmespekulationen
- Dividendenpolitik
- Substanzwert
- Ertragswert
- Besonderheiten

Aus der Untersuchung dieser Punkte werden, wie zuvor angedeutet, Aktienkurskennzahlen ermittelt. Zu den bekanntesten dieser Größen zählt das „Kurs-Gewinn-Verhältnis (KGV)“. Diese Kennziffer gibt an, wie oft der Gewinn einer AG – bezogen auf eine Aktie – im Kurs enthalten ist.

Eine weitere wichtige Kennziffer ist die Dividendenrendite. Diese Kennzahl besagt, welche Verzinsung (Rendite) sich bei einer angenommenen Dividendenausschüttung bezogen auf den aktuellen Kurs ergibt. Da künftige Dividenden in ihrer Höhe unsicher sind, ist man hier auf Schätzungen angewiesen. Meist dient die zuletzt ausgeschüttete Dividende als Anhaltspunkt, wobei ausgehend von der wirtschaftlichen Entwicklung des Unternehmens eine entsprechend höhere oder niedrigere Dividende zum Ende des laufenden Geschäftsjahres geschätzt wird.

Eine dritte wichtige Aktienkennzahl ist der Beta-Faktor. Er zeigt die Schwankungen einer Aktie oder eines Aktien-Depots im Vergleich zum Gesamtmarkt an (s. Kapitel 2). Nach der Theorie haben Aktien mit hohem Beta bessere Gewinnchancen, da sie gleichzeitig entsprechend höhere Risiken beinhalten.

Wie gut eignen sich Beta, KGV und Dividendenrendite als Kriterien für die Aktienbewertung?

Ob diese drei Aktienkennzahlen, also KGV, Dividendenrendite und Beta für die Aktienanalyse sinnvoll sind, hat die Schröder Münchmeyer Hengst&Co. in einer Studie aus dem Jahre 1992 untersucht.

Dabei wurden Modellportfolios konstruiert, in die alle Aktien aufgenommen wurden, die auch im DAX enthalten sind. Ausgenommen wurden lediglich Henkel, Lufthansa und VIAG, weil hier keine ausreichend lange Kurshistorie zur Verfügung stand. Die gesamte Untersuchung erstreckte sich über den Zeitraum von Anfang 1983 bis Ende 1991. Die 27 DAX-Titel wurden jeweils zum Ende eines Jahres nach je einem der Kriterien – KGV, Dividendenrendite oder Beta-Faktor – sortiert und in drei Gruppen aufgeteilt: Das erste Portfolio enthielt z. B. die neun Werte mit den niedrigsten KGV („Niedrig-KGV-Portfolio"), das zweite die Aktien mit den mittleren KGV („Mittel-KGV-Portfolio") und das dritte diejenigen Titel mit den höchsten KGV („Hoch-KGV-Portfolio"). Für die Dividendenrendite und den Beta-Faktor wurden Depots nach dem gleichen Muster konstruiert.

Die Untersuchung berücksichtigte nicht die Marktkapitalisierung der einzelnen Aktien, sondern alle Aktien in allen Portfolios wurden mit demselben Gewicht versehen. Diese Gleichgewichtung allein verursachte damit schon einen Performance-Unterschied zum marktkapitalisierungsgewichteten DAX. In den Modellportfolios haben z. B. Conti und Allianz denselben Einfluß, während im DAX die Allianz-Aktie etwa das 15-fache Gewicht von Conti einnimmt.

Ergebnisse der KGV-Portfolios

Die Analyse der Ergebnisse zeigte, daß es unter diesen drei Modellportfolios keinen echten Gewinner gab: Das Niedrig-KGV-Portfolio blieb im Gesamtzeitraum leicht hinter dem DAX zurück, und das Mittel-KGV-Portfolio erzielte 27,5 % Überperformance (auf neun Jahre!). Das beste Ergebnis erreichte jedoch das Hoch-KGV-Portfolio mit einer im Vergleich zum DAX um 37,1 % besseren Entwicklung. Diese Überperformance wird allerdings durch die großen Schwankungen der Return-Differenzen – also durch die Unzuverlässigkeit des Modells – auf ein Minimum reduziert. Keiner der Modellfonds hätte einen „gleichgewichteten DAX" geschlagen; die Rendite pro Risikoeinheit lag zwischen 0,61 % und 0,64 % (Die Rendite pro Risikoeinheit ist der Quotient aus jährlichem Return und jährlicher Standardabweichung und gibt Auskunft darüber, mit welchem Risiko (Schwankungsbreite) der Return in der Vergangenheit erkauft wurde.)

Das KGV hat sich in diesem Kontext als Auswahlkriterium nicht bewährt. Ein Grund dafür könnte die Unsicherheit der Gewinnschätzungen für das jeweils kommende Geschäftsjahr sein. Gewinnrevisionen sind keine Seltenheit: In den Jahren von 1983 bis 1991 mußten die Schätzungen im Durchschnitt um - 17 % bis + 28 % angepaßt werden.

Ergebnisse der Dividendenrendite-Portfolios

Etwas besser sahen die Ergebnisse bei der Selektion aufgrund der Dividendenrendite aus, die auf der Basis von Jahresschlußkursen und der für das jeweils kommende Geschäftsjahr erwarteten Dividende berechnet wurden. Dividendenschätzungen sind aufgrund der oft kontinuierlichen Dividendenpolitik vieler Gesellschaften leichter und sicherer abzugeben als Gewinnschätzungen.

Als Gewinner entpuppte sich das Hoch-Dividendenrendite-Portfolio mit einem Gesamtreturn von 263 % (+ 82,7 % im Vergleich zum DAX) zu Lasten des Niedrig-Dividendenrendite-Portfolios, das mit 116 % hinter dem DAX zurückblieb (- 69,5 %).

Die Outperformance wurde bei geringeren Schwankungen erzielt; dementsprechend höher ist auch die Signifikanz des Überreturns. Daß bei diesem Modellportfolio die Gewinne nicht nur auf die Gleichgewichtung der Aktien, sondern tatsächlich auf die Selektion und die Umschichtungen zurückzuführen sind, zeigt auch der Vergleich mit dem „gleichgewichteten DAX", der immerhin 29 % hinter dem Hoch-Dividendenrendite-Portfolio zurückgeblieben wäre. Der Ertrag pro Risikoeinheit betrug bei diesem Portfolio 0,82 %, die jährliche Volatilität reduzierte sich auf 20,7 % (DAX: 22,0 %).

Die Argumente, Aktien zu kaufen, die im Verhältnis zum Kurs eine hohe Dividende zahlen, sind bekannt: Eine – möglichst kontinuierlich – hohe Dividende spricht nach Meinung vieler Anleger für ein stetig wachsendes und damit gesundes Unternehmen. Zudem wird das Kursverlustpotential als begrenzt angesehen, da andernfalls die sowieso schon hohe Dividendenrendite die Renditen am Rentenmarkt einholen oder gar überschreiten könnten. Die Studie der Schröder Münchmeyer Hengst & Co zeigte, daß eine Aktienselektion aufgrund von derartigen Dividendenüberlegungen in der Vergangenheit tatsächlich Früchte getragen hätte.

Ergebnisse der Beta-Portfolios

Das erstaunlichste Ergebnis der Untersuchung ergab sich jedoch bei der Aktienauswahl aufgrund der Beta-Faktoren. Klarer Testsieger wurde das Mittel-Beta-Portfolio. Es erzielte insgesamt einen Return von 400 %, also 219 % mehr als der DAX und 165 % mehr, als ein gleichgewichteter DAX gebracht hätte. Das war natürlich nur auf Kosten der anderen beiden Modellportfolios möglich: Das Niedrig-Beta-Portfolio verlor 66 % und das Hoch-Beta-Portfolio 48 % gegenüber dem DAX. Pro Jahr lag das Mittel-Beta-Portfolio durchschnittlich 10,1 % über dem DAX, die Kennzahl Ertrag pro Risikoeinheit lag bei 0,94 % (DAX: 0,61).

Die Frage, die sich beim Anblick dieses Resultats sofort stellt, lautet: Kann man die Performance der Modellportfolios, die allein aufgrund des historischen Beta-Faktors zusammengestellt wurden, mit dem Capital Asset Pricing Model (CAPM, siehe Kapitel 2) begründen, aus dessen Kontext das Beta schließlich stammt? Dies würde bedeuten, daß bei steigendem Gesamtmarkt ein hohes Beta, bei fallendem Markt ein niedriges Beta zur relativ besten Performance führte.

Die Antwort darauf ist ein klares Nein: Zunächst einmal gab es keine bedeutenden Unterschiede zwischen den Beta-Faktoren der drei Modellportfolios; im Gesamtzeitraum hatte das Niedrig-Beta-Portfolio ein Beta von 0,85, das MIttel-Beta-Portfolio lag in der Tat bei mittleren 0,91 und das Hoch-Beta-Portfolio hatte den Beta-Faktor 1,03.

Außerdem zeigte eine sogenannte Faktorenanalyse nur einen marginalen Einfluß des Beta-Faktors auf den Über-Return des Mittel-Beta-Portfolios. Diese Auswertung weist dagegen als Hauptgrund für die Über-Performance die spezifische Aktienselektion aus; weder Branchengewichtung noch Faktoren wie Unternehmensgröße oder Zinssensibilität hatten einen vergleichbaren Einfluß auf das Anlageergebnis.

Fazit

Der Zweifel daran, ob es wirklich einen nachvollziehbaren Zusammenhang zwischen dem Beta und dem unternehmensspezifischen Return gibt, wirft einen deutlichen Schatten auf das gute Ergebnis des Mittel-Beta-Portfolios und läßt deshalb trotz allem mehr an einen Zufall glauben.

So weit die historische Betrachtung. Als Lehre für zukünftige Anlageentscheidungen bleibt die Erkenntnis: Einzelne unternehmensbezogene

Kennzahlen können nicht den Wert oder das Kurspotential einer Gesellschaft in einer Zahl zusammenfassen. Folglich kann die Aktienauswahl aufgrund einer einzigen Kennzahl nicht optimal sein.

Buchwert je Aktie

Eine weitere Kennzahl für die Aktienbewertung ist der Buchwert je Aktie. Er ergibt sich als Quotient von Eigenkapital und Anzahl der Aktien. In der Praxis hat der Buchwert allerdings wenig Bedeutung. Viele Gesellschaften notieren unter ihrem Buchwert, was den einzelnen Anleger jedoch nur bei Liquidierung der Gesellschaft von Bedeutung wäre. Allerdings suggeriert ein hoher Buchwert je Aktie andererseits eine gewisse Sicherheit vor einer Eigenkapitalauszehrung durch eine Verlustsituation.

Dividend-Discount-Modell

Ein neuerer Ansatz, der jedoch insbesondere in den angelsächsischen Ländern derzeit näher untersucht wird, ist das sogenannte Dividend-Discount-Modell (DDM). Dies basiert auf dem sogenannten Barwertkonzept, das u.a. besagt, daß der heutige Kurswert eines Wertpapiers genau der Summe der diskontierten (abgezinsten) zukünftigen Erträge aus diesem Wertpapier entspricht.

So entspricht der heutige Anleihekurs genau der Summe aus abgezinster Fälligkeitsbetrag und abgezinsten Zinszahlungen bis zur Fälligkeit. Als Abzinsungssatz wird die Rendite des Wertpapiers oder die Kapitalmarktrendite angesetzt. Dieses Barwertkonzept ist sehr weitreichend und erlaubt die Bewertung aller Anlageformen, deren zukünftige Zahlungsströme in Form von Erträgen für den Anleger feststehen.

Leider ist dies bei der Aktie nicht der Fall. Zum einen gibt es keinen Tilgungsbetrag wie bei den Anleihen, zum anderen sind die zukünftigen Dividenden unsicher. Der einfachste DDM-Ansatz ist das KGV, da hier die Gewinne in Bezug zum Aktienkurs gesetzt werden. Allerdings hätte dies nur dann eine Berechtigung, wenn die Gewinnrendite in der Zukunft konstant wäre, was allerdings wiederum unrealistisch ist. Die Fachwelt ist deshalb weiter auf der Suche nach einem brauchbaren DDM-Ansatz, wobei die Qualität eines solchen Modells mit den richtigen Schätzungen bestimmter Parameter steht und fällt.

Änderungen der Gewinnschätzungen

Ein Phänomen, das ebenfalls erst seit kurzem näher untersucht ist, ist die Tatsache, daß die Tendenzen an den Märkten weniger von den tatsächlichen Einlußfaktoren abhängen, sondern vielmehr von den Erwartungen der Marktteilnehmer, bzw. insbesondere der Analysten. So ist ein Gewinnausweis eines Unternehmens mit einem Plus von 40 % absolut gesehen sicher ein positives Ergebnis. Dennoch kann die Börse darauf mit fallenden Kursen reagieren, dann nämlich, wenn bei diesem Unternehmen mit einem Gewinnplus von 60 % gerechnet wurde und dies auch bereits in den Kursen vorweggenommen (antizipiert) worden ist. Folglich findet an den Märkten eine Korrektur statt auf ein Kursniveau, das dem 40 %igen Gewinnanstieg, nicht aber dem zuvor erwarteten (und bezahlten) 60 %igen Anstieg gerecht wird.

Eine entsprechende Anlagestrategie ist demnach darauf ausgerichtet, Aktien von Gesellschaften mit positiven Gewinntrends zu bevorzugen und entsprechende Gesellschaften mit negativen Gewinntendenzen zu meiden.

Einwände gegen die Fundamentalanalyse

Die Bedeutung der Fundamentalanalyse in der Praxis ist relativ hoch. Schließlich geht es dabei um die Bewertung von Einflußfaktoren, die ganz offensichtlich den Wert eines Unternehmensanteils (Aktie) bestimmen. Trotz aller Plausibilität und trotz der bereits unternommenen Anstrengungen, die einzelnen Einflußfaktoren zu identifizieren und das Kursniveau einzelner Aktien zu bewerten und als über- bzw. unterbewertet klassifizieren zu können, gibt es noch kein Modell, mit dem es möglich wäre, auf Dauer einzelne Aktien herausfinden zu können, die besser als der Markt abschneiden.

Denn trotz der Plausibilität der Fundamentalanalyse gibt es einige – zum teil gewichtige – Einwände und Kritikpunkte: So stößt der Anhänger der Fundamentalanalyse relativ schnell auf die Schwierigkeit bzw. sogar Unmöglichkeit, alle den Kurs beeinflussenden Faktoren zu bestimmen bzw. zu quantifizieren. Wie wir bereits bei den einzelnen Aktienkennzahlen und den Einflußfaktoren gesehen haben, gibt es davon eine Vielzahl. Ständig kommen neue hinzu. Das größte Problem: Nicht immer haben sie die gleichen Auswirkungen. Einmal kann ein fester Dollar positiv für die Aktienmärkte sein (z. B. weil sich die Gewinnaussichten der Exportwerte verbessern), in einer anderen Situation kann ein steigender Dollar zu sinkenden Aktienkursen führen (wenn z. B. daraufhin der Rentenmarkt schwach reagiert und dies wiederum den Aktienmarkt belastet). Wie will man solche - einmal positiv einmal negativ wirkenden – Einflußfaktoren bewerten?

Hier setzt auch eine weitere Kritik an, wonach psychologische Einflußfaktoren nicht berücksichtigt sind. „Die Börse ist zu 90 % Psychologie", heißt es oft. Dann nämlich, wenn die fundamentalen Daten keine Erklärung für Kursschwankungen liefern.

Und der wichtigste Kritikpunkt: Kommt die Fundamentalanalyse nicht zu spät? Sind die Informationen, die grundsätzlich jedem offen stehen, nicht schon frühzeitig in den Aktienkursen eskomptiert, d. h., vorweggenommen? Ist die Fundamentalanalyse nicht immer nur eine Vergangenheitsanalyse, die auf altbekannten Fakten beruht und für die aktuelle Bewertung keinen Nutzen hat, da es der Börse aufgrund des Antizipationsmechanismus (nicht die aktuelle, sondern die zukünftige Situation wird bewertet) auf die Zukunft ankommt?

Und schließlich: Sind nicht unabhängig von allen Fundamentaldaten für die Kursentwicklung einzig und allein Angebot und Nachfrage entscheidend? Genau dies ist aber in den aktuellen Kursen ausgedrückt!

Die Chart-Analyse

Viele Kritiker der Fundamentalanalyse sind deshalb Anhänger der sogenannten „technischen Analyse" oder auch Chart-Analyse genannt. Auch dies ist ein Versuch, aus der Analyse historischer Daten von Börsenkursen die zukünftige Entwicklung abzuleiten. Dabei spielt die Analyse von Börsen-Charts eine entscheidende Rolle.

Bei der technischen Analyse kommt es demnach nicht mehr auf den fundamentalen Hintergrund der Gesellschaft, sondern lediglich auf das Kursbild der Aktie an. Im Kursverlauf der Aktie, so die Chart-Techniker, drückt sich die derzeitige Situation von Angebot und Nachfrage aus. Gleichzeitig sind sämtliche Ergebnisse der Fundamentalanalyse bereits in den Börsenkursen eskomptiert. Darüber hinaus gibt es keinen Grund, wonach ausgerechnet der einzelne Anleger (oder Berater oder Vermögensverwalter) besser informiert sein sollte als der Marktdurchschnitt. Als weitere Argumente für die technische Analyse nennen deren Anhänger auch den geringeren Zeitaufwand, den die Chart-Analyse im Vergleich zur Fundamentalanalyse erfordert. Außerdem berücksichtigt die technische Analyse psychologische Faktoren, da diese in den Kursverläufen ihren Ausdruck finden. Während die Masse der Anleger darüberhinaus erst mit Verzögerung kauft, könnte auch das Insider-Verhalten aus dem Kursverlauf interpretierbar sein.

Zur Technik selbst: Sie wird anhand der Charts (d. h., der grafischen Darstellung von Aktienkursen der Vergangenheit) durchgeführt, wobei verschiedene Darstellungsformen der Chart-Analyse zugrunde liegen:

Aus diesen Charts werden Trendanalysen hergeleitet, so z. B.

- Dow-Theorie
- Elliott-Theorie
- Idealisierte Kursverläufe
- Gleitende Durchschnitte
- Relative Stärke

Darüber hinaus dienen sie natürlich auch der eigentlichen Chart-Analyse durch das Erkennen von

- Trendformationen
- Konsolidierungsformationen
- Trendumkehrformationen
- Ausbruchsformationen

Nicht zuletzt dient die technische Analyse noch der Bestimmung von markttechnischen Indikatoren, so z. B.

- Indikatoren zur Bestimmung der Marktbreite
- Börsenklima-Indikatoren
- Angebot-Nachfrage-Indikatoren

Aufgabe der technischen Analyse ist es, Aussagen über die künftige Kursentwicklung der Aktie oder eines gesamten Aktienmarktes, gemessen an einem Index, zu ermöglichen. Die Bedeutung der technischen Analyse, die anfangs in Deutschland nur belächelt wurde, hat mittlerweile die der Fundamentalanalyse erreicht. Es gibt praktisch keine Bankempfehlung, bei der neben fundamentalen Argumenten nicht auch noch charttechnische Aspekte berücksichtigt werden. Manche Anhänger der technischen Analyse ignorieren gar die fundamentalen Argumente und stützen sich einzig und allein auf die Chart-Technik.

Daß die technische Analyse für sich genommen ebenfalls kein Allheilmittel bei der Aktienbewertung sein kann, ahnen Sie sicherlich schon – und in der Tat gibt es zahlreiche Einwände gegen die technische Analyse:

- Jeder Techniker bzw. Chartist ist später im Markt als ein echter „Insider".
- Jedes Chart kann nur auf subjektive Art und Weise interpretiert werden.
- Der Nutzen der technischen Analyse konnte in Untersuchungen nicht einwandfrei nachgewiesen werden.
- Gegen die technische Analyse spricht die Random-Walk-Hypothese, nach der sich die Kurse in zufälligen Mustern entwickeln.
- Die technische Analyse versucht Gesetzmäßigkeiten aufgrund der Entwicklung des Kurses in der Vergangenheit zu erkennen. Gelten diese aber auch für die Zukunft?

Fazit: Die Chart-Analyse scheint ein sehr unbefriedigendes Mittel zu sein, um Börsenkurse zu prognostizieren. Insbesondere deshalb, da die Interpretation der Charts sehr subjektiv erfolgt, sich Gesetzmäßigkeiten der Vergangenheit in der Zukunft oft nicht wiederholen und wissenschaftlich betrachtet die zukünftige Börsenkursentwicklung von der Vergangenheit nahezu unabhängig ist.

WICHTIG

Die traditionellen Methoden der Aktienanalyse sind sehr problematisch: Die Fundamentalanalyse wird mit riesigem Aufwand von den Banken betrieben, dabei ist der Nutzen für den Praktiker aufgrund der hohen Geschwindigkeit der Informationsverbreitung fraglich. Die technische Analyse ist komplex und undurchsichtig, eine Beweisführung für deren Existenzberechtigung schwierig. Die Lösung: Modernes Portfoliomanagement, bei dem rationale Investment-Kriterien berücksichtigt werden und die unter Performance- und Risikogesichtspunkten erfolgt.

Grundlagen der Analyse festverzinslicher Wertpapiere

Die Rentenmarktanalyse unterscheidet sich grundsätzlich von der Aktienanalyse. Im Gegensatz zu Aktien steht bei festverzinslichen Wertpapieren nämlich der Rückzahlungskurs nach einer von vornherein bestimmten Laufzeit fest. Dies ist wohl auch der Grund dafür, daß Anleihen im Vergleich zu Aktien als risikoarm gelten. Gerade in Zeiten von Marktturbulenzen (z. B. die Kurseinbrüche 1987 und 1989) haben gezeigt, daß die wesentlich höhere Volatilität des Aktienmarktes kurzfristig zu Verlusten (und natürlich auch zu Gewinnen) führen kann, die in dieser Höhe für den Rentenmarkt so gut wie ausgeschlossen sind. Dennoch sind Renten nicht risikolos. Zinsänderungen können bewirken, daß die Bestände über Monate hinweg trotz Kuponzahlungen und auflaufenden Stückzinsen insgesamt Wertverluste zeigen.

Dabei ist zumindest die Bewertung von Anleihen (im Gegensatz zu Aktien) kein Problem: Der Kurs einer Anleihe entspricht nämlich immer dem mit der aktuellen Rendite abgezinsten Wert der aus dem Papier resultierenden Zahlungen. Werden jede einzelne künftige Zinszahlung sowie der Fälligkeitsbetrag abgezinst (diskontiert) und die einzelnen Beträge zusammengezählt, so ergibt sich der heutige Kurs des Wertpapiers.

Natürlich könnte man bei der Rentenanalyse nach deren Existenzberechtigung fragen, schließlich läßt sich der aktuelle Kurs zweifelsfrei bestimmen, und auch der Rückzahlungskurs steht fest. Schwankungen, die sich aus Angebot und Nachfrage ergeben und den Kurs auch einmal drücken könnten, führen damit lediglich zu vorübergehenden Kursverlusten, wenn die Anleihe unter pari (unter dem Rückzahlungskurs, meist 100 %) erworben wurde, da dieser „Verlust" bis zum Laufzeitende ja wieder aufgeholt wird.

In der Tat trifft dies für Anleihen zu, die im Rahmen einer passiven Strategie gehalten werden. „Passiv" heißt, daß nach dem Kauf bis zum Ende der Laufzeit kein zwischenzeitlicher Verkauf mehr erfolgt und das Gesamtergebnis der Anlage damit von vornherein feststeht.

Im modernen Anlagemanagement hat die passive Strategie praktisch keine Bedeutung. Schließlich geht es darum, das Anlageergebnis zu optimieren. Dies bedeutet, in Phasen steigender Zinsen (und damit fallender Kurse) Anleihen vorübergehend zu verkaufen und bei fallenden Zinsen wieder einzusteigen. Dem liegen natürlich Timing-Überlegungen zu-

Tabelle 6: Beispiel einer Anleihen-Bewertung

Bundesanleihe (WPK 113485), Kupon 8,25%, Laufzeit bis 20.09.2000, Rendite 8,01%.
Berechnung der Barwerte durch Abzinsung auf den heutigen Tag (20.09.1992):

				Abzinsungsjahr
Tilgung + Kupon am 20.9.2000:	108,25 DM x 1,0801	=	58,441	–8
Kupon am 20.9.99	8,25 DM x 1,0801	=	4,811	–7
Kupon am 20.9.98	8,25 DM x 1,0801	=	5,196	–6
Kupon am 20.9.97	8,25 DM x 1,0801	=	5,612	–5
Kupon am 20.9.96	8,25 DM x 1,0801	=	6,062	–4
Kupon am 20.9.95	8,25 DM x 1,0801	=	6,547	–3
Kupon am 20.9.94	8,25 DM x 1,0801	=	7,072	–2
Kupon am 20.9.93	8,25 DM x 1,0801	=	7,638	–1
Kupon am 20.9.92	8,25 DM x 1,0801	=	8,250	–0
Summe der abgezinsten Beträge		**=**	**109,629**	

Diskontierung auf den 19.2.1992:
–0,583* (*v.19.2.-20.9. = 0,583 Jahre)
109,629 x 1,0801 = 104,813

tatsächlicher Börsenkurs
am 19.2.1992 = 104,230

grunde, die wiederum auf der Basis verschiedener Analysen getroffen werden.

Hinzu kommt im professionellen Geschäft, daß nicht auf Sicht von dreißig Jahren (so lange laufen die längsten Anleihen) abgerechnet wird, sondern jährlich. Dies bedeutet, daß ständig der Zwang besteht, für den zurückliegenden Zwölfmonats-Zeitraum ein optimales Ergebnis ausweisen zu können.

Die Gesamtrendite: Sinnvolleres Maß als die Effektiverzinsung?

Insbesondere für aktiv handelnde Portfoliomanager ist ein Renditemaß unzureichend, das es – wie die Effektivverzinsung – nicht erlaubt, alternative Anlagen direkt miteinander zu vergleichen bzw. Ertragskomponenten aus Kursveränderungen sinnvoll einzubeziehen. Die Effektivverzinsung entspricht der tatsächlichen Verzinsung per Laufzeitende. Da der Erfolg einer Anlagepolitik nicht selten in jährlichen Abständen gemessen wird, können aufgrund der nicht berücksichtigten Veränderungen der Zinssätze Entscheidungen nicht optimal gefällt werden. Einflüsse aus Kursgewinnen, einem Abschreibungsbedarf oder einem Erfolg aus der Wiederanlage von Kupons bleiben vernachlässigt.

Was die Zinsabhängigkeit von Anleihekursen anbetrifft, so gilt nämlich zunächst Folgendes, was später noch detaillierter ausgeführt wird:

- Zinssatz und Kurswert sind negativ miteinander verbunden. D. h., steigende Zinsen führen zu rückläufigen Kursen und umgekehrt.
- Anleihen mit unterschiedlichen Laufzeiten sind unterschiedlich anfällig gegenüber Zinsveränderungen, nämlich je länger die Laufzeit, desto anfälliger.
- Vorzeitige Ausschüttungen der Anleihen (Zinskupon, Kündigungsmöglichkeit) verkürzen die Effektivlaufzeit.
- Anleihen mit unterschiedlichen Kupons sind unterschiedlich anfällig gegenüber Zinsveränderungen, nämlich je niedriger der Kupon, je anfälliger.

Unter Berücksichtigung dieser Punkte ist es sinnvoll, die sogenannte „Anlage-Perioden-Rendite" („Gesamtrendite") zur Beurteilung von Festverzinslichen heranzuziehen. Diese Größe bezeichnet den gesamten prozentualen Ertrag einer Anlage in Anleihen während einer bestimmten Periode.

Die Gesamtrendite einer Anlage in Festverzinslichen für eine vorgegebene Periode besteht aus den drei Komponenten Kursveränderungen, Kuponerträge und Wiederanlageerfolge, wobei die Kursveränderungen aus Zinsstrukturveränderungen oder einer Laufzeitverkürzung resultieren können.

Im Gegensatz zur Effektivverzinsung kann und muß der Portfoliomanager zur Schätzung der gesamten Rendite seine Erwartungen über die zukünftige Zinsentwicklung während seiner Betrachtungsperiode detailliert formulieren. Dieses Vorgehen ist sinnvoller, als sich die Erwartungen vorgeben zu lassen, wie es bei der Bestimmung des Effektivzinses geschieht. Insbesondere werden die Komponenten „Kursveränderungen" sowie „Wiederanlageerfolge" exakter gemessen. Angesichts der enthaltenen Unsicherheit können Fehleinschätzungen auch bei diesem Konzept nicht vermieden werden, jedoch ist ein direkter Vergleich von Anleihen unterschiedlichster Ausstattungsmerkmale möglich.

Wie sehen nun die einzelnen Renditebestandteile näher betrachtet aus?

Prozentuale Kursänderungen aufgrund von Laufzeitverkürzungen

Selbst bei einer gleichbleibenden Zinsstruktur ändert sich der Kurs einer Anleihe aufgrund einer Verkürzung der Restlaufzeit, da sich der Kurs bis zum Fälligkeitstag dem Nennwert zubewegt. Diese Tendenz der Renditekomponente (positiver/negativer Beitrag bei Unter-/Über-Pari-Anleihen) wird dadurch überlagert, daß die Anleihe quasi auf der Zinsstruktur „wandert". Das bedeutet, daß aus einem Langläufer, für den das langfristige Zinsniveau gilt, mehr und mehr ein Kurzläufer wird, der mit den kurzfristigen Zinsen rentiert. Dies hat bei einer „normalen" Renditekurve (= mit niedrigeren Zinsen im kurzfristigen und höheren Zinsen im langfristigen Laufzeitbereich) eine kurserhöhende, hingegen bei einer „inversen" Struktur (kurzfristige Zinsen höher als langfristige) eine kurssenkende Wirkung. Ob der Gesamteffekt positiv oder negativ ausfällt, hängt vom Anstieg der Zinskurve ab. Lediglich bei einem völlig flachen Verlauf, bei dem sowohl im kurzfristigen als auch im langfristigen Laufzeitbereich praktisch die gleichen Renditen zu erzielen sind, entfallen derartige Überlagerungen.

Prozentuale Kursänderungen aufgrund von Zinsstrukturveränderungen

Der hier bestimmte Renditebeitrag hängt wesentlich von der erwarteten zukünftigen Zinsstruktur und insbesondere von der dann bestehenden Verzinsung für die entsprechende Restlaufzeit der Anleihe ab. Zwar ist ein subjektiver Spielraum gegeben, der das Resultat erheblich beeinflussen kann, aber andererseits können damit zukünftige Zinsszenarien besser einbezogen werden, als dies bei den Effektivzinsmethoden der Fall ist.

Prozentuale Kuponerträge

Neben den Kuponzahlungen werden auch betragsmäßige Veränderungen der Stückzinsen eingerechnet, die sich aus der Differenz zwischen der Höhe des Stückzinses zu Beginn und Ende der betrachteten Periode ergeben.

Prozentuale Wiederanlageerfolge

Neben Zinsen auf Kuponzahlungen fallen hierunter auch die Wiederanlageerfolge auf Tilgungsleistungen bei ausgelaufenen Wertpapieren.

Wertung des Gesamtrendite-Konzeptes

Ein fehlerhafter Eindruck entstünde, wenn die relative Bedeutung der einzelnen Gesamtrendite-Komponenten für eine einjährige Anlageperiode auf andere Zeithorizonte übertragen würde. Je nach dem welcher Zeitraum im Mittelpunkt der Betrachtungen steht, resultiert daraus ein unterschiedliches Bild der Gesamtrendite.

Für die meisten Kuponanleihen ergibt sich bei einem kurzfristigen Anlagehorizont (z. B. ein Jahr) ein bescheidener Einfluß aus Wiederanlageerfolgen, während Kupon- und Kurseffekte dominieren. Mittelfristige Anlagezeiträume (z. B. 5 – 10 Jahre) lassen Kurseffekte zugunsten verstärkter Wiederanlageerfolge zurücktreten. Je länger die Perioden werden, desto stärker wirken sich veränderte Reinvestitionsbedingungen aus, desto mehr überdecken diese einen Kursänderungseffekt. Für die Praxis bedeutet dies z. B., daß Anlageentscheidungen, die für zwei aufeinanderfolgende einjährige Anlageperioden optimiert wurden, nicht unbedingt auch optimal sind, wenn ein Investitionshorizont von zwei Jahren ins Auge gefaßt wird.

WICHTIG

Das Konzept der Gesamtrendite erlaubt es also, wesentlich stimmiger und gezielter einen Vergleich anhand einer Größe – der Rendite – durchzuführen als es der Effektivzins als Maßstab könnte. Dennoch kann auch hier der realisierte Ertrag nicht exakt vorherbestimmt werden. So bleibt z.B. die Frage offen, mit welcher Sicherheit die Rendite erwartet werden kann. Diese kann nur über einen zweiten Entscheidungsparameter – das Risikomaß – beantwortet werden.

Nachdem wir die Erträge und die einzelnen Ertragskomponenten bei festverzinslichen Wertpapieren unter die Lupe genommen haben, wollen wir uns nun der Risikoanalyse zuwenden. Die bedeutendste Risikokennzahl, in die die wichtigsten Einflußfaktoren (Kuponhöhe, Laufzeit) einfließen, heißt Duration.

Jede plötzliche Änderung des Zinsniveaus hat Auswirkungen auf die weitere Wertentwicklung einer Anleihe, und zwar bis zum Fälligkeitstermin. Unterstellt man, daß jeder gezahlte Kupon wieder in die Anleihe investiert wird, hat eine Zinsänderung immer zwei entgegengesetzte Effekte. Sinkt zum Beispiel der Zins, so steigt einerseits der Kurs und damit auch der Wert (= Kurs + Stückzinsen) der Anleihe unmittelbar. Die zukünftig anfallenden Kupons können dann andererseits nur zu ungünstigeren Bedingungen wiederangelegt werden. Ein Zinsanstieg dagegen wirkt sich genau umgekehrt aus. Der Wert der Anleihe sinkt augenblicklich, aber die zukünftigen Kupons lassen sich günstiger reinvestieren. Ganz allgemein führen die schlechteren Wiederanlagebedingungen bei sinkendem Zins dazu, daß der Endwert der Anleihe geringer ausfällt als ohne Zinsänderung. Steigende Zinsen sorgen umgekehrt für einen insgesamt höheren Endwert.

Genauso werden durch Zinsrückgänge ausgelöste plötzliche Kurssteigerungen durch spätere Nachteile bei der Wiederanlage mehr als aufgezehrt. Es gibt also immer einen zukünftigen Zeitpunkt, in dem sich aus heutiger Sicht die jeweils gegenläufigen Kurs- und Kuponeffekte genau aufheben. In diesem Zeitpunkt, in dem sich die Wertentwicklungskurven schneiden, ist der Wert der Anleihe daher von den heutigen Renditen völlig unabhängig, und die Rente ist zu diesem Zeitpunkt gegen aktuelle Zinssprünge sozusagen immun. Bei der 6 3/4 Bund 87/97 war das Ende September 1994 der Fall. Die Zeitspanne bis zu diesem Immunisierungspunkt wird allgemein als die Duration der Anleihe bezeichnet.

Die Duration gibt also an, wie lange man warten muß, bis die Auswirkungen einer heutigen plötzlichen Zinsänderung durch Kuponwiederanlage komplett neutralisiert sind.

Die Berechnung der Duration

Zur Berechnung der Duration werden die noch ausstehenden Zins- und Tilgungszahlungen sowie (für Barwertberechnungen) die aktuelle Rendite der Anleihe benötigt. Danach berechnet sich die Duration als die mit den Barwerten der Kupon- und Tilgungszahlungen gewichtete mittlere Fristigkeit dieser Zahlungen.

Die Duration ist also eine Art zeitlicher Schwerpunkt des Zahlungsstroms der Anleihe aus heutiger Sicht. Legt man – bildlich gesprochen – den zukünftigen Zahlungsstrom im Duration-Schwerpunkt über einen Keil, dann befinden sich damit die zukünftigen Zahlungen gerade im Gleichgewicht.

Kupon und Restlaufzeit bei der Duration

Bei einer Anleihe, die zu 100 % getilgt wird und in regelmäßigen Abständen Kupons zahlt, sind Anzahl und Höhe der Kuponzahlungen und die Restlaufzeit der Anleihe die wesentlichen Bestimmungsfaktoren der Duration. Bei höherem Kupon wächst das relative Gewicht der Kuponzahlungen gegenüber der Tilgungszahlung, und der Schwerpunkt des Zahlungsstroms verlagert sich nach vorne. Das Bild der Balkenwaage macht unmittelbar klar, daß die Duration in diesem Fall kürzer wird. Ist eine Anleihe dagegen mit einem niedrigeren Kupon ausgestattet, so verschiebt sich der Schwerpunkt nach hinten, und die Duration steigt. Dabei ist offensichtlich, daß sich dieser Schwerpunkt nicht hinter den Tilgungszeitpunkt, also den Zeitpunkt der letzten Zahlung verschieben kann. Ist daher mit einer Anleihe nur noch eine Zahlung verbunden, wie z. B. bei einer Nullkupon-Anleihe (Zerobond), so ist in diesem Fall – und auch nur in diesem Fall – die Duration gleich der Restlaufzeit.

Die Duration von Rentenportfolios

Jedem Rentenportfolio läßt sich ebenso wie einer einzelnen Anleihe ein Zahlungsstrom zuordnen, indem man alle zukünftigen Zins- und Tilgungszahlungen berücksichtigt. Für diesen zusammengefaßten Zahlungsstrom des Portfolios kann man dann genau wie für Einzelanleihen die Duration ermitteln. Es gibt aber auch einen einfacherer Weg. Die Duration eines Portfolios läßt sich statt aus dem Gesamtzahlungsstrom in sehr guter Näherung auch direkt aus den Durationen der im Portfolio enthaltenen Anleihen berechnen, und zwar als das mit den jeweiligen Anteilswerten gewichtete Mittel der individuellen Anleihedurationen. Das Anlageergebnis eines Rentenportfolios kann dann genau wie bei einer einzelnen Anleihe mit Hilfe der Duration errechnet werden.

> **WICHTIG**
>
> **Die Duration ist heute aus der modernen Rentenanalyse nicht mehr wegzudenken, ist sie doch die wichtigste Kennzahl, die die Risiken einzelner Anleihen oder Rentenportfolios beschreibt. Die Berechnung gestaltet sich für den privaten Anleger meist etwas schwierig. Es empfiehlt sich deshalb, sie der Bank zu überlassen. Wichtig ist es, die Grundlagen und Aussagen der Duration zu kennen.**

Mit dieser Beschreibung zur Duration wollen wir die Ausführungen zur Rentenmarktanalyse abschließen. Anleger haben sicherlich eine Vorstellung davon bekommen, wie komplex die Bewertung selbst vordergründig einfacher Anlageformen wie Anleihen sein kann.

Nachdem zuvor die Aktienanalyse und diverse Prognosemethoden beschrieben worden sind, geht es nun darum, den Bogen zu spannen zur konkreten Anwendung. Nachdem die Chancen und Risiken der Märkte bzw. Anlageformen abgeschätzt sowie Prognosen aufgestellt wurden, geht es nun darum, den aus dem ersten Schritt bekannten Kundenbedürfnissen in dem entwickelten Szenario optimal zu begegnen. Ziel ist es im nächsten Schritt, Wertpapierportfolios auf der Basis der Research-Erkenntnisse zu optimieren und sie im Rahmen einer individuellen Vermögensverteilung zu realisieren.

3.3 Dritter Schritt: Bildung optimierter Portfolios im Rahmen einer individuellen Asset Allocation

Der Begriff „Asset Allocation" ist in den letzten Jahren im Portfoliomanagement zu einem Schlagwort geworden. Gemeint ist damit die praktische Durchsetzung der modernen Portfoliotheorie. Konkretes Ziel der Asset Allocation ist die Optimierung von Risiko und Rendite eines bestimmten Portfolios. Es geht also letztlich darum, verschiedene Märkte, Instrumente und Währungen so zu kombinieren, daß sie den Markterwartungen und den Risikobedürfnissen eines bestimmten Anlegers optimal entsprechen.

Der Kern einer Asset Allocation beruht auf der Tatsache, daß die Rendite eines Portfolios zum größten Teil von strategischen Entscheidungen abhängt. Es ist somit wichtiger, sich Gedanken über die Höhe eines Aktienanteils im Portfolio zu machen, als sich im weiteren mit der Entscheidung über den Kauf einzelner Aktien auseinanderzusetzen. Ein einzelnes Wertpapier wird vor allem daraufhin untersucht, wie es ein Portfolio beeinflußt, d. h., zur Gesamt-Performance und zum Gesamtrisiko des Portfolios beiträgt.

Die praktische Durchsetzung einer Asset Allocation baut auf folgenden Faktoren auf:

- Erwarteter Ertrag
- Risiko (Standardabweichung, Korrelation)
- Risikotoleranz des Anlegers.

Erwarteter Ertrag:

Je höher der erwartete Ertrag einer Anlage ist, umso mehr soll dies im Portfolio berücksichtigt werden. Bei der Schätzung der erwarteten Erträge sollte jedoch darauf geachtet werden, daß die subjektive Komponente nicht eine dominierende Bedeutung erhält. In diesem Zusammenhang wäre beispielsweise denkbar, als Grundlage für die erwarteten Erträge historische Erträge in Form von Durchschnittswerten der letzten Jahre zu verwenden. Aufgrund eigener Analysen und Erwartungen sind diese historischen Daten dann innerhalb einer bestimmten Bandbreite nach oben oder unten anzupassen.

Risiko:

Je geringer der Beitrag einer Anlage zum Gesamtrisiko eines Portfolios ist, desto mehr soll sie im Portfolio berücksichtigt werden. Dabei spielen aber nicht nur die Standardabweichungen eine wichtige Rolle, sondern insbesondere auch die Korrelationen (siehe Kapitel 2) zwischen den einzelnen Anlagen.

Risikotoleranz des Anlegers:

Je höher die Risikotoleranz des Anlegers ist, desto höher darf das Risiko des Gesamtportfolios sein. Ziel der Asset Allocation soll schließlich sein, das Portfolio so zusammenzusetzen, daß es bei einem bestimmten Risiko einen möglichst hohen Ertrag bzw. erwarteten Ertrag abwirft.

Um die Bedeutung der Asset Allocation noch einmal zu verdeutlichen: Mitte der achtziger Jahre wurde bei 91 großen Pensionskassen eine Untersuchung durchgeführt, die einen Zeitraum von zehn Jahren erfaßte. Dabei kam die Studie zu dem Ergebnis, daß durchschnittlich 93,6 % der Unterschiede der Renditen durch Asset-Allocation-Entscheidungen erklärt werden konnten. Das Timing und die Auswahl der Wertpapiere dagegen spielten nur eine untergeordnete Rolle für den Anlageerfolg.

In der Praxis wird im Rahmen der Asset Allocation eine Grobstrukturierung eines Vermögens vorgenommen nach

- Vermögensarten (Anlageformen, Asset-Klassen); dies bezeichnet man auch als Anlagemischung oder Asset Mix, also die Aufteilung in Aktien, Renten, Cash usw.
- Ländern; und zwar mit dem unter dem vorigen Punkt bestimmten Aktienanteil. Für die größeren Aktienmärkte oft auch weiter nach Sektoren, Branchengewichtungen und/oder eventuell nach Anlagethemen (z. B. zinssensitive Werte oder Dollar-Profiteure, Werte mit Ostphantasie usw.).
- Ländern und Währungen; was der Rentenanteil anbetrifft, unter Beachtung der Richtlinien innerhalb der einzelnen Länderanteile für die Laufzeitstruktur, die zulässigen Bonitätsklassen und eventuell die zu favorisierenden Marktsegmente.
- Anteilen sonstiger Vermögensarten; z. B. an Edelmetallen, Immobilien bzw. Immobilienzertifikaten usw.

Asset Allocation ist also stets ein Entscheidungsprozeß. Die Umsetzung der Entscheidungen erfolgt auf der Ebene des Fonds- oder Portfoliomanagers bzw. des Anlageberaters.

Strategische oder taktische Asset Allocation?

Bei der Asset Allocation ist wichtig, daß eine klare konzeptionelle und organisatorische Trennung zwischen drei Entscheidungsebenen getroffen wird: der strategischen und der taktischen Allocation sowie der Titelselektion.

Strategische Asset Allocation geht von den langfristigen Erwartungen an die Asset-Charakteristika aus. Das Ziel ist die Festlegung einer repräsentativen bzw. normalen langfristigen Asset-Mischung. Sie ist zunächst unabhängig vom konkreten Managementansatz. Die Idee der strategischen Asset Allocation beruht auf der Erkenntnis, daß das langfristige Risiko-Ertrags-Profil eines Portfolios im wesentlichen von dem im Zeitablauf durchschnittlich erreichten Asset-Mix bestimmt wird. Die Positionierung des anzulegenden Vermögens im Risiko-Ertrags-Diagramm hängt von der Risikotoleranz des Investors, der Struktur seines Gesamtvermögens, eventuellen Anlagebeschränkungen und natürlich der langfristigen Einschätzung der Finanzmärkte ab.

Im Zusammenhang mit der strategischen Asset Allocation muß auch die Frage der internationalen Diversifikation behandelt werden, die – wie an anderer Stelle noch ausführlich gezeigt wird – langfristig das Risiko vermindert und die erzielbare Rendite steigert. Aus der strategischen Asset Allocation abgeleitet wird der Benchmark-Index, der zur Messung der Managementleistung herangezogen wird. (Näher hierzu s. Kapitel 4.2)

Wichtig ist auch, daß die Liquidität der Assets kontrolliert wird. So zeigen illiquide Assets häufig eine deutlich bessere Performance als liquide Anlagen, können aber bei zukünftigen Umschichtungen erhebliche Transaktionskosten verursachen. Auch die Wahl des Liquiditätsgrades der Anlagen gehört somit zur Asset-Allocation-Entscheidung.

Taktische Asset Allocation

Das Wort „Taktik" steht im Gegensatz zur Strategie. Während sich die Taktik mehr kurzfristig orientiert, hat die Strategie eher langfristigen Charakter. Das taktische Vorgehen hat sich innerhalb des strategisch vorgegebenen Rahmens zu bewegen und sich nach den strategischen Zielen zu richten.

Das Problem: Während der Nutzen oder gar die Notwendigkeit einer Strukturierung bei der langfristigen, strategischen Allokation kaum mehr bezweifelt wird, fehlt es für die kurzfristige, taktische Allokation oftmals noch an den Konzepten. Es klingt paradox, aber der erste Schritt für eine strukturierte taktische Allokation ist eine strategische Allokation, namentlich eine Benchmark (Messlatte), an welcher taktische Abweichungen zunächst definiert und die Ergebnisse (relative Performance zum Benchmark) gemessen werden können. Dieser Ansatz setzt ein diszipliniertes Vorgehen von oben nach unten voraus, den sogenannten „Top-Down-Ansatz".

Ausgehend von volkswirtschaftlichen Prognosen und Marktanalysen werden Währungen, Zinssätze und Aktienmärkte analysiert und darauf gestützt Gesamtrenditeprognosen abgeleitet. Aufgrund dieser quantitativen Erwartungen ist es anschließend möglich, bei Optimierungsrechnungen die entsprechenden Über- und Untergewichtungen einzelner Anlagekategorien gegenüber der strategischen Gewichtung abzuleiten. Dieses Vorgehen beinhaltet ein breites Wissen, das von volkswirtschaftlichen Fundamentaldaten bis zur Chart-Technik reicht. Ein Nachteil dieser Methode ist ihre zeitliche Schwerfälligkeit, bedingt sich doch eine ganze Reihe verschiedener Informationsblöcke und Entscheidungsstufen.

Da Marktbewegungen kurzlebig sind, wird die Reaktionsgeschwindigkeit für taktische Entscheidungen immer wichtiger. Flexibilität ist das Gebot der Stunde. Ein idealer Weg, die Freiheit des Portfoliomangers zu gewährleisten, ohne die strategische Allokation in Frage zu stellen, besteht in der Vorgabe von Bandbreiten um die strategische Gewichtung herum. Die Größe der Bandbreiten hängt einerseits von der Risikobereitschaft des jeweiligen Investors ab, andererseits aber auch von den Fähigkeiten des einzelnen Portfoliomanagers. Je mehr Erfahrung und Leistungsnachweise ein Portfoliomanager hat, desto aktiver sollte er Risiken eingehen können und um so größer sollte seine Bewegungsfreiheit sein, damit er Über- oder Untergewichtungen von Anlagekategorien oder Titeln gegenüber der strategischen Allokation in entsprechende Renditen umsetzen kann.

Die Möglichkeiten einer effektiven taktischen Allokation sind in der Praxis oftmals beschränkt, weil das Vermögen und einzelne Anlagen einen Umfang haben, der kurzfristige Umschichtungen aus Kostengründen erschwert, oder weil zu viele andere Einflußfaktoren wie Zu- und Abflüsse von Geld oder Einschränkungen der Länder oder Währungen den Vermögensaufbau bestimmen. Beiden Erschwernissen kann im Rahmen einer strukturierten Vermögensverwaltung entgegengewirkt werden. Wenn das Kapital für ein sinnvolles Portfoliomanagement zu klein ist, muß es in einem Pool zusammengeführt werden, der die minimale „Betriebsgröße" erreicht. Investmentfonds übernehmen oft die Funktion eins solchen Vermögenspools. Einzelne spezialisierte Fonds können dabei gezielt zur Abdeckung bestimmter Investitionsfelder eingesetzt werden, welche mit direkten Anlagen nicht möglich wären.

Titelselektion

Genauso wie ein hervorragendes Gericht nur mit den richtigen und qualitativ hochstehenden Zutaten gelingt, kann auch ein gutes Portfolio nur mit passenden und qualitativ hochwertigen Titeln zusammengestellt werden. Sobald einzelne Titel zu Bestandteilen von Portfolios werden sollen, zählt nicht allein deren Kursentwicklung, sondern auch der Beitrag zum Gesamtrisiko oder der Diversifikationseffekt im Hinblick auf die Anlageziele des Portfolios.

Als Anlageziel betrachten vor allem professionelle Investoren, aber immer häufiger auch private Anleger einen bestimmten Marktindex. Bei gemischten Portfolios, die sich z. B. aus Aktien und Renten zusammensetzen, handelt es sich entsprechend um gewichtete Mittel mehrerer Indizes, also maßgeschneiderte Benchmarks. Diese Benchmarks sind jedoch in aller Regel dazu da, übertroffen zu werden (s. hierzu auch Kapitel 4). Ein solches Ziel kann mit Aktien erreicht werden, die z. B. nicht im entsprechenden Index enthalten sind. Es muß sich dabei nicht einmal unbedingt um heimische Papiere handeln. Daß durch die Beimischung indexfremder Titel jedoch das Indexrisiko beträchtlich steigt, wird die meisten Investoren stören. Auch wenn sie eine aktive Anlagestrategie vom Portfoliomanger mit dem Ziel fordern, den Index zu schlagen, möchten sie das Risiko, vom Index abzuweichen, einigermaßen unter Kontrolle wissen.

Damit ist gesagt, daß die Titelselektion nicht losgelöst von den Anlagezielen der einzelnen Portfolios erfolgen kann. Eine strukturierte Vermögensverwaltung im Sinne vorgegebener Rendite- und Risikoziele hat in der Regel bedeutsame Auswirkungen auf das dazu erforderliche Anlageumfeld. Wer eine strategische Allokation auf der Ebene von Anlagekategorien, Ländern und Währungen vornimmt, unterstellt gleichzeitig die Möglichkeit, einzelne Indizes mindestens annähernd durch eine entsprechende Titelselektion erreichen zu können.

Die folgende Abbildung zeigt noch einmal den soeben beschriebenen Gesamtprozeß einer Asset Allocation im Rahmen eines Top-Down-Ansatzes:

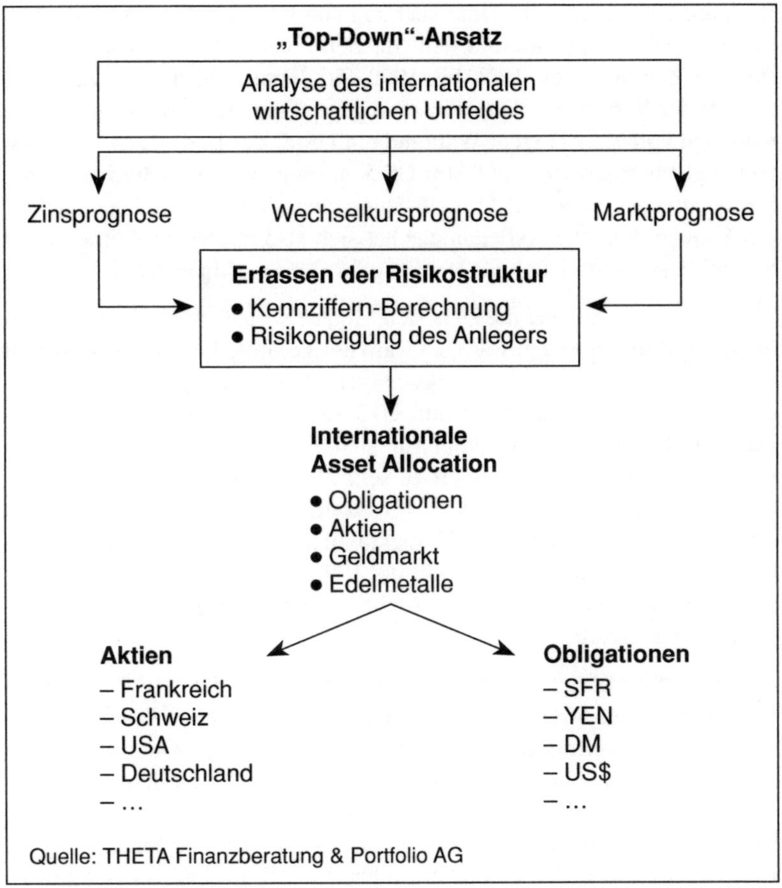

Abbildung 6: Total-Return-Modelle

Warum das Timing so gefährlich ist

Für viele private Anleger hat das Timing noch immer den obersten Stellenwert: „Billig kaufen und teuer verkaufen", lautet die Devise und nach dieser wird munter ge- und verkauft. Daß eine langfristige Anlagestrategie mit nur wenigen oder gar keinen Umschichtungen viel erfolgreicher sein kann, haben zahlreiche wissenschaftliche Untersuchungen bestätigt. Erstaunlicherweise sind diese in Deutschland kaum bekannt, so daß auch die Konsequenzen daraus vielen Anlegern nicht klar sind.

Im Jahre 1993 zeigte eine Untersuchung von Ibbotson Associates die Gefahren des Timings eindrucksvoll für den amerikanischen Aktienmarkt für den Zeitraum von 1926 bis 1992 (56 Jahre!). In diesem Zeitraum kommt der Vorteil von Aktienanlagen gegenüber anderen Anlageformen natürlich voll zum Tragen: Während ein US-$, der Ende 1925 in Aktien angelegt bis Ende 1992 auf 800 US-$ gestiegen wäre, wären aus einer Rentenanlage gerade mal 11,4 US-$ und einer Geldmarktanlage nur 11,7 US-$ geworden. Die Aktienanlage hat sich also in diesem Zeitraum fast 80 mal besser entwickelt als Renten oder Geldmarktpapiere.

Aber: Hätte ein Anleger die 29 besten Monate verpaßt, weil er genau dann nicht im Markt gewesen wäre, so wäre der gesamte Performance-Vorteil von Aktien gegenüber Geldmarktanlagen verlorengegangen. 98,5 % des Ertrags entfielen nämlich auf nur 3,6 % der Zeit am Aktienmarkt. Welcher Markt-Timer würde wohl für sich in Anspruch nehmen, genau während diesen 3,6 % engagiert zu sein? Viel höher ist doch die Wahrscheinlichkeit, in den übrigen 96,4 % Aktien gehalten zu haben! Ebenso einprägsam, wenn auch nicht so spektakulär, war der Zusammenhang in dem 13-Jahreszeitraum von 1980 bis 1992: In nur neun Monaten oder 5,7 % der Zeit wurde der gesamte Mehrertrag von Aktien gegenüber Festgeldanlagen erzielt.

Robert Jeffrey bringt das Beispiel eines Anlegers, der sein Portfolio zu Beginn eines jeden Quartals entweder in Aktien oder in Festgeld investiert. Der Mehrertrag des „Glückspilzes", der in jedem Quartal die günstigere Alternative wählt, steht im Verhältnis von 2:1 zu dem Minderertrag des „Pechvogels", der immer die ungünstigere Alternative wählt. Der Mehrertrag des Glückspilzes ist nur halb so hoch wie der Mindertrag des Pechvogels. Das bedeutet, daß er im besten Fall nur halb so viel gewinnen kann, wie er durch falsche Entscheidungen maximal verlieren kann. Damit stehen die Chancen für Markt-Timer statistisch gesehen relativ ungünstig.

WICHTIG

Viele Anleger machen den Fehler, den Markt durch Timing-Überlegungen schlagen zu wollen. Dies ist – zumindest langfristig gesehen – kaum möglich, da sowohl die Wahrscheinlichkeiten als auch das Chancen-Risiko-Verhältnis (man kann durch falsche Entscheidungen wesentlich mehr verlieren/verpassen als durch richtige gewinnen) gegen das Timing spricht. Ein Portfolio-Manager braucht 58% richtige Entscheidungen, um den Index (Standard & Poors) zu erreichen. Nach Kosten sogar 61%. Das schaffen die wenigsten Profis und praktisch kein Privatanleger.

Lohnt sich eine internationale Diversifikation im Rahmen der Asset Allocation?

Wenn sich schon das Timing bei der Asset Allocation nicht lohnt, ist es dann wenigstens sinnvoll, auf eine internationale Diversifikation zu setzen? Dafür spräche die Tatsache, daß eine internationale Ausrichtung den Vorteil zusätzlicher Diversifikationseffekte bietet, denn die Erträge ausländischer Wertpapiere korrelieren in der Regel mit denjenigen einheimischer Papiere weniger als die nationalen Wertpapiere untereinander (s. hierzu auch Kapitel 2). Damit ließe sich nach der Modernen Portfoliotheorie der erwartete Ertrag für ein Portfolio erhöhen, ohne daß gleichzeitig das Risiko steigt. Dagegensprechen könnten allerdings zum Beispiel Wechselkursrisiken, die beispielsweise bei Fremdwährungsanleihen den Sinn einer internationalen Diversifikation in Frage stellen könnten.

Selbst global orientierte Anleger haben trotz internationaler Ausrichtung traditionell einen relativ großen Teil ihres Vermögens in einheimischer Währung angelegt. Die starke Gewichtung von Inlandsanlagen erscheint sinnvoll, weil diese kein Währungsrisiko mitbringen. Allerdings: Wie maßgeblich ist eigentlich das Währungsrisiko? Hat es überhaupt einen meßbaren Einfluß auf das Anlageergebnis?

Auch hier gilt, daß Risiken nicht einfach addiert werden können, zumal hier anhand der Standardabweichung gemessen wird. Immerhin zeigen Untersuchungen, daß der Einfluß von Devisenkursschwankungen auf das Anlageergebnis bei Aktien deutlich geringer ist als bei Anleihen. Bei den Festverzinslichen wird das Anlageergebnis mindestens zur Hälfte durch Devisenkursveränderungen beeinflußt.

Auf der anderen Seite: Besagt nicht die Moderne Portfoliotheorie, daß dort, wo Schwankungen herrschen, sich Risiken vermindern lassen? Am Beispiel eines reinen Aktien- bzw. Rentenportfolios kann dieser Effekt anschaulich dargestellt werden. Die Erkenntnisse aus diesen beiden „reinen" Portfolios gelten sinngemäß auch für gemischte Depots.

Wer seine Aktienanlagen von 1982 bis 1990 nur in der Bundesrepublik tätigte, erzielte dabei einen durchschnittlichen Jahresertrag von 9,5 % bei einem Risiko (Standardabweichung) von 17,2 % . Eine Standardabweichung von 17,2 % bedeutet, daß in 7 von 10 Jahren die Erträge in einer Bandbreite von -7,7 % (9,5 % minus 17,2 %) bis + 26,7 % (9,5 % plus 17,2 %) schwankten. In den restlichen drei Jahren lagen die Erträge außerhalb dieser Spanne.

Eine sukzessive Verminderung des deutschen Aktienanteils zugunsten von Auslandsanlagen (bestehend aus europäischen, nordamerikanischen und japanischen Aktien) brachte nicht nur eine höhere Rendite, sondern bedeutete bis zu einem Anteil von 50 % gleichzeitig auch eine Verminderung des Risikos! Erst bei einem Inlandsanteil von weniger als 50 % steigt das Portfoliorisiko wieder an.

Das Risiko jedes einzelnen ausländischen Marktes ist zwar größer als das des deutschen, doch bewirkt eine Aufteilung des Vermögens auf die verschiedenen Aktienmärkte insgesamt eine Reduktion des Portfoliorisikos.

Neben dem Effekt der internationalen Diversifikation können daraus auch die unterschiedlichen Risikoeigenschaften von Aktien- und Rentenportfolios herausgelesen werden. So liegt die Standardabweichung bei einem Portfolio, das nur aus Fremdwährungsanleihen besteht, bei 8,5 %, während sie beim Aktienportfolio nie unter 16 % fällt. Dafür wiederum reichen bei internationalen Aktienportfolios weniger verschiedene Aktien aus, um die gleiche Diversifikation der spezifischen Risiken zu erzielen wie bei nationaler Ausrichtung.

WICHTIG

Betrachtungen von Korrelationen und Volatilitäten sind wichtige Orientierungshilfen für ein professionelles Depot-Management. Die Ergebnisse solcher Berechnungen sind lehrreich, aber interpretationsbedürftig. Wichtig ist, die Korrelation der Märkte von Zeit zu Zeit auf umfeldbedingte Veränderungen hin zu überprüfen. Je mehr sich die Korrelation eines Landes der Zahl eins annähert, je weniger taugt es zur Diversifikation und damit zur Risikoverminderung.

So werden Portfolios im Rahmen einer individuellen Asset Allocation optimiert

Nachdem wir uns die Notwendigkeit der Asset Allocation sowie die verschiedenen Modelle angeschaut haben, stellt sich nun die Frage nach der konkreten Umsetzung in den Depots der Anleger. In der Praxis geschieht dies in der Form, daß unter Einsatz von Optimierungsmodellen ein Strategieportfolio entworfen wird, das entweder im Verhältnis 1:1 als „echtes" Depot realisiert wird oder als Diskussionsgrundlage mit dem Anleger bzw. für den Anlageausschuß dient.

Wie wir gesehen haben, stellt die freie Schätzung von Erwartungsgrößen (den Prognosen also) den größten Unsicherheitsfaktor dar. Die Optimierung durch ein entsprechendes Computerprogramm läuft stets auf eines der beiden Ziele hinaus, nämlich

- Maximierung des Ertrages bei gegebenem Risiko oder
- Minimierung des Risikos bei gegebenem Ertrag.

Wie arbeitet nun ein solches Optimierungsprogramm? Zunächst müssen die Schätzungen der verschiedenen Parameter eingegeben werden. Ab wichtigsten ist das Renditeziel bzw. das einzugehende Risiko. Wie falsch es sein kann, dabei auf historische Daten zurückzugreifen, zeigt folgende Eingabe:

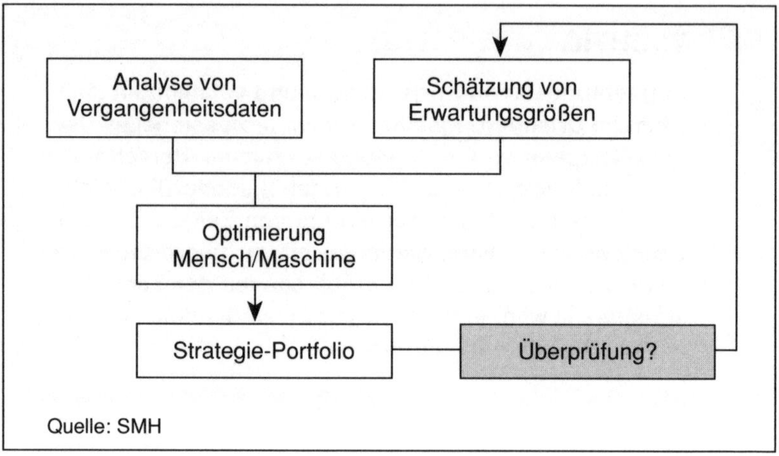

Abbildung 7: Ablaufschema zur Portfolio-Optimierung

In dieser Eingabemaske sind die historischen Erträge und die entsprechenden Risiken von Januar 1988 bis Juli 1992 eingegeben. Ziel soll es nun sein, ein optimiertes Portfolio zu entwickeln, das eine Renditeerwartung von 10 % aufweist. Der Optimierer gibt unter dieser Zieleingabe folgendes Lösungsportfolio aus:

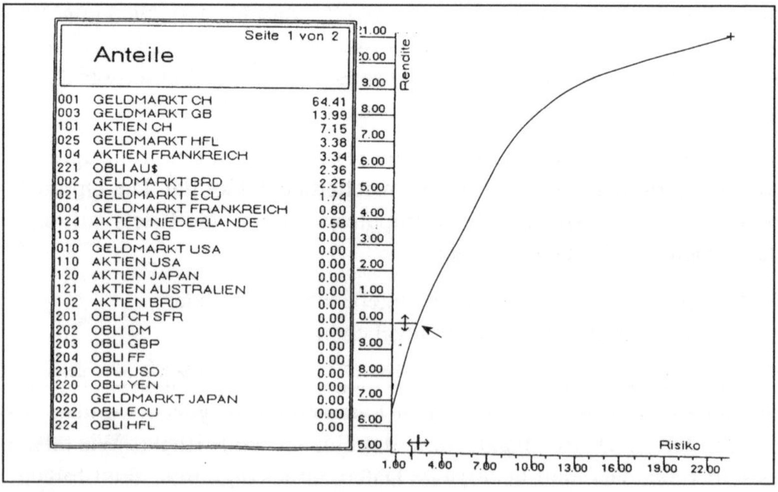

Abbildung 8: Lösungsportfolio nach Optimierung

Schon auf den ersten Blick ist ersichtlich, daß der Depotvorschlag ziemlich einseitig auf CH/GB-Geldmarktanlagen hinausläuft. Hierauf würden nach dem Vorschlag des Optimierers mehr als 75 % entfallen. Aktien wären praktisch kaum in dem Musterportfolio vertreten. Es ist offensichtlich, daß die Realisierung eines solchen Depots kaum Diversifikationseffekte optimal ausnutzen könnte. Warum hat der Optimierer dann aber ein so widersinniges Ergebnis errechnet? Der Grund liegt darin, daß aufgrund der eingegebenen Daten das Renditeziel von 10 % mit dem geringstmöglichen Risiko von 2,504 % Standardabweichung erreicht worden wäre – und zwar für den vergangenen Zeitraum von Januar 1988 bis Juli 1992. Das Programm prüft nämlich die einzelnen Rendite-Risiko-Verhältnisse,und dabei hatte eben der Schweizer Geldmarkt das beste aufzuweisen. Da damit allein aber noch keine 10 % zu verdienen sind, hat er auch das nächstbeste Verhältnis, das Geldmarkt GB aufwies, dazugemischt usw. Das Ganze hätte zwar in diesem Zeitraum funktioniert, aber ob das optimierte Depot auch in der Zukunft einen zehnprozentigen Ertrag bei minimalem Risiko erbringt, ist völlig offen.

Die Sackgasse, in die sich der Portfolio-Manager durch die Eingabe der historischen Daten begeben hat, wird auch dadurch deutlich, wenn aufgrund dieser Daten das Renditeziel von 10 % auf 16 % erhöht werden soll.

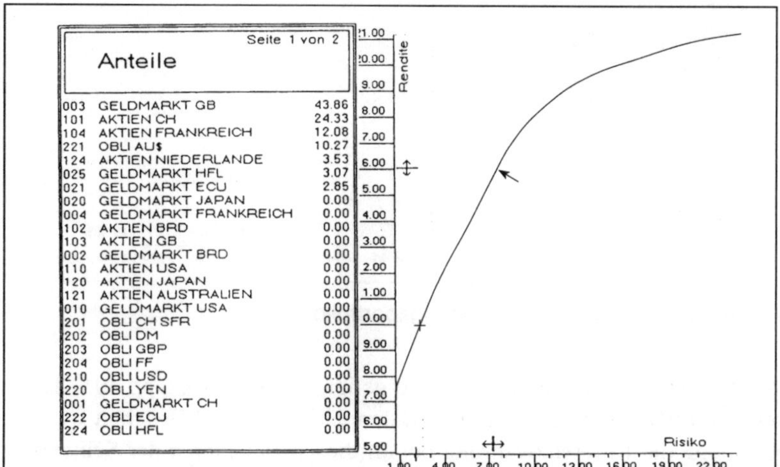

Abbildung 9: Optimiertes Lösungsportfolio nach Erhöhung des Renditezieles

Zwar steigt nun richtigerweise auch das Risiko auf 7,298 %, aber die Depotstruktur sieht immernoch reichlich „fragwürdig“ aus, denn: Nun wurde einfach der Geldmarkt-Anteil GB erhöht, ohne daß deswegen eine wesentliche Diversifikation stattgefunden hätte.

Richtig ist es also, nicht auf der Basis von historischen Daten solche Optimierungen zu rechnen, sondern auf der Grundlage von Schätzungen. Dabei wird das Renditeziel ausgehend von der Referenzwährung eingegeben. Alle anderen Renditeerwartungen der übrigen Währungen sind gleich hoch, weil Zinsunterschiede durch Absicherungskosten wettgemacht werden.

Nun bietet der Optimierer auf Basis des eingegebenen Renditeziels und der vorhandenen Volatilitäten und Korrelationen auch einen sinnvollen Vorschlag an:

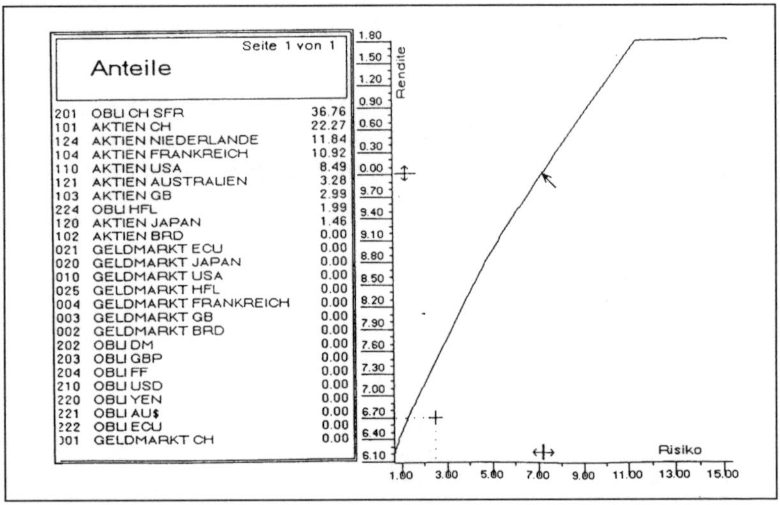

Abbildung 10: Alternatives Lösungsportfolio

Als Ergebnis wird nun ein Portfolio geliefert, daß aus knapp 40 % Renten und 60 % gut diversifizierter Aktienmärkte besteht. Beachtet werden muß, daß die Referenzwährung bei all diesen Beispielen der Schweizer Franken ist. Wäre es die DM, so wäre die Gewichtung deutscher Anleihen deutlich höher.

WICHTIG

Diese Praxisbeispiele zeigen, daß die Qualität von Portfolio-Optimierungen mit der Qualität der Prognosen und Einschätzungen steht und fällt. Falsch ist es, auf historische Daten zurückzugreifen, es sei denn, man erwartet für den kommenden Anlagezeitraum einen ähnlichen Verlauf wie in der entsprechenden historischen Betrachtung. Jedenfalls soll – gerade beim Privatanleger – mit dem Vorurteil aufgeräumt werden, mit Hilfe der modernen Computermodelle seien überragende Anlageergebnisse praktisch auf Knopfdruck zu haben. Ganz so einfach ist es in der Praxis nicht.

3.4 Vierter Schritt: Das Ergebnis – Konkrete Empfehlungstableaus

Die im letzten Kapitel durch Optimierer entwickelten Empfehlungsdepots werden in erster Linie im individuellen Beratungsgeschäft eingesetzt. Auf die gleiche Art und Weise werden auch Musterportfolios entwickelt, die die unterschiedlichen Kennziffern der Märkte in ein optimales Verhältnis bringen.

Beim Portfolio 1 wurden die Anteile pro Aktie gleichgewichtet, d. h., in sämtliche 15 Aktien wurden 6,7 % investiert. Damit läßt sich nach den Prognose- und Optimierungsmodellen des SBV eine erwartete Rendite von 12,9 % erzielen, wobei ein Risiko mit 1,15 (Beta) auf eine deutlich höhere Volatilität der Portfoliorendite gegenüber der Marktrendite schließen läßt.

Im Portfolio 2 wurde das Risiko pro Aktie gleichgewichtet, womit die erwartete Rendite leicht auf 12,8 % reduziert wurde, aber gleichzeitig das Risiko überproportional gesenkt werden konnte. Mit dieser Anlagestrategie werden die spezifischen Risikoeigenschaften der einzelnen Aktien im Portfolio besonders deutlich (z. B. GTE sehr geringes Risiko, daher hoher Anteil von 10,2 %).

Beim Portfolio 3 wurde der maximale Anteil pro Aktie auf 10 % festgelegt. Der minimale Anteil betrug 5 %. Die erwartete Rendite liegt nun bei 13,4 % bei einem Beta von 1,13.

Das Portfolio 4 schließlich repräsentiert mit 20 % maximalem Anteil pro Aktie das aggressivste Portfolio, sowohl in bezug auf Rendite (14,5 %) als auch Risiko (Beta 1,26). Der maximale Anteil wurde auf 20 % beschränkt (Minimum 5 %). Mit nur noch fünf Aktien eignet sich diese Titelauswahl nur in Verbindung mit einem indexähnlichen Portfolio (z. B. 90 % Index, 10 % Portfolio 4).

Portefeuille	**I** %	**II** %	**II** %	**IV** %
Total Return	12,9	12,8	13,4	14,5
Risiko	1,15	1,11	1,13	1,26
Korrelation mit Index	0,93	0,94	0,94	0,90
Maximale Anteile	–	–	10,0	20,0
Alcoa	6,7	6,7	–	–
Boeing	6,7	6,8	10,0	–
Browning Ferris	6,7	4,5	–	–
ConAgra	6,7	6,3	10,0	–
Corning	6,7	6,2	10,0	20,0
Dow Chemical	6,7	6,3	10,0	20,0
GTE	6,7	10,2	5,0	–
Johnson & Johnson	6,7	8,2	10,0	–
Lilly (Eli)	6,7	5,3	10,0	20,0
Monsanto	6,7	6,7	10,0	20,0
Nalco Chemical	6,7	5,9	–	–
Pep Boys	6,7	6,7	5,0	–
PepsiCo	6,7	7,4	10,0	20,0
RPM	6,7	7,0	5,0	–
Waste Management	6,7	6,0	5,0	–

Abbildung 11: Empfehlungstableau der Bank in Liechtenstein, Ffm.
Quelle: SBV

Die Bank in Liechtenstein Frankfurt veröffentlicht ebenfalls ein Empfehlungstableau, allerdings für den deutschen Markt und hier speziell für die DAX-Werte. Im Gegensatz zur SBV werden keine bestimmten Prozentsätze vorgegeben, sondern es wird die einzelnen DAX-Titel über eine Branchengewichtung über-, unter- oder neutral gewichtet.

In ganz ähnlicher Weise geht Schröder Münchmeyer Hengst, Frankfurt, vor. Dieses Institut gibt in seinem Empfehlungs-Portfolio die Branchengewichtung im Vergleich zu der entsprechenden Indexgewichtung vor. Damit wird genau quantifiziert, in welchem Umfang eine Über- oder Untergewichtung vorgenommen werden soll. Es werden zwar keine Einzelwerte genannt, dafür wird die schwammige „Neutral-Einstufung" der BiL vermieden.

Empfehlungs-Portfolio			
Branchen	Empfohlene Gewichtung	FAZ-Gewichtung	Differenz
Automobil	4	10,9	– 6,9
Banken	16	17,3	– 1,3
Bau-/Zulieferer	7	3,8	3,2
Chemie	22	15,2	6,8
Konsumwerte	0	0,5	– 0,5
Elektro	9	9,6	– 0,6
Nahrung/Brauereien	0	0,9	– 0,9
Versicherungen	19	15,9	3,1
Stahl	0	1,4	– 1,4
Maschinenbau	12	5,9	6,1
Grundstoffe	0	2,2	– 2,2
Papier	0	0,3	– 0,3
Einzelhandel	0	2,9	– 2,9
Autozulieferer	0	0,6	– 0,6
Versorger	8	9,6	– 1,6
Sonstige	3	3,0	0,0

Abbildung 12: Empfehlungsportfolio Schröder Münchmeyer Hengst, Ffm.

Am ausführlichsten sind die Empfehlungstableaus der schweizerischen Privatbank Sarasin & Cie., Basel/Zürich. Auch dies kann als Bestätigung für den Vorsprung der schweizerischen Banken im Bereich des Modernen Portfolio-Managements gewertet werden. Die Bank veröffentlicht regelmäßig Renditeprognosen, sowohl für sfrs-, als auch für DM-orientierte Anleger. Selbstverständlich bleibt es nicht bei der Angabe der erwarteten Rendite, sondern auch das langfristige Risiko wird entsprechend aufgeführt. Diese Renditeprognosen werden für einen Zeitraum von zwölf Monaten abgegeben.

Sie fließen in unterschiedliche Musterdepots ein (z. B. Musterportfolio „ausgewogen", Musterportfolio „defensiv" usw.). Beispielhaft dafür das Musterportfolio „dynamisch":

Länder	Geldmarkt	Obligationen	Aktien	Total
Deutschland	5	14	15	34
Holland		4	4	8
Schweiz			4	4
England		2	5	7
Frankreich		4	5	9
Südeuropa			2	2
Skandinavien		3	4	7
ECU		3		3
USA		3	5	8
Kanada		2	2	4
Japan			7	7
div. Pazifik			7	7
Total	5	35	60	100

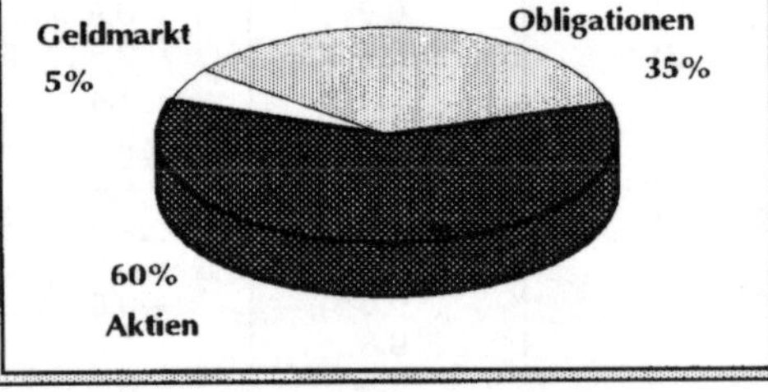

Regionen	Total
Europa	74
Nordamerika	12
Pazifik	14

Erwartete Rendite p.a.	13.3%
Langfristiges Risiko p.a.	10.7%

Abbildung 13: Empfehlungstableau der Privatbank Sarasin & Cie., Basel/Zürich

Durch die Research-Abteilung des Hauses wird die unter „Total" aufgeführte Grobgliederung vorgegeben. Der Computer errechnet dann die Aufteilung auf die verschiedenen Ländern nach einem Optimier-System. Das Ergebnis bietet die Diskussionsgrundlage für den Anlageausschuß. Nur selten kommt es vor, daß genau die vom Computer vorgeschlagene Verteilung gewählt wird.

Grund hierfür sind nicht zuletzt Restriktionen verschiedener Art, die vom Anleger vorgegeben sind. Solche Restriktioenn können beispielsweise darin bestehen, nicht oder nur in begrenztem Maße im Ausland zu investieren, höchstens einen Anteil von x Prozent in Aktien anzulegen oder mindestens y Prozent in „Cash", also jederzeit liquide zu halten. Daß derartige Restirktionen schädlich sein können, zeigt das von der Bank Sarasin & Cie. ausgearbeitete Beispiel, bei dem ein optimiertes Portfolio demjenigen eines Restriktionen unterworfenen gegenübergestellt wird:

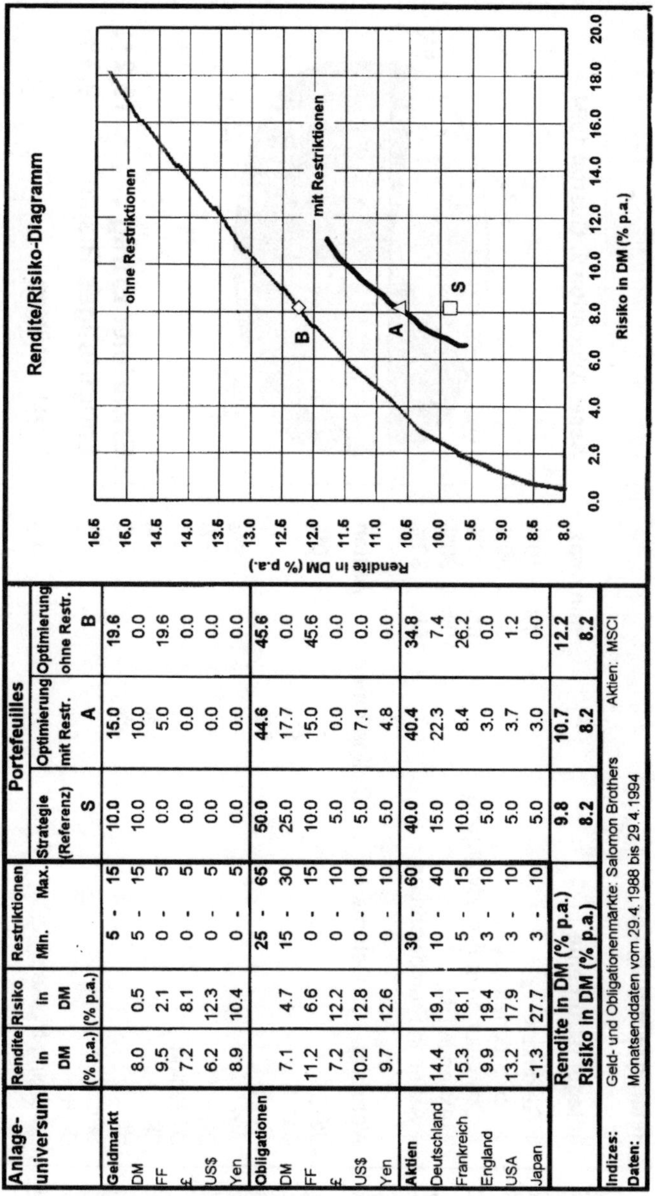

Anlage-universum	Rendite in DM (% p.a.)	Risiko in DM (% p.a.)	Restriktionen Min. - Max.	Portefeuilles: Strategie (Referenz) S	Optimierung mit Restr. A	Optimierung ohne Restr. B
Geldmarkt			**5 - 15**	**10.0**	**15.0**	**19.6**
DM	8.0	0.5	5 - 15	10.0	10.0	0.0
FF	9.5	2.1	0 - 5	0.0	5.0	19.6
£	7.2	8.1	0 - 5	0.0	0.0	0.0
US$	6.2	12.3	0 - 5	0.0	0.0	0.0
Yen	8.9	10.4	0 - 5	0.0	0.0	0.0
Obligationen			**25 - 65**	**50.0**	**44.6**	**45.6**
DM	7.1	4.7	15 - 30	25.0	17.7	0.0
FF	11.2	6.6	0 - 15	10.0	15.0	45.6
£	7.2	12.2	0 - 10	5.0	0.0	0.0
US$	10.2	12.8	0 - 10	5.0	7.1	0.0
Yen	9.7	12.6	0 - 10	5.0	4.8	0.0
Aktien			**30 - 60**	**40.0**	**40.4**	**34.8**
Deutschland	14.4	19.1	10 - 40	15.0	22.3	7.4
Frankreich	15.3	18.1	5 - 15	10.0	8.4	26.2
England	9.9	19.4	3 - 10	5.0	3.0	0.0
USA	13.2	17.9	3 - 10	5.0	3.7	1.2
Japan	-1.3	27.7	3 - 10	5.0	3.0	0.0
	Rendite in DM (% p.a.)			**9.8**	**10.7**	**12.2**
	Risiko in DM (% p.a.)			**8.2**	**8.2**	**8.2**

Indizes: Geld- und Obligationenmärkte: Salomon Brothers   Aktien: MSCI
Daten: Monatsenddaten vom 29.4.1988 bis 29.4.1994

Abbildung 14: Vergleich optimiertes-restriktives Portfolio

Anlegerprofil → **progressiv**
Portfolio → **Wachstum**

Referenzwährung DM

Anlageinstrumente	**min./max.**
Geldmarkt	0% / 10%
Obligationen in DM	10% / 30%
Obligationen in Fremdwährung	10% / 30%
Aktien in DM	10% / 30%
Aktien in Fremdwährung	10% / 30%

Währung	**Geldmarkt**	**Obligationen**	**Aktien**
US-$	5%		10%
Can-$		5%	
Aus-$		5%	
Yen			6%
DM		25%	15%
£-Sterling			3%
FF		5%	4%
Hfl.		5%	2%
SFr.			2%
DKR		5%	
Emerging Markets			3%

Asset Allocation 2. Quartal 1994

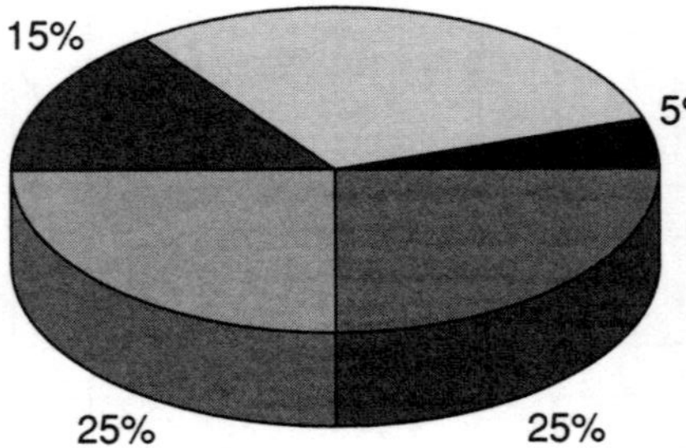

Erwarteter Ertrag*: 15,2 %
Langfristiges Risiko: 9,3 %

*** exkl. Gebühren**

Abbildung 15: Optimiertes Musterdepot der Cantrade Privatbank AG, Zürich

Zu guter Letzt noch ein Beispiel der Cantrade Privatbank AG, Zürich. Auch hier werden verschiedene Musterdepots gebildet (Portfolio „Ertrag“, Portfolio „defensiv“ und Portfolio „Wachstum“). Damit soll jedem Anlegerprofil, sei es konservativ, progressiv oder defensiv, eine entsprechende Alternative zur Verfügung stehen. Die Gewichtung der einzelnen Anlageinstrumente wird vorgegeben, ohne auf konkrete Einzelwerte einzugehen. Die unter optimierten Bedingungen entwickelte Asset Allocation wird jedes Quartal dem eventuell geänderten Umfeld angepaßt.

WICHTIG

Je konkreter ein Empfehlungstableau ist, desto besser für den Anleger. Leider gibt es noch immer viele Banken, die sich scheuen, sich aus dem Fenster zu lehnen. Dabei ist es für jede Bank eine Chance, ihr Know-how im Bereich Portfoliomanagement nach außen zu demonstrieren. Nach unseren Recherchen besitzen die schweizerischen Banken noch einen Vorsprung von mindestens zwei Jahren. Die deutschen Banken sind also gut beraten, die Entwicklung praktischer Umsetzungsmöglichkeiten der ungemein wichtigen Asset Allocation zu forcieren.

4. Die richtige Erfolgsmessung

4.1 Im nachhinein war es immer zu wenig

Die Messung des Anlageerfolges ist notwendig. Dies gilt unabhängig davon, ob der Anleger selbst für die Vermögensverwaltung verantwortlich zeichnet oder er sie in professionelle Hände übertragen hat. Schließlich gilt es, am Ende des Anlagezeitraumes bzw. am Ende des Kalenderjahres zu kontrollieren, ob die vergangene Wertentwicklung der Anlage den Ansprüchen und Vorstellungen, die die Anlageentscheidung zu Beginn beeinflußt hat, gerecht geworden ist.

Ergibt sich eine Übereinstimmung, so gibt es kaum einen zwingenden Grund, die bisherige Strategie der Vermögensanlage zu ändern. Anders ist es, wenn Abweichungen festgestellt werden – Abweichungen meist in der Form, daß bestimmte Renditeerwartungen, die der Anleger zum Zeitpunkt der Anlageentscheidung formuliert hatte, im nachhinein nicht erfüllt worden sind. In diesem Fall muß Ursachenforschung betrieben werden: Was waren die Gründe für das enttäuschende Abschneiden der Anlage? Waren die Erwartungen zu Beginn der Anlage unrealistisch? Haben sich während der Anlagedauer die Rahmenbedingungen geändert, ohne daß rechtzeitig entsprechend reagiert wurde? Wurden Entwicklungen falsch eingeschätzt? Oder war gar der Vermögensverwalter am schlechten Abschneiden der Anlage schuld?

Gerade auch um den letzteren Punkt notfalls entschärfen zu können, ist eine entsprechende Erfolgskontrolle auch für den Vermögensverwalter wichtig, sollte dieser nicht mit dem Anleger identisch sein. Aber nicht nur im negativen Fall, sondern auch bei einer positiven „Überraschung“ will der Vermögensverwalter klare Zahlen zum Anlageerfolg sehen. Schließlich bedeuten diese für ihn dann eine entsprechende Referenz für andere Kunden bzw. Neuakquisitionen.

Wie der Anlageerfolg gemessen wird, lesen Sie auf den folgenden Seiten. Dies ist nämlich keinesfalls so einfach, wie man denken könnte. Selbst bei der Berechnung, die doch eigentlich nach objektiven Maßstäben und Kriterien vonstatten gehen müßte, sind Manipulationen Tür und Tor geöffnet. Am Beispiel des mißverständlichen Begriffes „durchschnittliche Jahresverzinsung“ kann dies folgendermaßen aussehen:

Nachstehend sind die Ergebnisse zweier Depots mit ihrer jeweiligen Wertentwicklung über fünf Jahre aufgeführt. Bei beiden Depots läßt sich eine „durchschnittliche jährliche Verzinsung“ von plus 6 % errechnen. Trotz der „identischen“ Verzinsung sind die Anlageergebnisse unterschiedlich, in einem Fall sogar negativ(!)

Tabelle 7: Wertentwicklung Depot A

Anlageergebnisse:	**tatsächl. Ergebnis bei 100 DM Anlage**
1. Jahr: + 6%	+ 6,00 DM
	106,00 DM
2. Jahr: + 6%	+ 6,36 DM
	112,36 DM
3. Jahr: + 6%	+ 6,74 DM
	119,10 DM
4. Jahr: + 6%	+ 7,15 DM
	126,25 DM
5. Jahr: + 6%	+ 7,58 DM
	133,83 DM
Gesamt: 30% dividiert durch fünf Jahre	
= **durchschnittlicher** Anlagebetrag nach 5 Jahren: **133,83 DM**	
Tatsächlicher Anlageerfolg Depot A: insgesamt + 33,83%	

Bei beiden Depots hat sich also durch die gleiche mathematische Methode eine identische jährliche Durchschnittsverzinsung von 6 % ergeben. Dennoch ist das Anlageergebnis bei Depot B per saldo sogar negativ. Gleichzeitig wird bereits beim oberflächlichen Vergleich der einzelnen Wertentwicklung deutlich, daß das Ergebnis von Depot A mit einem völlig anderen Risiko (nämlich ohne negative Ausschläge) erzielt wurde. Im Hinblick sowohl auf das tatsächliche Anlageergebnis als auch auf das Risiko, mit dem dieses erzielt wurde, ist Depot A eindeutig das bessere gewesen. An der Kennzahl „durchschnittliche Wertentwicklung pro Jahr“ wäre dies allerdings nicht ablesbar gewesen.

Bei der richtigen Erfolgsmessung gilt es deshalb vor allem, richtig zu rechnen. Das geschieht in der Regel dadurch, daß man eine international

Tabelle 8: Wertentwicklung Depot B

Anlageergebnisse:	**tatsächl. Ergebnis bei 100 DM Anlage**
1. Jahr: + 45%	+ 45,00 DM
	145,00 DM
2. Jahr: + 32%	+ 46,40 DM
	191,20 DM
3. Jahr: + 13%	+ 24,88 DM
	216,28 DM
4. Jahr: – 12%	– 25,95 DM
	190,33 DM
5. Jahr: – 48%	– 91,36 DM
	98,97 DM
Gesamt: 30% dividiert durch fünf Jahre	
= **durchschnittlicher** Anlagebetrag nach 5 Jahren: **98,97 DM**	
Tatsächlicher Anlageerfolg Depot B: gesamt – 1,03%	

anerkannte Methode verwendet (siehe Kapitel 4.7) die das tatsächliche Anlageergebnis auch widerspiegelt. Aber selbst wenn die Erfolgsmessung im Sinne von Ergebnismessung richtig erfolgt ist, so sagt das Ergebnis, nämlich eine reine Prozentzahl noch nichts darüber aus, wie gut sich die Anlage relativ entwickelt hat. Gerade darauf kommt es aber an.

Wird beispielsweise festgestellt, daß die Depotentwicklung in den ersten vier Monaten 1995 bei plus 30 % lag, so mag sich dies vielleicht zunächst gut anhören. Wurden diese 30 % aber in einem Depot erzielt, dessen Mittel ausschließlich in türkische Aktien investiert waren und ist der türkische Aktienmarkt – gemessen an allen dort gehandelten Aktien – um durchschnittlich 100 Prozent gestiegen, so muß die Depotentwicklung enttäuschen.

WICHTIG

Der Anlageerfolg wird im Modernen Portfoliomanagement weniger von einem einzelnen isolierten Anlageergebnis bestimmt, entscheidend ist vielmehr der Vergleich zwischen der Depotentwicklung und der Entwicklung der entsprechenden Märkte.

4.2 Benchmark-Konzepte als Meßlatten für den Erfolg

Benchmark-Konzepte haben in den letzten Jahren in der modernen Vermögensverwaltung an Bedeutung gewonnen. Mittlerweile nutzt eine Vielzahl von Anlegern und Managern gleichermaßen das Benchmark-Konzept bei der Anlageplanung und zur Erfolgskontrolle.

Unter einer Benchmark versteht man einen Index oder eine geeignete Kombination von Indizes. Diese Indexkombination spiegelt einerseits die Risiko- und Zielvorstellungen des Anlegers wider und wird andererseits als Maßstab zur Bewertung der Anlageergebnisse verwandt. In der einfachsten Form ausgedrückt bestimmt der Anleger beispielsweise: „Mein Depot soll so strukturiert sein, daß es sich in Trend und Ausmaß so entwickelt wie der Deutsche Aktienindex DAX!".

Dennoch haben die Anleger unterschiedliche Auffassungen darüber, wie eng das eigene Depot an der entsprechenden Meßlatte ausgerichtet sein soll oder welche Funktionen bei dem einzelnen Benchmark-Konzept im Vordergrund stehen. Ein Teil der Anleger setzt mit Hilfe der Benchmark seine Anlageziele direkt in die Anlagepolitik um und setzt die Benchmark dann als Controlling-Instrument ein, während der andere Teil der Anleger die Benchmark-Vorgabe lediglich als Referenz oder grobe Richtlinie versteht. Allen Anlegern ist jedoch gemeinsam, daß sie das Benchmark-Konzept nutzen wollen, um die Diskussion und die Zusammenarbeit mit dem Fondsmanagement zielgerichteter, sachlicher und effizienter zu gestalten.

Eine der wichtigsten Vorteile einer Benchmarks liegt darin, daß Anleger und Vermögensverwalter individuell das geeignete Risikoniveau eines Investments bestimmen können. Am Beginn des Planungsprozesses sollte dabei ein Vergleich verschiedener Indexkombinationen stehen. In den seltensten Fällen wird es sich um ein zu 100 % in deutsche Standardaktien investiertes Depot handeln, so daß einfach nur der Deutsche Aktienindex hinzugezogen werden müßte. Dies verbietet sich alleine aus Gründen der Diversifikation.

Eine Indexkombination vermittelt eine Vorstellung davon, mit welchem Risikoniveau bestimmte Anlagestrukturierungen und Ertragserwartungen behaftet sind. Zudem bietet der Vergleich verschiedener Indexkombinationen die Möglichkeit, Diversifikationsvorteile auszuloten, d. h., verschiedene Anlagemärkte so zusammenzustellen, daß sich bei gleicher Ertragserwartung die Anlagerisiken z. T. neutralisieren.

Ist nach einigem Experimentieren mit verschiedenen Möglichkeiten eine Indexkombination gefunden, die dem Risikoempfinden des Anlegers gerecht wird, kann in einem weiteren Schritt eine Verfeinerung dieser Kombination vorgenommen werden. An dieser Stelle kommen bestimmte Restriktionen wie z. B. „keine US-Aktien", „mindestens 10 % Cash" usw. sowie gesetzliche Rahmenbedingungen zum Tragen.

Das Ergebnis ist eine Indexkombination, die auf das für den Anleger individuell richtige Risikoniveau ausgerichtet ist, die Zielvorstellungen und Anlagepräferenzen des Anlegers berücksichtigt, die gesetzlichen Rahmenbedingungen beachtet und optimal diversifiziert ist. In der Regel wird sich eine Benchmark, der aus einer Indexkombination besteht, stets in mittleren Schwankungen zwischen dem aggressivsten Index (z. B. Aktien-Spezialwerte) und dem konservativsten (z. B. einem Renten-Index) bewegen. Durch Computersimulationen kann die Entwicklung der Benchmark in der Vergangenheit in Bezug zu den in ihr enthaltenen Indizes dargestellt werden.

Der folgende Langfrist-Chart zeigt eine solche Entwicklung für einen Investor, der sich für ein Benchmarkmodell mit nachstehender Indexkombination entschieden hat:

- 40 % Aktien Deutschland (gemessen am MSCI-Index Germany)
- 30 % Aktien International (gemessen am MSCI-Index World in DM)
- 30 % Renten Deutschland (gemessen am Sal. Bs.-Index DM Governments)

Aus dem Chart kann das Verhalten des Benchmark in Crash-Situationen und Haussephasen gut abgelesen werden.

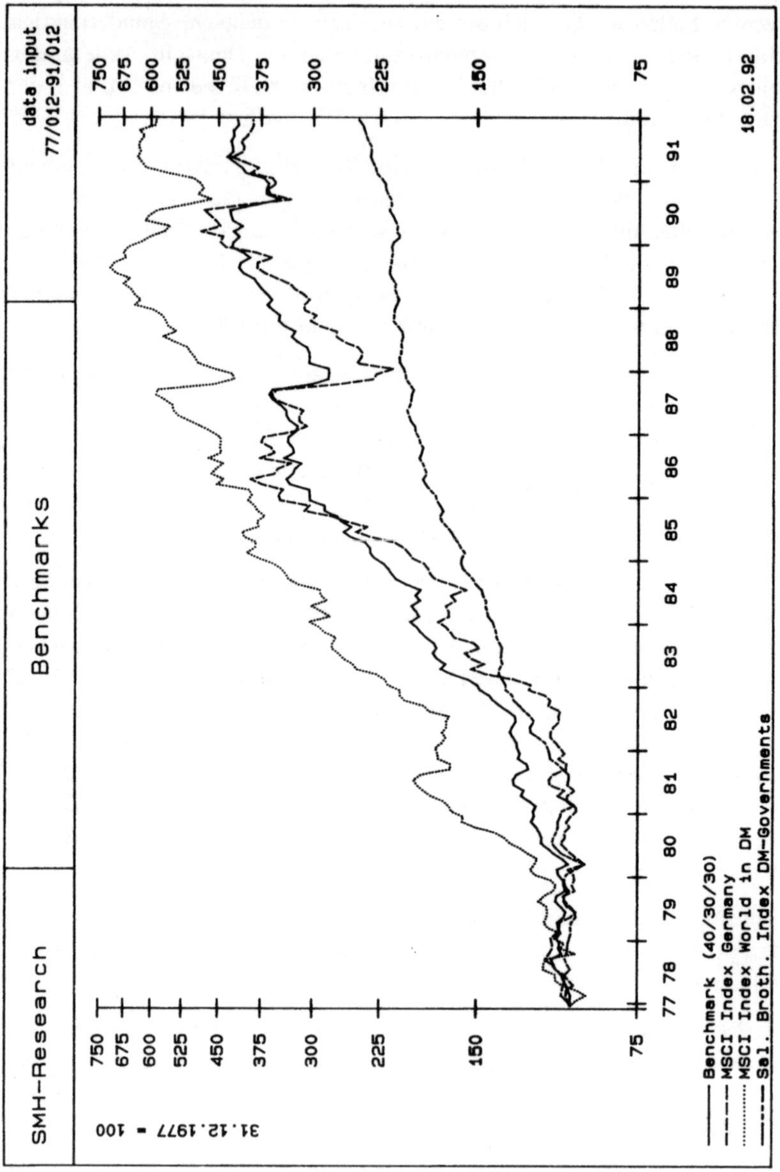

Abbildung 16: Verhalten der Benchmark in Crash- und Hausse-Phasen

Das benchmarkorientierte Vorgehen bei der Anlageplanung ist sowohl für den Anleger als auch für den Vermögensverwalter von Vorteil. Der Anleger kann sichergehen, daß all seine Vorstellungen berücksichtig werden, da sie ja direkt in die Benchmark-Konstruktion eingeflossen sind. Der Vermögensverwalter andererseits weiß nun genau, in welchem Anlagerahmen er sich bewegen kann und wie die relevanten Marktfaktoren lauten, auf die er zu achten hat.

Da durch einen entsprechenden Anlageplanungsprozeß gewährleistet ist, daß die Vorstellungen und Ziele des Anlegers in der Benchmark enthalten sind, läßt sich die Benchmark wiederum auch zu Controllingzwecken heranziehen. Dabei fungiert sie als Meßlatte, an der das Depot im Verlauf des Anlagezeitraums immer wieder gemessen wird. Ein detaillierter Vergleich zwischen Benchmark-Entwicklung und Anlageergebnis zeigt einerseits auf, ob die beschlossene Strategie vom Vermögensverwalter richtig umgesetzt wurde. Andererseits macht der Vergleich transparent, wieviel das aktive Abweichen des Vermögensverwalters von der Benchmarkvorgabe zum Anlageergebnis beigetragen hat.

WICHTIG

Die Benchmark kann je nach Vorgabe des Kunden beliebig geändert werden, was entsprechende Anpassungen im Depot nach sich zieht. Ein häufiges und undiszipliniertes Ändern der Vorgabe führt aber per saldo – nicht nur aufgrund der zusätzlichen Kosten, die damit verbunden sind – zu schlechteren Anlageergebnissen. Benchmark-Vorgaben sollten deshalb auf längere, zumindest mittlere Frist erfolgen.

4.3 Indizes als Benchmarks – Welche eignen sich und welche nicht?

Indizes sind als Benchmark deshalb so beliebt, weil sie in ihrer Preisentwicklung einen gesamten Markt repräsentieren. Dies macht es einfach nachzuvollziehen, ob der in einem bestimmten Markt investierte Depotanteil besser, schlechter oder genauso wie der gesamte Markt abgeschnitten hat.

Am häufigsten werden in der Praxis Indexsysteme verwandt, die nach einer einheitlichen Methode berechnet, alle wichtigen Märkte abdecken. Dazu gehören zum Beispiel die von Morgan Stanley Capital International (MSCI) entwickelten Indexsysteme. Für die Rentenmärkte gibt es Indexsysteme von J. P. Morgan, Salomon Brothers und Merrill Lynch. Wenn hier von Indexsystemen die Rede ist, so bedeutet dies, daß neben Weltindizes auch regionale und Subindizes vorhanden sind.

Bei der Berechnung der Indizes wird unterschieden, ob es sich um sogenannte „echte" oder „unechte" Indizes handelt. Bei echten Indizes handelt es sich um Performance-Indizes, die Bezugsrechte und Dividendenzahlungen durch einen Bereinigungsfaktor berücksichtigen. Bei unechten Indizes, sogenannten Kursindizes, führen Dividendenzahlungen zu einem Indexrückgang.

Soll ein international stark diversifiziertes Depot gemessen werden, wird als Benchmark in der Regel ein internationaler Index gewählt. Führend ist hier der MSCI-World-Index, der 1.520 Aktien aus 23 Ländern umfaßt. Diese Werte stellen eine Marktkapitalisierung von rund 7.000 Mrd. US-$ dar. Er wird zweimal täglich um 10 Uhr und um 18.00 Uhr MEZ errechnet und sowohl mit und ohne Berücksichtigung von Dividendenzahlungen veröffentlicht. Daneben existiert als weitere Variante eine Ländergewichtung aufgrund des jeweiligen Bruttoinlandsproduktes, und als weiterer Vorteil kann der Index aus der Sicht verschiedener Währungen dargestellt werden.

Auch für die internationalen Rentenmärkte gibt es weltumfassende Indizes, so z. B. den J.P.-Morgan-Government-Bond-Index, in dem die wichtigsten Staatsanleihen aus 13 Ländern enthalten sind. Als Subindizes existieren globale Indizes ohne den Markt der Referenzwährung. Beispiel: Der DM-Nonbase-Index mißt die Performance aller Märkte in DM, ausgenommen den Markt für deutsche Staatsanleihen. Die J.P.-Morgan-Indizes sind historisch sehr gut dokumentiert und bieten eine Vielzahl von Statistiken. Angaben über die in den Indizes enthaltenen Obligationen sind jedoch nur für „gute Kunden“ zugänglich.

Neben diesen internationalen Indizes gibt es Länderindizes, sowohl für den Aktien als auch für den Rentenmarkt. Zu den bekanntesten Vertreter der Aktienindizes zählt der Deutsche Aktien-Index DAX, der Dow-Jones-Industrial-Index und der Nikkei-Index. Als Rentenindex dürfte vor allem der Deutsche Rentenindex REX bekannt sein.

Da DAX und REX die wichtigsten Indizes für einen deutschen Anleger sein dürften, im folgenden einige Hintergrundinformationen zu diesen Benchmarks.

Deutscher Aktienindex DAX

Bei der Konstruktion des DAX wurden die spezifischen Eigenschaften des deutschen Aktienmarktes berücksichtigt. So ist der DAX mit 30 ausgewählten deutschen Aktien ein aussagefähiger Indikator für das Geschehen am deutschen Aktienmarkt. Wichtigste Auswahlkriterien für die einzelnen Titel sind Börsenumsatz und Börsenkapitalisierung der jeweiligen Unternehmen. Gleichzeitig ist eine möglichst frühe Verfügbarkeit des Eröffnungskurses der ausgewählten Aktie von Bedeutung. Das ist wichtig, damit der DAX möglichst schnell nach Börseneröffnung die tatsächliche Börsenstimmung widerspiegelt. In seiner Zusammensetzung repräsentiert der DAX fast 60 Prozent des gesamten Grundkapitals inländischer börsennotierter Gesellschaften, mehr als 75 Prozent des im Streubesitz befindlichen Grundkapitals und deutlich über 65 Prozent der Börsenumsätze des deutschen Aktienhandels.

Die Gewichtung der verschiedenen Aktien erfolgt nach dem an der Frankfurter Wertpapierbörse zugelassenen Grundkapital. Dies hat den Vorteil, daß die Kursveränderungen der einzelnen Gesellschaften mit unterschiedlicher Gewichtung in den DAX einfließen. Gesellschaften mit einem hohen zugelassenen Grundkapital beeinflussen den DAX stärker als Gesellschaften mit einem geringeren zugelassenen Grundkapital. Die Kapitalgewichtung wird einmal im Jahr angepaßt.

Der DAX wird jede Minute während der amtlichen Börsenzeit im Kurs-Informations-Service-System (KISS) der Frankfurter Wertpapierbörse berechnet. Die Real-Time-Verarbeitung über alle wichtigen Nachrichtennetze stellt sicher, daß die Anleger weltweit und jederzeit über den aktuellen Börsentrend informiert sind.

Ein wesentlicher Vorteil des DAX liegt in seiner Performance-Orientierung. Das heißt, nicht vom Markt ausgelöste Kursveränderungen, zum Beispiel nach Dividendenabschlägen und Kapitalveränderungen, werden bei der Berechnung des DAX bereinigt. Der DAX entspricht damit einem über einen längeren Zeitraum konstant gehaltenen Portfolio, bei dem Dividenden und Bezugsrechtserlöse in das Depot reinvestiert werden. Dabei wird davon ausgegangen, daß die Dividenden nicht in dem Index, sondern in der jeweiligen Aktie wiederangelegt werden.

Die folgende Übersicht zeigt die Aktienindizes der wichtigsten Länder mit Informationen zu der Anzahl der Titel (Indikator für Marktbreite), Kapitalisierungsgrad (wieviel Prozent des Marktes werden repräsentiert?) sowie Basisjahr und Basisstand (für historische Vergleiche). Alle Indizes sind für entsprechende Benchmark-Konzepte geeignet.

Deutscher Rentenindex REX

Die Tendenz am Rentenmarkt anhand einer Benchmark zu bestimmen, war lange Zeit nicht einfach. Oft wurden Musterportfolios mit verschiedenen Anleihen gebildet, die aber aufgrund der ständig kürzer werdenden Restlaufzeit der Anleihen regelmäßig umgeschichtet werden mußten.

Seit Juni 1991 steht jedoch der Deutsche Rentenindex (REX) als Börsenbarometer für Festverzinsliche zur Verfügung. Er gibt mit seinen Laufzeit-Subindizes einen detaillierten Überblick über die gegenwärtige Situation am Rentenmarkt und ist ideal sowohl für die technische Analyse als auch als Benchmark geeignet.

Der 27. April 1992 war der Startpunkt für einen weiteren wichtigen Indikator. Als Pendant zum DAX wurde mit dem REX-Performance-Index (REXP) erstmals eine institutionsunabhängige Meßlatte für die Wertentwicklung am deutschen Rentenmarkt ermittelt. Die Veröffentlichung erfolgt in allen wichtigen Börsendiensten und Wirtschaftszeitungen.

Wie anfangs bereits angedeutet, muß eine Benchmark für den Rentenmarkt natürlich gewisse theoretische Anforderungen erfüllen. Die repräsentative Wiedergabe des Marktsegmentes ist dabei der wichtigste Punkt.

Tabelle 9: Die wichtigsten Indizes

Aktienindizes

Land	Index	Stand 31.12.93	Anzahl Titel	Lokale Währung	Wechselkurs (zu US-$)	Marktkapitalisierung Index: Lokale Währung (Mrd)	Marktkapitalisierung Index: US-$ (Mrd)	Kapitalisierungsgrad (%)	Basisjahr	Basisstand
Länderindizes										
Australien	All Ordinaries	2173.60	280	A-$	1.47	277	189	93	1980	500.00
Dänemark	CSE All Share	365.64	334	dKr.	6.71	326	49	99	1983	100.00
Deutschland	FAZ	847.57	100	DM	1.74	536	308	67	1958	100.00
	DAX	2266.68	30	DM	1.74	456	262	57	1988	1000.00
	CDAX	218.66	327	DM	1.74	704	405	88	1987	100.00
Finnland	HEX	1582.12	77	Fmk	5.79	136	24	100	1990	1000.00
Frankreich	CAC 40	2268.22	40	fFr.	5.93	1482	250	55	1987	1000.00
Grossbritannien	FT All-Share	1682.17	823	£	0.68	752	1113	93	1962	100.00
	FT-SE 100	3418.40	100	£	0.68	558	826	69	1984	1000.00
	FT-SE 250	3791.30	250	£	0.68	162	239	20	1985	1412.60
Hongkong	Hang Seng	11888.30	33	HK-$	7.72	1918	249	70	1964	100.00
Italien	BCI	619.47	323	Lit.	1707.00	241 202	141	100	1972	100.00
	MIB	9497.00	323	Lit.	1707.00	241 202	141	100	1975	1000.00
Japan	Topix	1439.31	1232	Yen	112.00	312 297	2788	91	1968	100.00
	Nikkei 225	17417.24	225	Yen	112.00	157 864	1409	46	1949	100.00
	Nikkei 300	267.06	300	Yen	112.00	216 205	1930	63	1982	100.00

Tabelle 9: Die wichtigsten Indizes (Fortsetzung)

Aktienindizes

Land	Index	Stand 31.12.93	Anzahl Titel	Lokale Währung	Wechselkurs (zu US-$)	Marktkapitalisierung Index		Kapitalisierungsgrad (%)	Basisjahr	Basisstand
						Lokale Währung (Mrd)	US-$ (Mrd)			
Länderindizes										
Kanada	TSE 35	217.51	35	C-$	1.32	173	131	40	1987	100.00
	TSE 100	259.72	100	C-$	1.32	272	207	63	1993	250.00
	TSE 300	4321.43	300	C-$	1.32	354	269	82	1975	1000.00
Malaysia	KLSE Composite	1275.32	85	M-$	2.69	316	117	51	1977	100.00
Niederlande	CBS All Share	280.80	150	Hfl.	1.94	342	176	76	1983	100.00
	AEX	414.27	25	Hfl.	1.94	297	153	66	1985	191.44
Norwegen	OSE General	613.08	131	nKr.	7.52	206	27	100	1983	100.00
Österreich	ATX	1128.78	19	öSch.	12.22	119	10	36	1991	1000.00
Schweden	Affärsvärlden General	1402.80	112	sKr.	8.34	847	102	95	1979	100.00
Schweiz	Swiss Performance Index	1867.84	376	sFr.	1.46	401	275	97	1987	1000.00
	Swiss Market Index	2957.60	22	sFr.	1.46	236	162	56	1988	1500.00
	SBV Gesamt-Index	1012.63	396	sFr.	1.46	418	286	99	1958	100.00
	Swiss Small Companies' Index	1970.18	198	sFr.	1.46	13	9	3	1992	1238.57
	Swiss Medium Companies' Index	2060.11	141	sFr.	1.46	76	52	18	1992	1238.70
Singapur	Strait Times	2425.68	30	S-$	1.61	108	67	50	1966	100.00
	DBS 50	623.22	50	S-$	1.61	161	100	75	1975	100.00
Spanien	Madrid General	322.77	98	Pta.	142.50	15 634	109	91	1985	100.00
	IBEX 35	3615.22	35	Pta.	142.50	13 744	96	80	1989	3000.00

Tabelle 9: Die wichtigsten Indizes (Fortsetzung)

Aktienindizes

Land	Index	Stand 31.12.93	Anzahl Titel	Lokale Währung	Wechselkurs (zu US-$)	Marktkapitalisierung Index Lokale Währung (Mrd)	Marktkapitalisierung Index US-$ (Mrd)	Kapitalisierungsgrad (%)	Basisjahr	Basisstand
Länderindizes										
Thailand	SET	1682.85	407	Baht	25.60	3 353	131	100	1975	100.00
USA	Dow Jones Industrial	3754.09	30	US-$	1.00	767	767	14	1896	49.71
	S & P 500	466.45	500	US-$	1.00	3286	3286	60	1941–43	10.00
	MMI	379.41	20	US-$	1.00	712	712	13	1983	200.00
	NASDAQ	776.80	4550	US-$	1.00	822	822	14	1971	100.00
	Russell 2000	258.59	2000	US-$	1.00	493	493	9	1987	135.00
Internationale Indizes										
International	MSCI World Index	598.90	1520	US-$	1.00	6919	6919	60	1970	100.00
	FT-Actuaries World Index	167.20	2165	US-$	1.00	8819	8819	76	1986	100.00
	IFC Investable Composite	408.13	647	US-$	1.00	518	518	60	1988	100.00
	EUROTOP 100	1238.02	100	Ecu	0.90	973	1081	53	1990	952.26
Gold	JSE Actuaries All Gold Index	2164.16	14	Rand	4.29	43	10	76	1978	256.00
	J. Capel Gold Index	147.99	116	US-$	1.00	64	64	165	1988	100.00

Die Benchmark darf nicht durch Marktstrukturverschiebungen beeinflußt werden, sondern muß die Renditeveränderungen widerspiegeln.

Durch die tägliche Verkürzung der Restlaufzeit wäre ein Index auf Basis realer Papiere starken Verzerrungen ausgesetzt. Dies zwingt zu einem Indexkonzept mit fixiertem Basisportfolio, wie es z. B. dem REX zugrunde liegt. Die zweite zu berücksichtigende Anforderung ist die Total-Return-Orientierung, d. h., sämtliche Renditebestandteile einer Anlage müssen durch die Benchmark abgebildet werden. Sie erzwingt die Messung des Gesamtertrages durch die Einzelkomponenten – und zwar zum einen durch Kursveränderungen, die aus Änderungen der Zinstendenz und Verkürzung der Restlaufzeit resultieren und zum anderen durch die Zinseinkommen durch den anfallenden Kupon (bzw. Stückzinsen) und dessen Wiederanlageerfolg.

Der Kursindex REX steht als Maßstab für die Komponente „Kursveränderungen" zur Verfügung. Der REX basiert auf einem konstanten Portfolio von 30 fiktiven Bundesanleihen mit ganzjährigen Laufzeiten von ein bis zehn Jahren und Kupons von 6 %, 7,5 % und 9 %. Die Kurse dieser Papiere werden über die Renditestrukturkurve der deutschen Bundeswertpapiere berechnet. Mit Hilfe einer Gewichtungsmatrix, welche die langjährige Struktur des deutschen Rentenmarktes wiedergibt, summieren sich diese fiktiven Anleihen dann zum REX.

Die Behandlung des Zinseinkommens in einem Rentenindex erfordert, daß folgende Grundsatzfragen geklärt werden: „Wann werden die anfallenden Kupons reinvestiert?" und „Wird im gesamten Basisportfolio (gemäß der Gewichtungsmatrix) wiederangelegt oder werden die Kupons den einzelnen Papieren zugerechnet?" Der Reinvestitionsrhythmus hat wegen der Zinseszinseffekte Auswirkungen auf den Gesamtertrag. Hier stehen sich zwei gegenläufige Effekte gegenüber. Weit auseinander liegende Wiederanlagezeitpunkte führen zu Verzerrungen am Reinvestitionstag, da sich relativ hohe Anlagebeträge ansammeln. Häufige Kuponabrechnungen dagegen verursachen eine Über-Performance der Benchmark, da unter realistischen Annahmen tägliche Zinsausschüttungen nicht erzielbar sind.

Für den REXP wurde die tägliche Wiederanlage gewählt, um Verzerrungen zu vermeiden. Eine Über-Performance konnte durch einen finanzmathematischen „Trick" vermieden werden.

Die Kuponzahlungen müßten nun eigentlich den jeweiligen fiktiven Papieren zugeordnet werden. Diese Art der Reinvestition würde aber zu einer starken Übergewichtung der hochverzinslichen Papiere und somit zu einer Verzerrung des Basisportfolios führen. Aus diesen Gründen gilt für den REXP die Reinvestition im gesamten Basisportfolio gemäß der Gewichtungsmatrix; folglich gibt der REXP den Gesamterfolg eines fiktiven Investments im Kursindex REX wieder.

Das Basisdatum des REXP ist der 30.12.1987 mit dem Indexstand 100, um direkte Performance-Vergleiche mit der Aktien-Benchmark DAX zu erleichtern. Diese basiert auf dem Startwert 1.000 am 30.12.1987. Für den REXP wurden Monatsultimostände ab Januar 1967 berechnet, mit dem 30.12.1987 sind tägliche Daten verfügbar. Aus dieser weit zurückreichenden Historie des REXP resultieren umfassende Anwendungsmöglichkeiten.

Die nachstehende Tabelle 10 zeigt die international anerkannten Anleiheindizes, die sowohl für Benchmark-Konzepte als auch Marktanalysen und -prognosen in Frage kommen.

4.4 Wie eine Benchmark geschlagen werden kann, und warum das gar nicht so einfach ist

Ist eine Benchmark im Sinne eines Index bzw. einer Indexkombination vorgegeben, muß das erste Ziel des Vermögensverwalters lauten, den Index möglichst genau nachzubauen, oder aber er geht ganz bewußt Abweichungen ein, um damit den Index (und gleichzeitig die Benchmark) zu schlagen. Je nach dem spricht man dabei von aktivem oder passivem Portfoliomanagement.

Das passive Management hat insbesondere in den letzten Jahren im Gefolge der zunehmenden Bedeutung der Modernen Portfoliotheorie an Gewicht gewonnen. Hauptgrund hierfür waren die Erfahrungen der Marktteilnehmer. Unter den professionellen Vermögensverwaltern hat sich gezeigt, daß die wenigsten von ihnen es schaffen, die Entwicklung eines Marktes zu erreichen oder gar zu übertreffen. Auf der anderen Seite haben viele Anleger – nicht zuletzt nach den Erfahrungen mit diversen Kurs-Crashs – immer häufiger das Bedürfnis, für den Fall abgesichert zu sein, daß unvorhersehbare Katastrophenmeldungen oder irrationale Marktbewegungen alle noch so gut begründeten Prognosen zur Makula-

Tabelle 10: Die wichtigsten Rentenindizes

Renten - Indizes

Land	Index	Basisjahr	Anzahl Titel	Index Kapitalisierung Mrd.US-$	Gewicht in % vom jeweiligen Welt - Index	Statistiken				Laufzeitklassen
						Rendite	Duration	Total Return	Principal Return	
Australien	J.P. Morgan «B»	1988	9	27	7.2	Ja	Ja	Ja	Ja	Nein
	J.P. Morgan «T»	1988	17	43	1.2	Ja	Ja	Ja	Ja	Ja
	Merrill Lynch	1993	44	42	0.9	Ja	Ja	Ja	Ja	Ja
	Salomon Brothers	1985	21	45	0.9	Ja	Ja	Ja	Nein	Ja
	UBS Global «B»	1992	3	6	1.4	Nein	Ja	Ja	Nein	Ja
	EFFAS-Index	1992	35	47	n.a.	Ja	Ja	Ja	Ja	Ja
Belgien	J.P. Morgan «B»	1988	1	12	3.3	Ja	Ja	Ja	Ja	Nein
	J.P. Morgan «T»	1988	16	104	2.8	Ja	Ja	Ja	Ja	Ja
	Merrill Lynch	1993	20	96	2.1	Ja	Ja	Ja	Ja	Ja
	Salomon Brothers	1985	31	138	2.8	Ja	Ja	Ja	Nein	Ja
	UBS Global «B»	1992	3	17	1.7	Nein	Ja	Ja	Nein	Ja
	EFFAS-Index	1992	43	95	n.a.	Ja	Ja	Ja	Ja	Ja
Dänemark	J.P. Morgan «B»	1988	1	12	3.3	Ja	Ja	Ja	Ja	Nein
	J.P. Morgan «T»	1988	9	62	1.7	Ja	Ja	Ja	Ja	Ja
	Merrill Lynch	1993	9	54	1.2	Ja	Ja	Ja	Ja	Ja
	Salomon Brothers	1985	13	69	1.4	Ja	Ja	Ja	Nein	Ja
	EFFAS-Index	1992	10	62	n.a.	Ja	Ja	Ja	Ja	Ja

Tabelle 10: Die wichtigsten Rentenindizes (Fortsetzung)

Renten - Indizes

Land	Index	Basisjahr	Anzahl Titel	Index Kapitalisierung Mrd.US-$	Gewicht in % vom jeweiligen Welt - Index	Statistiken				Laufzeitklassen
						Rendite	Duration	Total Return	Principal Return	
Deutschland	J.P. Morgan «B»	1988	4	29	7.9	Ja	Ja	Ja	Ja	Nein
	J.P. Morgan «T»	1988	57	331	8.9	Ja	Ja	Ja	Ja	Ja
	Merrill Lynch	1993	91	363	7.9	Ja	Ja	Ja	Ja	Ja
	Salomon Brothers	1985	143	514	10.4	Ja	Ja	Ja	Nein	Ja
	UBS Global «B»	1992	5	25	6.9	Nein	Ja	Ja	Nein	Ja
	EFFAS-Index	1992	96	393	n.a.	Ja	Ja	Ja	Ja	Ja
	REX Performanceindex	1988	109	711		Ja	Nein	Ja	Ja	Ja
Frankreich	J.P. Morgan «B»	1988	4	25	6.7	Ja	Ja	Ja	Ja	Nein
	J.P. Morgan «T»	1988	24	222.2	6.0	Ja	Ja	Ja	Ja	Ja
	Merrill Lynch	1993	35	254	5.5	Ja	Ja	Ja	Ja	Ja
	Salomon Brothers	1985	36	292	5.9	Ja	Ja	Ja	Nein	Ja
	UBS Global «B»	1992	3	30	5.7	Nein	Ja	Ja	Nein	Ja
	EFFAS-Index	1992	88	276	n.a.	Ja	Ja	Ja	Ja	Ja

Tabelle 10: Die wichtigsten Rentenindizes (Fortsetzung)

Renten - Indizes

Land	Index	Basisjahr	Anzahl Titel	Index Kapitalisierung Mrd.US-$	Gewicht in % vom jeweiligen Welt - Index	Statistiken				Laufzeitklassen
						Rendite	Duration	Total Return	Principal Return	
Gross-britannien	J.P. Morgan «B»	1988	7	55	14.9	Ja	Ja	Ja	Ja	Nein
	J.P. Morgan «T»	1988	32	234	6.3	Ja	Ja	Ja	Ja	Ja
	Merrill Lynch	1993	46	242	5.3	Ja	Ja	Ja	Ja	Ja
	Salomon Brothers	1985	57	278	5.6	Ja	Ja	Ja	Nein	Ja
	UBS Global «B»	1992	3	24	5.3	Nein	Ja	Ja	Nein	Ja
	EFFAS-Index	1992	55	279	n.a.	Ja	Ja	Ja	Ja	Ja
Italien	J.P. Morgan «B»	1988	4	31	8.4	Ja	Ja	Ja	Ja	Nein
	J.P. Morgan «T»	1988	24	146	3.9	Ja	Ja	Ja	Ja	Ja
	Merrill Lynch	1993	41	221	4.8	Ja	Ja	Ja	Ja	Ja
	Salomon Brothers	1985	59	275	5.6	Ja	Ja	Ja	Nein	Ja
	UBS Global «B»	1992	5	32	2.0	Nein	Ja	Ja	Nein	Ja
	EFFAS-Index	1992	35	202	n.a.	Ja	Ja	Ja	Ja	Ja
Japan	J.P. Morgan «B»	1988	1	24	6.4	Ja	Ja	Ja	Ja	Nein
	J.P. Morgan «T»	1988	36	433	11.7	Ja	Ja	Ja	Ja	Ja
	Merrill Lynch	1993	83	848	18.5	Ja	Ja	Ja	Ja	Ja

Tabelle 10: Die wichtigsten Rentenindizes (Fortsetzung)

Renten - Indizes

Land	Index	Basisjahr	Anzahl Titel	Index Kapitalisierung Mrd.US-$	Gewicht in % vom jeweiligen Welt - Index	Statistiken				Laufzeitklassen
						Rendite	Duration	Total Return	Principal Return	
	Salomon Brothers	1985	102	891	18.0	Ja	Ja	Ja	Nein	Ja
	UBS Global «B»	1992	4	79	19.6	Nein	Ja	Ja	Nein	Ja
	EFFAS-Index	1992	103	131	n.a.	Ja	Ja	Ja	Ja	Ja
Kanada	J.P. Morgan «B»	1988	5	22	5.9	Ja	Ja	Ja	Ja	Nein
	J.P. Morgan «T»	1988	40	119	3.2	Ja	Ja	Ja	Ja	Ja
	Merrill Lynch	1993	81	155	3.4	Ja	Ja	Ja	Ja	Ja
	Salomon Brothers	1985	76	157	3.2	Ja	Ja	Ja	Nein	Ja
	UBS Global «B»	1992	5	25	4.2	Nein	Ja	Ja	Nein	Ja
	EFFAS-Index	1992	296	161	n.a.	Ja	Ja	Ja	Ja	Ja
Niederlande	J.P. Morgan «B»	1988	2	12	3.1	Ja	Ja	Ja	Ja	Nein
	J.P. Morgan «T»	1988	28	120	3.2	Ja	Ja	Ja	Ja	Ja
	Merrill Lynch	1993	53	122	2.7	Ja	Ja	Ja	Ja	Ja
	Salomon Brothers	1985	55	153	3.1	Ja	Ja	Ja	Nein	Ja
	UBS Global «B»	1992	3	10	1.5	Nein	Ja	Ja	Nein	Ja
Norwegen	EFFAS-Index	1992	4	11	n.a.	Ja	Ja	Ja	Ja	Ja
Schweden	J.P. Morgan «B»	1988	1	11	3.1	Ja	Ja	Ja	Ja	Nein
	J.P. Morgan «T»	1988	7	56	1.5	Ja	Ja	Ja	Ja	Ja

Tabelle 10: Die wichtigsten Rentenindizes (Fortsetzung)

Renten - Indizes

Land	Index	Basisjahr	Anzahl Titel	Index Kapitalisierung Mrd.US-$	Gewicht in % vom jeweiligen Welt - Index	Statistiken: Rendite	Statistiken: Duration	Statistiken: Total Return	Statistiken: Principal Return	Laufzeitklassen
	Merrill Lynch	1993	14	59	1.3	Ja	Ja	Ja	Ja	Ja
	Salomon Brothers	1985	14	65	1.3	Ja	Ja	Ja	Nein	Ja
	EFFAS-Index	1992	8	2	n.a.	Ja	Ja	Ja	Ja	Ja
Schweiz	Merrill Lynch	1993	37	11	0.2	Ja	Ja	Ja	Ja	Ja
	Pictet-Index	1988	180	n.a.	–	Ja	Ja	Ja	Ja	Ja
	Swiss-Bond-Index	1992	125	30	–	Ja	Ja	Ja	Ja	Nein
Spanien	J.P. Morgan «B»	1988	3	22	5.8	Ja	Ja	Ja	Ja	Nein
	J.P. Morgan «T»	1988	14	88	2.4	Ja	Ja	Ja	Ja	Ja
	Merrill Lynch	1993	18	72	1.6	Ja	Ja	Ja	Ja	Ja
	Salomon Brothers	1985	18	97	2.0	Ja	Ja	Ja	Nein	Ja
	UBS Global «B»	1992	5	36	2.4	Nein	Ja	Ja	Nein	Ja
	EFFAS-Index	1992	16	80	n.a.	Ja	Ja	Ja	Ja	Ja
USA	J.P. Morgan «B»	1988	5	89	23.9	Ja	Ja	Ja	Ja	Nein
	J.P. Morgan «T»	1988	155	1760	47.3	Ja	Ja	Ja	Ja	Ja
	Merrill Lynch	1993	176	2014	43.8	Ja	Ja	Ja	Ja	Ja
	Salomon Brothers	1985	177	1938	39.2	Ja	Ja	Ja	Nein	Ja
	UBS Global «B»	1992	5	79	43.0	Nein	Ja	Ja	Nein	Ja

Tabelle 10: Die wichtigsten Rentenindizes (Fortsetzung)

Renten - Indizes

Land	Index	Basisjahr	Anzahl Titel	Index Kapitalisierung Mrd.US-$	Gewicht in % vom jeweiligen Welt - Index	Statistiken				Laufzeitklassen
						Rendite	Duration	Total Return	Principal Return	
	EFFAS-Index	1992	179	2059	n.a.	Ja	Ja	Ja	Ja	Ja
	Lehman Brothers	1976	6055	4159	100.0	Ja	Ja	Ja	Ja	Ja
Gesamt	J.P. Morgan «B»	1988	47	371	100.0	Ja	Ja	Ja	Ja	Nein
	J.P. Morgan «T»	1988	459	3718	100.0	Ja	Ja	Ja	Ja	Ja
	Merrill Lynch	1993	791	4597	100.0	Ja	Ja	Ja	Ja	Ja
	Salomon Brothers	1985	843	4945	100.0	Ja	Ja	Ja	Nein	Ja
	UBS Global «B»	1992	68	442	100.0	Nein	Ja	Ja	Nein	Ja

tur machen. Diese Befürchtungen wiederum haben allerdings den Trend verstärkt, aktive und passive Elemente des Porfolio-Managements miteinander zu verknüpfen.

Grundsätzlich können drei verschiedene Techniken unterschieden werden, damit das Prognoserisiko und damit böse Überraschungen für den Anleger ausgeschlossen bzw. eingegrenzt werden:

- feste Anlagerichtlinien, die z. B. Prozentsätze für die Aktien-, Renten- oder Devisenanlagen vorgeben
- Berücksichtigung von alternativen „worst-case"-Prognoseszenarien, die als Sekundär-Bedingungen in die Optimierung der Portfoliostruktur einbezogen werden
- Benchmark-Orientierung: Der Anlageerfolg wird nicht mehr absolut, sondern nur noch in Relation zu einem definierten Index oder einer festgelegten Portfolio-Struktur gemessen.

Je passiver eine Anlagestrategie verfolgt wird, desto enger muß sich die Depotstruktur zwangsläufig an die Zusammensetzung der gewählten Benchmark angleichen. Im Extremfall der Indexfonds geht es z. B. nur noch darum, den Performance-Nachteil, der gegenüber dem Index wegen der infolge von Mittelzu- und -abflüssen notwendigen Transaktionskosten entsteht, durch sogenannte „tracking" hinreichend klein zu halten. Neben Transaktionskosten und Mittelzu- und abflüssen erschweren Anlegerpräferenzen wie beispielsweise Barbestände oder Höchstgrenzen für einzelne Titel die genaue Nachbildung eines Index. Hinzu kommen schließlich unterschiedliche „Management-Stile", die zu Verzerrungen führen können.

Oft wird deshalb versucht, die Zusammensetzung eines Indexes mit möglichst wenigen Werten zu imitieren, ohne daß dabei das Risiko einer auseinanderlaufenden Index- und Portfolioperformance („tracking error") zu groß wird.

Dank der umfangreichen Computerunterstützung, die es insbesondere zur benchmark-orientierten Portfoliooptimierung gibt, sind neben dem einfachen Index-Tracking inzwischen auch speziellere passive Anlagestrategien möglich, mit deren Hilfe zusätzlich kundenspezifische Anlagewünsche berücksichtigt werden können (sogenannte „tilting"). So lassen sich benchmarknahe Portfolios z. B. hinsichtlich einer bestimmten Dividendenrendite ausrichten oder – für besonders risikofreudige Anleger –

auch so strukturieren, daß die Wertentwicklung dank eines Betas von zwei doppelt so stark schwankt wie die zugrundeliegende Benchmark.

In der Praxis der benchmark-orientierten Anlagepolitik kommt es nun auf die simultane Steuerung der beiden Variablen Depot-Beta und Über-Performance an, denn beide sind nicht unabhängig voneinander. So ist die Höhe einer möglichen Über-Performance nicht nur vom Prognoseszenario oder dem vom Anleger maximal hinnehmbaren Abweichungsrisiko abhängig, sondern auch davon, welches Beta zuvor gewählt wurde. Ein Beta von eins oder sogar darunter begrenzt natürlich die Möglichkeit des aktiven Managements, da es zur weitgehenden Einhaltung der Benchmark-Struktur zwingt. Umgekehrt eröffnen Betas über eins die Spielräume, diejenigen Portfolioanteile gegenüber der Benchmark höher zu gewichten, deren Wertentwicklung im zugrundeliegenden Prognoseszenario besonders positiv eingeschätzt wird.

WICHTIG

Wer über die computergestützten Möglichkeiten verfügt, mit Depot-Beta und Über-Performance die beiden wesentlichen Einflußgrößen des benchmark-orientierten Portfoliomanagements nicht nur intuitiv, sondern systematisch zu steuern, dem kann bei der Abwägung zwischen passiver und aktiver Managementmethode die Faustregel dienen: Je höher das Zutrauen in die Wahrscheinlichkeit, daß das prognostizierte Szenario eintritt, desto höher auch das zulässige Beta – und umgekehrt.

4.5 So wird der Anlageerfolg richtig gemessen: Widrigkeiten und Lösungen bei der Messung der Performance

Performance – was ist das? Zunächst versteht man darunter den sogenannten „tatsächlichen Anlageerfolg“, also den Zuwachs, den eine Kapitalanlage in einem bestimmten Zeitraum erbracht hat. Dieser Anlageerfolg kann sich jedoch auf verschiedene Art und Weise zusammensetzen:

So kann er beispielsweise Kursgewinne, Zinsen, Dividenden oder Ausschüttungen enthalten. Eine wichtige Aufgabe bei der Messung und Beurteilung des Anlageerfolgs besteht in der Aufsplittung dieser Komponenten. Für einen Anleger kann es nämlich sehr wichtig sein zu erfahren, wieviel von der Wertsteigerung beispielsweise auf Kursgewinne (spekulatives Ertragselement, möglicherweise steuerfrei) und wieviel etwa auf Zinsen (konservatives Ertragselement, möglicherweise steuerpflichtig) entfällt. Wichtig für ihn kann es auch sein zu erfahren, welche Wertpapiergruppen, welche Branchen, welche Länder und welche Währungen welchen Anteil am Anlageerfolg gebracht haben.

Vor der Zerlegung der Performance in deren Komponenten steht allerdings die Berechnung des Anlageerfolgs. Dem wiederum stehen in der Praxis manche Probleme entgegen, die insbesondere bei der Beurteilung einer ausgewiesenen Performance berücksichtig werden müssen. So sollte der Anleger vor allem folgende Punkte kritisch hinterfragen:

➡ Handelt es sich um eine einheitliche Bewertung?

Nicht selten liegt den Wertpapierkursen eine unterschiedliche Bewertungsbasis zugrunde. Mit welchen Kursen wurde beispielsweise bewertet? Waren es Kassa- oder Schlußkurse? Falls ein Wertpapier an verschiedenen Börsen gehandelt wird: Welcher Börsenplatz liegt zugrunde? Das gleiche gilt für unterschiedliche Devisenkurse, die ausländischen Wertpapieren möglicherweise zugrundegelegt werden. Was passiert, wenn zuletzt keine Kurse verfügbar waren? Wie wurden Immobilien(-fonds) und Grundstücke bewertet? Und das Wichtigste: Wenn Marktkurse (wie üblich) als Basis für die Bewertung dienen, handelt es sich dabei auch wirklich um realisierbare Kurse?

Dies ist insbesondere bei Wertpapieren eines engen Marktes und/oder einer großen Position nicht selbstverständlich. Mögliche Buchgewinne können so schnell zur Makulatur werden, wenn sich der Anleger dazu entschließen sollte, seinen Wertpapierbestand auf Basis der letzten Marktkurse zu verkaufen.

➡ Wie wurden Forderungen bewertet?

Leider ist es nicht damit getan, die Vermögenswerte, die sich zu einem bestimmten Stichtag im Depot befinden, zu addieren und das Ergebnis als absoluten Vermögensstand auszuweisen. Zum Vermögen gehören nämlich nicht nur die effektiven „assets", sondern gegebenenfalls auch die daraus erwachsenden Ansprüche, die erst noch in Geld bewertet werden müssen. Dies können Stückzinsen bei festverzinslichen Wertpapieren sein oder aber bestimmte Dividendenforderungen. Auch nicht realisierte Ergebnisse aus Termingeschäften sind entsprechend zu „bilanzieren".

➡ Problematik der Wertstellung

Ein Problem, das vor allem im Handel mit ausländischen Wertpapieren auftritt: Die zeitliche Differenz zwischen Handel- und Abrechnungstag. Je nach Börse kann dies bis zu zwei Wochen ausmachen, an manchen exotischeren Börsenplätzen sogar noch mehr. Auch hier stellt sich die Frage nach der richtigen Kursbasis, nach Wertstellungsverlusten oder -gewinnen.

Wer als kritischer Anleger diese Punkte überprüft hat, sollte sich noch über eines im klaren sein: Die Messung der Performance ist zwar eine Messung des Anlageerfolges, gemessen wird aber die Management-Leistung, nicht das tatsächliche Anlageergebnis, wie es sich dem Kunden darstellt. Um zu messen, was dem Anleger netto wirklich an Wertzuwachs verbleibt, müßten zusätzlich noch Steuern und Gebühren berücksichtigt werden.

So macht es für einen Anleger, der mit seinen Kapitaleinkünften voll mit dem Spitzensteuersatz der Einkommenssteuer unterliegt, einen deutlichen Unterschied, ob eine Performance von beispielsweise (brutto) 10 % für ihn steuerfrei bleibt, weil sie durch Kursgewinne außerhalb der Spekulationsfrist erzielt worden ist, oder ob es sich dabei um voll steuerpflichtige Zinsen eines ausländischen festverzinslichen Wertpapieres handelt. Im letzteren Fall bleibt ihm nämlich nur noch knapp die Hälfte des ursprünglichen Anlageerfolgs übrig.

Theoretisch müßte auch noch die Inflationsrate berücksichtigt werden. Da diese jedoch auf alle „Asset-Klassen" gleichmäßig wirkt, ist es bei der Messung der Performance nicht üblich, sie noch in Brutto-/Nettorechnungen einzubeziehen. Das ändert aber nichts daran, daß der Anleger die reale Verzinsung seiner Kapitalanlage ermitteln und das Ergebnis im Verhältnis zu seinem individuellen Konsumverzicht sehen und bewerten muß.

Viel wichtiger ist es in der Praxis, die Ergebnisse sowohl vor als auch nach Kosten zu sehen. Oft werden Ergebnisse vor Kosten ausgewiesen, wobei die Kostenstruktur des Vermögensverwalters bestehend aus fixen Verwaltungsgebühren, Gewinn-beteiligungen, Bankgebühren und Transaktionsspesen so undurchsichtig ist, daß der Anleger den tatsächlichen Nettoerfolg nicht messen, beurteilen und manchmal noch nicht einmal erkennen kann.

Dies gilt vor allem für Geschäfte, die entweder sehr kostenintensiv sind (z. B. Termingeschäfte) oder deren Ergebnis letztendlich stark von der Gebührensituation beeinflußt wird. Letzteres wird beispielsweise durch ein Rentendepot deutlich, das einmal im Jahr umgeschichtet wird. Geht man von den üblichen Transaktionskosten aus, so würde diese Strategie alleine durch die entstehenden Kosten die Performance um 1 % (0,5 % für Kauf und Verkauf) mindern. Für ein Rentendepot, bei dem es insbesondere im Konkurrenzvergleich auf jedes einzelne Prozent ankommt, können diese Gebühren entscheidend sein. Dies gilt besonders dann, wenn das Timing sich im nachhinein nicht als besonders glücklich erwiesen hat.

Noch deutlicher wird dieser bei Termingeschäften. Der Grund: Oft führt der Broker bzw. Vermögensverwalter hier mehrere An- und Verkäufe (sogenannte „Trades“) an einem Tag durch, was natürlich jedesmal mit Gebühren verbunden ist und über das Jahr betrachtet, zu einer enormen Gebührenkumulation führt.

Wie wird nun die Performance konkret berechnet? Dazu bilden zunächst die benötigten Daten des Portfolios die Grundlage. Für die Performance-Berechnung werden folgende Werte benötigt:

- jeder einzelne Aktienbestand (Marktwerte und Dividendenforderungen)
- jeder einzelne Rentenbestand (Marktwerte und Zinsforderungen)
- Kassen (Bestand in einzelner Währung und zugehörige Forderungen)
- Devisentermingeschäfte (ver- und gekaufte Währung)
- Optionen (Marktwert)
- Futures (Kontraktvolumen und Bewertung)
- sonstige Vermögensgegenstände (z. B. derivative Instrumente).

Ein grundsätzliches Problem bei der Ermittlung der Performance sind zwischenzeitliche Mittelzu- und -abflüsse während der Meßperiode. Diese werden vor allem verursacht durch:

- Ein- und Auszahlungen
- Kauf und Verkauf von Wertpapieren
- Zins- und Dividendenzahlungen
- Gratiszu- und -abflüsse (z. B. Bezugsrechte)
- Kauf und Verkauf von Devisen
- Devisentermingeschäfte
- Gebührenzahlungen aus dem Depot.

Die Berechnung der Performance als Rendite beruht auf dem Vergleich des Anfangswertes eines Portfolios mit dem entsprechenden Wert am Ende der Periode, wobei alle Mittelzu- und -abflüsse in die Berechnung eingehen sollen. Dafür stehen grundsätzlich zwei verschiedene Verfahren zur Verfügung, die von fast allen Banken, die mit den entsprechenden Meßgesellschaften zusammenarbeiten, angeboten werden.

Die kapitalgewichtete Rendite entspricht dem internen Zins der sogenannten Zahlungsreihe des Portfolios. Die bei diesem Verfahren ermittelte wertgewichtete Rendite mißt den durchschnittlichen Wertzuwachs einer Geldeinheit im Portfolio – unabhängig vom Zeitpunkt des Zuflusses. Sie ist von dem anfänglichen Wert des Portfolios, seinem Wert am Ende des Beobachtungszeitraumes sowie von Zeitpunkt und Ausmaß zwischenzeitlicher Mittelbewegungen abhängig. Dies bedeutet beispielsweise, daß ein unterschiedlicher Anlagebetrag bei gleichen Mittelzuflüssen sich unterschiedlich entwickelt. Dieses „Kuriosum“ zeigt Tabelle 11.

Da es nicht angehen kann, daß der Anlagebetrag letztendlich das Anlageergebnis beeinflußt, ist diese Methode für die Ermittlung der Performance nicht geeignet.

Die oben gezeigten Probleme werden durch die zweite Methode der sogenannten zeitgewichteten Rendite gelöst. Zu ihrer Berechnung wird der Gesamtzeitraum entsprechend den Zeitpunkten der Mittelbewegungen in Teilperioden aufgeteilt. Anschließend wird für jede Teilperiode die Rendite des Portfolios aus dem Gesamtwert zu Beginn und am Ende der Teilperiode bestimmt. Die Wertentwicklung für den Gesamtzeitraum kann anschließend als Summe aus den Werten der Teilperioden errechnet werden.

Die zeitgewichtete Rendite gibt unabhängig von zwischenzeitlichen Mittelbewegungen die Wertentwicklung einer Einheit an. Sie entspricht der Methode, wie sie von allen führenden Vermögensverwaltern, den Ban-

Tabelle 11: Entwicklung unterschiedlicher Anlagebeträge

Jahr	Markt-bewegung	Zufluß (Perioden-mitte)	Depot A	Depot B
0			1.000,00	100,00
1	+ 30%	100	1.415,00	245,00
2	+ 10%	100	1.661,50	374,50
3	– 20%	100	1.419,20	389,60
4	+ 10%	100	1.666,12	533,56
interne Verzinsung			**+ 5,16%**	**+ 2,72%**

ken und dem Bundesverband deutscher Investmentgesellschaften (BVI) zur Ermittlung von Performance-Ergebnissen von Depots oder Investmentfonds verwandt wird.

WICHTIG

Die Messung und Beurteilung des Anlageerfolgs bietet dem Anleger die Möglichkeit festzustellen, welchen Ertrag sein Portfolio gebracht hat. Er kann dies mit der Entwicklung der Märkte im selben Zeitraum vergleichen und die Ursachen durch eine Zerlegung der Performance in ihre einzelnen Erfolgsfaktoren analysieren. Vor allem kann der Anleger mit Hilfe der Performance-Messung feststellen, ob die Ergebnisse zu dem passen, was ursprünglich geplant war.

5. Risikomangement im Rahmen des modernen Portfoliomanagements

5.1 Wie man Risiken „kaufen" und „verkaufen" kann

Wir haben bisher gesehen, daß sich Kursrisiken durch die richtige Diversifikation bzw. einer zielgerichteten Asset Allocation reduzieren lassen. Allerdings gibt es im Rahmen des modernen Portfoliomanagements eine ganze Reihe von Techniken, wie die verbleibenden Kursrisiken ganz oder teilweise eliminiert werden können. Praktisch alle diese Techniken werden am Terminmarkt durchgeführt, bzw. haben dort ihren Ursprung. Und sie haben noch etwas gemeinsam: Sie kosten Geld. Während sich das titelbezogene (unsystematische) Risiko durch Diversifikation problemlos bis nahe null reduzieren läßt, kostet eine Reduzierung des verbleibenden Markt- bzw. Restrisikos Geld, meist in Form von Prämien. Oder aber die Risikoreduzierung muß durch eine Beschneidung der Chancen erkauft werden. Deshalb gilt es, stets sehr sorgfältig abzuwägen, ob sich die Absicherung einer Position lohnt, in welcher Form die Absicherung erfolgen soll und ob eine Glattstellung nicht vielleicht die bessere Möglichkeit wäre.

Seien Sie einmal ehrlich: Sind Sie ein überdurchschnittlich erfolgreicher Anleger oder Berater? Wenn ja, dann haben Sie diese Probleme ohnehin nicht. Denn dann können Sie Ihre persönlichen Favoriten kaufen und gleichzeitig einen Indexterminkontrakt (z. B. DAX) verkaufen. Wenn es Ihnen gelingt, mit jedem Geschäft 10 % besser zu sein, als der Markt, so erzielen Sie unabhängig von der Marktbewegung einen Gewinn. Angenommen, Sie investieren eine Million DM in Aktien und verkaufen Index-Terminkontrakte in der gleichen Höhe. Dann stellt sich das Ergebnis bei unterschiedlichen Marktbewegungen wie folgt dar (siehe Tab. 12).

Damit ist dies eine Anlagestrategie für sehr selbstbewußte Investoren, denn unabhängig von der Marktbewegung ergibt sich stets ein Gewinn von 10 % auf das eingesetzte Kapital.

Anleger und Berater, die sich (realistischerweise) nicht auf eine solche dauerhafte Glückssträhne verlassen wollen, müssen sich notgedrungen überlegen, wie sie mit dem Kursrisiko ihrer Position umgehen wollen.

Tabelle 12: Anlagestrategie für selbstbewußte Investoren

	Index + 30%	**Index 0%**	**Index – 30%**
	Aktien + 40%	Aktien + 10%	Aktien – 20%
Aktien	+ 400.000	+ 100.000	– 200.000
Terminkontrakt	– 300.000	+/-0	+ 300.000
Total	+ 100.000	+ 100.000	+ 100.000

Dazu sollten Sie sich jedoch zunächst einmal im klaren darüber sein, auf welcher Seite des Marktes Sie stehen. Grundsätzlich setzen sich die Marktteilnehmer nämlich zusammen aus sogenannten „Hedgern", „Tradern" und „Arbitrageuren".

Die Hedger wünschen eine Absicherung der Kursrisiken der Kapitalanlage und sind bereit, dafür einen bestimmten Betrag zu bezahlen oder in gewissem Umfang auf mögliche Gewinnchancen zu verzichten.

Der Trader als der risikofreudige Gegenpart zum Hedger ist bereit, das Risiko zeitweise oder endgültig, teilweise oder komplett zu übernehmen. Er ist in der Regel an einem schnellen Gewinn interessiert und nimmt dafür bewußt die enorm hohen Risiken von aggressiven Terminmarktpositionen in Kauf.

Der Arbitrageur schließlich verhält sich risikoavers. Er ist daran interessiert, Kursdifferenzen und Marktungleichgewichte auszunutzen, indem er entsprechende Positionen mit einem hohen Volumen eingeht. Meist handelt es sich um einen professionellen Marktteilnehmer, der kaum einer Gebührenbelastung unterliegt und innerhalb weniger Sekunden handeln kann. Arbitrageure sind wichtig, denn sie schaffen Liquidität und sorgen für eine „richtige" Bewertung der verschiedenen Handelsinstrumente, sofern diese objektiv bewertet werden können.

Anleger, die das Risiko der Anlageposition bewußt managen wollen, sollten bei der Entscheidungsfindung nach folgendem Tableau vorgehen:

1. Festlegung des vorhandenen Risikos
2. Festlegung des angestrebten Risikos
3. Auswahl des Absicherungsinstruments
4. Bestimmung von Kosten und Risiken der Absicherung

5. Festlegung der Errichtungs- und Liquidationsvoraussetzungen
6. Festlegung des Preises des Absicherungsinstruments
7. Durchführung der Transaktion
8. Hedge-Management

Festlegung des vorhandenen Risikos

Die Festlegung des derzeitigen Risikos erfolgt in der Regel durch Beobachtung historischer Daten. In den meisten Fällen wird die Standardabweichung berechnet, die Aufschluß darüber gibt, wie stark die entsprechende Anlageform, bzw. ein entsprechendes Portfolio in der Vergangenheit geschwankt hat. Neben der Standardabweichung ist der Beta-Faktor der Anlage eine wichtige Risikokennzahl. Sie sagt aus, wie stark die Kursbewegungen der Anlage oder des Portfolios im Vergleich zu den Schwankungen des gesamten Marktes waren.

Zunehmend werden aber auch alternative Risikokennzahlen zur Bestimmung der aktuellen Risikostruktur herangezogen, so beispielsweise Angaben zum höchsten Verlust (maximaler Draw-down) in einer bestimmten Periode, der längsten Verluststrähne und dem Zeitraum, der durchschnittlich vergeht, bis ein erlittener Verlust wieder ausgeglichen wurde. Aber auch diese Daten können nur vergangenheitsbezogen ermittelt werden.

Festlegung des angestrebten Risikos

Nachdem das aktuelle Risiko einer Anlage abgeschätzt werden kann, stellt sich für den Anleger natürlich die Frage, ob er bereit ist, dieses Risiko zu tragen. Ist dies der Fall, ist keine Absicherung notwendig, denn diese würde entweder Geld kosten oder Chancen beschneiden. Ist das für die Zukunft geschätzte Risiko aber zu hoch, so kann dieses durch bestimmte Absicherungsstrategien gesenkt werden. Ausgangspunkt dafür ist jedoch die Zielvorstellung des Anlegers, wie hoch das Risiko sein kann, das er maximal akzeptiert. Erst wenn dies feststeht und das „Ziel" damit definiert ist, können die weiteren Schritte überlegt werden.

Auswahl des Absicherungsinstruments

Ist das maximale Risiko, das der Anleger eingehen will, bekannt, so kann das Absicherungsinstrument, mit dem die gewünschte Risikostruktur am ehesten erreicht werden kann, ausgewählt werden. In Frage kommen im wesentlichen Optionen, Terminkontrakte oder neuartige Finanzinstrumente mit bereits „eingebauter" Kursabsicherung. Daneben gibt es noch anlagetaktische Strategien, mit denen versucht wird, ein gewisses Risiko nicht zu überschreiten (z. B. Stop-loss, CPPI). Zur Auswahl des Absicherungsinstruments gehört aber auch die Überlegung, welche Art von Absicherungsstrategie verfolgt werden kann. Zum einen gibt es statische Strategien, die einmal installiert und für eine bestimmte Periode unverändert beibehalten werden, und dynamische Strategien, die eine ständige Anpassung der Absicherungspositionen voraussetzen.

Kosten und Risiken der Absicherung

Wie bereits angeführt, kostet eine Absicherung meist Geld. Die Höhe der Kosten bestimmen deshalb nicht selten das Absicherungsinstrument und die Dauer der Absicherung. Folgende Kosten können im Zusammenhang mit Kursabsicherungen auftreten:

- Marktprämien (z. B. bei Options-Geschäften)
- Zahlungsmodalitäten
- Hinterlegungsregelungen (Margins, entgangene Zinsen)
- Geld-Brief-Spannen
- Provisionen und Gebühren
- Steuerliche Aspekte.

Daneben gibt es eine ganze Reihe von Risiken und Unwägbarkeiten bei der Absicherung. Angenommen, die Absicherung einer Aktienposition soll über Optionen erfolgen, so bestehen Absicherungsrisiken durch Änderungsmöglichkeiten bei der Volatilität, den Zinssätzen und der Restlaufzeit. Bei einer Absicherung durch Terminkontrakte liegen Preisrisiken in dem Ertrag des Basiswerts, in den Zinssätzen und dem Preis des Basiswerts. Weitere Risiken, die beide Absicherungsstrategien betreffen, liegen beispielsweise im Marktliquiditäts-Risiko (Ist ein Markt liquide genug, damit die Absicherung installiert werden kann, kann die Absicherung möglicherweise vorzeitig glattgestellt werden?) und dem Erfüllungsrisiko (Erfüllt im „Ernstfall" der Vertragspartner seine Verpflichtung aus der Absicherungsposition?).

Festlegung der Eintrittsvoraussetzungen

Die Festlegung der Eintrittsvoraussetzung basiert in der Regel auf einer speziellen oder erwarteten Marktsituation. Oft geht es darum, die Eintrittswahrscheinlichkeit des Absicherungsfalles zu ermitteln und dies mit dem Einsatz von derivativen Instrumenten abzudecken. Darüber hinaus finden Abgleiche zwischen dem spezifischen Portfoliowert und dem entsprechenden Index statt. Die Festlegung der Eintrittsvoraussetzungen erfolgt somit im Rahmen der Portfolio-Optimierung.

Festlegung des Preises des Absicherungsinstruments

Wenn es darum geht, die Preise von Absicherungsinstrumenten festlegen bzw. beurteilen zu wollen, so ist hierzu zunächst die Kenntnis der kursbeeinflussenden Faktoren notwendig. Bei Terminkontrakten sind es im wesentlichen vier Preisbildungsfaktoren, die den Futures-Preis bestimmen:

Preisbildungsfaktor	Relative Veränderung des Future-Preises	Wirkungsweise auf Futurepreis
Kurs des Basiswertes	steigt	steigt
Marktzinssatz	steigt	sinkt
Ertrag des Basiswerts	steigt	steigt
Restlaufzeit	steigt	steig

Abbildung 17: Preisbildungsfaktoren für einen Future

Bei Optionen sind es im wesentlichen immerhin sieben Preisbildungsfaktoren, die den Optionspreis bestimmen. Hinzu kommt, daß es Kauf- und Verkaufsoptionen (calls und puts) gibt, bei denen die Auswirkungen teilweise konträr sind (siehe Abb. 17).

Durchführung der Transaktion

Wenn die zuvor beschriebenen Daten und Informationen vorliegen, kann die Transaktion durchgeführt werden. Insbesondere im Hinblick auf den zuletzt genannten Punkt sollte eine entsprechende Limitierung erfolgen. Bestens- oder Billigst -Orders können zu Ausführungspreisen führen, die mit den zuvor berechneten Kursen nicht mehr übereinstimmen. Die Folge davon ist, daß ein zu hoher oder zu niedriger Betrag abgesichert wird.

Preisbildungs-faktoren Optionspreis	**Relative Veränderung**	**Auswirkung auf call**	**put**
Kurs des Basiswertes	steigt	steigt	sinkt
Ausübungspreis	steigt	sinkt	steigt
Restlaufzeit	steigt	steigt	steigt
Volatilität	steigt	steigt	steigt
Marktzinssatz	steigt	steigt	sinkt
Dividende	steigt	sinkt	steigt

Abbildung 18: Preisbildungsfaktoren für Optionen

Hedge-Management

Das Hedge-Management ist ein komplexer Prozeß, der das gesamte Risikomanagement eines Portfolios steuert. Es handelt sich in der Regel um eine rein „mechanische“ Disziplin, da das gesamte Hedge-Management vom Computer aus vorgenommen wird und der Mensch nur noch entsprechende Transaktionen ausführt. Wichtig ist beim Hedge-Management die Annahme von „Worst-Case-Szenarien“, also die Annahme von schlimmstmöglichen Situationen, mit denen das Portfolio konfrontiert werden könnte. Worst-Case-Szenarien werden häufig auf der Grundlage von Sensitivitätsanalysen gebildet.

Grundsätzlich ist das Halten einer Aktie eine Long-Position. „Long“ sind alle Kaufpositionen, die von steigenden Kursen profitieren. Demgegenüber ist eine Short-Position eine Position, die von sinkenden Kursen profitiert. Eine Aktie als Long-Position profitiert eindeutig von steigenden Kursen.

Angenommen, ein Anleger erwirbt heute eine ABC-Aktie zu 500 DM, so stellt sich sein Anlageergebnis bei unterschiedlichen Aktienkursen nach beispielsweise drei Monaten wie folgt dar:

Tabelle 13: Anlageergebnis einer Aktie nach drei Monaten

ABC-Kurs in 3 Monaten	Gewinn/Verlust
350	–150
400	–100
450	– 50
500	+/-0
550	+ 50
600	+100
650	+150

Stellt man diesen Sachverhalt graphisch dar, ergibt sich folgendes Gewinn/Verlust-Diagramm:

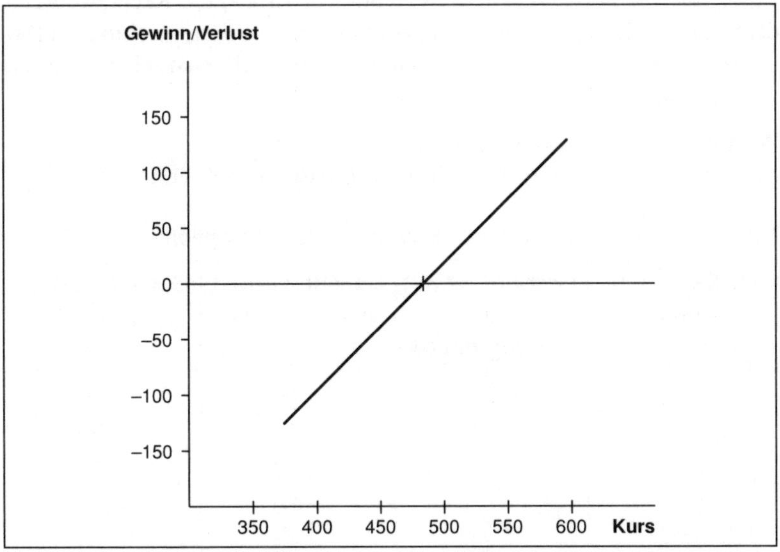

Abbildung 19: Wertentwicklung einer beliebigen Aktie innerhalb von drei Monaten

Sicher mag dieser Zusammenhang trivial sein, die Darstellung ist aber wichtig, um die Einordnung der Risikosicherung durch Optionen leichter vornehmen zu können.

5.2 Absicherungsstrategien mit Optionen

Kauf einer Put-Option

Die einfachste Möglichkeit der Kurssicherung durch Optionen besteht im Kauf einer Verkaufsoption. Diese Verkaufsoption gibt dem Erwerber das Recht, seine Aktien zu einem festgelegten Basispreis innerhalb der Optionsfrist verkaufen zu können. Sollten die Aktienkurse innerhalb dieser Frist fallen, übt er sein Recht aus und dient seine Aktien dem Verkäufer der Put-Option an. Steigen die Aktienkurse wider Erwarten, läßt er die Option ungenutzt verfallen, da er jetzt ja von steigenden Aktienkursen profitiert.

Gehen wir von dem vorigen Fall aus, wonach ein Anleger eine ABC-Aktie zu 500 DM kauft. Allerdings möchte er sich vor Kursverlusten schützen und kauft deshalb eine Put-Option zum Preis von 50 DM und einem Basispreis von 500 DM. Mit dieser Option erwirbt er das Recht, während der Laufzeit die Aktie unabhängig vom Börsenkurs zum vereinbarten Basispreis (= Einstandskurs) zu verkaufen. Damit stellt sich seine Situation wie folgt dar:

Position: 1. Aktie (long); Kurs heute 500 DM
2. Put (long); Preis 50 DM; Basispreis 500 DM

Tabelle 14: Absicherung durch Kauf einer Verkaufsoption

ABC-Kurs in 3 Monaten	Gewinn/Verlust aus Aktienposition	Gewinn/Verlust aus Put-Option	Gewinn/Verlust gesamt
350	–150	+100	– 50
400	–100	+ 50	– 50
450	– 50	0	– 50
500	0	– 50	– 50
550	+ 50	– 50	0
600	+ 100	– 50	+ 50
650	+ 150	– 50	+100

Graphisch ergibt sich damit im Vergleich zur reinen ungesicherten Aktienposition folgendes Bild:

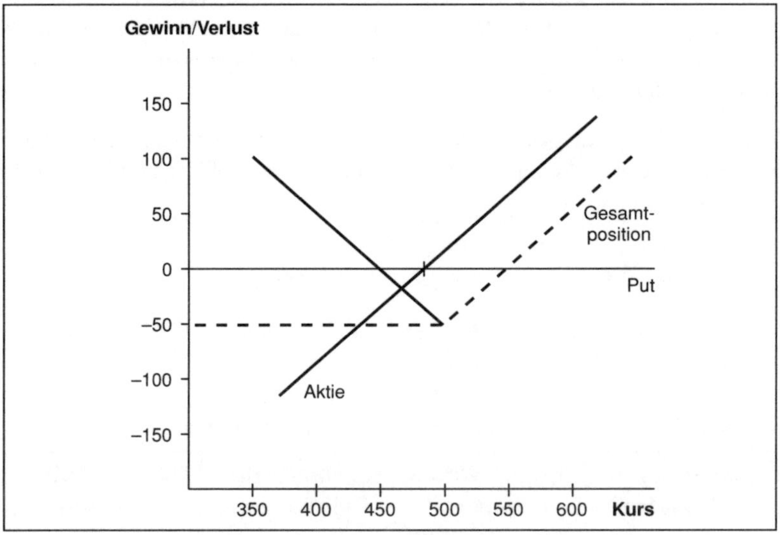

Abbildung 20: Ertragsentwicklung eines mittels Kauf einer Verkaufsoption gesicherten Portfolios

Man sieht, daß das Risiko bei stark sinkenden Kursen „abgeschnitten" wird, während nach oben das Gewinnpotential voll erhalten bleibt. Es kann nie mehr verloren gehen, als die eingesetzte Optionsprämie. Deshalb wird diese oft auch als „Versicherungsprämie" bezeichnet, denn nichts anderes als eine Versicherung stellt der Kauf einer Put-Option dar. Der Preis für die Versicherung gegen Kursverluste ist der zu bezahlende Optionspreis.

Absicherung durch Schreiben einer Kaufoption

Eine andere Möglichkeit der Kurssicherung liegt im Verkauf einer Kaufoption. Der Verkäufer einer Kaufoption geht davon aus, daß die Kurse seiner Aktien nicht mehr allzu stark steigen. Er verpflichtet sich deshalb, sie zu einem bestimmten Preis (dem Käufer der Kaufoption) zu liefern, wenn dieser es wünscht, und erhält für diese Verpflichtung die Optionsprämie gutgeschrieben. Hat er wie in unserem Fall die zugrundeliegende Aktie, handelt es sich um ein gedecktes Geschäft. Der Verkäufer einer

Kaufoption kann von steigenden Aktienkursen nur noch bis zum Basispreis profitieren. Steigt der Kurs höher, wird der Käufer der Kaufoption (sein Gegenpart) sein Optionsrecht ausüben und die Aktien abrufen. Unabhängig davon kann der Verkäufer der Kaufoption die Optionsprämie behalten. Diese Einnahme stellt insofern einen (begrenzten) Schutz vor Kursverlusten dar.

Ausgehend vom ursprünglichen Beispiel verkauft der Anleger nun eine Kaufoption Basis 500 zum Preis von 50 DM. Damit weist sein Depot folgende Positionen auf:

1. Aktie (long); Kurs heute 500 DM
2. Call (short); Preis 50 DM; Basispreis 500 DM

Abhängig vom Kurs der ABC-Aktien stellt sich seine Gewinn-/Verlustsituation in drei Monaten wie folgt dar:

Tabelle 15: Absicherung durch Verkauf einer Kaufoption

ABC-Kurs in 3 Monaten	Gewinn/Verlust in der Aktienposition	Gewinn/Verlust Call-Position	Gewinn/Verlust Gesamt
350	–150	+ 50	–100
400	–100	+ 50	– 50
450	– 50	+ 50	0
500	0	+ 50	+ 50
550	+ 50	0	+ 50
600	+100	– 50	+ 50
650	+150	–100	+ 50

Graphisch stellt sich die Gewinn/-Verlust-Situation folgendermaßen dar:

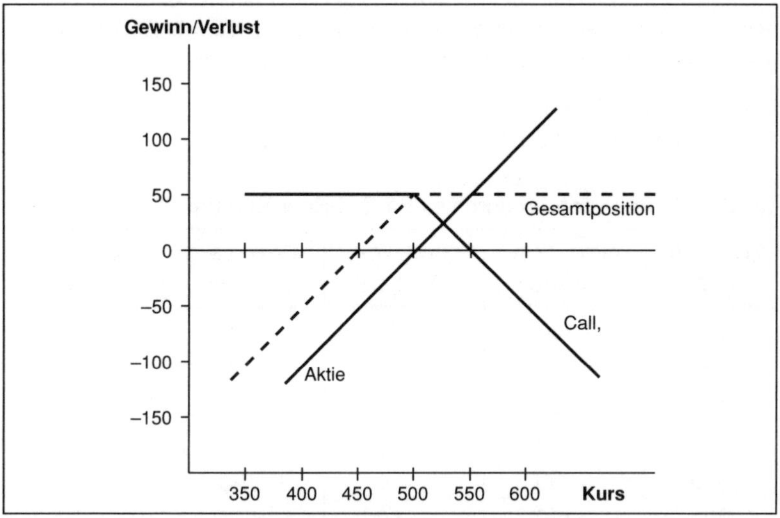

Abbildung 21: Ertragsentwicklung eines mittels Verkauf einer Kaufoption gesicherten Portfolios

Es ist auf den ersten Blick ersichtlich, daß keine volle Absicherung bei sinkenden Aktienkursen stattfindet. Allerdings verläuft die Verlustgerade weiter links, d. h., die Verlustzone beginnt später, da sich der Einstandspreis durch die Einnahme der Optionsprämie quasi um diese vermindert hat. Der Preis, den der Verkäufer einer Kaufoption für diese Minderung des Einstandspreises zu bezahlen hat, wird aus der Grafik ebenfalls deutlich: Ab einem Kurs von 500 DM (Basispreis) nimmt er an steigenden Preisen nicht mehr teil. Seine maximale Einnahme bleibt auf den erhaltenen Optionspreis beschränkt.

Absicherung durch einen Call-Bear-Spread

Eine weitere Variante der Kursabsicherung stellt der sogenannte „Call-Bear-Spread“ dar. Das hört sich zwar kompliziert an, und in gewisser Hinsicht ist es das auch. Denn nun werden neben der Aktienposition eine Kaufoption verkauft und gleichzeitig eine Kaufoption gekauft. Dies würde wenig Sinn machen, würde es sich nicht um Calls mit unterschiedlichen Basispreisen handeln. So ist beim Call-Bear-Spread darauf zu achten, daß bei derjenigen Kaufoption, die verkauft wird, der Basispreis unter dem aktuellen Kurs liegt und demgegenüber der zu kaufende Call einen Basispreis hat, der sich über dem aktuellen Kurs befindet. Im folgenden Beispiel werden folgende Optionen gehandelt:

Position: Aktie (long); Kurs heute 500 DM
Call (short); Basis 450 DM; Optionspreis 100 DM

Tabelle 16: Absicherung durch einen Call-Bear-Spread

ABC-Kurs in 3 Mon.	Gew./Verl. Aktie	Gew./Verl. short call	Gew./Verl. long call	Gew./Verl. Gesamt
350	–150	+100	– 25	– 75
400	–100	+100	– 25	– 25
450	– 50	+100	– 25	+ 25
500	0	+ 50	– 25	+ 25
550	+ 50	0	– 25	+ 25
600	+100	– 50	+ 25	+ 75
650	+150	–100	+ 75	+125

Call (long); Basis 550 DM; Optionspreis 25 DM

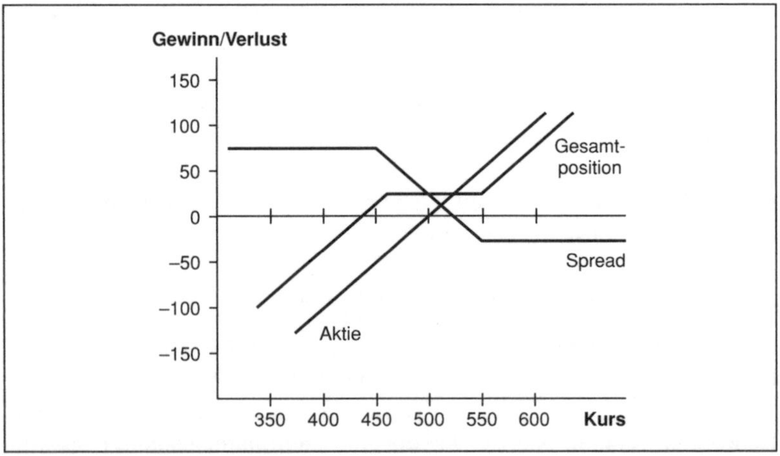

Abbildung 22: Ertragsentwicklung eines durch einen Call-Bear-Spread abgesicherten Portfolios

Die Abbildung 22 verdeutlicht noch einmal den Verlauf der Gesamtposition, des Spreads und der Aktie bei unterschiedlichen Kursen:

Wie im vorigen Beispiel wird keine absolute Absicherung gegen Kursverluste erreicht, sondern lediglich die Gewinnschwelle verschoben. Allerdings verschiebt sich diese nicht nur von 500 DM auf 450 DM, sondern liegt jetzt sogar noch etwas darunter. Ein weiterer Vorteil im Vergleich zur vorigen Position: Ab einem Kurs von 550 DM profitiert der Anleger wieder von steigenden Kursen. Lediglich zwischen gut 450 DM und 550 DM muß er sich mit einer Einnahme von 25 DM zufrieden geben.

WICHTIG

Die Deutsche Terminbörse bietet Anlegern eine Vielzahl von Kurssicherungsmöglichkeiten, von denen gerade professionelle Vermögensverwalter immer häufiger Gebrauch machen. (Fondsgesellschaft häufig durch den Verkauf von Kaufoptionen). In der Regel lohnt sich eine Absicherung nur, wenn eine deutliche Kurskorrektur erwartet wird und die Position dennoch (z.B. aus steuerlichen Gründen) aufrecht erhalten werden soll. Grund hierfür sind die hohen Gebühren, die bei Optionsgeschäften in Rechnung gestellt werden.

5.3 Mit Terminkontrakten geht's noch besser

Während Absicherungsstrategien mit Optionen relativ teuer sind (beim Kauf eines Puts muß die Optionsprämie bezahlt werden), weichen viele Portfoliomanager bei der Wahl der Absicherungsstrategie auf Aktienindex-Terminkontrakte aus. Der Vorteil: Durch den richtigen Einsatz kann eine bestehende Aktienposition für eine gewisse Zeit quasi „eingefroren“ werden, d. h., der Anleger profitiert weder von steigenden Kursen, noch muß er fallende Kurse fürchten, denn es findet eine vollständige Absicherung des Kursrisikos für den Preis des vollständigen Verzichts auf mögliche Kurschancen statt. Dennoch wird diese Art der Kursabsicherung oft vorgezogen, denn häufig handelt es sich um einen überbrückbaren Zeitraum, in dem Unsicherheiten bestehen. Wird die Möglichkeit gewählt, die Position einzufrieren, handelt es sich um eine sehr elegante Lösung, da nicht etwa die Aktienposition (gebührenintensiv) verkauft werden muß bis die Unsicherheiten ausgestanden sind.

Zunächst einmal versteht man unter einem Aktienindex-Terminkontrakt einen standardisierten Kaufvertrag (auf Termin) über ein fiktives Aktienportfolio, das in seiner Zusammensetzung dem monetären Vielfachen eines bestimmten Aktienkursindexes entspricht. Der Aktienindex ist damit quasi das Basisobjekt des Terminkontrakts.

Der Wert des Index (Indexstandes) wird rechnerisch ermittelt, da sich Aktienindex-Terminkontrakte auf hypothetische Potfolios beziehen, die am Fälligkeitstag physisch nicht geliefert werden können (Barandienung).

Das Kontraktvolumen (Marktwert des zugrundeliegenden Basiswertes) berechnet sich aus dem Indexstand und einem für den Futures-Kontrakt spezifischen Kontraktmultiplikator. Demnach berechnet sich das Kontraktvolumen nach folgender Formel:

Kontraktvolumen = Indexstand x Kontraktmultiplikator

Der Kontraktmultiplikator differiert je nach Index. Für den DAX-Terminkontrakt lautet er auf 100, für den S&P-500-Terminkontrakt auf 500 und für den MMI-Terminkontrakt auf 250. Die letzteren beiden Terminkontrakte werden nicht in Deutschland an der DTB gehandelt, sondern in den USA.

Zwischen Futures-Kurs und Kassakurs des Basisinstruments gibt es eine Differenz, Basis genannt:

Basis = Futures-Kurs – Kassakurs

Die Basis verändert sich während der Laufzeit des Kontraktes und tendiert bis zur Fälligkeit des Kontraktes gegen null. Das bedeutet, daß sich Kassa- und Futures-Kurs anpassen, bis sie bei Kontraktfälligkeit übereinstimmen.

Die Höhe der Basis wird theoretisch von den Haltekosten der Kassaposition bestimmt. Diese setzen sich bei Aktienindex-Futures zusammen aus den Finanzierungskosten des Portfolios und gegebenenfalls ausgeschütteten Dividenden.

Die tatsächliche Basis hängt aber nicht nur von den Haltekosten der Kassaposition ab, sondern auch von anderen Einflußfaktoren wie der Marktliquidität, Effizienz der Arbitrage etc. Daher wird der theoretische Futures-Kurs vom tatsächlichen Futures-Kurs abweichen.

Kursabsicherung mit Aktienindex-Terminkontrakten

Zu unterscheiden sind der sogenannte „Short-Hedge" und der „Long-Hedge". Der Short-Hedge besteht aus dem Aufbau eines Verkaufsengagements (Short-Position) auf dem Futures-Markt, um das Risiko fallender Kurse einer bestehenden Kassaposition zu vermindern. Der Long-Hedge besteht aus dem Aufbau eines Kaufengagements (Long-Position) auf dem Futures-Markt, um das Risiko steigender Kurse einer zukünftig einzugehenden Kassaposition zu vermindern. Die Funktionsweise der Absicherung durch Terminkontrakte soll hier anhand des Short-Hedge gezeigt werden:

Short-Hedge eines DAX-Portfolios

Betrachtet sei zunächst ein Aktienportfolio über eine Million DM, das exakt dem DAX nachgebildet ist. Um sich gegen kurzfristige Kursverluste abzusichern, kann man das Portfolio liquidieren, d. h. die einzelnen Positionen verkaufen. Dagegen sprechen hohe Transaktionskosten und mögliche Kursbeeinflussungen durch große Verkaufsaufträge. Stattdessen kann man Index-Futures verkaufen (Short-Hedge).

Die Anzahl der zu verkaufenden Futures-Kontrakte errechnet sich nach folgender Formel:

$$\text{Anzahl zu verkaufender Futures-Kontrakte} = \frac{\text{Portfolio-Wert}}{\text{Kontraktvolumen}}$$

Angenommen, das Aktienportfolio weist einen Wert von einer Million. DM auf. Im Dezember beträgt das Kontraktvolumen eines DAX-Kontraktes bei einem Index-Stand von 1.512,84 Punkten 151.284 DM. Der März-Futures notiert bei 1.546 Punkten. Dann lassen sich diese Werte wie folgt in die obige Formel einsetzen:

$$\text{Anzahl zu verkaufender Futures-Kontrakte} = \frac{1.000.000 \text{ DM}}{1.512{,}84 \times 100} = 6{,}61$$

Angenommen, der Portfoliomanager könnte genau 6,61 Terminkontrakte verkaufen. (In der Realität muß er entweder 6 oder 7 verkaufen). Nach drei Wochen ist der DAX auf 1.410,87 (entspricht einem Kursverlust von 6,74 %), der Futures-Kontrakt auf 1.412 Punkte gefallen:

Tabelle 17: Entwicklung eines futures-abgesicherten Depots

Portfolio-Entwicklung Anfangswert bei Absicherung aktueller Wert nach Kursrückgang (1.000.000 x (1–0,0674)	 1.000.000 DM 932.600 DM
Kursverlust	**67.400 DM**
Futures-Entwicklung: Verkauf der Futures bei Absicherung (1.546 x 100 x 6,61) aktueller Rückkaufswert (1.412 x 100 x 6,61)	 1.021.906 DM 933.332 DM
Futures – Gewinn	**88.574 DM**
Gesamtpositionsgewinn (ohne Transaktionskosten)	**21.174 DM**

Durch den Verkauf der Terminkontrakte konnte damit der Rückgang am Kassamarkt vollständig ausgeglichen werden. Bei steigenden Kassakursen hätte die Futures-Position einen entsprechenden Verlust gebracht und damit ebenfalls einen Ausgleich dargestellt.

Short Hedge eines Anlegerportfolios

Je größer die Korrelation zwischen dem Index und dem abzusichernden Portfolio ist, umso besser und einfacher sind die Hedge-Möglichkeiten.

Aber auch bei hoher Korrelation müssen die Kursbewegungen im Portfolio nicht mit den Bewegungen des Indexstandes übereinstimmen. Beispielsweise kann das Portfolio aus besonders volatilen Aktien bestehen, so daß seine Wertschwankungen die Indexschwankungen übertreffen. Man sagt, daß ein solches Portfolio einen Beta-Wert von über eins habe.

Wegen des höheren Portfoliorisikos liegt der Erwartungswert der Portfoliorendite bei steigenden Kursen über der erwarteten Indexentwicklung. Daher bestimmt sich die Anzahl der zu verkaufenden Terminkontrakte nach folgender Beziehung:

$$\text{Anzahl zu verkaufender Terminkontrakte} = \frac{\text{Portfoliowert}}{\text{Kontraktvolumen}} \times \text{Beta-Wert}$$

Bei einem angenommenen Portfolio-Beta von 1,2 bestimmt sich die Anzahl der zu verkaufenden Kontrakte wie folgt:

$$\text{Anzahl zu verkaufender Terminkontrakte} = \frac{1.000.000 \text{ DM}}{1.512,84 \times 100 \text{ DM}} \times 1,2 = 7,932$$

Nach drei Wochen verzeichnet der Index einen Kursrückgang von 6,74 %, der auf das betrachtete Anlegerportfolio entsprechend dem historischen Portfolio-Beta mit dem 1,2fachen „durchschlagen“ soll. Das ergibt einen Kursverlust von ungefähr 8,09 %.

Tabelle 18: Entwicklung des Portfolios nach Index-Rückgang

Portfolio-Entwicklung	
Anfangswert bei Absicherung	1.000.000
aktueller Wert nach Kursrückgang (1.000.000 x (1-0,0674 x 1,2)	919.100
Kursverlust	**80.900**
Futures – Entwicklung	
Verkauf der Futures bei Absicherung (1.546 x 100 x 7,932)	1.226.287
aktueller Rückkaufswert1. (1.412 x 100 x 7,932)	119.998
Futures-Gewinn	**106.289**
Gesamtgewinn (ohne Transaktionskosten)	**25.389**

Da es in der Realität keine Bruchteilskontrakte gibt, muß der Portfolio-Manager bzw. der Anleger bei einem ermittelten Absicherungsverhältnis von 7,932 Kontrakten acht Kontrakte zur Portfolioabsicherung wählen, wodurch eine genaue Absicherung nicht mehr möglich ist. Darüber hinaus handelt es sich beim Portfolio-Beta um ein historisches Beta, das sich im Zeitablauf verändert.

Beträgt der Kursverlust des Portfolios im obigen Beispiel nicht wie erwartet 8,09 %, sondern liegt dieser beispielsweise bei 8,5 % und gehen wir von 8 Kontrakten aus, sieht die Wertentwicklung des Gesamtportfolios wie folgt aus:

Tabelle 19: Entwicklung des Portfolios nach Kursverlust von 8,5 %

Portfolio-Entwicklung:	
Anfangswert bei Absicherung	1.000.000
aktueller Wert nach Kursrückgang	915.000
Kursverlust	**85.000**
Futures-Entwicklung:	
Verkauf der Futures bei Absicherung (1.546 x 100 x 8)	1.236.800
aktueller Rückkaufswert1. (1.412 x 100 x 8)	129.600
Futures-Gewinn	**107.200**
Gesamtpositionsgewinn (ohne Transaktionskosten)	**22.200**

Der Gesamtpositionsgewinn resultiert aus drei Unsicherheitsfaktoren:

Beta-Faktor:

Da es sich beim Beta-Faktor um einen historischen Wert handelt, kann es durchaus sein, daß sich dieser während der Periode der Kurssicherung ändert.

Der tatsächliche Beta-Faktor des Portfolios über die gesamte Dauer der Absicherungsperiode beträgt 1,260709 (8,5/6,740303) und übersteigt damit den beim Verkauf der Futures gültigen Beta-Faktor von 1,2. Der größere Wertverlust des Portfolios gegenüber dem Indexrückgang verursacht einen zusätzlichen Verlust von

(DM 80.883,64 – DM 85.000) = (-) DM 4.116,36

Anzahl derKontrakt:

Aufgrund der Nichtteilbarkeit der Kontrakte muß der Hedger acht Kontrakte anstelle von 7,9321 verkaufen. Daraus resultiert in diesem Fall ein Gewinn in Höhe von

(8-7,9321) x (1.546 – 1.412) x DM 100 = DM 909,86

Basisrisiko:

Das Basisrisiko resultiert aus der Basisveränderung während des Absicherungszeitraumes. Bei Beginn der Absicherung betrug die Basis (1.546 – 1.512,84) = 33,16, am Ende des Absicherungszeitraums (1.412 – 1.410,87) = 1,13.

Der aus der verringerten Basis resultierende Gewinn beträgt

(33,16 – 1,13) x 7,9321 x DM 100 = DM 25.406,52

Als Gesamtgewinn ergibt sich dementsprechend:

(–) DM 4.116,36 + DM 909,86 + DM 25.406,52 = DM 22.200,02

Damit ist die Differenz vollständig erklärt. Die Abweichung von 0,02 DM ergibt sich aus Rundungsfehlern.

Fazit: Die perfekte Absicherung gibt es nicht!

WICHTIG

Eine Absicherung über Terminkontrakte ist in aller Regel eleganter und vor allem billiger als eine Absicherung über Optionen. Dennoch gibt es auch hier Unwägbarkeiten, so daß eine perfekte Absicherung nicht möglich ist. Allerdings kann das Risiko doch sehr stark begrenzt werden. Darüber hinaus kann die Abweichung, die maximal 2 % von einer vollständigen Absicherung entfernt ist, zwar negativ aber auch positiv sein.

5.4 CPPI: Die Zauberformel für ein optimales Risikomanagement?

Ein jüngerer Ansatz des Risikomanagements stellt das wertgesicherte Portfolio anhand der sogenannten Constant Proportion Portfolio Insurance (CPPI) dar. Dabei handelt es sich um eine dynamische Absicherungsstrategie, d. h., sie wird nicht nur einmalig zu Beginn vorgenommen, sondern als ständiger Prozeß über einen gesamten Absicherungszeitraum realisiert.

Grundgedanke der CPPI ist die Festlegung einer Wertuntergrenze, einer Sicherheitsgrenze, unter die der Portfoliowert nie fallen darf. Das soll dadurch erreicht werden, daß das Portfolio in Aktien und Festgeld investiert ist, wobei der Aktienanteil ständig variiert wird. Bei sinkenden Kursen wird der Aktienanteil zugunsten des Festgeldanteils zurückgefahren und umgekehrt. Je näher der Depotwert sich deshalb der Wertuntergrenze nähert, je höher der Festgeldanteil und je geringer der risikobehaftete Aktienanteil. Wird die Wertuntergrenze erreicht, so besteht das Depot im Extremfall zu 100 % aus Festgeld, so daß ein Sinken unter die zuvor festgelegte Sicherheitsgrenze nicht mehr möglich ist.

Bei steigenden Kursen wird andererseits der Aktienanteil erhöht. Das hat den Vorteil, daß in starken Marktphasen der Aktienanteil steigt und das Portfolio davon überdurchschnittlich profitiert. Damit ist eine Wertsicherungsstrategie nach dem CPPI eine reine Trendfolgestrategie: Bei steigenden Kursen werden mehr Aktien erworben, bei fallenden Kursen weniger. Die Wertuntergrenze ist im übrigen eine gleitende Grenze, die allerdings nur nach oben angepaßt wird. Sie ist beispielsweise definiert als „90 % des Portfoliowertes". Damit ist sichergestellt, daß das Depot nie mehr als 10 % gemessen von seinem höchsten Stand verliert. Damit besteht die CPPI aus folgenden einzeln festzulegenden Größen:

1. Die Sicherheitsgrenze (Floor)

Dies ist die Wertuntergrenze, die das Depot zu keiner Zeit unterschreiten darf. Der Anleger legt diesen Wert selbst fest. Diese aktive Beteiligung des Anlegers an der Festlegung des Handlungsspielraumes hat den Vorteil, daß der Investor seine Markterwartung um ein Vielfaches differenzierter und je nach Präferenz offensiver oder defensiver umsetzen kann als im Kassamarkt, wo er nur Kauf oder Verkauf des Investments entscheiden kann.

2. Das „Cushion“ (Kissen, Polster, Puffer)

Das Cushion ist Einsatzreserve oberhalb der Sicherheitsgrenze. Dieser Wert sollte immer im positiven Bereich liegen; er kann null sein, wenn er mit der Sicherheitsgrenze übereinstimmt. Darunter kann er nicht liegen, sonst würde die Sicherheitsgrenze unterschritten, und die Kapitalerhaltung soll ja garantiert werden.

3. Der Risikoanteil des Depots, der „Explosure“

Er wird risikoreich angelegt, und dieser Anteil kann bis zu 100 Prozent steigen; sollte der Depotwert aber bis auf die Sicherheitsgrenze fallen, ist kein Raum für einen Risikoanteil. Der Risikoanteil selbst besteht in der Regel aus einer Aktienposition. Um das Einzelwertrisiko auszuschalten, wird entweder ein Aktienkorb gehalten oder ein Index, z. B. in Form von Index-Zertifikaten (z. B. DAX-Partizipationsscheinen).

4. „Multiple = Multiplikator“

Da die Einstellung zur Spekulation sehr unterschiedlich ist, kann der Anleger wie beim ersten Punkt auch hier seine eigene Einstellung zum Risiko in die Depotverwaltung einbringen, indem er den Wert „Multiple = Mulitplikator“ nach seiner eigenen Einstellung wählt. Dabei sollte der Anleger kalkulieren, bei welcher Wertminderung er spätestens mit Depotumschichtungen reagiert haben kann und muß, damit die Sicherheitsgrenze nicht unterschritten wird.

Tabelle 20: Praktische Anwendung des CPPI

Depot mit Aktien, Anfangsvermögen 100 DM, monatliche Umschichtungen:

Depotwert:	100 DM
Floor/Sicherheitsgrenze:	70 DM
Cushion/Einsatzreserve:	30 DM
Aktienposition:	60 DM
Festgeld:	40 DM
Multiplikator:	2

In einem Monat steigt die Aktienposition um 10 Prozent, der Depotwert steigt auf 106 DM, davon 66 DM Aktien. Bei einer Sicherheitsgrenze von 70 DM erhöht sich der Risikoanteil auf 36 DM, auf die Aktien entfallen jetzt 72 DM; diese Position wird also um 6 DM erhöht, zu Lasten des Festgeldes.

Ein Beispiel von SMH Research zeigt diesen Effekt noch einmal mit unterschiedlichen Multiplikatoren von 4 und 6 bei einem Floor von 90 % (siehe Abbildung 23).

Wie erfolgreich ist nun eine solche Strategie? Zunächst einmal hängt der Erfolg vom Multiplikator ab: Je höher der Multiplikator, desto höher das Risiko und desto höher der Return über einen längeren Zeitraum. Andererseits ist das Risiko natürlich auch von der Wertuntergrenze abhängig: Je höher der Floor, desto geringer das Risiko. Darüber hinaus ist wichtig, in welchen Abständen die Anpassungen erfolgen. Bei täglicher oder wöchentlicher Anpassung ist die Steuerungsmöglichkeit wesentlich differenzierter als bei monatlicher oder jährlicher Anpassung. In der Praxis hat sich jedoch eine Anpassung in monatlichem Rhythmus bewährt.

Die folgende Graphik zeigt, wie sich ein wertgesichertes Depot nach dem CPPI-Modell (m = 4, f = 90 %) im Vergleich zum DAX entwickelt hätte (siehe Abbildung 24).

Aus der Abbildung geht eindeutig hervor, daß das wertgesicherte Depot den DAX langfristig deutlich geschlagen hätte. Darüber hinaus ist die Wertentwicklung wesentlich ruhiger, d. h., schwankungsarmer gewesen. Mit niedrigerer Volatilität (= Risiko) ist also letztendlich ein höheres Anlageergebnis erzielt worden. Das CPPI also als Zauberformel für ein optimales Risikomanagement?

Ganz so einfach ist es leider nicht: Da bei dem CPPI praktisch nie zu 100 % in Aktien investiert wird, ist es zwar offensichtlich, daß auch das Risiko geringer ist, gleichzeitig geht dies auf Kosten der Performance bei steigenden Aktienmärkten. Je länger der Anlagehorizont, desto eher kann deshalb eine CPPI-Absicherung Sinn machen. Privatanleger sollten allerdings eines beachten: Monatliche Anpassungen (d. h. Portfolio-Umschichtungen) verursachen Transaktionskosten, die sich über längere Zeiträume wiederum auf ein beträchtliches Ausmaß summieren können. Die CPPI sollte deshalb als das gesehen werden, was sie ursprünglich eigentlich sein sollte: Eine Absicherungsalternative in einem begrenzten, unsicheren Zeitraum.

m = 4, f = 0,90	Monat 1	Monat 2	Monat 3	Monat 4	Monat 5
Portfolio-Wert	100,00	101,20	99,99	105,77	98,58
Return Port.		+1,2%	–1,2%	+ 5,8%	–6,8%
Wertuntergrenze	90,00	91,08	91,08	95,19	95,19
Aktienanteil	40,00 (+2%)	40,48 (+2%)	35,64 (+15%)	42,33 (–18%)	13,56
Termingeldanteil	60,00	60,72	64,35	63,44	85,02
m = 6, f = 0,85					
Portfolio-Wert	100,00	101,87	98,27	108,97	91,39
Return Port.		+1,9%	–3,5%	–10,9%	–16,1%
Wertuntergrenze	85,00	86,59	86,59	92,62	91,39
Aktienanteil	90,00 (+2%)	91,70 (–4%)	70,08 (+15%)	98,07 (–18%)	0,00
Termingeldanteil	10,00	10,17	28,19	10,90	91,39
Nur Aktien	100,00	102,00	97,92	112,61	92,34
Nur Termingeld	100,00	100,67	101,34	102,01	102,69

M: Multiplikator, f: Floor-Prozentsatz

Durchschlagen der Wertuntergrenze, falls Aktien-Return < – (1/m) × 100%

Quelle: SMH-Research/MP

Abbildung 23: Depot-Entwicklung bei unterschiedlichem Multiplikator und Floor

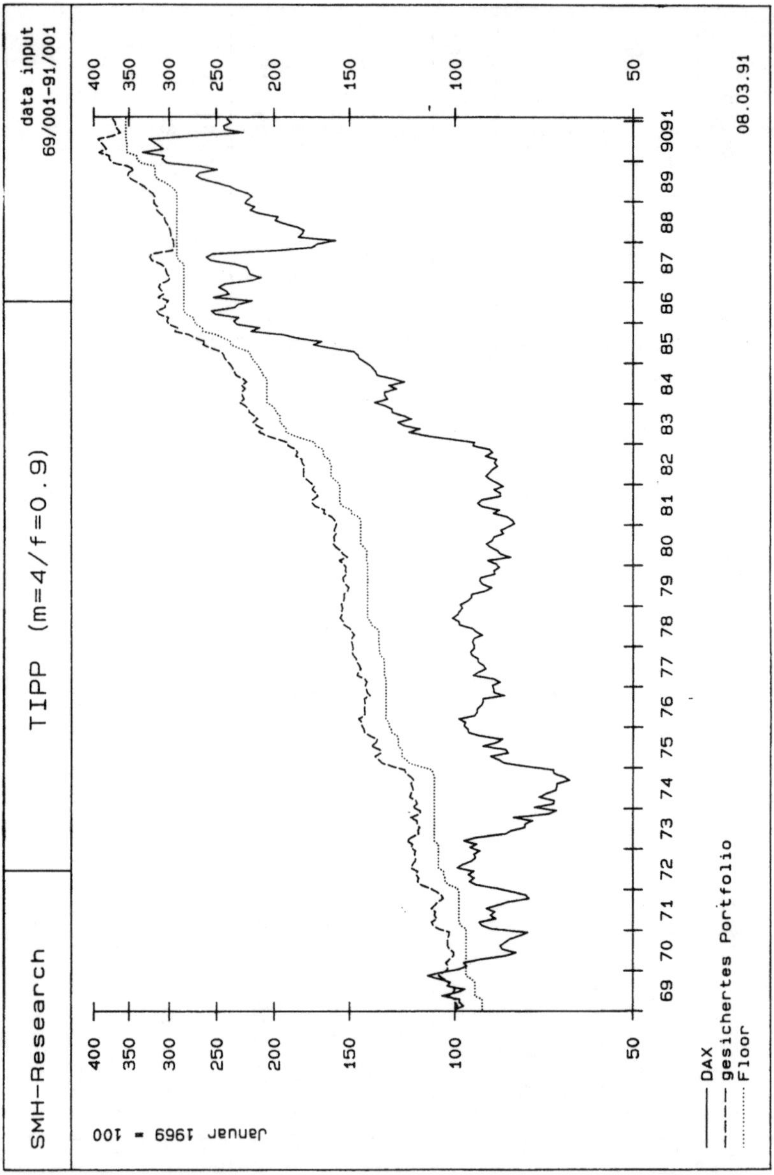

Abbildung 24: CPPI – Zauberformel für ein optimales Risiko-Management?

6. Portfoliostrategien – Der Schlüssel zum Erfolg

6.1 Asset Allocation unter veränderten Marktbedingungen

Keine Aktien haben, wenn es an den Aktienmärkten kracht, und voll investiert sein, wenn dort quasi „die Post abgeht", davon träumt nahezu jeder Anleger. Daß ein derart glückliches Timing wohl eher die Ausnahme denn die Regel darstellt, liegt hauptsächlich daran, daß wir alle keine Hellseher sind. Eine „Alles-oder-nichts-Strategie" ist, zumindest unter professionellen Vermögensverwaltern, ohnehin nicht angesagt, denn sie birgt die Gefahr, daß man beispielsweise gerade dann keine Aktien hat, wenn die Aktienbörsen steigen. Als Beispiel können wir uns die Situation im Zuge des Golf-Krieges im Jahre 1990 vor Augen führen. Wer nach dem Einmarsch Husseins in Kuwait im August 1990 alle Aktien verkaufte, weil er mit militärischen Auseinandersetzungen rechnete, hatte zwar bezüglich dieser Einschätzung (leider) recht. Da sich die Aktienmärkte jedoch weltweit bei Beginn der Militäraktion, anders als von den meisten Marktteilnehmern erwartet, in kurzer Zeit stark erholten, wäre der voreilige Verkauf der Aktien genau die falsche Entscheidung gewesen.

Ziel einer flexiblen Portfoliostrategie – man bezeichnet diese wie bereits erwähnt als „taktische Asset Allocation" – ist vielmehr eine permanente Anpassung des Portfolios an die Marktgegebenheiten bzw. an die eigenen Erwartungen bezüglich der weiteren Marktentwicklung. Dabei geht es nicht um die Entscheidung, ganz aus Aktien rauszugehen und alles in Anleihen oder liquide Mittel zu investieren. Vielmehr geht es darum, die im Rahmen der „strategischen Asset Allocation" festgelegte Grobstruktur des Portfolios durch Feinanpassungen an die sich ändernde wirtschaftliche Situation der einzelnen Anlageländer anzugleichen.

Wurde im Zuge der strategischen Asset Allocation die Aktienquote im Portfolio beispielsweise auf maximal 60 % festgelegt, dann heißt das natürlich nicht, daß sie immer genau so hoch liegen muß. Werden die Performance-Aussichten für Aktien nicht uneingeschränkt positiv eingeschätzt, wird man die Aktien im Portfolio selbstverständlich niedriger gewichten, als dies im günstigsten Fall möglich wäre. Ein Aktienanteil von 60 % bedeutet für den Portfoliomanager also eine zwingend einzuhaltende Höchstgrenze, die im Rahmen der mit dem Anleger abgesprochenen Anlagestrategie aufgrund seines zeitlichen Anlagehorizonts und vor allem aufgrund seiner Risiko- und Ertragserwartungen festgelegt wurde. Abweichungen davon nach unten sind jedoch je nach Einschätzung der Finanzmärkte jederzeit möglich.

Angesichts der mitunter sehr stark schwankenden Finanzmärkte kommt der richtigen Aufteilung der Anlagemittel im Rahmen einer langfristigen Strategie entscheidende Bedeutung zu. Dies zeigte insbesondere die Entwicklung im ersten Halbjahr 1994. Wer sein Geld in langlaufenden Rentenpapieren angelegt und dabei auch noch auf die falschen Währungen gesetzt hatte, konnte sehr schnell 10 % und mehr innerhalb von 6 Monaten verlieren. Der Verlust mit schwedischen Anleihen gestaltete sich aufgrund der negativen Zins- und Währungsentwicklung aus Sicht eines deutschen Anlegers im ersten Halbjahr mit rund 25 % beispielsweise besonders schmerzlich. Einer der Gründe für den scharfen Zinsanstieg schwedischer Anleihen sowie der stark unter Druck geratenen Schwedischen Krone war, daß der größte schwedische Versicherer, Skandia, aufgrund des grenzenlos ausufernden Staatsdefizits alle schwedischen Staatsanleihen auf den Markt warf und darüberhinaus bekanntgab, bis auf weiteres keine schwedischen Staatstitel mehr kaufen zu wollen. Hier zeigt sich, daß die These, wonach man mit festverzinslichen Wertpapieren ruhig schlafen könne, wohl doch nicht so richtig sein kann. Global ausgerichtete Portfolios, die neben Rentenpapieren auch Aktien und vor allem Geldmarktanlagen wie Fest- oder Tagesgeld und dergleichen berücksichtigen, konnten in der selben Zeit mitunter deutlich besser abschneiden.

Gerade im ersten Halbjahr 1994 trennte sich unter den Managern von Rentenportfolios die Spreu vom Weizen. Wer zum Jahreswechsel 93/94 von weiter steigenden Rentenkursen und damit sinkenden Zinsen an den internationalen Rentenmärkten ausging und demzufolge weiter auf Anleihen mit langen Restlaufzeiten setzte, erlebte im Zuge des Bond-Crashs der darauffolgenden Monate eine böse Überraschung. Es gab jedoch auch Portfoliomanager, die nicht so recht an die Fortsetzung der Anleihe-Hausse glaubten und daher die Restlaufzeiten der Anleihen, die sie im Portfolio hatten, rechtzeitig vor dem Absturz verkürzten. Dies bedeutet nichts anderes, als daß man Anleihen mit längeren Restlaufzeiten (beispielsweise zehnjährige Anleihen) verkauft und den Erlös in Anleihen mit kürzeren Restlaufzeiten (z. B. ein bis drei Jahre) oder aber in Festgeld investiert.

Welche Wirkung eine solche Verkürzung der Restlaufzeiten in einem Rentenportfolio hat, zeigt die folgende Graphik.

Abbildung 25: Anleihen mit verschieden langen Restlaufzeiten (Zeitraum: Jan. – Jun. 1994)

Dargestellt sind die indexierten prozentualen Kursveränderungen zweier Bundesanleihen mit dem selben Nominalzinssatz (Kupon), in diesem Fall 8,25 %, jedoch mit unterschiedlichen Restlaufzeiten. Es zeigt sich, daß die Anleihe mit der Restlaufzeit bis zum 20.09.2001 wesentlich höhere Kursverluste erlitten hat als die Bundesanleihe mit einer Restlaufzeit bis zum 22.08.1994. Von der Basis 100 ausgehend hat die langlaufende Anleihe im dargestellten Zeitraum immerhin 9,2 % auf 90,8 verloren. Das konnte der Anleger auch nicht mit den Zinsen aus dem 8,25 %igen Koupon ausgleichen. Im dargestellten Zeitraum waren dies lediglich 3,8 %, so daß sich der Gesamtverlust dieser Anleihe auf 5,4 % (9,2 % – 3,8 %) beläuft.

Im selben Zeitraum ging die Anleihe mit der kurzen Restlaufzeit lediglich von 100 auf 98,8 % also um 1,2 % zurück. Dieser Verlust konnte durch den Zinsertrag in Höhe von 3,8 % mehr als ausgeglichen werden, so daß der Anleger mit dieser Anleihe sogar noch 2,6 % verdient hat. Diese beiden Beispiele zeigen, daß man auch mit Rentenpapieren, die von vielen zu Unrecht auch als Witwen- und Waisenpapiere abgetan werden, Fehler machen kann, die sich mitunter gravierend negativ auf die Performance eines Portfolios auswirken können. Droht an den Rentenmärkten ein nachhaltiger Zinsanstieg, sollte man die Restlaufzeiten der im Portfolio befindlichen Anleihen rechtzeitig verkürzen.

Völlig anders stellt sich natürlich die Situation in einem Umfeld sinkender Zinsen am Kapitalmarkt dar. In diesem Fall gilt es, sich rechtzeitig aus kurzfristigen Anlagen wie kurzlaufenden Anleihen, Festgeld und dergleichen zu verabschieden und in Anleihen mit längeren Restlaufzeiten zu investieren. Wie die Graphik zeigt, war unter den beiden zuvor bereits dargestellten Bundesanleihen die längerlaufende Variante im Verlauf der Zinsrückgänge am deutschen Rentenmarkt zwischen 1991 und 1993 die bessere Alternative.

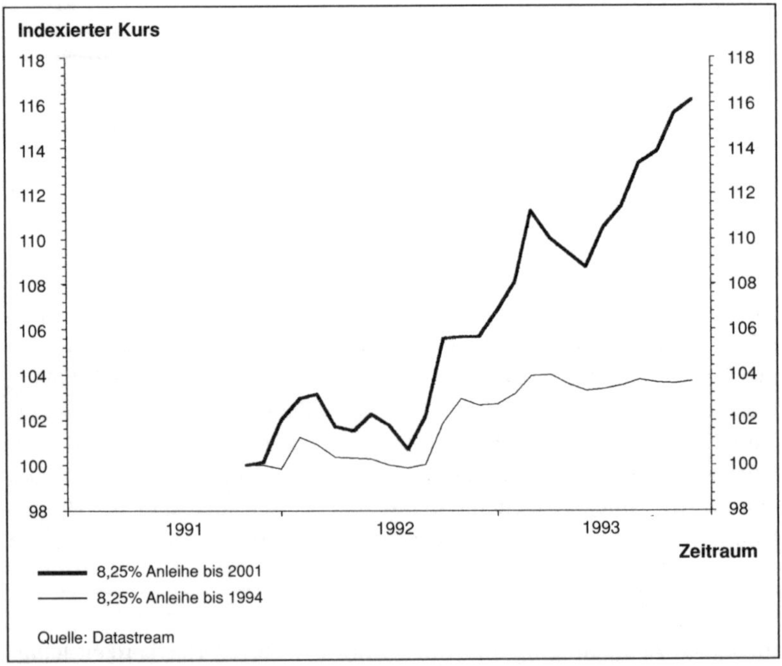

Abbildung 26: „Anleihen mit unterschiedlichen Laufzeiten (1991 – 1993)“

Im dargestellten Zeitraum wies die längerlaufende Anleihe eine Gesamt-Performance von 35,25 % (Kursgewinne und Zinsen) im Vergleich zu lediglich 23,15 % der kürzerlaufenden Anleihe auf. Zinsveränderungen am Kapitalmarkt haben bei langlaufenden Anleihen wesentlich höhere Kursschwankungen zur Folge, als bei Kurzläufern. Auch diese Beispiele zeigen, daß die Performance eines Portfolios maßgeblich von der richtigen Einschätzung der künftigen Marktentwicklung abhängt.

Flexible Asset Allocation im Konjunkturverlauf

Es dürfte jedem einleuchten, daß ein Portfolio, das über einen längeren Zeitraum, d.h., über mehrere Konjunkturzyklen hinweg die gleiche Asset Allocation aufweist, sicherlich nicht als optimal bezeichnet werden kann. Jede Volkswirtschaft unterliegt konjunkturellen Schwankungen. Es ist daher nicht verwunderlich, daß auch die Anleihen- und Aktienmärkte mitunter recht heftige Kursveränderungen aufweisen. Solche Schwankungen lassen sich im Rahmen einer flexiblen Asset Allocation ausnutzen, wenngleich dies einfacher gesagt als getan ist. Die nachfolgende Graphik gibt Anhaltspunkte für eine idealtypische Portfolio-Zusammensetzung bei unterschiedlichen konjunkturellen Rahmenbedingungen.

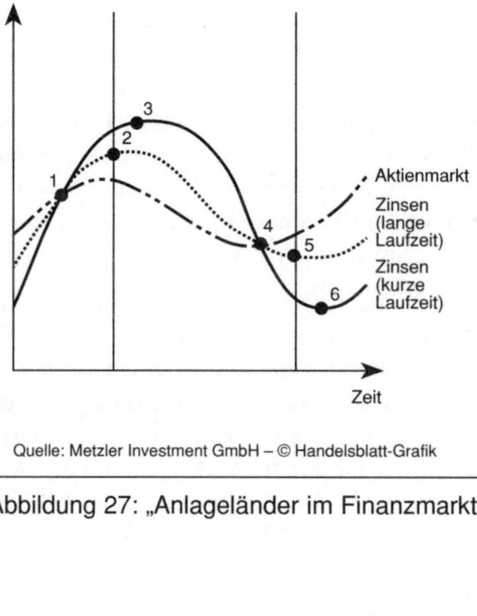

Asset-Klassen

Zeitabschnitt	Aktien	Renten	Kasse
0 – 1	A	C	B
1 – 2	C	B	A
2 – 3	C	A	B
3 – 4	C	A	B
4 – 5	A	B	C
5 – 6	A	B	C

Relative Attraktivität:
A: höchste Attraktivität
B: mittlere Attraktivität
C: geringste Attraktivität

Quelle: Metzler Investment GmbH – © Handelsblatt-Grafik

Abbildung 27: „Anlageländer im Finanzmarktzyklus“

Ein dynamisch verlaufender Wirtschaftsaufschwung bedeutet für die Unternehmen erfahrungsgemäß höhere Gewinne, so daß es nur logisch ist, daß die Aktien an der Börse steigen. Schließlich bedeuten höhere Unternehmensgewinne auch höhere Dividenden für die Anleger, so daß Aktien attraktiv sind. In solchen Konjunkturphasen (Zeitabschnitt 0 – 1 der Graphik) wird man Aktien in Erwartung weiterer Kursgewinne und höherer Dividenden im Portfolio daher möglichst hoch gewichten. Weniger attraktiv erscheinen in dieser Phase die Rentenpapiere, was insbesondere für längere Laufzeiten gilt. Der Grund dafür liegt in der Gefahr steigender Zinsen, denn die Nachfrage nach Geld für Investitionen in der Wirtschaft nimmt permanent zu. Auch die Aussichten auf weitere Kursgewinne am Aktienmarkt lassen Anleihen weniger attraktiv erscheinen. Die Notenbank betreibt aufgrund zunehmender Inflationsgefahren eine restriktive Geldpolitik, was sich in steigenden kurzfristigen Zinsen niederschlägt.

Oftmals kommt es in der Endphase eines konjunkturellen Aufschwungs zu einem regelrechten Boom (Zeitabschnitt 1 – 2), der von hoher Auslastung der Unternehmenskapazitäten und einem hohen Beschäftigungsstand begleitet wird. Erfahrungsgemäß können in solchen Phasen die Arbeitnehmer höhere Löhne durchsetzen, was sich negativ auf die Entwicklung der Preise auswirken kann, sofern keine zunehmende Ersparnisbildung erfolgt. Zu Beginn eines solchen Booms erreicht der Aktienmarkt in der Regel sein Hoch. Aufgrund der bereits stark gestiegenen Zinsen, beginnen die ersten Marktteilnehmer damit, die Gewinne am Aktienmarkt zu realisieren, d. h., sie verkaufen ihre Aktien, obwohl die wirtschaftliche Entwicklung nach wie vor positiv ist. Freiwerdendes Anlagekapital wird vorwiegend in Festgeld geparkt, wofür es in solchen Phasen risikolos attraktive Zinsen gibt. Aktien sind nicht zuletzt aufgrund der hohen Zinsen weniger attraktiv. Die Anleger beginnen in dieser Phase bereits damit, Anleihen mit längeren Laufzeiten zu kaufen, weil sie in absehbarer Zeit einen Zinsrückgang am Kapitalmarkt erwarten.

In den Zeitabschnitten 2 – 3 und 3 – 4 genießen Anleihen die höchste Attraktivität von allen Assets. In solchen Konjunkturphasen, in denen die Unternehmensgewinne weiter rückläufig sind, werden zunehmend Rationalisierungsmaßnahmen seitens der Unternehmen ergriffen, was sich in einer rückläufigen Beschäftigungsquote ausdrückt. Am Aktienmarkt sinken die Kurse in der Regel mehr oder minder stark aufgrund der mitunter nachhaltigen Gewinnrückgänge der Unternehmen. Das nach Anlagen suchende Kapital wird verstärkt am Rentenmarkt investiert, so daß die Kapitalmarktzinsen weiter stark sinken. Im weiteren Verlauf beginnen dann auch die kurzfristigen Zinsen im Zuge einer sich allmählich lockernden Geldpolitik der Bundesbank zu sinken. Der Inflationsdruck nimmt langsam ab, nicht zuletzt auch, weil die Lohnabschlüsse moderater sind als in der Hochkonjunktur.

Naht das Konjunkturtief, beobachten die „alten Hasen" unter den Börsianern verstärkt die Entwicklung des Aktienmarktes. Allmählich ist nämlich die Zeit gekommen, den Aktienanteil im Portfolio wieder zu erhöhen. Dies klingt zwar für den einen oder anderen etwas schizophren, denn schließlich befindet sich die Konjunktur zu diesem Zeitpunkt in der Rezession. Unerfahrene Anleger tun sich daher nicht selten schwer, in einem Umfeld, das von schlechten Nachrichten und Kommentaren aus der Wirtschaft, wie sie für die Phase einer Rezession typisch sind, geprägt ist, Aktien zu kaufen. Dennoch kann man bei der Betrachtung der Aktienkursentwicklung während zurückliegender Konjunkturphasen immer wieder feststellen, daß der Aktienmarkt regelmäßig in der Rezession bereits zu steigen beginnt. In den Zeitabschnitten 4–5 und 5–6 der o.a. Graphik haben Aktien daher die höchste Priorität. Festgeldanlagen (Kasse) sind dagegen im Portfolio relativ untergewichtet.

Selbstverständlich ist das Ganze nicht so einfach, wie es auf den ersten Blick aussehen mag. Wer weiß schon im Vorhinein die konjunkturelle Entwicklung genau einzuschätzen, zumal sie selten den lehrbuchmäßigen, in der Graphik dargestellten Verlauf zeigt? Oder wer traut es sich zu, eine genaue Zinsprognose über einen gewissen Zeitraum abzugeben? Ganz zu schweigen von der ebenso schwierigen Prognose der Aktienkursentwicklung, in der sich schließlich die vielen Experten selten einig sind. Dennoch unterliegen sowohl die Entwicklung der Konjunktur als auch die Entwicklung an den Aktien- und Rentenmärkten im wesentlichen den dargestellten Gesetzmäßigkeiten, die dem Investor die Entscheidungen erleichtern.

Die dargestellten Unsicherheiten in der Einschätzung der zukünftigen Marktentwicklungen sprechen im übrigen wiederum für eine ausgewogene Portfoliostrategie. Kaum ein Profi wird in einem gut diversifizierten Portfolio die Aktienquote beispielsweise auf null reduzieren, auch wenn die Aussichten, zumindest kurzfristig betrachtet, noch so schlecht sein sollten. Aus Sicherheitsgründen wird er immer einen gewissen Aktienanteil behalten, denn die eigene Einschätzung der künftigen Entwicklung könnte auch falsch sein. Dies könnte sich im Falle einer völligen Abstinenz am Aktienmarkt bei steigenden Kursen fatal auf die Performance des Portfolios auswirken. Andererseits wird ein risikobewußter Anleger in seinem diversifizierten Portfolio auch niemals die Aktienquote auf 100 % erhöhen, auch dann nicht, wenn die Aussichten an den Aktienmärkten noch so gut erscheinen. Denn auch in diesem Fall könnte die Einschätzung falsch sein, so daß eine solch risikoreiche Asset Allocation für ein ausgewogenes Portfolio ungeeignet ist.

Daß ein Portfolio international ausgerichtet sein sollte, um das Risiko möglichst gering zu halten, haben wir bereits mehrfach ausgeführt. Ein Grund dafür ist auch, daß die Entwicklungen der einzelnen Volkswirtschaften teilweise sehr unterschiedlich verlaufen. Dieses Phänomen tritt insbesondere beim Vergleich der hochentwickelten Volkswirtschaften mit denen der Schwellen- und Entwicklungsländer, den sogenannten Emerging Markets, auf. Das nachfolgende Schaubild zeigt eine Momentaufnahme der konjunkturellen Entwicklung der wichtigsten Wirtschaftsnationen, wie sie sich Mitte 1993 darstellte.

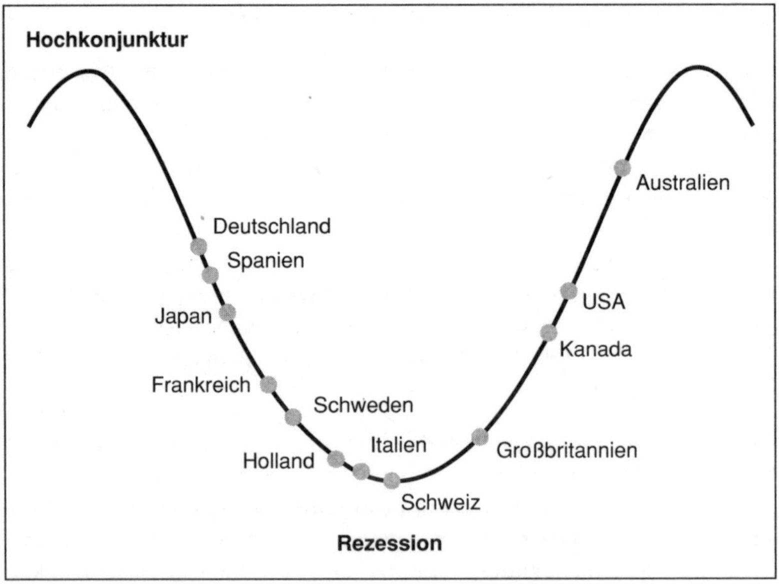

Abbildung 28: Konjunktur im internationalen Vergleich

Während Australien, die USA, Kanada und Großbritannien seinerzeit bereits die Rezession hinter sich gelassen hatten, waren andere Länder wie beispielsweise Deutschland und Japan noch mitten im wirtschaftlichen Abschwung.

Der teilweise stark voneinander abweichende Konjunkturverlauf der einzelnen Länder macht sich natürlich auch in unterschiedlichen Kursentwicklungen der jeweiligen Aktienbörsen bemerkbar.

Bei geschicktem Timing kann ein flexibel agierender Anleger die sehr unterschiedlichen Markttendenzen der internationalen Börsen ausnutzen. Dazu ist jedoch eine genaue Analyse des wirtschaftlichen und politischen Umfelds der jeweiligen Länder unabdingbare Voraussetzung. Aber auch dann gilt es im Zuge einer ausgewogenen Anlagestrategie, nicht alles auf eine Karte zu setzen. Attraktiv erscheinende Aktienmärkte können jedoch auch im Rahmen einer verantwortungsbewußten Asset-Allocation-Strategie relativ zu anderen Märkten übergewichtet werden und umgekehrt.

6.2 Der Blick in die Zukunft – Antizipationshorizont der Märkte

Es wird oft die Meinung vertreten, die Börse spiegele die wirtschaftliche Entwicklung eines Landes wider. Widerspiegeln bedeutet jedoch, etwas bereits Vorhandenes abzubilden. Dies genau machen die Finanzmärkte eben nicht. Ganz im Gegenteil, sie nehmen die wirtschaftlichen Entwicklungen eines Landes mit einem gewissen zeitlichen Vorlauf vorweg. Besonders eindrucksvoll war dies im Zuge der Börsenentwicklung der Jahre 1992 und 1993 in Deutschland zu beobachten (siehe Abbildung 29).

Der deutsche Aktienmarkt, hier dargestellt am DAX-Index, begann seinen Höhenflug im Herbst 1992 bei einem Stand von rund 1.500 Punkten. Die Wirtschaft, in der Graphik dargestellt als prozentuale Veränderungsraten des Bruttosozialproduktes im Vergleich zum gleichen Quartal des Vorjahres, glitt in eine Rezession ab, während die Aktien gleichzeitig stiegen. Für viele Anleger kam dies einer völlig verkehrten Welt gleich. Beeindruckend war im übrigen auch, daß der DAX-Index 1993, einem der wirtschaftlich schlechtesten Jahre seit Kriegsende, über 40 % zulegen konnte.

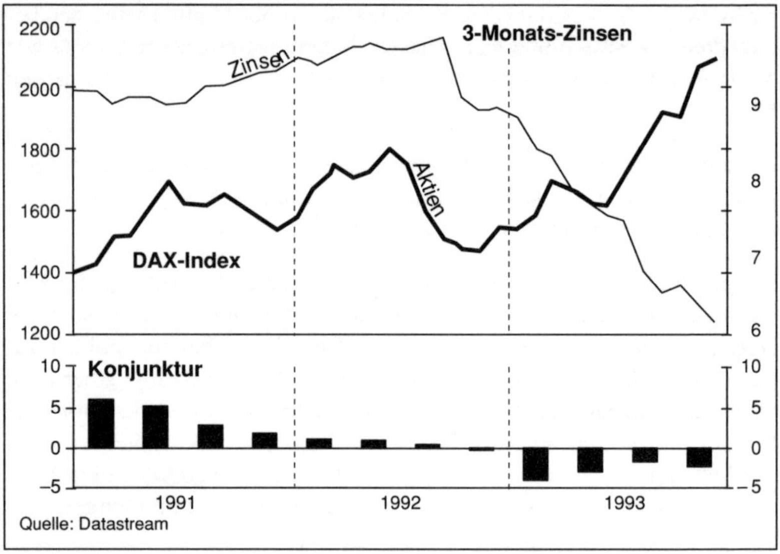

Abbildung 29: Verlauf von Aktien, Zinsen und Konjunktur in Deutschland
Quelle: Datastream

Viele hatten diesen Kursaufschwung jedoch verpaßt, weil sie sich zu sehr von den schlechten Nachrichten und der teilweise äußerst negativen Stimmung, die hierzulande verbreitet wurde, beeinflussen ließen. Da war von Massenentlassungen seitens großer Industrieunternehmen die Rede, genauso wie von Stillegungen ganzer Fabriken. Die Arbeitslosigkeit stieg an, und der Standort Deutschland war für viele akut gefährdet. Wer dennoch den Mut hatte, deutsche Aktien zu kaufen, der konnte sich später über teilweise spektakuläre Kursgewinne freuen. Besonders stark zulegen konnten insbesondere die Aktien von Unternehmen, die extrem von der Rezession betroffen waren, wie beispielsweise VW. Bei diesem Titel zeigten sich die Anleger davon überzeugt, daß es dem neu formierten Management gelingen würde, den tief in die Verlustzone geratenen Automobilkonzern wieder profitabel zu machen. Im nachhinein stellte sich heraus, daß diese Einschätzung richtig war.

Diese Schilderung zeigt ein Phänomen, das mit der Börse untrennbar verbunden ist. Es werden auf dem Börseparkett nämlich weniger Fakten und Tatsachen gehandelt, sondern viel mehr Hoffnungen und Wünsche, andererseits aber auch Ängste. Die Tatsache, daß Menschen für die Kursentwicklung an den Finanzmärkten verantwortlich zeichnen, erklärt, daß offensichtlich auch psychologische Aspekte eine große Rolle spielen. Das schlimmste für einen Börsianer ist nämlich nicht unbedingt, Geld an der Börse zu verlieren. Hat man Aktien und die Börse geht nach unten, dann wird dies oftmals als gegeben hingenommen. Viel schlimmer ist jedoch für viele, wenn am Aktienmarkt „die Post abgeht", während man selbst nicht dabei ist.

Nach dem Motto „Dabeisein ist alles" versucht natürlich jeder, bei einem erwarteten Kursaufschwung möglichst in Aktien investiert zu sein. Bei den leisesten Anzeichen eines verbesserten Umfelds kauft man deshalb Aktien bzw. erhöht die Aktienquote im Portfolio, um den Zug ja nicht zu verpassen. Für die professionellen Portfoliomanager, die teilweise unter einem enormen Performance-Druck stehen, heißt dies nichts anderes, als Markttrends möglichst frühzeitig zu erkennen und entsprechend zu handeln. Aus diesem Grund bewegt sich die Börse bereits eine gewisse Zeit, bevor die künftige Wirtschaftsentwicklung verläßlich einzuschätzen ist.

Diesen Vorwegnahmeeffekt gilt es natürlich bei der Anlagestrategie zu berücksichtigen. Ähnlich wie am Aktienmarkt sind auch am Rentenmarkt solche Vorwegnahmeeffekte zu erkennen. Die Zinsen begannen beispielsweise hierzulande am langen Marktende, also für Anleihen mit längeren Restlaufzeiten, bereits Ende 1990 zu sinken, obwohl die Bundesbank erst im September 1992, als sich der Höhepunkt der inflationären Entwicklung in Deutschland abzeichnete, mit Zinslockerungen begann, die sich am Geldmarkt, also im Bereich kurzfristiger Geldanlagen, positiv auswirkten.

Die Marktteilnehmer hatten durch verstärkte Käufe deutscher Anleihen die Zinslockerungen der Bundesbank rund eineinhalb Jahre vorweggenommen. Sicherlich ist der Antizipationszeitraum von rund 18 Monaten nicht üblich, sondern war in diesem Zinszyklus durch einige Sonderfaktoren, wie beispielsweise die Einführung der sogenannten Zinsabschlagsteuer zum 1.1.1993, überzeichnet.

Der Antizipationshorizont wird länger

Bisher ging man davon aus, daß die Börsen die wirtschaftlichen Entwicklungen mit einem zeitlichen Vorlauf von rund sechs Monaten vorzeichnen. Mittlerweile reagieren die Börsen auf erwartete Ertragsveränderungen der Unternehmen bereits wesentlich früher. In dem im Jahre 1992 begonnenen Börsenzyklus betrug der Vorlauf immerhin rund eineinhalb Jahre. In der Frühphase dieses Börsenzyklus schienen die Aktienkurse abgetrennt von jeglicher fundamentaler Bewertung. In vielen Fällen schien es nur so, wie wir im nachhinein aufgrund der enormen Ertragssteigerungen wissen, die die deutschen Aktiengesellschaften ab 1994 verzeichneten.

Ebenso verantwortlich für diesen enormen zeitlichen Vorlauf der Börse sind sicherlich auch die veränderten Analysemethoden der deutschen Research-Teams, die sich mehr und mehr ihren britischen Kollegen angleichen. Es wird heute vermehrt danach gefragt, welche Umstrukturierungsmaßnahmen einen baldigen Aufstieg aus dem Ertragstal versprechen und wie weit das Unternehmen auf diesem Weg bereits fortgeschritten ist. Aus diesem Analyseansatz resultiert einerseits der enorme zeitliche Vorlauf der Aktienkurse gegenüber den realwirtschaftlichen Gegebenheiten. Andererseits sind sie auch ein wichtiger Grund dafür, daß kaum mehr nennenswerte Kursgewinne zu verzeichnen sind, wenn die erwarteten Nachrichten und Ergebnisse tatsächlich eintreffen. Oftmals kommt es bei dieser Gelegenheit sogar zu deutlichen Gewinnmitnahmen, so daß die Aktienkurse auf gute Unternehmensnachrichten, zumindest vorübergehend, sogar mit sinkenden Kursen reagieren. Aus dieser Erkenntnis leitet sich die oft zitierte Börsenregel „sell on good news“ ab.

Diese Antizipationseffekte und der enorme Performance-Druck der Kapitalsammelstellen haben mitunter heftige Ausschläge an der Börse zur Folge. Bemerkenswert ist dabei die Tatsache, daß diese Aussage nicht nur für die Aktienmärkte, sondern in jüngster Vergangenheit auch vermehrt für die internationalen Rentenmärkte gilt. In kürzester Zeit werden heute riesige Geldsummen rund um den Globus gejagt. Der Privatanleger ist in diesem Umfeld, das von hohen Volatilitäten geprägt ist, in vielen Fällen überfordert.

Wer versucht, die teilweise zeitlich stark begrenzten Aufwärtsbewegungen an den internationalen Finanzmärkten zu „spielen“ und von einem Markt in den nächsten zu springen, der läuft Gefahr, aus einem großen Vermögen mit der Zeit ein kleines Vermögen zu machen. Unserer Erfahrung nach liegt das einzig sinnvolle und erfolgversprechende Mittel, die mitunter heftigen Kursbewegungen an den Märkten in den Griff zu bekommen, in einer ausgewogenen Anlagestrategie, die auf eine internationale Streuung sowie eine risikobewußte Aufteilung der Anlagemittel auf die verschiedenen Assets (Aktien, Anleihen und Barmittel) ausgerichtet ist. Das permanente Hin- und Herspringen zwischen einzelnen Werten oder Märkten dürfte nur den Wenigsten den erhofften Erfolg bringen. Erfolgreich sind bei einer solchen „Strategie" allenfalls die Banken, die sich über hohe Provisionseinnahmen solch agiler Anleger freuen.

6.3 Mit „Nichtstun" zum Erfolg: Passives Portfoliomanagement

„Wie oft muß man sein Aktienportfolio umschichten, um den größtmöglichen Erfolg zu haben, sprich, die beste Performance herauszuholen?" Diese Frage beschäftigt wohl mehr oder minder jeden Vermögensverwalter, egal ob er sein eigenes Vermögen oder das eines anderen managt. Sollte man versuchen, möglichst jeder Chance hinterherzulaufen, also die an der Börse zu beobachtenden Favoritenwechsel mitzumachen? Oder hält man es eher mit dem Börsenaltmeister Kostolany, der seinen Anhängern stets rät, Aktien zu kaufen und sich anschließend schlafen zu legen? Zur Beantwortung dieser Frage wurden in der Vergangenheit umfangreiche Untersuchungen im Bereich des professionellen Portfolio-Managements vorgenommen.

In den USA hat man beispielsweise festgestellt, daß lediglich ein geringer Teil der „aktiven" Portfoliomanager über längere Zeit in der Lage war, den Referenzindex (Benchmark) mit ihren Aktienportfolios zu übertreffen. Deshalb ist es nicht verwunderlich, daß mittlerweile rund ein Drittel der Aktienanlagen der amerikanischen Pensionskassen indexorientiert angelegt wird – und das mit steigender Tendenz. Auch hierzulande schaffen es beispielsweise nur wenige Aktienfonds-Manager, den Referenzindex zu übertreffen, also eine bessere Performance zu erzielen als beispielsweise der DAX-Index als Benchmark für ein mit deutschen Standardaktien bestücktes Portfolio.

Deshalb nimmt auch in Europa der Trend zu, die als Benchmark definierten Referenzindizes möglichst genau nachzubilden, d. h. das Aktienportfolio so zusammenzusetzen, daß es bezüglich des Risikos und des Ertrags dem Index entspricht, der den jeweiligen Markt repräsentiert. Wenn man es schon nicht schafft, den Markt zu schlagen, dann will man zumindest nicht schlechter abschneiden. Passives Portfoliomanagement verzichtet also bewußt darauf, durch mehr oder weniger häufiges „Wechseln der Pferde“ einen höheren Ertrag zu erzielen, als mit dem jeweiligen Aktienmarkt gemeinhin möglich.

Allein die Kosten, die der häufige Wechsel der Werte verursacht, macht es den Portfoliomanagern in vielen Fällen unmöglich, den Referenzindex zu schlagen. Glaubt man der Theorie von der Effizienz der Märkte, dann erscheint eine passive Strategie durch Nachbildung eines Indexes der einzig richtige Weg zu sein. Diese besagt nämlich, daß die kursrelevanten Daten und Fakten aufgrund der sehr hohen Informationsdichte der Marktteilnehmer allen zeitgleich zur Verfügung stehen und sich deshalb sofort in den Kursen niederschlagen. Der frühzeitige Kauf unterbewerteter Aktien aufgrund eines Informationsvorsprungs vor den übrigen Marktteilnehmern ist heute kaum noch möglich, es sein denn, man besitzt echtes Insider-Wissen.

Erfahrungsgemäß hängt der weitaus größte Teil des Anlageerfolgs von der richtigen Strategie ab, also von der als Asset Allocation bezeichneten Aufteilung der Anlagemittel in Aktien, festverzinsliche Wertpapiere, kurzfristige Gelmarktanlagen und der Auswahl der entsprechenden Anlagewährungen. Dagegen soll die Selektion einzelner Aktien, also das, was man gemeinhin als „Stock Picking“ bezeichnet, nur noch einen eher geringen Teil zum Anlageerfolg beitragen. Die Beantwortung der Frage, ob deutsche Aktien in einem global investierten Aktienportfolio beipielsweise mit einem Anteil von 10 oder 20 % gewichtet werden sollen, ist demnach viel wichtiger als die Entscheidung, ob man Daimler, Siemens oder eher Deutsche Bank kauft. Deshalb ist es unverständlich, daß noch viele Vermögensverwalter die meiste Zeit für die Auswahl vermeintlich besonders interessanter Aktien verschwenden, anstatt sich auf die strategische Aufteilung der Anlagemittel zu konzentrieren. Wurde diese erst einmal bestimmt, beschränkt sich der passive Portfoliomanager darauf, den jeweiligen Aktienindex möglichst genau nachzubilden. Dagegen ist bei vielen Privatanlegern das „Spielen mit heißen Anlagetips“ heute noch sehr verbreitet und weniger die auf langfristigen Anlageerfolg ausgerichtete Strategie.

Bei global ausgerichteten Portfolios stellt die mitunter schwierige Informationsbeschaffung im übrigen ein Problem dar. In diesen Fällen bietet es sich an, den gesamten Markt zu kaufen, d. h. den entsprechenden Aktienindex nachzubilden. Es wäre zu riskant, durch eine aktive Branchen- bzw. Titelauswahl einen im Vergleich zum Gesamtmarkt höheren Ertrag erwirtschaften zu wollen. Hat sich ein Portfoliomanager an einem Index für globale Aktienanlagen, wie beispielsweise dem von Morgan Stanley berechneten MSCI-Welt-Aktienindex als Benchmark zu messen, dann wird ein passiv orientierter Vermögensverwalter versuchen, diesen Aktienindex möglichst genau nachzubilden, um Abweichungen vom Benchmark soweit es geht zu vermeiden. Da der MSCI-Welt-Aktienindex knapp 1.400 Werte rund um die Welt enthält, ist dies jedoch einfacher gesagt als getan. Schließlich wäre dazu ein sehr großer Anlagebetrag erforderlich, um alle in diesem Index enthaltenen Aktien kaufen zu können. In vielen Fällen bedient man sich, wie wir gleich sehen werden, mehr oder weniger einfacher Hilfmittel, um den Nachbau eines Indexes auch mit bescheideneren Mitteln möglichst genau bewerkstelligen zu können.

6.3.1 So bauen Sie einen Index nach

Es gibt im wesentlichen drei Methoden, einen Aktienindex nachzubilden. Eine Methode liegt in der genauen Nachbildung, indem man die darin enthaltenen Aktien mit ihrer entsprechenden Gewichtung innerhalb des Indexes im Portfolio berücksichtigt. Dies hat den Vorteil, daß die Abweichung des auf diese Weise zusammengesetzten Aktien-Portfolios vom Index ausgeschlossen ist. Andererseits ist diese Aufgabe nicht ganz einfach. Umfaßt nämlich ein Index sehr viele Aktien, so kann der Aufbau eines entsprechenden Portfolios sehr umständlich und teuer werden.

Soll die Performance eines deutschen Aktiendepots der des deutschen Aktienindex DAX entsprechen, muß dieses Portfolio die in der nachfolgenden Tabelle aufgeführten Titel in der entsprechenden Gewichtung enthalten.

Die Gewichtung der einzelnen Aktien im DAX erfolgt genau auf zwei Dezimalstellen, was die genaue Nachbildung dieses Index in einem deutschen Aktienportfolio nicht ganz einfach macht. Denn an der Börse können Aktien nur ganzzahlig erworben werden und nicht in Bruchteilen. In der Regel ist dies allenfalls mit größeren Anlagebeträgen möglich. Bei genauer Nachbildung des DAX-Index müßte man von jeder Aktie mindestens einhundert Stück oder ein Vielfaches davon kaufen. Vielfach wird man sich wohl damit begnügen müssen, den Index annäherungsweise nachzubilden und dabei kleinere Performance-Abweichungen in Kauf zu

Tabelle 21: DAX-Titel und ihre Gewichtung im Index

Struktur des DAX		
Titel	**Anteil pro Titel in %**	**Anteil pro Branche in %**
BMW	3,26	
Continental	0,61	
Daimler	9,05	
VW St.	3,62	
Autos/Zulieferer		**16,54**
BASF	4,27	
Bayer	5,95	
Degussa	1,01	
Henkel Vz.	0,86	
Höchst	4,35	
Schering	1,62	
Chemie		**18,06**
Karstadt	1,08	
Kaufhof St.	0,98	
Einzelhandel		**2,06**
Dt. Babkock St.	0,43	
Linde	1,35	
MAN St.	0,68	
Mannesmann	3,45	
Siemens	8,67	
Thyssen	1,89	
Investitionsgüter		**16,47**

RWE St.	4,84	
Veba	5,33	
Viag	2,07	
Versorger		**12,24**
Lufthansa St.	1,39	
Metallgesellschaft	0,37	
Preussag	1,58	
Verschiedene		**3,34**
Bayer. Hypo	2,93	
Bayer. Vereinsbank	2,28	
Commerzbank	2,75	
Deutsche Bank	8,43	
Dresdner Bank	3,73	
Banken		**20,12**
Allianz Holding	11,17	
Versicherungen		**11,17**
Total	**100,00**	**100,00**

nehmen. Da der Index von Zeit zu Zeit neu gewichtet wird, muß auch ein Portfoliomanager hin und wieder entsprechende Anpassungen im Portfolio vornehmen, um zu vermeiden, daß die Performance seines Portfolios von der des DAX abweicht.

Man kann sich beispielsweise damit behelfen, den Index nicht genau, sondern lediglich hinsichtlich der Branchengewichtung nachzubilden. Dies stellt eine erhebliche Vereinfachung zu der ersten Methode dar, weil man dabei mit weniger Titeln auskommt. Da sich die verschiedenen Aktien der gleichen Branche in der Regel ähnlich entwickeln, liegt in dieser Methode kein allzu großes Risiko, vom Gesamtindex abzuweichen. Bei der Titelauswahl konzentriert man sich häufig auf die Branchenführer, die in gewichteten Indizes normalerweise auch am stärksten vertreten sind. Eine relativ genaue Abbildung des DAX-Index ließe sich beispielsweise mit folgenden sieben Titeln erreichen:

Tabelle 22: Siebener-Portfolio aus DAX-Titeln

Titel	**Anteil pro Titel in %**
Daimler	17
Bayer	18
Siemens	17
RWE St.	12
Deutsche Bank	21
Kaufhof St.	2
Allianz Holding	13
Total	**100**

Die synthetische Nachbildung eines Indexes stellt die dritte und zugleich komplizierteste Methode eines Index-Trackings dar. Da sie in der Regel nur von professionellen Vermögensverwaltern angewandt wird, weil hierzu der Einsatz einer leistungsfähigen und nicht gerade billigen Optimierungssoftware erforderlich ist, wollen wir nur kurz darauf eingehen. Hierbei wird anhand der statistischen Kennzahlen über vergangene Kursverläufe einzelner Aktien wie Korrelationen und Beta-Faktoren der betreffenden Werte im Vergleich zum Index ein Portfolio konstruiert, das einen Beta-Wert von eins bei gleichzeitig hoher Korrelation zum DAX aufweist. Dabei ist es nicht unbedingt erforderlich, daß hierzu ausschließlich Aktien aus dem DAX-Sample herangezogen werden.

6.3.2 Für Anhänger komfortabler Lösungen: Indexfonds und Indexzertifikate

„Sei ein Fuchs, setz auf den DAX!“ So oder ähnlich lauten in der Regel die Anzeigen in den einschlägigen Zeitschriften, wenn es darum geht, dem Anleger Indexprodukte schmackhaft zu machen. Man wendet sich dabei an diejenigen, die nicht versuchen wollen, besser zu sein als ein

Aktienindex, sondern stattdessen lieber auf den gesamten Aktienmarkt setzen. Wenn man das dann noch mit einem einzigen Produkt tun kann und damit quasi die mitunter mühsame Arbeit mit dem Nachbilden eines Indexes spart, dann ist das nicht nur praktisch sondern gleichzeitig auch noch komfortabel. In den USA sind Indexfonds bereits heute zu einem wichtigen Anlagemedium geworden. Im Jahr 1971 legte zum ersten Mal eine amerikanische Pensionskasse einen Teil ihres Vermögens in einem Indexfonds an. Heute werden bereits mehr als 30 % der in Aktien angelegten Gelder der Pensionskassen in solchen Fonds verwaltet. Der Grund liegt hauptsächlich darin, daß es in der Vergangenheit immer weniger Portfoliomanagern gelang, den Aktienindex im Rahmen einer aktiven Anlagestrategie zu überbieten.

Sinnvoll ist ein solcher Indexfonds jedoch auch wegen seiner breiten Streuung, so daß die Risiken von Einzeltiteln praktisch wegdiversifiziert sind und lediglich noch das Marktrisiko besteht. Durch Kombination verschiedener Länderfonds zu einem globalen Aktienportfolio lassen sich auch länderspezifische Risiken reduzieren. Dies sind im wesentlichen auch die Gründe, weshalb der Nobelpreisträger William F. Sharpe nach eigenem Bekunden sein Geld breitgestreut in Indexfonds anlegt und nicht auf Einzeltitel setzt.

Indexfonds machen genau das, was in Abschnitt 6.3.1 bereits beschrieben wurde. Sie bauen einen Aktienindex möglichst genau nach, um somit das Abweichungsrisiko, also den Tracking-Error, möglichst gering zu halten. Ein Indexfonds wird sich mit allenfalls minimalen, zumeist kostenbedingten Abweichungen, genauso wie der zugrundeliegende Aktienindex entwickeln. Ausgehend von Amerika finden auch in Europa zunehmend mehr Anleger Gefallen an diesen Fonds. In letzter Zeit haben auch die meisten deutschen Banken und Investmentgesellschaften Indexfonds aufgelegt, die dem Anleger für sein persönliches Portfolio-Management zur Verfügung stehen. Vorreiter dieser Fonds-Gattung war die Oppenheim Kapitalanlagegesellschaft mit ihrem Oppenheim DAX-Werte-Fonds, der 1992 in Deutschland aufgelegt wurde (siehe Abbildung 30).

Im Jahr 1993 konnte er einen Wertzuwachs analog zum DAX-Index von rund 46 % erzielen. Lediglich zwei deutsche Aktienfonds schafften es, dieses Ergebnis zu überbieten. Wer nicht zu den Glücklichen gehörte, die ausgerechnet auf diese beiden Fonds gesetzt hatten, mußte sich in einem

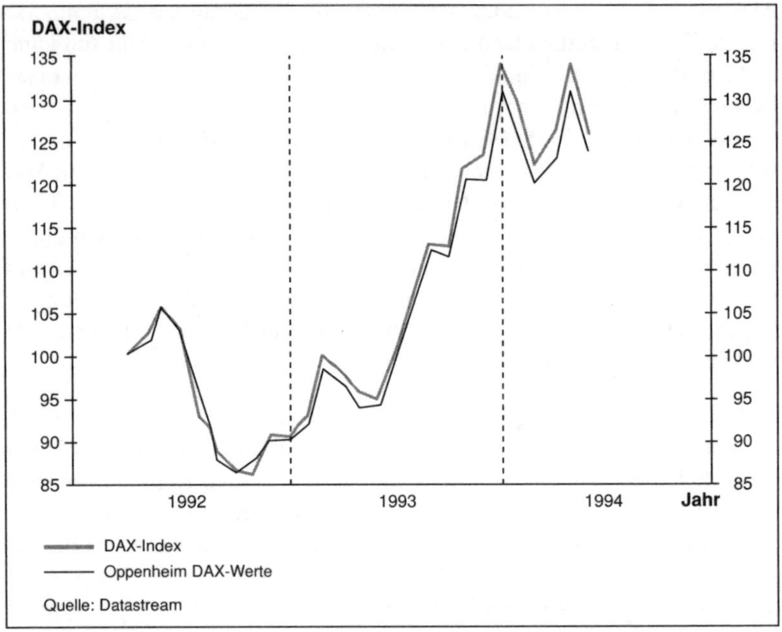

Abbildung 30: Oppenheim DAX-Werte-Fonds im Vergleich zum DAX-Index

der besten Aktienjahre der letzten Jahrzehnte mit teilweise wesentlich weniger begnügen.

Interessant ist ein Indexfonds auch deshalb, weil der Anleger bzw. der Portfoliomanager dadurch eine enorme Kostenersparnis hat. Umfangreiche und kostspielige Unternehmensrecherchen zur Auffindung interessanter Aktien sind nämlich entbehrlich. Stattdessen werden die im jeweiligen Aktienindex enthaltenen Werte genau mit der im Index enthaltenen Gewichtung gekauft. Diese Tätigkeit wird, zumindest in den USA, heute bereits von Computern übernommen.

In Deutschland behindern restriktive Bestimmungen teilweise die Arbeit der Verwalter von Index-Fonds. Nach dem Gesetz für Kapitalanlagegesellschaften (KAGG) darf die größte Position in einem Fonds nicht mehr als zehn Prozent des Gesamtvermögens betragen. Die Allianz-Aktie hat am DAX jedoch allein schon einen Anteil von über 11 %. Außerdem dürfen die Aktien, die 5 % des Fondsvermögens oder mehr ausmachen, zusammen nicht mehr als 40 % des Vermögens betragen. Bei genauer Nachbildung des DAX-Index wäre auch diese gesetzliche Norm nicht mehr erfüllt. Man behilft sich daher mit einem Trick, indem man manche DAX-Werte durch andere, nicht im DAX-Sample enthaltene Aktien mit nahezu gleichem Risiko- und Ertragsverhalten ersetzt. Eine weitere Möglichkeit besteht im Erwerb von Futures-Kontrakten auf den DAX-Index an der Deutschen Terminbörse. Bis zu 20 % des Vermögens dürfen die Fonds in solche Termingeschäfte investieren.

In letzter Zeit werden auch von deutschen Investmentgesellschaften vermehrt solche Indexfonds an den Markt gebracht. Dabei werden neben dem deutschen Aktienmarkt zunehmend auch ausländische Aktienmärkte abgedeckt. Damit wird der Erkenntnis Rechnung getragen, daß der Anlageerfolg langfristig eher von der Auswahl der richtigen Märkte und Währungen abhängt und nicht so sehr von der mehr oder minder glücklichen Auswahl einzelner Aktien. Die Indexfonds bieten somit dem strategisch denkenden Anleger, insbesondere den professionellen Portfoliomanagern, die Möglichkeit, eine weltweit ausgerichtete Anlagestrategie zu verfolgen und die dabei festgelegte Asset Allocation mit breit diversifizierten Investmentfonds abzudecken. Außerdem hat man dabei die Sicherheit, in den ausgewählten internationalen Aktienmärkten keine schlechtere Performance zu erzielen als der jeweilige Markt selbst.

Wer auf Aktienselektion verzichten will und dafür lieber auf den Aktienmarkt als Ganzes setzt, kann dies auch mit Hilfe von Index-Zertifikaten tun. Im April 1992 emittierte das in Düsseldorf ansässige Bankhaus Trinkaus & Burkhardt KGaA beispielsweise ein DAX-Zertifikat zu einem Stückpreis von 1.775 DM. Dieses Index-Zertifikat, dem der Deutsche Aktienindex DAX zugrunde liegt, weist eine Laufzeit bis zum 18.03.1997 auf. Der Anleger erhält vom Emittenten am Ende der Laufzeit einen Betrag in DM ausbezahlt, der dem Schlußstand es DAX-Index am 18.03.1997 entspricht. Dabei entspricht ein Index-Punkt einer D-Mark. Sollte der DAX-Index an diesem Tag unter 1.775 Punkten notieren, erhält der Anleger mindestens 1.775 DM pro Zertifikat ausbezahlt. Die Kursentwicklung dieses Zertifikats verlief in der Vergangenheit weitestgehend parallel zum DAX-Index.

Lediglich in der Zeit von Mitte 1992 bis Mitte 1993, als der DAX unter 1.775 Punkten notierte, entwickelte sich das DAX-Zertifikat besser als der DAX-Index. Dies hängt mit der vom Emittenten garantierten Mindestrückzahlung von 1.775 DM je Zertifikat zusammen. Mit solchen Index-Zertifikaten lassen sich auch mit kleineren Anlagebeträgen, mit denen man ansonsten allenfalls eine oder zwei verschiedene Aktien kaufen könnte, ganze Aktienmärkte abdecken. Damit entfällt das beim Kauf von Einzeltiteln vorhandene Risiko, neben dem Markt zu liegen, d. h., gegenüber der Gesamtmarktentwicklung eine schlechtere Performance zu erzielen.

6.4 Aktive Strategien: Wenn es doch ein bißchen mehr sein soll

Viele werden sich mit einer passiven Anlagestrategie, bei der es im wesentlichen darum geht, die als Benchmark definierten Indizes nachzubilden, nicht anfreunden können. Irgendwie beschleicht einen das Gefühl, daß doch etwas mehr drin sein könnte als das, was man mit Passiv-Strategien verdienen kann. Außerdem ist es vielen eingefleischten Börsianern ganz einfach zu langweilig, nur irgendwelche Indizes nachzubilden. Betrachtet man beispielsweise die Aktien-Indizes genauer, stellt man fest, daß die meisten anhand der Marktkapitalisierung zusammengesetzt sind. Alleine eine gleichgewichtige Berücksichtigung aller 30 DAX-Werte in einem Portfolio kann schon eine bessere Performance erbringen als die genaue Index-Nachbildung.

Auch im Rentenbereich dürfte eine flexible Anlagestrategie erfolgversprechender sein als eine passive Strategie. Alleine die Anpassung der Restlaufzeiten der Anleihen an die aktuelle bzw. in Zukunft zu erwartende Zinssituation am Rentenmarkt dürfte dem Anleger in der Regel höhere Erträge einbringen als ein starres Festhalten an den einmal gekauften Titeln. Wie die Commerzbank in einer zum Jahresende 1993 vorgestellten Studie feststellte, verspricht ein Tausch von lang- in kurzlaufende Anleihen und umgekehrt je nach Zinszyklus über einen längeren Zeitraum betrachtet das bei weitem bessere Anlageergebnis als eine ständige Wiederanlage in Kurzläufern oder das Kaufen und Halten langlaufender Titel bis zur Fälligkeit.

Die Tabelle zeigt, welcher Anlageerfolg (bestehend aus Kursgewinnen und Zinseinnahmen) sich in den vegangenen Jahren mit einer Anlage in zehnjährigen festverzinslichen Anleihen und im Vergleich dazu in einjährigen Anleihen erzielen ließ. Zur Berechnung der Einjahres-Performance wurden jeweils die Renditen zum Jahresbeginn bzw. Jahresende gewählt.

Tabelle 23: Jahres-Performance lang- und kurzlaufender öffentlicher Anleihen von 1967 bis 1993

	Performance zehn Jahre Laufzeit	Performance ein Jahr Laufzeit
1967	12,0 %	6,2 %
1968	10,3 %	5,0 %
1969	–2,7 %	5,0 %
1970	7,6 %	7,6 %
1971	8,7 %	6,8 %
1972	0,4 %	5,7 %
1973	2,7 %	6,9 %
1974	12,9 %	9,4 %
1975	14,8 %	7,5 %
1976	15,1 %	5,4 %
1977	18,7 %	5,6 %
1978	3,5 %	7,5 %
1979	–1,0 %	3,5 %
1980	0,0 %	6,8 %
1981	7,5 %	8,6 %
1982	19,4 %	9,5 %
1983	4,5 %	6,5 %
1984	14,6 %	6,7 %
1985	12,8 %	5,8 %
1986	10,3 %	7,6 %
1987	9,5 %	4,5 %
1988	5,3 %	3,7 %
1989	2,4 %	5,8 %
1990	–3,9 %	7,8 %
1991	13,7 %	9,0 %
1992	12,8 %	8,0 %
1993	16,2 %	7,2 %
Anleihe mit 7,5 % Nominalzins		

Quelle: Commerzbank

Ein rechtzeitiger Tausch von lang- in kurzlaufende Anleihen hätte demnach ein deutlich besseres Anlageergebnis erbracht als eine durchgängige Halteposition zehnjähriger Papiere. Dabei werden jeweils so viele langlaufende Anleihen in kürzerfristige umgetauscht, bis die erwünschte Verkürzung der durchschnittlichen Restlaufzeit im Gesamt-Portfolio erreicht ist. Die Analysten der Commerzbank rieten in diesem Zusammenhang Ende 1993 zum Tausch von lang- in kurzlaufende Anleihen, weil sich die langfristigen Zinsen bereits am Ende einer Zinsabwärtsbewegung im Vergleich zu den vorangegangenen Zinszyklen der letzten 25 Jahre befanden. Diese Einschätzung der weiteren Zinsentwicklung wurde zwischenzeitlich eindrucksvoll bestätigt.

Eine weitere Möglichkeit, drohende Kursverluste zu vermeiden, besteht im sogenannten Hedging eines Anleihenportfolios. Hierunter versteht man nichts anderes als die Absicherung gegen drohende Verluste mittels Termingeschäften. Durch den Verkauf entsprechender Zinsfutures-Kontrakte am Terminmarkt können die im Anleihenportfolio entstehenden Kursverluste im Falle steigender Kapitalmarktzinsen kompensiert werden. Damit läßt sich ein Anleihenportfolio auf dem aktuellen Stand quasi einfrieren. Eine mit Zins-Futures abgesicherte Anleihe-Position ist neutralisiert. Durch sie können somit keine zinsbedingten Verluste, aber auch keine Kursgewinne mehr erzielt werden. Wenn dagegen nur die Verlustrisiken eliminiert, die Gewinnchancen dagegen bestehen bleiben sollen, muß die Absicherung mit Zinsoptionen vorgenommen werden.

In letzter Zeit werden zu Absicherungszwecken im professionellen Bereich mehr und mehr Zins-Swaps eingesetzt. Dabei wird der Zinsertrag langfristiger Anlagen in den Zins für kurzfristige Gelder getauscht. Ein Vorteil dabei ist, daß auch sehr langfristige Zinserträge bis zu zehn Jahren Laufzeit in kurzfristige getauscht werden können. Der Besitzer von Anleihen, der steigende Zinsen befürchtet, kann sich mit einem Swap über einen bestimmten Zeitraum hinweg varible Zinssätze verschaffen. Er profitiert auf diesem Weg von steigenden Zinsen.

Einen interessanten Zusatzertrag können sich Anleihebesitzer auf der Währungsseite sichern. Aus diesem Grund wird die internationale Diversifikation von Rentenportfolios in den letzten Jahren in zunehmendem Maße von bislang stark an deutschen Anleihen orientierten Investoren genutzt. Internationale Renten-Portfolios bieten dem Anleger ein Rendite-Risiko-Profil, das zwischen dem von nationalen Renten und Aktien einzuordnen ist. Mit der Beimischung von Fremdwährungsanleihen können Anleger einen ersten Schritt in Richtung einer internationalen Diversifikation tun, ohne daß sie dem Risiko der ausländischen Aktienmärkte ausgesetzt sind. Für eine internationale Diversifikation im Rentenbereich spricht im übrigen, wie in Kapitel 3.3 bereits dargestellt, daß die internationalen Rentenmärkte teilweise geringere Korrelationen aufweisen. Aus diesem Grund lag die Kombination mit dem minimalen Risiko im Zeitraum von Ende 1977 bis Ende 1992 bei einem DM-Anleiheanteil von 80 % und einem Fremdwährungsanteil von 20 %. Diese Kombination erbrachte dem Anleger einen etwas höheren Ertrag bei gleichzeitig geringerem Risiko im Vergleich zu einer rein auf DM basierenden Rentenanlage.

Nicht nur aus Währungsüberlegungen ist ein Engagement in Fremdwährungsanleihen interessant. Dies zeigt die nachfolgende Übersicht der DG Bank über die Erträge der Fremdwährungsmärkte für den Zeitraum vom 4.1.1993 bis 2.9.1993.

Tabelle 24: Erträge der Fremdwährungsmärkte

Land	**Ertrag in % Rentenmarkt**	**Ertrag in % in Währung**	**Gesamtertrag in %**
Japan	5,93	22,14	28,07
USA	9,50	1,87	11,37
Deutschland	9,24	0	9,24
Frankreich	15,83	– 2,29	13,54
Großbritannien	13,62	1,73	15,35
Italien	25,08	– 9,09	15,99
Kanada	11,07	– 1,16	9,91
Niederlande	10,88	0,10	10,98
Dänemark	16,42	– 5,90	10,52
Spanien	25,19	– 12,77	12,42
ECU	14,76	– 3,18	11,58
Australien	11,47	– 1,52	9,95

Diese Übersicht zeigt am Beispiel japanischer Anleihen, daß man bei einer positiven Währungsentwicklung trotz einer dürftigen Ertragsentwicklung des betreffenden Rentenmarktes im Vergleich zum deutschen Markt einen deutlich höheren Gesamtertrag erzielen kann, als wenn man ausnahmslos in DM-Renten investiert hätte. Hierbei machte sich die massive Aufwertung des japanischen Yen gegenüber der D-Mark bemerkbar.

Im untersuchten Zeitraum entwickelte sich die DM gegenüber den meisten Währungen sehr positiv, so daß ein mitunter erheblicher Teil der in der jeweiligen Währung erzielten Erträge durch die Währungsentwicklung wieder verloren ging. Besonders gravierend zeigte sich diese Entwicklung bei spanischen Anleihen. Der spanische Rentenmarkt entwickelte sich im Untersuchungszeitraum von allen dargestellten Märkten in der jeweiligen Landeswährung gerechnet am besten. Aufgrund der Abwertung der spanischen Peseta gegenüber der DM seit Beginn des Jahres 1993 um 12,77 % betrug der mit spanischen Anleihen erzielte Gesamtertrag in DM lediglich noch 12,42 % gegenüber 25,19 %, die in Währung gerechnet erzielbar waren.

Das Währungsrisiko läßt sich im Rahmen einer aktiven Bond-Strategie recht einfach ausschalten. Die traditionelle Absicherung gegen Währungsrisiken ist diejenige mit Devisentermingeschäften. Hier geht es um einen Verkauf der fremden Währung auf Termin. Sinkt dann der Kurs der fremden Währung bis zum vereinbarten Termin, kann sich der Anleger entsprechend billiger eindecken, um seiner Lieferverpflichtung nachzukommen. Der so entstandene Gewinn gleicht den Währungsverlust bei den Fremdwährungstiteln aus. Steigt dagegen der Kurs der Fremdwährung entgegen den Erwartungen, so muß sich der Anleger entprechend teurer eindecken, so daß das Devisentermingeschäft für sich betrachtet mit einem Verlust abschließt. Dieser Verlust wird jedoch durch den Währungsgewinn der Auslandsanleihen ausgeglichen.

Eine weitere Möglichkeit der Devisenkurssicherung stellt das Hedging mit Devisen-Futures dar. Hierbei handelt es sich um standardisierte, börsengehandelte Devisentermingeschäfte. Wer beispielsweise Dollar-Anleihen währungsmäßig absichern will, verkauft hierzu eine entsprechende Anzahl an $-Futures-Kontrakten. Sinkt der Dollar dann tatsächlich, kann der Anleger die Futures-Kontrakte billiger zurückkaufen. Der auf diese Art entstandene Gewinn gleicht die bei den Dollar-Anleihen entstandenen Währungsverluste aus.

Beim Hedging mit Devisenoptionen bleibt im Gegensatz zum Hedging mit Futures-Kontrakten die Gewinnmöglichkeit bei steigendem Devisenkurs bestehen. Andererseits ist der Kauf einer Dollar-Put-Option zur Absicherung beispielsweise der amerikanischen Währung gegen die Währung des Anlegers vergleichsweise teuer. Durch den Kauf der Devisen-Put-Option erwirbt der Anleger das Recht, eine bestimmte Menge ausländischer Devisen zu einem bestimmten Kurs an seinen Kontrahenten zu verkaufen. Eine Verpflichtung hierzu besteht jedoch für den Käufer des Puts nicht.

Der effektivste Schutz vor Währungsverlusten besteht darin, auf möglichst stabile Fremdwährungen zu setzen. Im übrigen läßt sich durch eine internationale Diversifikation das Risiko einzelner Währungen teilweise drastisch reduzieren.

Im Rahmen eines aktiven Bond-Managements setzen agressive Portfolio-Manager derivate Instrumente nicht nur zur Absicherung, sondern auch unter spekulativen Gesichtspunkten ein. Ein bestehendes Anleihenportfolio kann durch den Kauf von Zinsfutures-Kontrakten oder von Zinsoptionen beträchtlich dynamisiert werden. Des weiteren kann man für aussichtsreich befundene Währungen zur Erzielung einer höheren Rendite relativ übergewichten. Allerdings ist ein solch agressives Management auch mit deutlich höheren Risiken für den Fall einer Fehleinschätzung der künftigen Marktentwicklung verbunden. Auch im Bereich des Bond-Managements gibt es keinen „Free Lunch“, d. h., höhere Gewinne bedingen den Mut zu erhöhten Risiken.

Flexibler Asset-Mix mit Aktien und Anleihen

Ein entscheidendes Kriterium für eine erfolgreiche Anlagstrategie ist die Überlegung wann man von Aktien in Rentenwerte tauscht und umgekehrt. Dabei wird im Rahmen einer ausgewogenen und auf Risikominimierung bedachten Strategie kaum ein Portfoliomanager auf die Idee kommen, alle Aktien in Anleihen zu tauschen oder alle Anleihen zu verkaufen und das Kapital vollständig in Aktien zu investieren. Vielmehr geht es darum, wann man in einem Portfolio den Aktienanteil zu Lasten der Anleihen erhöht, bzw. wann man eher den Aktienanteil reduzieren sollte. Wie das folgende Schaubild zeigt, wechseln sich am deutschen Aktienmarkt Phasen stärkerer und teilweise auch länger anhaltender Aufschwung- mit heftigen Abwärtsphasen ab.

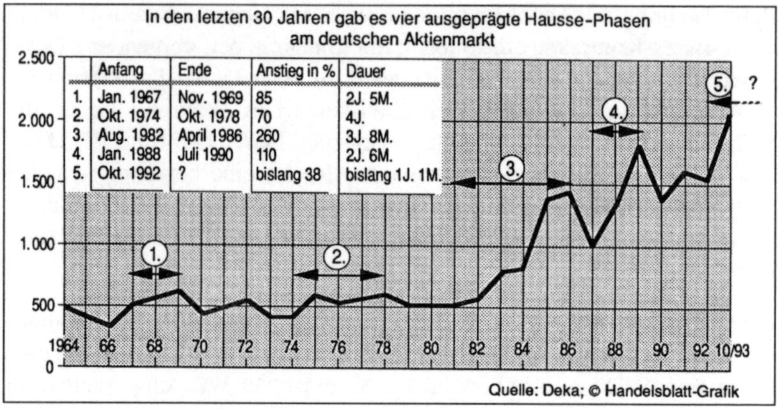

Abbildung 31: Hausse-Phasen am deutschen Aktienmarkt
Quelle: Deka, © Handelsblatt-Graphik

Hierzu hat die Deutsche Bank in ihrem Anlage-Management Nr. 9/1993 einige interessante Feststellungen getroffen. An der langfristigen Überlegenheit der Aktien gegenüber Rentenanlagen besteht kein Zweifel, wie die Zahlen der Vergangenheit zeigen. Aber das permanente Halten von Aktien oder anders ausgedrückt, eine starre Aufteilung zwischen Aktien, Renten und unter Umständen Geldmarktanlagen, stellt nicht die beste Lösung dar. Trotz der langfristigen Überlegenheit der Aktie gegenüber Anleihen darf nicht vergessen werden, daß das Risiko der Aktienanlage erheblich höher einzustufen ist. In den vergangenen 45 Jahren schwankte das Jahresergebnis von deutschen Aktien zwischen einem Gewinn von 84,8 Prozent und einem Verlust von 36,9 Prozent.

Daß man mit Anleihen in der längerfristigen Betrachtung ruhiger schlafen kann, beweist die Tatsache, daß die Maximalrendite im gleichen Zeitraum bei 15,8 Prozent, das Minimum immerhin noch bei 0,5 Prozent pro Jahr lag. Zwar verdiente man mit Aktien in 28 der vergangenen 45 Jahren mehr als mit Anleihen. Dafür mußte der Aktienanleger dreizehnmal einen Einjahresverlust hinnehmen. Dabei mußte er nicht nur auf eine Verzinsung verzichten, sondern hatte am Jahresende effektiv weniger Vermögen als zwölf Monate zuvor. Deshalb liegt die Überlegung auf der Hand, zwischen Aktien und Anleihen wohlüberlegt zu wechseln.

Im Rahmen der taktischen Asset Allocation versucht man deshalb, aus den kurzfristig veränderten Konstellationen an den Kapitalmärkten Profite zu erzielen. Daß die Chancen hierfür nicht schlecht stehen, beweisen folgende Zahlen: Hätte ein Anleger, der sein gesamtes Vermögen in deutsche Aktien bzw. deutsche Anleihen investiert, zu Beginn jedes Jahres gewußt, welche Anlage in den kommenden zwölf Monaten die jeweils höhere Rendite erzielen würde, so wären von 1949 bis zum August 1993 aus 100 DM 502.321 DM geworden. Hätte er immer falsch gelegen, wäre sein Vermögen dagegen von 100 auf 85 DM geschrumpft.

Die alles entscheidende Frage lautet also: Wann sollten Aktien, wann Renten gekauft werden. Weder eine jahrzehntelange Erfahrung noch ein noch so gutes Prognosemodell, wie es von professionellen Vermögensverwaltern eingesetzt wird, bieten die Gewähr für eine perfekte Voraussicht. Wie die Deutsche Bank festgestellt hat, lassen sich Chancen erheblich steigern und Risiken spürbar reduzieren, wenn einfache und selbst für Laien leicht nachvollziehbare Regeln befolgt werden. Grundlage für solche Umschichtungsstrategien sind die jährlichen Veränderungsraten von Aktien- und Rentenanlagen.

Dem liegt die Erkenntnis zugrunde, daß die Rentenrenditen den Veränderungen am Aktienmarkt vorauseilen. So hat die freundliche Tendenz am Rentenmarkt beispielsweise schon Mitte 1981 eingesetzt, die Rallye am Aktienmarkt begann dagegen erst im Verlauf des Jahres 1983. Auch in der zwischenzeitlichen Verschnaufpause 1984 zogen zuerst die festverzinslichen Wertpapiere an. Erst mit einer Verzögerung von rund neun Monaten folgten die Dividendenpapiere. Zu Beginn des Jahres 1986 erreichten dann beide Märkte ihren Höhepunkt. Wurde in der anschließenden Talfahrt der Rentenpapiere die traditionelle Beziehung durch die Euphorie im Zuge der Ostöffnung zeitweise außer Kraft gesetzt, so etablierte sich schon 1990 wieder die alten Abhängigkeiten. Die Zinsen langfristiger Anleihen erreichten in der ersten Hälfte des Jahres ihren Höhepunkt, der Aktienmarkt begann ab August 1990 seinen Abstieg. Ende 1990 kamen die Kurse der Anleihen wieder in Schwung, während die deutschen Aktien mehr oder minder seitwärts tendierten. Erst im November 1992 begann am deutschen Aktienmarkt eine kräftige Aufwärtsbewegung.

Aus dieser Beobachtung wird klar, daß ein Investor immer dann Aktieninvestments vermeiden sollte, wenn Rentenwerte zuvor starke Kursverluste erlitten haben. Daraus kann eine erste Anlageregel formuliert werden:

„Halten oder kaufen Sie Aktien immer dann, wenn die Gesamtrendite (Zinszahlung zuzüglich Kursveränderung) des Rentenmarktes im abgelaufenen Jahr mindestens zwei Prozent betragen hat!“

War die Gesamtrendite am Rentenmarkt kleiner, ist dies ein Indiz für stark gestiegene Zinsen, was bekanntermaßen Gift für den Aktienmarkt ist. Nach Berechnungen der Deutsche Bank hätte ein Anleger, der diese einfache Regel befolgte, seit 1949 aus 100 DM 44.390 DM gemacht. Dies entspricht einer Rendite von 14,65 %.

Die zweite Regel, die die Deutschbanker im Zuge ihrer Untersuchung aufgestellt haben, ist eine Weiterentwicklung der ersten und lautet:

„Halten Sie immer Aktien, es sei denn, die Gesamtrendite von Rentenpapieren hat im ablaufenden Jahr mehr als drei Prozentpunkte unter der des Vorjahres gelegen!“

Ein Anleger, der dies seit 1949 befolgte, hätte lediglich in sechs Jahren Rentenpapiere gehalten. Er hätte damit immerhin vier von insgesamt 13 verlustreichen Aktienjahren ausweichen können. Aus 100 DM wären dabei 71.232 DM geworden, was einer Rendite von 15,59 % entsprochen hätte. Hätte man den Filter anstatt auf 3 % wie in Regel Nr. 2 auf 2 % festgelegt, wären aus 100 DM 95.085 DM geworden (Rendite: 16,35 %).

Eine vierte und noch restriktivere Regel erzielte das vergleichsweise beste Ergebnis:

„Halten Sie immer Aktien, es sei denn, die Gesamtrendite von Anleihen lag im ablaufenden Jahr mehr als vier Prozent tiefer als zwei Jahre zuvor!“

Folgte man dieser Regel, wurden aus 100 DM 96.427 DM (Rendite: 16,39 %). Was sich hinter dieser Regel verbirgt ist klar: Aktien werden dann verkauft, wenn Rentenwerte in den beiden vorangegangenen Jahren stark an Wert verloren haben. Nach zwei Jahren deutlich gestiegener Kapitalmarktzinsen ist das Risiko fallender Aktienkurse offensichtlich beträchtlich. Umgekehrt können mit hoher Wahrscheinlichkeit steigende Aktienkurse erwartet werden, wenn die Zinsen in den vorangegangenen Jahren deutlich gefallen sind.

Die zuletzt genannte Regel bringt ein verblüffendes Resultat. Sie verlangt nur einmal pro Jahr eine Entscheidung zwischen Aktien und Renten. Dennoch ließ sich damit der Erfolg einer permanenten Aktienanlage bereits verdreifachen. Der Erfolg eines Portfolios aus langlaufenden Bundesanleihen wurde gar um das siebenfache übertroffen. Selbstverständlich kann aus der beeindruckenden historischen Entwicklung keine Garantie für die Zukunft abgeleitet werden. Dennoch bietet dieses einfache Denkmodell, das auf den historischen Zusammenhang zwischen dem Verlauf langfristiger Zinsen und Aktienkurse abstellt, bereits jedem Anleger ein geeignetes und einfaches Hilfsmittel bei seinen Anlageentscheidungen.

Es wird jedoch niemand auf die Idee kommen, seine Anlageentscheidungen ausnahmslos auf die Zinsentwicklung abzustellen. Schließlich ist für eine erfolgreiche Anlagestrategie mit Aktien u.a. auch die gesamtwirtschaftliche Entwicklung und vor allem die Gewinnentwicklung der Gesellschaften entscheidend. Auch wird man in den seltensten Fällen in der hier beschriebenen Form das gesamte Kapital in Aktien investieren, bzw. von Aktien in Anleihen oder Festgeld tauschen. Schließlich sind solche radikalen Entscheidungen, die ausnahmslos von Timing-Überlegungen geprägt sind, nicht ganz ungefährlich. Vielmehr läßt man in der Regel neben den übrigen gesamtwirtschaftlichen und politischen Einflußfaktoren auch die Einschätzung der Zinsentwicklung in die Asset Allocation mit einfließen. Die dann notwendigen Umschichtungen im Portfolio werden in der Regel graduell vorgenommen. Diese Vorgehensweise unterscheidet sich somit erheblich von einer einmal im Jahr zu treffenden Alles-oder-Nichts-Entscheidung, wie im Falle der vorstehend beschriebenen Regeln.

Aktive Strategien mit Aktien

Diejenigen Portfoliomanager, die sich vorgenommen haben, die Benchmark, z. B. einen Aktienindex, nicht nur zu erreichen, sondern eine bessere Performance zu erzielen, versuchen dies in der Regel auf unterschiedliche Art und Weise. Die soeben beschriebene Methode, den Aktien- bzw. Cash-Anteil im Portfolio zu variieren, dürfte wohl eine der gängigsten sein. Die Idee, die dahinter steht, ist einfach. Man versucht, bei steigender Börse möglichst viel Kapital in Aktien investiert zu haben und bei rückläufigen Kursen einen möglichst hohen Anteil an Barmitteln zu halten. Kursrückgänge schlagen dann auf das Gesamtportfolio längst nicht so gravierend negativ durch, als wenn man voll in Aktien investiert gewesen wäre.

Wer durch aktives Handeln versucht, einen Aktienindex zu schlagen, läßt sich in der Regel bei seinen Timing-Überlegungen von vielen Faktoren beeinflussen. Dabei dürfte die gesamtwirtschaftliche Entwicklung der wichtigste Einflußfaktor für den Aktienmarkt sein. Kaum eine Gesellschaft wird sich, zumindest nicht dauerhaft, von der allgemeinen wirtschaftlichen Entwicklung einer Volkswirtschaft abkoppeln können. Vielmehr hängen Umsatz, Ertragsentwicklung und Dividendenzahlung der Aktiengesellschaften entscheidend davon ab, wie sich die Gesamtwirtschaft entwickelt. Insofern spielt die Einschätzung der konjunkturellen Entwicklung des In- und Auslands bei der Anlageentscheidung eine wichtige Rolle.

Bei der Frage, wie hoch der Aktienanteil eines bestimmten Anlagelandes im Portfolio sein soll, aber auch bei der Auswahl der erfolgversprechendsten Branchen, ist eine möglichst genaue Prognose der wirtschaftlichen Entwicklung unerläßlich. Liegt ein Anleger in diesem Punkt schief, dürfte auch ein noch so gutes Portfolio-Optimierungsprogramm wenig hilfreich sein. Welche Effekte sich bei der richtigen Einschätzung der wirtschaftlichen Entwicklung ergeben, zeigt ein einfaches Beispiel. Bekanntermaßen entwickeln sich die verschiedenen Branchen eines Landes sowohl wirtschaftlich als auch bezüglich der Aktienkurse der entsprechenden Unternehmen mitunter recht unterschiedlich. Die Gründe hierfür können wiederum sehr vielfältiger Natur sein. Profitieren die Finanztitel, also Banken und Versicherungen, von sinkenden Zinsen, sind beispielsweise exportstarke Werte, wie die Automobil-, Chemie- oder die Maschinenbaubranche u.a. sehr stark von der Auslandskonjunktur abhängig und reagieren zudem teilweise sehr sensibel auf Veränderungen der Wechselkurse. Steigt der US-Dollar beispielsweise nachhaltig gegenüber der Deutschen Mark, dann kann sich das nachhaltig positiv in den Ergebnissen der Exportwerte niederschlagen. Wer wie der Automobilzulieferer Continental rund ein Viertel seines Umsatzes in den USA erzielt, für den spielt die Dollar-DM-Wechselkursentwicklung eine ganz große Rolle.

Im Verlauf eines längeren Kursaufschwungs am Aktienmarkt, der auch als Hausse-Phase bezeichnet wird, kommt es immer wieder zu mehr oder minder ausgeprägten Favoritenwechseln. Diese Branchenrotationen lassen sich bei geschicktem Timing nutzen. Wer zu Beginn der Hausse am deutschen Aktienmarkt im September 1992 einfach auf den Index gesetzt hat, ohne eine aktive Branchenselektion zu betreiben, konnte damit

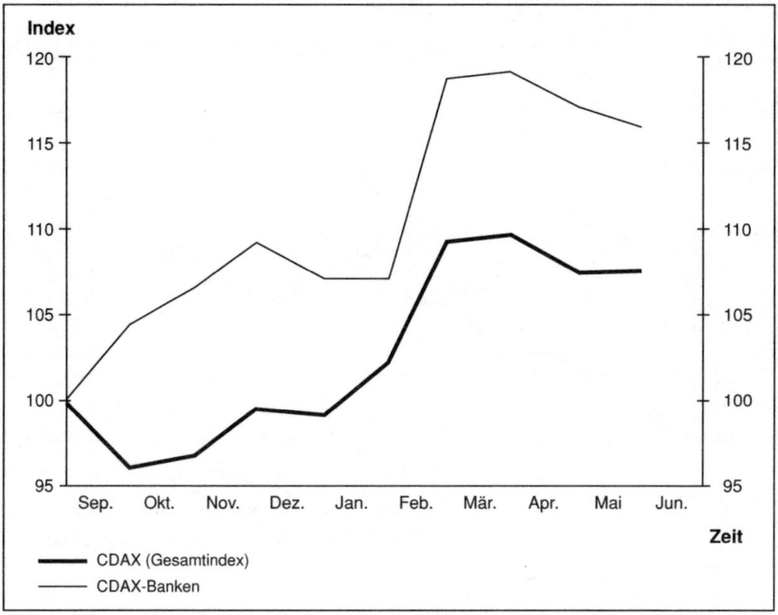

Abbildung 32: Bankaktien im Vergleich zum Gesamtmarkt
Quelle: Datastream

bis Ende April 1994 eine Gesamtperformance, gemessen am über 300 Aktien umfassenden Composite-Dax (CDax), von rund 46 % erzielen. Wer jedoch geschickt zwischen den einzelnen Branchen wechselte, konnte weitaus mehr verdienen.

In der ersten Phase der Hausse entwickelten sich Bankaktien in Folge der Zinssenkungen der Bundesbank relativ zum Gesamtmarkt besser. Vom 1.9.1992 bis zum 31.5.1993 konnte damit eine Performance von 16 % erzielt werden. Wer in dieser Phase auf's falsche Pferd setzte und beispielsweise Maschinenbauaktien kaufte, der verdiente nicht nur nichts, sondern erlitt sogar einen kleinen Verlust.

Im Zuge der sich ab Mitte des Jahres 1993 abzeichnenden Erholung der deutschen Konjunktur kam es an der Börse auch zu einem Favoritenwechsel. Wer Anfang Juni beipielsweise von Banken auf Maschinenbauer wechselte, verdiente dadurch bis Ende April 1994 rund 65 % (siehe Abbildung 33).

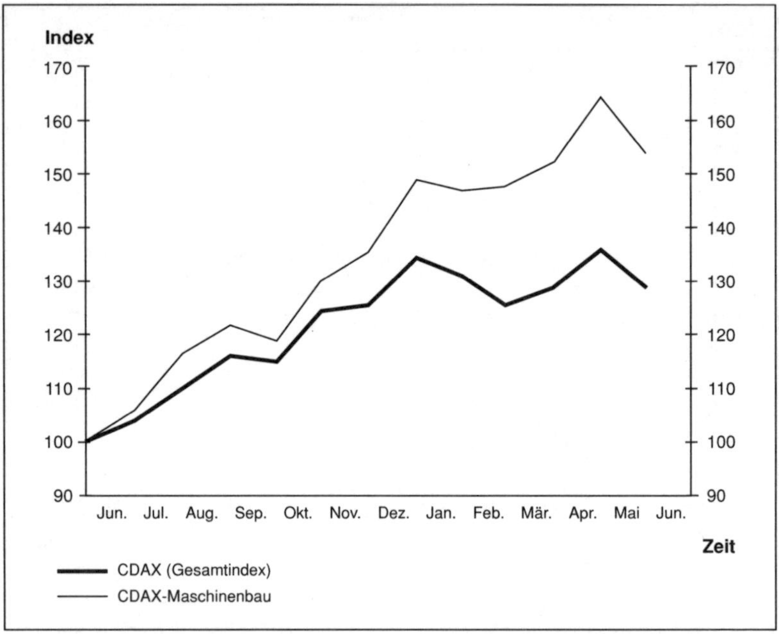

Abbildung 33: Maschinenbauaktien im Vergleich zum Gesamtmarkt
Quelle: Datastream

Wie die Abbildung zeigt, entwickelte sich der Gesamtmarkt im selben Zeitraum mit einem Plus von rund 35 % deutlich schlechter. Durch den dargestellten Wechsel von Bank- auf Maschinenbauaktien konnte man im dargestellten Zeitraum somit rund 81 % verdienen im Vergleich zu rund 46 %, die man durch den Kauf des Indexes, also des Marktes, ohne aktive Branchenselektion erzielte.

Selbstverständlich ist es im nachhinein immer einfacher, solche Ergebnisse darzustellen. Interessanter wäre es natürlich, wenn man solche Entwicklungen voraussehen, also prognostizieren könnte. Wenn auch das Ergebnis dann nicht unbedingt so positiv aussähe, wie wir es anhand des dargestellten Beispiels gesehen haben, lassen sich dennoch bereits mit einfachen Hilfsmitteln und Überlegungen erfreuliche Ergebnisse erzielen. Gewisse Schwierigkeiten bereitet dabei jedoch immer die Tatsache, daß die Konjunktur sowohl international als auch auf Deutschland bezogen selten das Verlaufsmuster zeigt, wie dies in den Lehrbüchern gerne dargestellt wird. Konnte man in früheren Konjunkturzyklen mit einer Dauer von vier bis fünf Jahren rechnen, so zeigt die deutsche Konjunktur-Entwicklung in jüngster Zeit ein wesentlich differenzierteres Bild.

Um die konjunkturelle Entwicklung und damit die Kapitalmarktentwicklung eines Landes hinreichend genau einschätzen zu können, ist man oft auf die Beobachtung und Analyse sogenannter Frühindikatoren angewiesen. Damit wird auch dem Umstand Rechnung getragen, daß die Börse wirtschaftliche Entwicklungen nicht einfach nachzeichnet, sondern mit einem gewissen zeitlichen Vorlauf vorwegnimmt. Die wichtigsten Frühindikatoren für die deutsche Konjunkturentwicklung sind:

- Ifo-Geschäftsklimaindex
- Auftragseingangszahlen
- Entwicklung der Industrieproduktion

Diese Frühindikatoren werden regelmäßig in der Wirtschaftspresse veröffentlicht und können von jedem Anleger verfolgt werden. Sie zeigen schon sehr frühzeitig an, wie sich eine Branche oder die gesamte Wirtschaft hierzulande entwickeln wird.

Wirtschaftsindikatoren werden in allen größeren Tageszeitungen veröffentlicht. Viele Wirtschaftszeitungen haben in den letzten Jahren einen eigenen Frühindikator entwickelt, der sich in der Regel aus mehreren Einzelindikatoren zusammensetzt. Stellvertretend sei an dieser Stelle der Handelsblatt-Frühindikator genannt, der monatlich im Handelsblatt veröffentlicht wird.

- Dieser Indikator ist aus folgenden Einzelgrößen zusammengesetzt:
- Auftragseingänge im verarbeitenden Gewerbe
- Auftragseingänge im Bauhauptgewerbe
- Einzelhandelsumsatz
- Ifo-Geschäftsklimaindex für das verarbeitende Gewerbe
- Zinsdifferenz (Renditedifferenz zwischen lang- und kurzfristigen Zinsen)

Der Handelsblatt-Frühindikator wurde im Januar 1992 eingeführt und soll frühzeitig konjunkturelle Wendepunkte anzeigen. Die Einzeldaten, auf denen dieser Indikator basiert, beziehen sich auf Werte der westdeutschen Konjunktur. Der zeitliche Vorlauf vor der gesamtwirtschaftlichen Produktionsentwicklung beträgt etwa ein Vierteljahr. Referenzgröße ist die Entwicklung des realen Bruttoinlandsprodukts (BIP) im Westen.

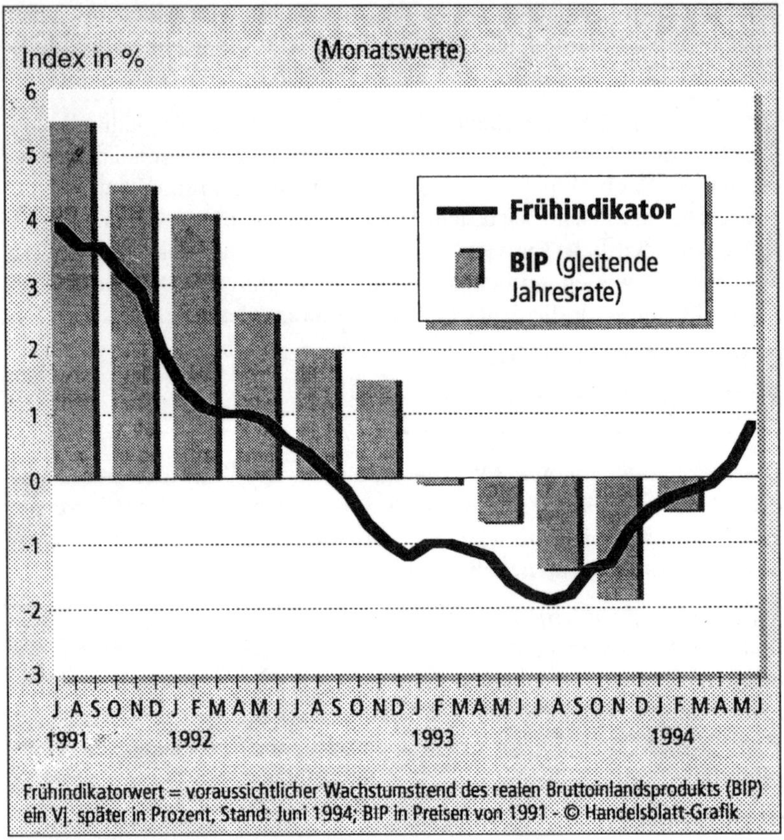

Abbildung 34: Handelsblatt-Frühindikator

Sie wird zur Ausschaltung von saisonalen Einflüssen als gleitende Jahresdurchschnittsrate berechnet. Das ist der Zuwachs in den jeweils letzten vier Quartalen, bezogen auf den jeweiligen Vorjahreszeitraum (Quelle: Handelsblatt).

Solche Frühindikatoren, die dem Anleger die Einschätzung der wirtschaftlichen Entwicklung erleichtern, gibt es auch für andere Länder.

Da in der Regel im Konjunkturtief als erste aller Branchen die zinsreagiblen Banken und Versicherungen steigende Aktienkurse vorweisen, sollte man die Aktien dieser Branche dann kaufen, bzw. im Portfolio über-

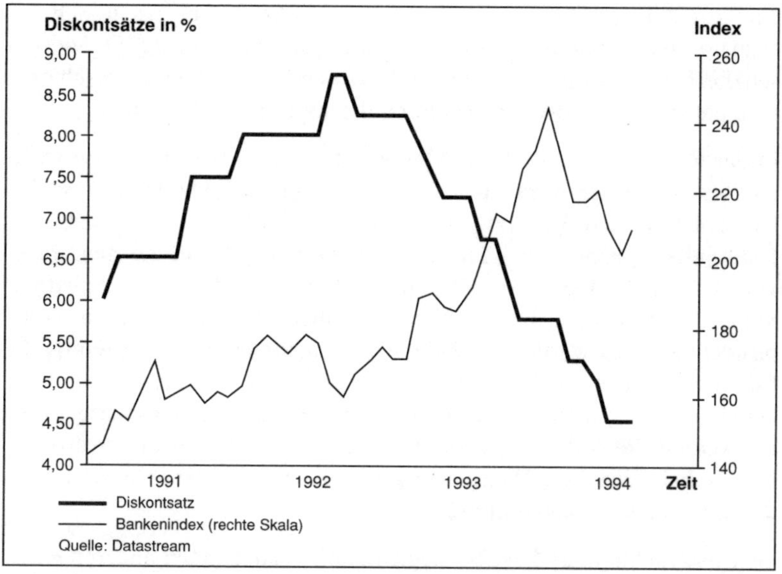

Abbildung 35: Verlauf von Diskontsatz und Banken-Aktien

gewichten, wenn die Zinsen zu sinken beginnen. Dabei hat sich in der Vergangenheit gezeigt, daß der ideale Kaufzeitpunkt mit der ersten Zinslockerungsmaßnahme der Bundesbank zusammenfällt.

Als die Bundesbank im September 1992 den Diskontsatz von 8,75 % auf 8,25 % senkte, begann der Kursanstieg der Bankaktien in Deutschland, während die Aktien der zyklischen Branchen, deren Kursentwicklung im allgemeinen wesentlich stärker von der konjunkturellen Entwicklung bestimmt werden, erst einige Monate später so richtig in Fahrt kamen. Wie wir in Kapitel 7 noch sehen werden, zeigen oftmals die geringer kapitalisierten Aktien (Small Caps) nach der ersten Aufschwungsphase im Rahmen einer mehrjährigen Aktien-Hausse eine deutlich bessere Performance als die Standardaktien.

Dynamisierung eines Portfolios mit Terminmarktinstrumenten

Viele Portfoliomanager nutzen Terminmarktinstrumente zur Dynamisierung der verwalteten Portfolios. Die am weitesten verbreitete Strategie bilden dabei die Stillhaltergeschäfte. Bei entsprechender Börsenentwicklung werden beispielsweise Optionen auf Aktien oder Indizes verkauft, um sich eine zusätzliche Einnahmequelle zu verschaffen. Dabei macht sich der Manager die Tatsache zu Nutzen, daß die weitaus meisten Optionsgeschäfte für die Käufer mit Totalverlusten enden. An Optionsgeschäften verdient somit zumeist der Verkäufer, der sogenannte Stillhalter.

In der Regel nutzt man dazu extreme Situationen, beispielsweise wenn die Börse nach einem kräftigen Kursanstieg eindeutig überhitzt ist, so daß kaum noch weitere Kursgewinne zu erwarten sind. Mit dem Verkauf von Kaufoptionen kann man sich durch die Optionsprämie, die man dabei vom Käufer der Option erhält, eine zusätzliche Einnahme verschaffen. Steigt die Börse danach tatsächlich nicht mehr weiter, verfällt das Optionsrecht zumeist wertlos, so daß die vereinnahmte Prämie endgültig als Gewinn verbucht werden kann. Die an der Börse im Anschluß an stärkere Kursgewinne oftmals zu beobachtende Konsolidierungsphase, in deren Verlauf die Aktienkurse sich entweder seit- oder leicht abwärts bewegen, kann auf diese Weise ertragreich genutzt werden, ohne daß man deshalb Aktien verkaufen muß.

Genauso funktioniert diese Strategie natürlich auch in der anderen Richtung. Gerade nach längeren Baisse- oder nach starken Korrekturphasen innerhalb eines intakten langfristigen Aufwärtstrends ist der Pessimismus der Börsianer oftmals sehr hoch. In solchen Phasen kann es lohnend sein, Verkaufsoptionen auf Aktien bzw. Indizes zu verkaufen, sofern die Gefahr weiterer Kursrückgänge nicht mehr allzu groß eingeschätzt wird. In der Regel dreht gerade dann die Börsentendenz, wenn der Pessimismus der Börsianer sehr groß ist.

Bei diesen Strategien werden erkennbare Übertreibungen an der Börse konsequent ausgenutzt. Solche Übertreibungsphasen lassen sich in der Regel anhand verschiedener Indikatoren erkennen. Von einer Kursübertreibung spricht man beispielsweise, wenn sich der Kurs einer Aktie oder der gesamte Aktienmarkt zu weit von der gleitenden Durschnittslinie der vergangenen 200 Tage entfernt hat. Dies war beispielsweise am deutschen Aktienmarkt Ende 1993 der Fall, als sich der DAX-Index deutlich oberhalb der 200-Tagelinie bewegte.

Bei dieser Überlegung nutzt man die Erkenntnis, daß Aktienkurse um ihren langristigen Durchschnitt schwanken und immer wieder die Bestrebung haben, sich diesem Durchschnitt anzunähern. Als typische Kursbewegung kann in diesem Sinne der Verlauf des DAX-Index von Ende 1993 bis Ende Juni 1994 angesehen werden.

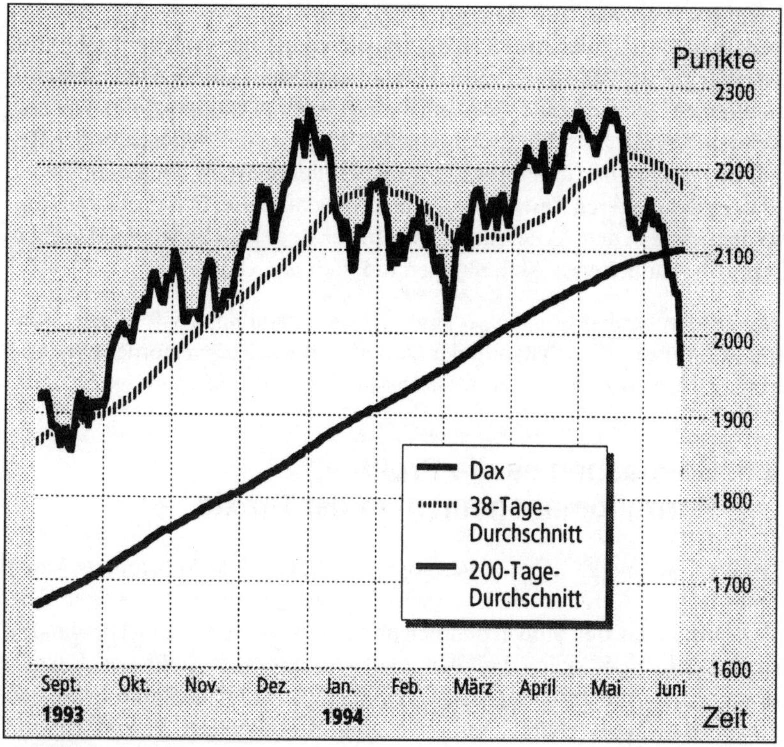

Abbildung 36: Der DAX

Quelle: Handelsblatt

Ein weiterer sehr verläßlicher Indikator zur Beurteilung einer Börsenphase ist die sogenannte Put-Call-Ratio. Das ist nichts anderes als die Relation der an der Deutschen Terminbörse (DTB) gehandelten Verkaufs- zu den Kaufsoptionen. Dieser klassische Kontra-Indikator resultiert aus der Erfahrung, daß die meisten Börsianer einem Herdentrieb folgend umso optimistischer sind, je stärker die Börse steigt. In solchen Phasen werden stets auch sehr viele Kaufoptionen und dementsprechend weniger Verkaufsoptionen gehandelt. Eine Put-Call-Ratio, die längere Zeit bei rund 0,4 und darunter liegt, deutet daher auf einen großen Optimismus der Börsianer hin. Wenn ein Großteil der Anleger optimistisch ist, besitzen bereits viele Aktien, so daß für weitere kurstreibende Käufe kaum noch Anleger zu finden sind.

Liegt die Put-Call-Ratio dagegen längere Zeit bei rund eins oder darüber, bedeutet das, daß der Anteil an Pessimisten unter den Anlegern sehr groß ist. Wer pessimistisch ist, kauft Verkaufsoptionen, um an sinkenden Aktienkursen zu verdienen oder ein bestehendes Aktienportfolio vor sinkenden Kursen zu schützen. In solchen Phasen sind Anleger in der Regel in Aktien eher unterinvestiert, insbesondere wenn der Pessimismus über einen längeren Zeitraum anhält. Dreht dann plötzlich die Stimmung, wollen viele in den Aktienmarkt, was in der Regel nur zu steigenden Preisen, d. h., zu höheren Aktienkursen möglich ist.

Neben den beiden erwähnten sind selbstverständlich noch andere Indikatoren für die Einschätzung der aktuellen Börsenlage erforderlich. Alle aufzuzählen, würde jedoch den Rahmen dieses Buches sprengen.

6.5 So machen es die Profis – Portfoliomanagement in der Praxis

Die Verwaltung des eigenen Vermögens stellt für viele Anleger eine kaum mehr lösbare Aufgabe dar. Einerseits fehlt es oftmals an der nötigen Zeit. Zeit sollte man sich jedoch nehmen und keine voreiligen Entscheidungen treffen, die man später bereuen muß. Andererseits stellt das Finanzmanagement für manchen Anleger auch ein Buch mit sieben Siegeln dar. Angesichts eines ständig zunehmenden Angebots an Produkten und Dienstleistungen verwundert es kaum, daß sich viele dabei überfordert fühlen. Auch die immer schnelleren Trendwechsel an den internationalen Finanzmärkten bereiten vielen Schwierigkeiten bei ihren Anlageentscheidungen.

Was liegt angesichts dieser Probleme näher, als ganz einfach einen Profi mit der Verwaltung des eigenen Vermögens zu beauftragen. Schließlich kann man annehmen, daß die Vermögensverwalter ihr „Handwerk" verstehen und sich auch angesichts noch so großer Schwankungen von Dollar, Aktien und Zinsen nicht nervös machen lassen. Doch wer so denkt, hat bereits die besten Voraussetzungen geschaffen, einem der vielen Haie in der Branche aufzusitzen, die es mitunter mühelos schaffen, aus einem großen Vermögen ein kleines zu machen. Wer daran denkt, sein Vermögen in die Hände eines professionellen Portfoliomanagers zu geben, sollte vor allem eines wissen: Es gibt in Deutschland keine geschützte Berufsbezeichnung „Vermögensverwalter" oder „-berater". Anders als ein Handwerker beispielsweise kann sich jeder, ob er nun Ahnung von der Sache hat oder nicht, ein entsprechendes Schild an die Haustür nageln und sich auf diese Weise als Finanz-Profi ausgeben.

Nicht genug, daß keinerlei Nachweise hinsichtlich der Qualifikation auf dem Gebiet des Vermögensmanagements erforderlich sind. Da es an entsprechenden Gesetzen fehlt, die den Zugang von Vermögensberatern und -verwaltern zu dieser Berufsgruppe reglementieren, unterliegt dieser Personenkreis auch nicht der Überwachung durch das Bundesamt für das Kreditwesen, zumindest solange nicht, wie keine erlaubnispflichtigen Bankgeschäfte getätigt werden. Die Gefahr ist demnach nicht zu unterschätzen, daß Ratsuchende an einen der vielen Scharlatane geraten, die mit blumigen Renditeversprechungen auf Anlegerfang gehen. Die Milliardenverluste, die geprellte Anleger allein in Deutschland Jahr für Jahr erleiden, sprechen eine deutliche Sprache.

6.5.1 Portfoliomanagement – Worauf Sie achten sollten

Im Vergleich zu der allgemein bekannten Anlageberatung am Bankschalter erteilt der Anleger dem Portfoliomanager einen Auftrag zur aktiven Verwaltung seines Vermögens. Anschließend wird das Portfolio im Rahmen der vertraglichen Abmachungen vom Portfoliomanager verwaltet, ohne daß er vor jeder Transaktion, wie ansonsten im Rahmen der normalen Anlageberatung üblich, jeweils mit dem Anleger Rücksprache hält. Die Entscheidung, welche Wertpapiere ge- bzw. verkauft werden, trifft somit der Portfoliomanager eigenverantwortlich. Der Verwaltungsauftrag stellt jedoch keinesfalls einen Freifahrtschein für ihn dar. Er kann nämlich bei einem laut Vorgabe konservativ zu verwaltenden Portfolio beispielsweise nicht einfach Optionsgeschäfte tätigen. Enden solche Geschäfte, die nicht den im Vermögensverwaltungsvertrag getroffenen Abmachungen entsprechen, für den Anleger mit Verlusten, dann trifft den Portfoliomanager in der Regel eine Schadenersatzpflicht.

Der Rahmen, in dem sich der Portfoliomanager bewegen kann, sollte daher zum Schutz des Anlegers im Vermögensverwaltungsvertrag genau geregelt werden. Insbesondere die Risikobereitschaft des Anlegers muß darin unbedingt und unmißverständlich dargelegt werden. Dies kann beispielsweise darin bestehen, daß dem Portfoliomanager bestimmte Höchstgrenzen für den Portfolioanteil der verschiedenen Asset-Klassen vorgegeben werden. Bei einem konservativ zu verwaltenden Portfolio wird man den Aktienanteil beispielsweise auf maximal 40 % und den Fremdwährungsanteil beispielsweise auf maximal 30 % begrenzen, um damit das Risiko von vornherein auf eine bestimmte Größenordnung zu begrenzen. Optionen und andere Derivate haben üblicherweise in einem konservativ zu verwaltenden Portfolio nichts zu suchen, es sei denn zu Absicherungszwecken.

Mit einer solchen strategischen Asset Allocation, die für Aktien, Fremdwährungen, Optionen usw. bestimmte prozentuale Höchstgrenzen definiert, läßt sich die Risikoneigung des Anlegers sehr gut darstellen. Im übrigen sollte man sich mit dem Portfoliomanager auch auf eine Benchmark als Maßstab für die Messung des Anlageerfolgs einigen. Üblicherweise wird dazu ein Börsenindex herangezogen, wie beispielsweise den von Morgan Stanley berechneten MSCI World, ein Index, der ein weltweit diversifiziertes Aktienportfolio repräsentiert. Aber auch für ein reines Rentenportfolio sollte eine solche Benchmark festgelegt werden. Bei Bedarf kann auch eine Kombination aus verschiedenen Indizes herangezogen werden. Ein global diversifiziertes Portfolio, das sowohl aus Aktien als auch aus Rententiteln bestehen soll, kann beispielsweise mit einer Benchmark, die aus einem Aktienindex und einem Rentenindex zusammengesetzt ist, verglichen werden.

Selbstverständlich kann der Portfoliomanager auch auf besondere Wünsche des Anlegers Rücksicht nehmen. Viele wollen beispielsweise einen über dem üblichen Maß liegenden Anteil an Aktien der Emerging Markets im Portfolio berücksichtigt haben, weil sie aufgrund der hohen Wachstumsraten dieser Länder eine überdurchschnittliche Wertentwicklung der entsprechenden Aktienmärkte erwarten. Andere wiederum haben eine Abneigung gegen bestimmte Länder und Regionen, so daß sie dem Portfoliomanager entsprechende Restriktionen auferlegen. Man sollte sich jedoch darüber im klaren sein, daß solche Restriktionen die Optimierung eines Wertpapierportfolios beeinträchtigen können.

6.5.2 Das Angebot ist umfangreich

Die Dienstleistung Vermögensverwaltung wird in unterschiedlicher Form angeboten. Die Anbieter sind im wesentlichen:

- Geldinstitute
- Kapitalanlage-/Investmentgesellschaften

- private Vermögensverwalter
- Broker-Häuser.

Jedes Angebot bietet dem Anleger in der Regel sowohl Vor- als auch Nachteile. Läßt man sein Vermögen von einem Geldinstitut verwalten, besteht grundsätzlich das Risiko, daß das Portfoliomanagement ausnahmslos auf Produkte des eigenen Hauses zurückgreift, die jedoch nicht unbedingt zum besten gehören müssen, was der Finanzdienstleistungsmarkt zu bieten hat. Zudem verdienen die Kreditinstitute bei jeder Portfolio-Transaktion, also beim Kauf bzw. Verkauf von Wertpapieren, was den Manager zwecks Erhöhung des bankeigenen Profits zu häufigen Umschichtungen innerhalb des Portfolios veranlassen könnte. Die dabei jeweils anfallenden Kosten gehen jedoch zu Lasten der Performance des Portfolios. Den Preis für ein zu „aktives" Portfoliomanagement zahlt jedoch stets der Anleger. Andererseits bieten die Geldinstitute aufgrund ihrer Bonität sowie aufgrund ihrer personellen und technischen Ausstattung ein gewisses Maß an Sicherheit.

Entscheidet man sich für eine Vermögensverwaltung mit Hilfe von Investmentfonds, steht man vor dem Problem, aus mehr als 2.000 verschiedenen in Deutschland zum Vertrieb zugelassenen Fonds mit teilweise völlig unterschiedlicher Anlagepolitik die geeigneten Produkte auswählen zu müssen. Für die meisten Anleger dürfte dies ein hoffnungsloses Unterfangen sein. Hier könnte eine Vermögensverwaltung auf der Grundlage von Investmentfonds (sogenanntes Fondspicking), die mittlerweile von über 60 Gesellschaften in Deutschland angeboten wird, Abhilfe schaffen. In Kapitel 7 werden wir uns mit den verschiedenen Anlagemöglichkeiten, die Investmentfonds zu bieten haben, noch näher befassen.

Bevor man sein Vermögen einem der vielen privaten Vermögensverwalter anvertraut, sollte man sich über einige wesentliche Punkte genau informieren. Der betreffende Portfoliomanager sollte bereits in der Vergangenheit gezeigt haben, daß er in der Lage ist, über einen längeren Zeitraum gute Anlageergebnisse zu erzielen. Dies gilt nicht nur für gute Börsenphasen. Viel entscheidender sind oftmals die in problematischen Börsenphasen erzielten Ergebnisse. Gerade unter privaten Vermögensverwaltern sind viele schwarze Schafe zu finden, die mit dem Geld der Anleger in riskanten Wertpapieren oder an exotischen Börsen regelrecht „umherzocken". Oftmals fehlt es auch an der entsprechenden Infrastruktur, die für ein erfolgreiches Portfoliomanagement unerläßlich ist. Neben einem fundierten Research ist für ein nach den Grundsätzen der Modernen Portfoliotheorie optimiertes Portfolio der Einsatz einer leistungsfähigen und nicht gerade billigen EDV erforderlich.

Noch stärker als viele Banken sind oftmals Broker nach amerikanischem Vorbild auf möglichst hohe Umsätze, also Portfolioumschichtungen aus. Nicht nur häufiges Umschichten der Wertpapierpositionen, sondern vor allem auch hochriskante Warentermingeschäfte und der Handel mit zumeist wertlosen Aktien (sogenannte Penny Stocks), die teilweise agressiv per Telefon promotet werden, haben diese Kategorie unter den Vermögensverwaltern in den letzten Jahren arg ins Zwielicht gebracht, durchaus zum Leidwesen vieler seriöser Anbieter. In diesem Bereich sollte man sich genau vergewissern, mit wem man es zu tun hat, bevor man sein Geld in fremde Hände gibt.

Leider lassen sich viele Anleger auch heute noch ihr Geld aufgrund eines vielversprechenden Telefonanrufs eines Verwalters oder Beraters, der nicht nur spektakuläre, sondern vor allem auch totsichere Gewinne verspricht, aus der Tasche ziehen. Oftmals geschieht dies, ohne daß man sich zuvor persönlich gesehen, geschweige denn zuvor gemeinsam eine Anlagestrategie abgesprochen hat. Wer auf solch plumpe Tricks hereinfällt, der darf sich nicht wundern, wenn sein Geld anschließend weg ist.

6.5.3 Portfoliomanagement heute – wissenschaftliches Gedankengut hält mehr und mehr Einzug

In den vergangenen Jahren hat auch in Europa ein ausgeprägter Wandel der Methoden stattgefunden, mit denen Portfoliomanager an ihre Aufgabe herangehen. Die wisschenschaftlichen Erkenntnisse der Modernen Portfoliotheorie spielen, ausgehend von den angelsächsischen Ländern, auch hierzulande zunehmend eine Rolle. Zwar sind diese Erkenntnisse nicht neu, denn die Grundzüge der Kapitalmarkttheorie reichen bis in die fünfziger Jahre zurück. Dennoch hat es rund 30 Jahre gedauert, bis dieses Gedankengut auch bei den Vermögensverwaltungen in Kontinentaleuropa bei der Strukturierung von Wertpapierportfolios Einzug gehalten hat.

Eine seriöse und gut arbeitende Vermögensverwaltung wird heute kaum mehr ohne quantitative Analyse auskommen. So stellt beispielsweise auch für ein innovatives Fondsmanagement die quantitative Analyse neben der fundamentalen Analyse einen wesentlichen Baustein bei der Zusammensetzung und Verwaltung eines Wertpapierportfolios dar. Die zunehmenden Performance-Erwartungen der Anleger machen es einfach erforderlich, einen möglichst optimalen Kompromiß zwischen Rendite und damit verbundenem Risiko zu finden. Dabei genügt es eben nicht mehr, ein Portfolio mit für sich betrachtet fundamental aussichtsreichen Titeln zu bestücken. Das Ergebnis wäre nämlich ein ziemlich willkürlich zusammengewürfeltes und somit uneffizientes Portfolio. Vielmehr muß neben den Performance-Aussichten der Beitrag jedes einzelnen Titels zum Gesamtrisiko des Portfolios sowie das Zusammenwirken aller für das Portfolio bestimmten Titel anhand der Korrelationen untersucht werden. Nur so läßt sich verhindern, daß sich die Risiken der einzelnen Titel zu einem zu hohen Gesamtrisiko im Portfolio kumulieren. Im übrigen kann man auf diese Weise eine sinnvolle Diversifikation zur Risikoreduzierung erreichen.

Wer sein Geld von einem Portfoliomanager verwalten läßt, sollte sich im Vorfeld bereits Gedanken über seine Renditeerwartungen machen. Vor allem sollte man sich vorher über die Bereitschaft, Risiken einzugehen, zumindest ungefähr im klaren sein. Wichtig ist auch, daß die Vermögensverwaltung in der Regel ein unter längerfristigen Gesichtspunkten zu betrachtendes Dienstleistungsangebot darstellt. Leider ist diese Einsicht unter den Anlegern, insbesondere unter deutschen Anlegern, nicht allzusehr verbreitet. Vielmehr erwartet man noch allzuoft, daß sich der ins Auge gefaßte Erfolg in möglichst kurzer Zeit einstellt. Wer zuviel in zu kurzer Zeit erwartet, läßt sich in der Regel die besten Chancen entgehen.

Auch aus einem anderen Grund spielt der zeitliche Aspekt eine große Rolle. Bekanntermaßen hat man in der Vergangenheit mit Aktien die höchsten Renditen erzielt, allerdings bei im Vergleich zu anderen Anlagemöglichkeiten auch deutlich höherem Risiko. Anders ausgedrückt sind die Renditeschwankungen bei Aktienportfolios in der Regel höher, als bei Anleihenportfolios. Dies dürfte auch in der Zukunft nicht anders sein. Wer jedoch langfristig denkt und plant, sollte im Rahmen der strategischen Asset Allocation konsequenterweise auch einen höheren Aktienanteil berücksichtigen, um von der langfristigen Renditeüberlegenheit der Aktienanlage zu profitieren. Wer beispielsweise eine Geldanlage auf Sicht von zehn oder noch mehr Jahren betrachtet, dem werden die kurzfristigen Schwankungen grundsätzlich nicht so problematisch erscheinen wie dem eher kurzfristig orientierten Anleger.

Im übrigen erleichtert dem Portfoliomanager eine langristig ausgerichtete Anlagestrategie, bei der in verstärktem Maße Aktienanlagen berücksichtigt werden, die Portfoliooptimierung. Die vielfach gleichgerichteten Zinsentwicklungen der internationalen Rentenmärkte schränken den Spielraum für eine effiziente Strukturierung im Falle reiner Anleihenportfolios, die keine Aktien enthalten, nämlich ein. Dies gilt insbesondere bei Rentenanlagen im Bereich der EWS-Währungen, wo hohe Korrelationen von Zinsen und Wechselkursen kaum eine sinnvolle Diversifizierung zulassen. Anders stellt sich die Situation bei internationalen Aktienanlagen dar. Die teilweise sehr geringen Korrelationen der einzelnen Aktienmärkte ermöglichen eine risikoreduzierende Diversifikation und führen damit bei international ausgerichteten Aktienportfolios zu einer deutlichen Effizienzsteigerung im Vergleich zu einem national ausgerichteten Aktienportfolio.

6.5.4 Vermögensverwaltungen – wenn Profis aus der Schule plaudern

Portfoliomanagement gilt unter Marktbeobachtern als der Wachstumsmarkt schlechthin mit zweistelligen Zuwachsraten pro Jahr. Um dem interessierten Leser einen Überblick über die Arbeitsweise professioneller Geldmanager zu vermitteln, haben wir einige ausgewählte Vermögensverwaltungen nach ihren Arbeitsmethoden befragt. Vor allem interessierte uns, inwieweit die einzelnen Anbieter die Erkenntnisse der Modernen Portfoliotheorie in ihre Arbeit einfließen lassen.

Allgemein betrachtet kann man sagen, daß modernes und zeitgemäßes Portfoliomanagement bei weitem nichts mit der bloßen Suche nach vermeintlich guten Chancen zu tun hat. Selbstverständlich spielen Renditeerwartungen eine große Rolle bei der Zusammensetzung eines Portfolios. Schließlich will man ja Geld verdienen. Modernes Portfoliomanagement wird jedoch heute im Vergleich zu früher vermehrt von der Strategie bestimmt, wobei neben Renditegesichtspunkten mehr und mehr auch ein sinnvolles Risikomanagement bei der Portfoliooptimierung eine Rolle spielt. Hierfür bilden die wissenschaftlichen Erkenntnisse der Modernen Portfoliotheorie eine nicht mehr wegzudenkende Basis. Dabei werden Portfoliomanager von modernster computergestützter Analysetechnik unterstützt. Dennoch trägt der Mensch nach wie vor am meisten zum Anlageerfolg bei. Werden die künftigen Entwicklungen an den internationalen Finanzmärkten falsch eingeschätzt, kann auch der Computer nicht mehr weiterhelfen.

Bei unserer Befragung zeigte sich insbesondere die in Basel und Zürich ansässige Bank Sarasin & Cie, eine der größten Vermögensverwaltungsbanken in der Schweiz, kooperativ und auskunftsbereit. Im Rahmen des Portfoliomanagements dieser Privatbank spielt die Moderne Portfoliotheorie stets eine Rolle. Dennoch muß die im Zuge der regelmäßig aktualisierten Asset Allocation durch den Anlageausschuß festgelegte Strategie vom Portfoliomanagement nicht unbedingt sofort umgesetzt werden. Die Anpassung der einzelnen Kundenportfolios erfolgt vielmehr nach und nach, so daß das in Gruppen organisierte Portfoliomanagement in gewissem Maße seine eigene Einschätzung einbringen kann.

Das Bankhaus Sarasin & Cie bietet seine Vermögensverwaltung ab einem Anlagebetrag von 500.000 DM an. Für geringere Anlagebeträge stehen den Kunden die hauseigenen Fonds im Rahmen eines Fondsportfolios zur Verfügung. Aber auch bei größeren Anlagebeträgen werden Investmentfonds vermehrt berücksichtigt, um eine risikobewußte Diversifikation realisieren zu können.

Auch die Cantrade Privatbank AG in Zürich bietet die Vermögensverwaltung ab einem Anlagebetrag von 500.000 DM an, wobei ebenfalls bei kleineren Portfolios intensiv Investmentfonds eingesetzt werden. Genauso wie die Bank Sarasin setzt die Cantrade Privatbank auch bei größeren Portfolios Investmentfonds ein, wenn in spezielle Märkte investiert werden soll, die vom hauseigenen Research nicht abgedeckt werden oder marktspezifische Hindernisse, wie geringe Liquidität bzw. administrative Restriktionen (z. B. Taiwan oder Thailand), ein Direkt-Investment erschweren oder gar ganz unmöglich machen.

Die Commerzbank AG sowie die Deutsche Bank AG Frankfurt bieten ihre Vermögensverwaltung bereits ab 100.000 bzw. 200.000 DM an. Allerdings basiert die Vermögensverwaltung bei Anlagebeträgen unter 500.000 DM (Deutsche Bank) bzw. einer Million DM (Commerzbank) ausnahmslos auf Investmentfonds. Ab 500.000 SFR ist man auch bei der Schweizerischen Kreditanstalt (SKA) dabei. Die SKA setzt Investmentfonds ein, wenn keine kostengünstige Alternative vorhanden ist, bzw. aus Gründen der Diversifikation (z. B. im Bereich der Schwellen- und Entwicklungsländer).

Es fiel uns allgemein auf, daß Investmentfonds heute auch im Rahmen einer individuellen Vermögensverwaltung eine viel größere Rolle spielen als noch vor einigen Jahren üblich. Ausschlaggebend dürften hierfür jedoch nicht nur die theoretischen Erkenntnisse im Portfoliomanagement sein. Auch die Tatsache, daß sich im Fondsbereich einiges getan hat, was eine deutliche Qualitätsverbesserung zur Folge hatte, dürfte hierbei eine große Rolle spielen. Heutzutage kommen auch vermehrt Länderfonds zum Einsatz, die ihrerseits eine indexnahe Anlagepolitik betreiben.

Besonders konsequent wird diese Strategie von der Commerzbank betrieben. Aufgrund der Erkenntnis, daß die Asset-Klassen- bzw. Länderauswahl die entscheidende Erfolgskomponente darstellt, wurden speziell für die Vermögensverwaltung der Commerzbank sogenannte Länder-Baskets entwickelt, die die jeweilige Aktienindex-Entwicklung eines Landes nachbilden. Es handelt sich hierbei um Indexfonds, die ein Beta zum Marktindex von jeweils eins aufweisen, also marktneutral sind. Diese Länderfonds stehen exklusiv der Vermögensverwaltung der Commerzbank zur Verfügung. Derzeit gibt es neun Indexfonds, mit denen folgende Märkte abgedeckt werden können: Deutschland, USA, Frankreich, Niederlande, Großbritannien, Italien, Japan, Schweiz und Asien (Hongkong, Singapur und Malaysia). Eine Erweiterung auf andere Länder ist bei Bedarf jederzeit möglich. Im Rahmen des Portfoliomanagements werden diese Indexfonds kostenmäßig wie Aktien behandelt. Beim Kauf bzw. Verkauf fallen daher in der Regel lediglich Kosten in Höhe von circa einem Prozent an im Vergleich zu den sonst bei den meisten Aktienfonds üblichen Ausgabeaufschlägen in Höhe von fünf Prozent.

Ein ähnliches Konzept verfolgt im übrigen auch die Deutsche Bank in Frankfurt. Insbesondere bei Portfolios mit kleinerem Vermögen greift man auf hauseigene und exklusiv der Vermögensverwaltung zur Verfügung stehende Länderfonds zurück, die sich ebenfalls sehr eng an den jeweiligen Indizes orientieren. Damit ist auch bei vergleichsweise kleineren Anlagebeträgen eine vernünftige Diversifikation gegeben. Die Ausgabeaufschläge betragen bei diesen Länderfonds 2,5 %, wobei beim Verkauf keine Gebühren mehr berechnet werden. Rund ein Fünftel des Vermögens der Kunden ist nach Angaben der Deutsche Bank derzeit in Fonds angelegt. Der Fondsanteil an den Portfolios soll im Extremfall nicht mehr als 30 % betragen.

Das intensive Gespräch mit dem Kunden über dessen Wünsche und Bedürfnisse geht bei allen befragten Gesellschaften einem Verwaltungsmandat voraus. Dabei spielt neben der Frage der Ertragserwartung vor allem auch die Risikobereitschaft des Kunden eine zentrale Rolle. Die meisten Portfoliomanager bieten ihren Kunden mehrere standardisierte Portfoliovarianten mit jeweils unterschiedlicher Risiko- und Ertragsstruktur an. Im wesentlichen unterscheiden sie sich durch die Höhe des Aktienanteils. Wie die Deutsche Bank mitteilte, hätten sich aus den von ihrem Portfoliomanagement angebotenen Risikoklassen bei einer Vielzahl von Gesprächen drei als Schwerpunkte herauskristallisiert. Nach einer eingehenden Analyse der gesamten Vermögens- und Einkommensverhältnisse konnten sich rund 90 % der an einer Vermögensverwaltung interessierten Gesprächspartner eindeutig mit einer der drei angebotenen Portfoliovarianten identifizieren. Zwar bieten alle befragten Institute im Rahmen einer individuellen Vermögensverwaltung auch Portfolios an, die von den standardisierten Varianten abweichen. Diese völlig individuellen Portfolios haben jedoch einen eher geringen Anteil am insgesamt betreuten Volumen.

Abweichungen vom Konzept der Modernen Portfoliotheorie sind meistens durch entsprechende Kundenwünsche bzw. -restriktionen bedingt. Manche wollen beispielsweise die Aktienmärkte der aufstrebenden Länder (Emerging Markets) stärker gewichtet haben, als dies in den standardisierten Portfolios der Fall ist. Es kommt jedoch auch vor, daß Anleger überhaupt nichts von Engagements in den Emerging Markets halten, so daß Aktien dieser Länder und Regionen in diesen Fällen für den Portfoliomanager tabu sind. Oftmals werden von Kunden aber auch bestimmte Restriktionen bezüglich einzelner Länder, Branchen aber auch bezüglich einzelner Titel erteilt. Solche Wünsche und Restriktionen erschweren natürlich die Arbeit des Portfoliomanagers und führen in der Regel zu einer nicht optimalen Diversifikation.

Die Portfoliomanager verfolgen in den meisten Fällen einen Top-down-Ansatz. Ausgehend vom erwarteten volkswirtschaftlichen Szenario erfolgt die Aufteilung der Anlagemittel auf die verschiedenen Asset-Klassen (Aktien, Renten, Geldmarktanlagen) sowie die Festlegung der Währungsrelationen. Dabei wird bei allen Vermögensverwaltungen, die sich an unserer Befragungsaktion beteiligten, eine EDV-unterstützte Optimierung der Modell-Portfolios bzw. der festgelegten Asset Allocation vorgenommen, die anschließend Diskussionsgrundlage für den Anlageausschuß bilden. An diesen Modell-Portfolios bzw. an der vom Anlageausschuß festgelegten Asset Allocation orientieren sich auch die Portfoliomanager bei der Zusammensetzung der Kundenportfolios. In die Portfoliooptimierung fließen die bekannten Risiko- und Ertragsparameter, wie beispielsweise Korrelationen, Beta- und Alpha-Faktoren, Volatilitäten und dergleichen ein. Dabei wird nicht nur auf historische Daten zurückgegriffen. Vielfach spielen auch künftig zu erwartende Veränderungen der Parameter, die im voraus geschätzt werden, eine Rolle.

Beim Einsatz von Derivaten zeigen sich die meisten Vermögensverwalter sehr zurückhaltend. In der Regel werden diese nur zu Absicherungszwecken eingesetzt. Sollte es der Kunde jedoch wünschen, setzen die Portfoliomanager vereinzelt auch Derivate wie Optionen oder Futures zur Erzielung eines höheren Ertrags ein. Zur Risikobegrenzung wird der Anteil an Derivaten im Portfolio jedoch sehr gering gehalten. Am häufigsten kommen Optionen oder Futures im Währungsbereich zum Einsatz, wenn es gilt, erkennbare Währungsrisiken auszuschalten oder so gering wie möglich zu halten. Es macht vielfach Sinn, aussichtsreich erscheinende ausländische Aktien- bzw. Rentenmärkte im Portfolio zu berücksichtigen, weil man in der jeweiligen Währung betrachtet eine attraktive Rendite erwartet. Besteht dabei jedoch gleichzeitig die Gefahr, daß die betreffende Währung gegenüber der Anlagewährung des Kunden (z. B. Deutsche Mark) sinken könnte, dann läßt sich dieses Währungsrisiko mit Hilfe von Termingeschäften ausschalten.

Leider spielen Futures-Anlagen als Portfoliobeimischung, was in den USA und Japan beispielsweise heute bereits Standard ist, unter den kontinentaleuropäischen Portfoliomanagern offensichtlich kaum eine Rolle. Leider muß man wohl sagen, denn Untersuchungen in jüngerer Zeit haben ergeben, daß Geldanlagen an den Terminmärkten in Form sogenannter Managed Futures – darunter versteht man Futures-Fonds oder Futures-Pools – aufgrund ihrer niedrigen Korrelation mit Aktien und Anleihen als Portfoliobeimischung zu einer deutlichen Effizienzsteigerung des Gesamtportfolios beitragen können. Bei gleichem Gesamtrisiko des Portfolios kann damit eine mitunter deutliche Ertragssteigerung erreicht werden. Anders ausgedrückt läßt sich bei unveränderter Ertragserwartung das Gesamtrisiko eines Portfolios durch Beimischung eines gewissen Anteils an Managed Futures teilweise deutlich reduzieren. Auf diese Anlagemöglichkeiten werden wir in Kapitel 7.5 noch näher eingehen.

Auf die Frage nach den bisher erzielten Anlageergebnissen hielten sich die meisten Portfoliomanager bedeckt. Es waren in der Regel lediglich allgemeine Angaben zu erhalten, so daß ein Vergleich der Managementqualitäten untereinander nicht möglich ist. Anders als beispielsweise bei Investmentfonds, bei denen sogar monatliche Vergleiche untereinander gezogen und auch in diversen Medien veröffentlicht werden, gibt es im Bereich des individuellen Portfoliomanagements keine vergleichbare Ergebnistransparenz. Dies macht die Auswahl aus dem heute bereits riesigen Angebot für den interessierten Anleger nicht gerade einfacher. Auch bezüglich der Kosten gibt es unserer Erfahrung nach erhebliche Unterschiede. Diese hängen in den meisten Fällen von der Höhe des zu verwaltenden Vermögens ab und sind in gewissen Grenzen auch Verhandlungssache. Die Kostenfrage sollte aber nicht das alleinige Kriterium bei der Auswahl des in Betracht gezogenen Anbieters sein. Wer gute Ergebnisse erwirtschaftet, kann es sich in der Regel auch leisten, im Vergleich zu den Mitbewerbern etwas teurer zu sein. Eine gute Dienstleistung hat nunmal ihren Preis.

7. Vermögensmanagement mit standardisierten Bausteinen

7.1 Investmentfonds: Der praktische Problemlöser?

Wie wir in den bisherigen Kapiteln gesehen haben, lebt ein langfristig erfolgreiches Vermögensmanagement im wesentlichen von der richtigen Aufteilung der Anlagemittel auf Aktien, Rentenpapiere sowie in Geldmarktanlagen (z. B. Festgeld) sowie von der richtigen Auswahl der Anlagemärkte und -währungen. Da sich die Geldanlage bei internationaler Streuung effizienter gestalten läßt als bei ausschließlich nationaler Ausrichtung, kann man sich gut vorstellen, daß für ein gut diversifiziertes Portfolio auch ein entsprechend großer Anlagebetrag zur Verfügung stehen muß. Wird im Rahmen der Asset Allocation festgelegt, daß der Aktien-Anteil eines bestimmten Landes (z. B. Frankreich) im Portfolio beispielsweise zwei Prozent betragen soll, würden bei einem zur Verfügung stehenden Gesamtbetrag von einer Million DM lediglich 20.000 DM für den Kauf französischer Aktien zur Verfügung stehen. Da zur Reduzierung des unsystematischen Risikos (Einzeltitelrisiko) mindestens sechs bis sieben verschiedene Aktien gekauft werden müßten, würde dieser Betrag nicht ausreichen, um eine risikomindernde Diversifikation bei der Frankreich-Aktienposition zu realisieren.

Hier gerät man also selbst als Millionär sehr schnell an seine Grenzen, zumindest wenn man sein Portfolio mit einzelnen Wertpapieren (Direktanlagen) bestücken will. Dieses Beispiel zeigt eindrucksvoll, daß es in vielen Fällen bei der Realisierung der Anlagestrategie gar nicht anders geht, als zumindest in Teilbereichen auf Investmentfonds zurückzugreifen. In unserem Beispiel würde man sich also mit dem Kauf von Investmentzertifikaten eines in französische Aktien anlegenden Fonds wie beispielsweise des DIT Frankreich oder des Fidelity France Fund behelfen. Da diese Fonds selbst wiederum eine Vielzahl einzelner Aktien in ihrem Sondervermögen verwalten, ist man bereits mit 20.000 DM oder wenn nötig auch mit einem geringeren Betrag unter Umständen an einem breit gestreuten Aktienportfolio beteiligt. Auf diese Art und Weise läßt sich auch mit bescheidenen Anlagebeträgen eine Eliminierung des unsystematischen Risikos erreichen. Es wird damit praktisch ein breit diversifiziertes französisches Aktienportfolio gekauft und nicht auf einzelne aussichtsreich erscheinende Aktien gesetzt. Da man auf diese einfache Weise das Einzeltitelrisiko eliminiert hat, verbleibt lediglich noch das systematische Risiko (Marktrisiko). Die nachstehende Abbildung zeigt dies anhand des France Fund von Fidelity Investments.

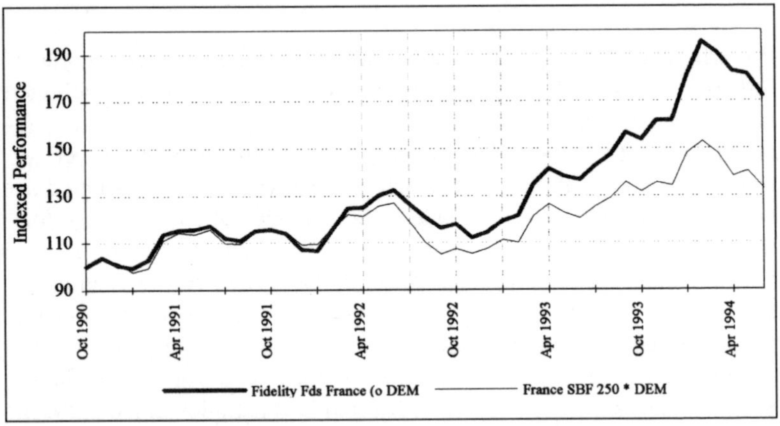

Abbildung 37: Fidelity Fds France
Quelle: Micropal

Die Abbildung zeigt die Wertentwicklung des France Fund von Fidelity Investments seit seiner Auflegung im Oktober 1990 im Vergleich zur Fonds-Benchmark, dem France FB 250-Index der Pariser Börse. Dem in Paris beheimateten Fondsmanager Renaud Saleur ist es in den dreieinhalb Jahren seit Auflegung des Fonds gelungen, den Index, der als Meßlatte (Benchmark) bestimmt wurde, zu übertreffen. Der Fondsmanager erzielte für die Anleger demnach eine bessere Performance als ein Portfolio, das aus den 250 französischen Aktien besteht, die der Index umfaßt.

Der Fidelity France Fund ist bereits ab einem Anlagebetrag von 4.000 DM zu haben. Wie dieses Beispiel zeigt, kann man sich damit quasi seinen eigenen Fondsmanager für das jeweilige Land engagieren, das man im Rahmen der Asset Allocation im eigenen Portfolio berücksichtigen möchte. Ein weiterer Aspekt ist natürlich auch, daß man sich damit die Auswahl der einzelnen Aktien, das sogenannte Stock Picking ersparen kann, was gerade an ausländischen Märkten für den typischen Privatanleger nicht ganz unproblematisch ist. Aus diesem Grund greifen nicht zuletzt auch professionelle Vermögensverwalter im Rahmen der individuellen Vermögensverwaltung zur Realisierung der Asset Allocation zunehmend zu Investmentfonds, um die jeweiligen Aktienmärkte im Portfolio abzudecken.

Der Fidelity France Fund ist jedoch kein Indexfonds in der in Kapitel 6 beschriebenen Art. Vielmehr versucht der Fondsmanager im Rahmen einer aktiven Anlagestrategie, die Benchmark zu übertreffen. Im Zuge einer Bottom-Up-Strategie wird durch die gezielte Auswahl von aussichtsreichen Einzeltiteln (Stock Picking) versucht, ein besseres Anlageergebnis zu erzielen, als mit dem gesamten französischen Aktienmarkt, gemessen am SBF 250-Index, problemlos möglich wäre. Dieses aktive Portfoliomanagement, bei dem zur Erzielung eines höheren Returns bewußt vom Index abgewichen wird, birgt natürlich andererseits die Gefahr, hinter der Performance des Gesamtmarktes zurückzubleiben. Wer dieses Risiko ausschließen will, muß auf einen Indexfonds setzen, der den französischen Aktienindex nachbildet. Solche indexorientierten Länderfonds werden zwischenzeitlich auch von deutschen Investmentgesellschaften für die gängigsten ausländischen Aktienmärkte angeboten.

Investmentfonds sind jedoch kein Allheilmittel. Bei negativer Entwicklung des Gesamtmarktes, in unserem Beispiel also des französischen Aktienmarktes, wird in der Regel auch der Frankreich-Aktienfonds eine negative Wertentwicklung zu verzeichnen haben. Ist dagegen unter der Vielzahl der in einem Fonds enthaltenen Aktien lediglich ein Flop dabei, macht sich dies in der Entwicklung des gesamten Fonds kaum negativ bemerkbar. In diesem Beispiel wäre durch den Kauf einer Vielzahl von Aktien das Risiko, daß sich ein einzelner der im Sondervermögen eines Fonds befindlichen Titel entgegen der Tendenz des gesamten Aktienmarktes negativ entwickelt, praktisch wegdiversifiziert.

Welche gewaltigen Unterschiede zwischen den einzelnen Fondsgattungen bestehen, wollen wir anhand eines Vergleiches zwischen fünf Investmentfonds mit völlig unterschiedlicher Anlagestrategie demonstrieren. Wir haben dazu einen vorwiegend in DM anlegenden Rentenfonds (Kurzläufer), einen internationalen Rentenfonds, einen deutschen Aktienfonds, einen international anlegenden Vermögensverwaltungsfonds sowie einen Futures-Fund ausgewählt. Über einen Zeitraum vom 1.9.1988 bis 1.6.1994 haben wir jeweils die jährlichen Renditen (Annual Return) sowie das Risiko (Volatility) in Form der durchschnittlichen Standardabweichungen der Jahreserträge untersucht.

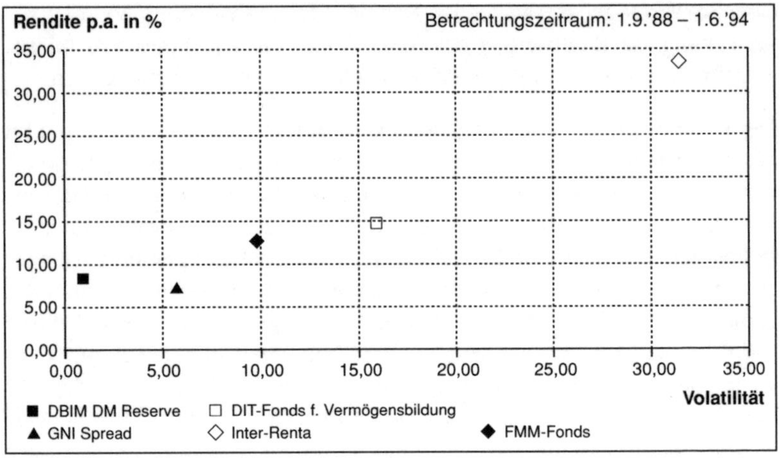

Abbildung 38: Performance-Vergleich zwischen fünf Fondsgattungen
Quelle: Micropal

Diese Auswertung der Entwicklung über einen Zeitraum von knapp sechs Jahren macht deutlich, daß man sich zunächst einmal Gedanken darüber machen muß, welches Anlageziel man mit einer Geldanlage in Investmentfonds eigentlich erreichen möchte. Insofern unterscheidet sich diese Geldanlage keinesfalls von Direktanlagen, also dem Kauf einzelner Wertpapiere über ein Bankdepot. Als Anleger sollte man sich daher zunächst über folgende Punkte Gedanken machen, bevor man sich an die Auswahl eines oder mehrerer Investmentfonds macht:

- Ertragserwartungen
- Risikobereitschaft
- zeitlicher Anlagehorizont
- persönliche steuerliche Sitution

Insbesondere bezüglich der als Risiko bezeichneten Standardabweichung (Volatility) von den ermittelten Durchschnittserträgen (Annual Return, also jährliche Rendite) sind die Unterschiede gravierend, wie die oben abgebildete Micropal-Auswertung zeigt. Sowohl die Rendite als auch die Volatilität sind als Durchschnittswerte in Prozent pro Jahr für den gesamten Untersuchungszeitraum dargestellt. Die Volatilität, die auch als Standardabweichung vom ermittelten Durchschnittsertrag (Rendite) bezeichnet wird, stellt dabei das Risikomaß eines Investments dar. Erzielte ein Fonds beispielsweise eine Rendite von 15 % pro Jahr, dann heißt das natürlich nicht, daß dieser Ertrag gleichmäßig Jahr für Jahr erzielt wurde. Es handelt sich hierbei um eine Durschnittsgröße über den gesamten betrachteten Zeitraum.

Die Rendite gibt daher noch keinen Aufschluß über die Schwankungen, denen das Investment im Zeitablauf unterworfen war. Zur Risikoquantifizierung dient die Volatilität, die als Standardabweichung die Schwankung der Rendite eines Wertpapiers oder eines Portfolios um den Mittelwert mißt. Je höher die Volatilität, desto risikoreicher war der betrachtete Investmentfonds in der Vergangenheit. Als Linien-Chart dargestellt, sieht dies folgendermaßen aus:

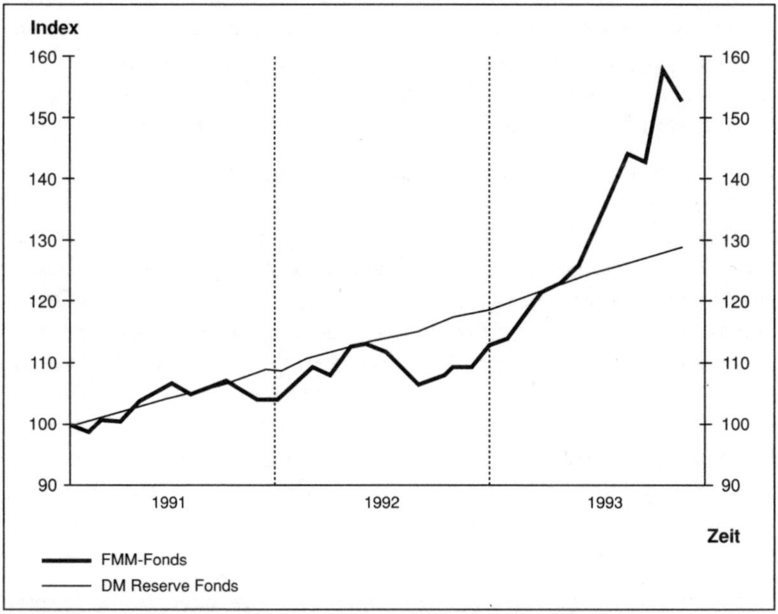

Abbildung 39: Wertentwicklung zweier Fonds im Vergleich
Quelle: Datastream

Während die Wertentwicklung des DM-Reserve-Fonds ohne nennenswerte Schwankungen verlief, entwickelte sich der FMM-Fonds unter wesentlich stärkeren Schwankungen. Die Volatilität und somit das Anlegerrisiko waren bei diesem Fonds deutlich höher. In der kurzfristigen Betrachtung mußten die Anleger vorübergehend sogar kleinere Verluste hinnehmen, was als Preis für die höhere Rendite bezeichnet werden kann, die man damit im Vergleich zum DM Reserve Fonds erzielen konnte.

Die geringsten Renditeschwankungen der in der Graphik dargestellten Fonds weist der DBIM DM Reserve Fonds der zur Deutsche Bank-Gruppe gehörenden DB Investment Management auf, was angesichts der vom Management verfolgten Anlagepolitik nicht weiter verwunderlich ist. Durch Anlagen in vorwiegend auf DM lautenden festverzinslichen Wertpapieren mit zumeist kurzen Restlaufzeiten will man die Schwankungen in der Wertentwicklung des Fonds möglichst gering halten.

Dieser Fonds eignet sich daher hauptsächlich für Anleger, die ihr Geld kurzfristig anlegen und deshalb keine großen Schwankungen hinnehmen wollen. Auch für unsichere Zeiten an den Finanzmärkten, wenn am Rentenmarkt beispielsweise ein Zinsanstieg droht und die Aussichten für Aktienanlagen ebenfalls schlecht sind, ist ein solcher Fonds die geeignete Anlage, weil Kursverluste hier kaum zu befürchten sind.

Im Vergleich zu diesem Fonds legt der Inter-Renta der DWS das Geld der Anleger breit gestreut in festverzinslichen Wertpapieren mit längeren Restlaufzeiten an. Die Kombination längerer Laufzeiten bei gleichzeitiger Anlage in Fremdwährungen führten beim Inter-Renta in der Vergangenheit zu den größeren Renditeschwankungen im Vergleich zum DBIM DM Reserve Fonds. Gleichzeitig erwirtschaftete dieser Fonds im Vergleich zum Inter-Renta auch die höhere Rendite, was hauptsächlich auf die langanhaltende Hochzinsphase im Geldmarktbereich der letzten Jahre zurückzuführen war. Der Inter-Renta eignet sich wie viele andere internationale Rentenfonds insbesondere für mittel- bis längerfristig orientierte Anleger und zwar, wenn an den internationalen Rentenmärkten Zinsrückgänge zu erwarten sind und dabei unter Umständen auch noch Währungsgewinne winken.

Der DIT-Fonds für Vermögensbildung der Dresdner Bank-Tochter Deutscher Investment Trust brachte zwar einen wesentlich höheren Ertrag als die beiden Rentenfonds. Gleichzeitig war jedoch auch das Risiko in Form der jährlichen durchschnittlichen Standardabweichungen der Renditen deutlich höher. Hierin macht sich die völlig andere Anlagepolitik dieses Fonds bemerkbar. Der DIT Fonds für Vermögensbildung ist ein deutscher Aktienfonds, der hauptsächlich in Werte mit einer hohen Dividendenrendite investiert. Als bester deutscher Aktienfonds der letzten fünf Jahre erwirtschaftete er den Anlegern im untersuchten Zeitraum immerhin eine Rendite von durchschnittlich 14,66 % pro Jahr, ein Großteil davon sogar einkommensteuerfrei. Allerdings gab es in der Vergangenheit immer wieder einzelne Jahre, in denen die Anleger nichts verdient oder gar einen geringen Verlust erlitten haben. Dieses im Vergleich zu Rentenfonds höhere Risiko ist der Preis für die Aussicht auf höhere Renditen.

WICHTIG

Wenn Sie sich für Investmentfonds entscheiden, sollten Sie genau so vorgehen, als wenn Sie Ihr Vermögen direkt in einzelne Wertpapiere anlegen würden. Machen Sie sich zunächst Gedanken, welche Ziele Sie sowohl zeitlich als auch bezüglich Ihrer Ertragserwartungen mit dem Vermögensaufbau verbinden. Überlegen Sie jedoch vor allem, welches Risiko Sie einzugehen bereit sind. Ganz entscheidend ist die Umsetzung Ihrer eigenen Erwartungen bezüglich der künftigen Entwicklung der Zinsen, Währungen sowie der einzelnen Aktienmärkte im Rahmen der taktischen Asset Allocation. Danach sollten Sie prüfen, welcher oder welche Fonds sich aufgrund ihrer Anlagepolitik und des in der Vergangenheit gezeigten Risiko-/Ertragsverhältnisses zur Realisierung Ihrer Ziele am besten eignen. Lassen Sie sich auf gar keinen Fall nur aufgrund der in der Vergangenheit erzielten Renditen zum Erwerb eines bestimmten Fonds hinreißen oder gar von übereifrigen Beratern überreden.

Der als Vermögensverwaltungs-Fonds konzipierte FMM-Fonds legt schwerpunktmäßig an den internationalen Aktienmärkten an. Wie die oben abgebildete Auswertung zeigt, erzielte er im dargestellten Zeitraum eine höhere Rendite als der Inter-Renta bei allerdings höherem Risiko. Im Vergleich zu anderen internationalen Aktienfonds mit deutscher Vertriebszulassung waren die Schwankungen in der Renditeentwicklung, die der FMM-Fonds in der Vergangenheit aufwies, jedoch gering. Hier macht sich bemerkbar, daß der Fonds bei schwierigem Börsenumfeld mitunter hohe Barbestände hatte und zeitweise auch in Anleihen investiert war.

Ein Extrembeispiel sowohl hinsichtlich des erzielten Ertrags als auch bezüglich des im Vergleich zu den anderen Fonds sehr hohen Risikos stellt in diesem Fondsvergleich sicherlich der GNI Spread des Londoner Terminmarktspezialisten GNI dar. Hierbei wird deutlich, daß man bei der Geldanlage nicht nur auf die erzielbaren Erträge schielen sollte, sondern auch überlegen muß, welches Risiko man dabei einzugehen bereit ist. Bei einer erzielten Rendite von durchschnittlich knapp 34 % pro Jahr wäre man ansonsten auf den ersten Blick geneigt, sich für eine Geldanlage wie den GNI Spread zu entscheiden. Daß ein hochspekulativer Futures-Fund wie der GNI Spread aber nicht jedermanns Sache ist, zeigen die enormen Schwankungen der Jahreserträge des Fonds von durchschnittlich 31 %. Was von solchen Futures-Funds zu halten ist und welche Verwendungsmöglichkeiten dafür bestehen, werden wir später noch sehen.

7.2 Portfoliofonds: Chancen nutzen – aber nicht um jeden Preis

War der ursprüngliche Fondsgedanke eher von einer möglichst breiten Streuung des Anlagevermögens geprägt, wurden gerade in jüngster Zeit vermehrt sogenannte Spezialitätenfonds an den Markt gebracht, die sich von der ursprünglichen Idee immer weiter entfernten. Neben reinen Länder- oder Regionenfonds, die ausnahmslos Aktien eines bestimmten Landes (z. B. Malaysia) oder einer bestimmten Region (z. B. Asien oder Lateinamerika) kaufen, werden auch vermehrt Branchenfonds angeboten, die das Geld der Anleger in bestimmte Branchen (z. B. Goldminenfonds, Rohstoffonds, Ökofonds usw.) investieren. Aber auch Fonds, die nur in bestimmte Marktsegmente, wie Nebenwerte (Small Caps), Turn-around-Werte usw. investieren, haben derzeit Hochkonjunktur. Auffällig war in letzter Zeit auch die große Flut neuer Emerging-Market-Fonds, deren bevorzugte „Spielwiesen" die Aktienmärkte der aufstrebenden Länder, vorwiegend in Asien, Lateinamerika und Süd- bzw. Osteuropa darstellen. Aber auch Futures-Funds, die den Anlegern die Tür zu den Terminbörsen der Welt öffnen, werben mehr und mehr um die Gunst des anlagesuchenden Kapitals.

Bei all dem Angebot, das ob seiner Vielfalt sicherlich den einen oder anderen mehr verwirrt, als ihm vielleicht lieb sein mag, liegt natürlich die Frage nahe, ob es nicht auch Fonds gibt, die alles können und dem Interessenten damit die Auswahl aus einer Vielzahl von Fonds und deren Überwachung erspart. Die Idee des „Alles-aus-einer-Hand-Fonds" ist zwar nicht neu. Solche Mischfonds, die das Anlagekapital weltweit je nach Einschätzung der Märkte sowohl in Aktien als auch in festverzinslichen Wertpapieren oder in Geldmarktanlagen wie Festgeld usw. investieren können, gibt es schon lange. Die Fonds fristeten jedoch zumeist ein Mauerblümchendasein mit teilweise kümmerlichem Fondsvermögen, das den Fondsmanagern seitens der Anleger anvertraut wurde. Der Grund hierfür liegt sicherlich auch in den vielfach nicht gerade berauschenden Ergebnissen, die solche Mischfonds in der Vergangenheit erwirtschaften konnten. Mitunter schafften es gut gemanagte Rentenfonds sogar, vielen dieser Mischfonds den Rang abzulaufen.

In letzter Zeit tauchen jedoch wieder mehr solcher Mischfonds am Markt auf, so daß das Angebot für Anleger, die sich möglichst wenig um ihre Geldangelegenheiten kümmern wollen oder können, andererseits jedoch eine attraktive Wertpapieranlage suchen, zunehmend besser wird. Ein Grund für die Lancierung solcher Vermögensverwaltungsfonds ist sicherlich auch die Tatsache, daß sich die Portfoliomanager hierzulande bei ihrer Arbeit doch immer mehr an den Erkenntnissen der Modernen Portfoliotheorie orientieren, so daß die zunehmenden Erfahrungen künftig bessere Anlageergebnisse solcher Mischfonds erwarten lassen, als dies in der Vergangenheit der Fall war. Die Umsetzung dieses wissenschaftlichen Gedankenguts läßt sich bei Investmentfonds in der Regel auch besser umsetzten als im Rahmen von individuellen Vermögensverwaltungen, bei denen mitunter starke Einschränkungen seitens der Kunden den Optimierungsprozeß erschweren.

Daß mit solchen Vermögensverwaltungsfonds langfristig betrachtet gute Ergebnisse erzielbar sind – und das bei wesentlich moderaterem Risiko als bei reinen Aktienfonds gemeinhin üblich, stellte beispielsweise die Bank Sarasin & Cie in Basel mit ihrem vorwiegend für britische Anleger Anfang 1988 aufgelegten GlobalSar-Fergus unter Beweis. Wie das nachfolgende Schaubild zeigt, konnte man mit diesem Fonds mehr verdienen als mit einem weltweit gestreuten Aktiendepot, gemessen am Weltaktien-Index FTA World.

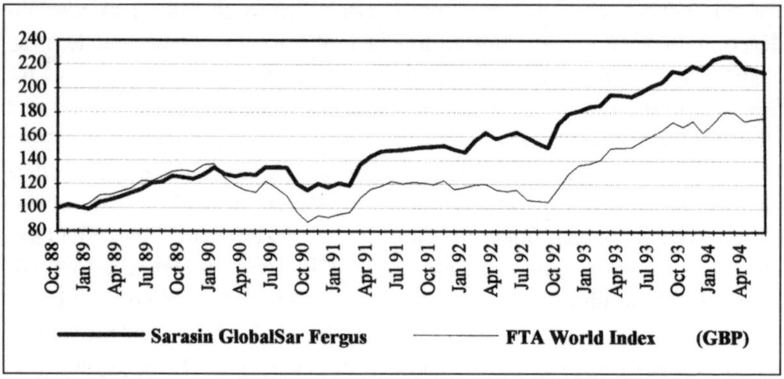

Abbildung 40: Sarasin GlobalSar Fergus
Quelle: Micropal

Besonders in unsicheren Zeiten, wie beispielsweise ab August 1990, als die Kuwait-Krise die Aktienmärkte weltweit unter Druck setzte, konnte sich dieser Fonds positiv von der Entwicklung der Weltaktienmärkte, dargestellt am FTA-Welt-Index, abkoppeln. Gerade in solchen Zeiten, in denen die Aktienmärkte keinen einheitlichen Aufwärtstrend zeigen, kommt es maßgeblich auf die richtige Portfoliomischung an. In Pfund gerechnet erwirtschaftete dieser Fonds im dargestellten Zeitraum von Oktober 1988 bis Mai 1994 eine durchschnittliche Rendite von 14,4 % pro Jahr bei einer durchschnittlichen jährlichen Standardabweichung (Volatilität) von 12,7 %. Dieses Ergebnis beweist, daß man mit einem Misch-Fonds durchaus ordentlich Geld verdienen und dabei auch noch ruhig schlafen kann.

Ein Blick auf die Asset Allocation dieses Fonds seit seiner Auflegung macht deutlich, daß die Kunst, langfristig bei möglichst geringem Risiko Geld zu verdienen, hauptsächlich von der ausgewogenen Mischung zwischen Anlagen in Aktien (Equities), festverzinslichen Wertpapieren (Bonds) und Geldmarktanlagen (Cash) bestimmt wird.

Zu keiner Zeit war der Fonds zu einhundert Prozent in Aktien investiert, auch dann nicht, als die Aussichten für Aktien noch so gut schienen. Der Aktienanteil bewegte sich stets zwischen rund 40 und 60 Prozent des Fondsvermögens. Maßgeblich für das geringe Risiko war sicherlich auch der sehr konservativ gehaltene Währungsmix. Per Ende April 1994 waren rund 60 Prozent der Anlagemittel in der eigenen Währung der Fonds-

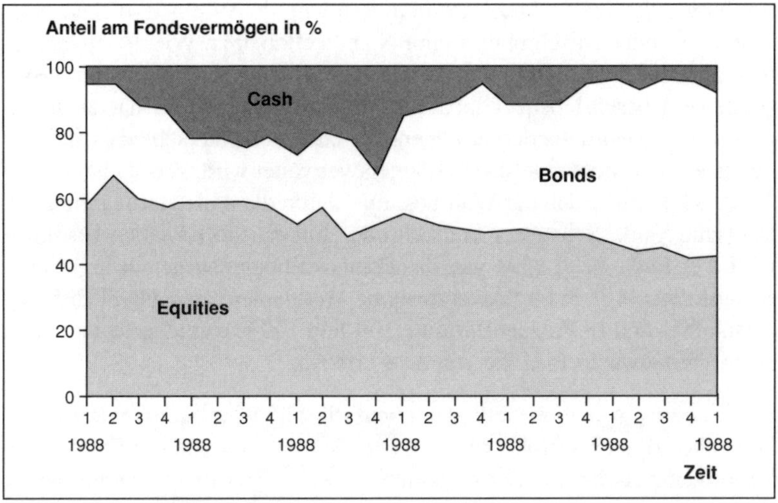

Abbildung 41: Historic Asset Allocation aus „Sarasin House Report, April 1994"

investoren, im Britischen Pfund angelegt, der Rest breit gestreut in mehreren Fremdwährungen. In unsicheren Zeiten, so beispielsweise von Mitte 1988 bis Ende 1990, als gerade in Europa die Zinsen stiegen, wurde der Cash-Anteil sehr hoch gehalten und betrug zeitweise bis zu 30 Prozent des Fondsvermögens.

Auf diese Weise konnte der Fonds drohende Kursverluste bei Anleihen weitestgehend vermeiden und durch die hohe Cash-Position außerdem von hohen Geldmarktsätzen profitieren. Als der Zinshöhepunkt Ende 1990 in Europa erreicht war, wurde der Cash-Anteil zugunsten langlaufender Anleihen wieder reduziert. Aufgrund der stark sinkenden Zinsen konnten sich die Anleger über hohe Kursgewinne bei diesen Anleihen freuen. Auffallend ist auch, daß der Aktienanteil im Verlauf des Jahres 1993 bei steigenden Kursen sukzessive reduziert wurde und zum Jahresbeginn 1994 nur noch bei rund 40 Prozent des Fonsvermögens lag. Hierin kam die Einschätzung des Hauses Sarasin zum Ausdruck, daß die für Ende 1994 erwartete Kursentwicklung vieler Aktienmärkte, vorwiegend in Europa und in Asien, bereits Ende 1993 realisiert worden war.

Seit September 1992 bietet das auf Vermögensverwaltung spezialisierte schweizerische Privatbankhaus auch deutschen Anlegern über ihre in Luxemburg ansässige Tochter, Sarasin Investment SICAV, einen solchen weltweit anlegenden Mischfonds an mit Namen GlobalSar. Wie der Name bereits andeutet, wird dieser Fonds von demselben Fondsmanager wie der vorstehend beschriebene GlobalSar-Fergus verwaltet und hat auch die gleichen Aktien im Sondervermögen. Wesentlicher Unterschied ist, daß der Fonds aus der Sicht eines DM-Anlegers verwaltet wird, was dadurch zum Ausdruck kommt, daß der Währungsmix durch die drei „Hartwährungen" Deutsche Mark, Schweizer Franken und Holländischer Gulden bestimmt wird. Per Ende April 1994 war das Fondsvermögen aufgeteilt in 38 Prozent Aktien, 44 Prozent festverzinsliche Wertpapiere einschließlich Wandelanleihen und 18 Prozent Barmittel. Im Jahr 1993 verzeichnete der Fonds einen Wertzuwachs in Höhe von 22,8 Prozent.

Ein weiteres Angebot stellt der ebenfalls als Vermögensverwaltungs-Fonds konzipierte Ceros-Universal-Fonds 1 dar, der von der Frankfurter Vermögensverwaltung Ceros gemanagt wird. Ziel dieses Fonds ist es ebenfalls, mit wechselnden Schwerpunkten in Festgeld, Anleihen und Aktien zu investieren und damit eine ausgewogene, global orientierte Anlagestrategie zu verfolgen. Wie das nachfolgende Schaubild zeigt, ist die Strategie des Fondsmanagements bisher aufgegangen.

Seit seiner Auflegung am 3.2.1992 konnte der Fonds bis Ende März 1994 rund 53 Prozent zulegen und übertraf damit sowohl den DAX-Index als auch den Weltaktienindex MSCI-Welt – und das bei deutlich geringeren Schwankungen. Er zählte damit zu den besten deutschen Misch-Fonds. Wegen der unsicheren Börsenlage wurde der Barbestand des Fonds Ende Juni 1994 auf 50 Prozent aufgestockt.

Bei der Betrachtung der Depotstruktur dieses Fonds fällt sofort auf, daß Ceros eine etwas andere Anlagestrategie verfolgt, als der zuvor vorgestellte Fonds. Während die Bank Sarasin hauptsächlich auf Standardwerte an den etablierten Aktienmärkten der Industrieländer setzt, ist dagegen der Anteil an Aktien der aufstrebenden Länder, den sogenannten Emerging Markets, bei Ceros zeitweise sehr hoch. Dies ist sicherlich auch ein Grund für die sehr positive Entwicklung dieses Fonds, der im Jahr 1993 einen Wertzuwachs von 37 Prozent erzielte. Auf der anderen Seite könnte diese agressivere Anlagepolitik bei entsprechend negativer Marktentwicklung an den Börsen dieser Schwellen- und Entwicklungsländer durchaus zu größeren Schwankungen des Fondsvermögens führen, sofern das Management nicht rechtzeitig reagiert.

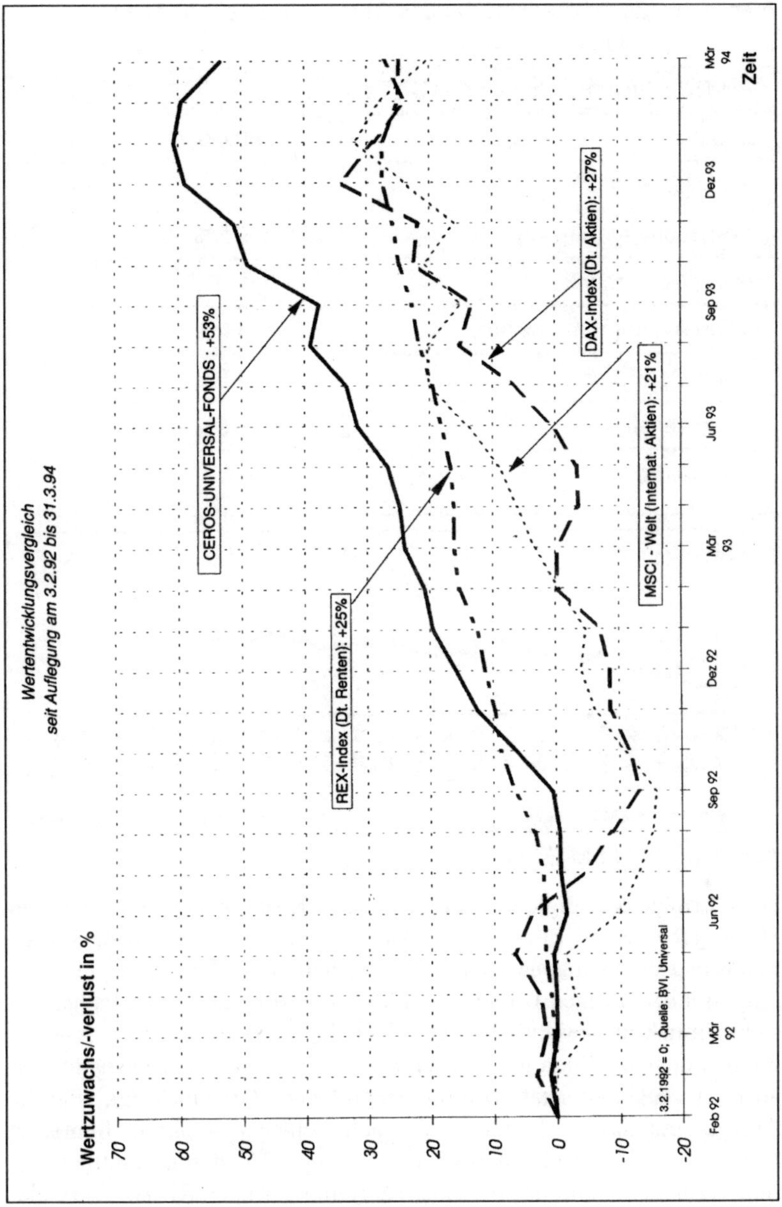

Abbildung 42: Ceros-Universal-Fonds

Tabelle 25: Zusammensetzung des Ceros-Universal-Fonds 1
(Stand: Juni 1994

Portfolio-Struktur des Ceros-Universal-Fonds I	
Barmittel	50,0%
deutsche Anleihen	12,1%
internationale Anleihen	9,7%
Aktien Nordamerika	11,0%
Aktien Asien (ohne Japan)	4,2%
Aktien Ost-Europa	4,5%
Aktien sonstige	8,5%

(Quelle: Ceros)

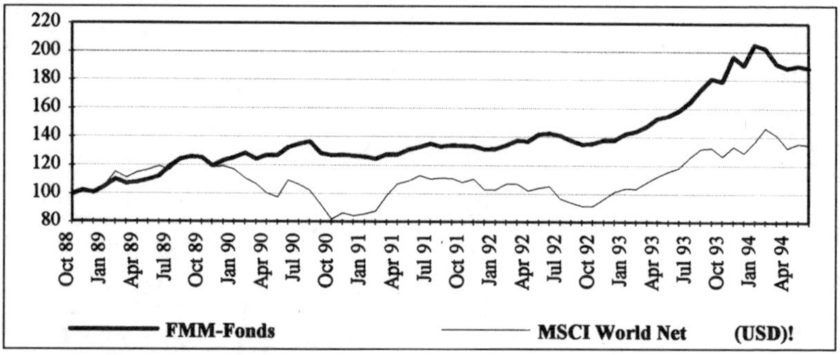

Abbildung 43: FFM-Fonds

Hohe Erträge bei vergleichsweise geringem Risiko konnte auch der vom Herausgeber eines Börsenbriefs, Dr. Jens Erhardt, gemanagte FMM-Fonds in den vergangenen Jahren erwirtschaften. Dieser Fonds ist nur bedingt mit den übrigen vorgestellten Mischfonds vergleichbar. Es handelt sich nämlich im wesentlichen um einen Aktienfonds, der jedoch neben internationalen Aktien in unsicheren Zeiten vor allem auf Festgeld aber auch auf Anleihen setzt. Wie die nachfolgende Graphik zeigt, sind die Anleger mit diesem Fonds bisher nicht schlecht gefahren. Immerhin konnte man damit seit Oktober 1988 knapp 12 % durchschnittlich pro Jahr verdienen – und das bei einem auffällig geringen Risiko. Die Volatilität betrug lediglich 9,8 % p.a.

Tabelle 26: Depot-Struktur des FMM-Fonds

Depotwert	Anteil
Liquidität	39,5%
Anleihen u. Genußscheine	17,5%
Aktien Deutschland	25,5%
Aktien Schweiz	13,6%
Aktien Italien	2,2%
Aktien Sonstige	1,8%

(Stand Ende Juni 1994)

Dem auf markttechnische Indikatoren spezialisierten Manager des FMM-Fonds gelang es im dargestellten Zeitraum, den MSCI Welt-Aktienindex zu übertreffen und das bei geringeren Schwankungen – wie die Graphik unter Beweis stellt. Der Fonds ist ohne Ausgabeaufschlag erhältlich. Es wird jedoch ein erfolgsabhängiges Verwaltungshonorar in Höhe von 10 % des Nettovermögenszuwachses pro Jahr erhoben. Die Mindestanlagesumme beträgt beim FMM-Fonds 50.000 DM.

Für wen eignen sich solche Mischfonds?

- Für Anleger, die ihren Vermögensaufbau langfristig planen und eine international ausgerichtete aktive Vermögensverwaltung mit moderatem Risikopotential suchen, die ansonsten nur für höhere Anlagebeträge zur Verfügung steht.
- Für Anleger, die sich um ihre Geldanlage aus Zeitgründen nicht intensiv kümmern können oder aber nicht das nötige Know-how mitbringen, um ihr Vermögen selbst erfolgreich zu managen.

Solche Mischfonds eignen sich im übrigen auch als Basis-Investment, das durch andere Anlagen wie beispielsweise spezielle Länder- oder Regionenfonds (z. B. Asien-Fonds) oder weltweit anlegende Emerging-Market-Fonds ergänzt wird, um in bestimmten Bereichen Schwerpunkte zu setzen. Auch eine Beimischung eines oder mehrerer Futures-Funds kann durchaus sinnvoll sein, wie wir später noch sehen werden. Allerdings sollte man sich darüber im klaren sein, daß sich durch die Beimischung anderer Anlagen die optimierte Risiko-/Ertrags-Relation des Gesamt-

Portfolios im Vergleich zu der des Mischfonds mitunter erheblich verändern kann.

Solche Portfolio-Fonds können das wissenschaftliche Gedankengut der Modernen Portfolio-Theorie am besten realisieren. Internationale Diversifikation und risikobewußte Aufteilung der Anlagemittel in Aktien, Anleihen und Festgeld dürften – gutes Fonds-Management vorausgesetzt – langfristig gute Erträge bringen – und das bei vertretbarem Risiko.

7.3 Als Beimischung interessant: Länderfonds

Die teilweise spektakulären Ergebnisse, die eine ganze Reihe von Investmentfonds im Jahr 1993 erzielen konnten, erregten bei vielen Anlegern große Aufmerksamkeit. Einige Fonds konnten im Einjahresvergleich deutlich über 100 Prozent zulegen. Es waren vor allem Länder- und Regionenfonds ausländischer Fondsgesellschaften mit deutscher Vertriebszulassung, die vorwiegend in asisatischen Schwellen- und Entwicklungsländern wie Malaysia, Hongkong und Thailand anlegen. Den Vogel schoß der Mercury Selected Trust Singapore & Malaysia Fund mit einem Wertzuwachs im Gesamtjahr 1993 von 180,8 % ab.

Auch die amerikanische Fondsgesellschaft Fidelity hatte mit einigen ihrer Top-Fonds sehr gute Ergebnisse zu verzeichnen. Nicht weniger als vier dieser Fonds konnten mit einem Einjahresergebnis von über 100 Prozent aufwarten. Alle vier Fidelity-Fonds haben ihren Anlageschwerpunkt an den asiatischen „Tigerbörsen" wie die Finanzmärkte der aufstrebenden Schwellen-und Entwicklungsländer dieser Region im Börsianer-Jargon gerne genannt werden.

Wir wollen niemanden dazu animieren, sein Vermögen in einen hochspekulativen Fonds zu investieren, denn solch spektakuläre Anlageergebnisse lassen sich nun einmal nur um den Preis eines außergewöhnlich hohen Risikos erzielen. Dies mußten viele Anleger zu Beginn des Jahres 1994 feststellen, die den Verlockungen einer „schnellen Mark" erlegen waren und aufgrund der spektakulären Ergebnisse in diese „Super-Fonds" investiert haben. Viele haben sich gewundert, daß sich diese Fonds plötzlich nicht mehr so gut entwickelt haben, sondern in den ersten vier Monaten des Jahres 1994 teilweise bis zu einem Viertel ihres Wertes eingebüßt haben. Hauptsächlich die Gewinner des Vorjahres, d. h. zumeist

Fonds, die in den asiatischen Tigerländern anlegen, haben zu Beginn des neuen Jahres das Schlußlicht in der Fonds-Rangliste gebildet.

Dennoch bieten die Emerging Markets, wie die aufstrebenden Länder, die an der Schwelle vom Status eines Entwicklungslandes zur Industrialisierung stehen, langfristig ein interessantes Entwicklungspotential, das man sich auch als Anleger zu Nutzen machen sollte. Der wichtigste Grund dafür sind die teilweise wesentlich höheren Wachstumsraten, die diese Länder im Vergleich zu den etablierten Industrienationen über viele Jahre hinweg hatten und auch für die Zukunft versprechen. So schätzte die Weltbank beispielsweise das jährliche Wachstum des realen Bruttoinlandsproduktes der Entwicklungsländer für den Zeitraum 1991-94 auf 5,1 Prozent im Vergleich zu lediglich rund drei Prozent, das die Industrieländer aufzuweisen haben. Ein besonders kräftiges Wachstum verzeichnen derzeit insbesondere die asiatischen Länder wie Indonesien, Malaysia und Thailand mit Raten zwischen sechs und acht Prozent pro Jahr. Aber auch China erweist sich mit Wachstumsraten von acht bis zehn Prozent als äußerst dynamisch. Nicht zuletzt auch die osteuropäischen Länder wie Ungarn, Tschechien und allen voran Polen machen insbesondere auf Sicht der nächsten Jahre einen vielversprechenden Eindruck.

Angesichts des positiven wirtschaftlichen Umfelds kann es natürlich nicht verwundern, daß auch die Entwicklung an den betreffenden Börsen entsprechend positiv verläuft. Beobachter der Szene gehen davon aus, daß künftig jeder dritte neu anzulegende Dollar in die Emerging Markets fließen wird. Das durch die teilweise sehr guten wirtschaftlichen Rahmendaten angelockte Anlagekapital bewirkt oftmals, daß die zumeist noch gering kapitalisierten Exotenbörsen regelrecht explodieren. Dies war gerade im Jahr 1993 besonders ausgeprägt, als Milliardenbeträge hauptsächlich aus den USA und aus Japan in kurzer Zeit an die kleinen Börsen schwappten, weil die heimischen Finanzmärkte aufgrund niedriger Zinsen und hoher Aktienbewertungen den Investoren nicht mehr so attraktiv erschienen.

Auf der anderen Seite stellt das sehr schwer einschätzbare Anlageverhalten der Großinvestoren mitunter auch ein Problem für die Entwicklung der Exotenbörsen dar. Kommt der Zustrom an Liquidität ins Stocken oder wird gar ein Teil des Kapitals wieder abgezogen, sind mitunter kräftige Korrekturen bei den zuvor stark gestiegenen Aktien die Folge. Die Entwicklung an den Emerging Markets verläuft sehr volatil, das heißt, die Kursausschläge nach oben und unten sind an den einzelnen Börsen bei isolierter Betrachtung wesentlich ausgeprägter, als dies an den etablierten Börsen üblicherweise der Fall ist.

Den langfristig betrachtet deutlich höheren Ertragsaussichten stehen demnach auch höhere Kursrisiken gegenüber, zumindest bei Betrachtung der einzelnen Emerging Markets für sich alleine, also losgelöst von der Entwicklung der anderen Schwellenbörsen. Deshalb sollten Geldanlagen in Emerging Markets grundsätzlich nur auf längere Sicht, also mindesten vier bis fünf Jahren, erfolgen. Wer aus den starken Schwankungen durch kurzfristige Tradings schnelle Gewinne erzielen will, muß nicht nur die Märkte genau beobachten, sondern muß sicherlich auch ein glückliches Händchen haben, um jeweils den richtigen Zeitpunkt zum Kauf bzw. Verkauf der Aktien oder Fondsanteile zu erwischen. Für den ungeübten Anleger sind solche Spielchen daher nicht geeignet, weil das Risiko, sich dabei eine „blutige Nase" zu holen, ganz einfach zu hoch ist.

Dagegen sind Geldanlagen in Emerging Markets langfristig durchaus sinnvoll. Untersuchungen der vergangenen Entwicklungen dieser Märkte haben nämlich gezeigt, daß ein gewisser Aktienanteil aus Emerging Markets als Beimischung zu einem aus Werten etablierter Märkte bestehenden Aktiendepot zu einem höheren Gesamtertrag führt, ohne daß sich dadurch das Gesamtrisiko erhöht. Ein Blick auf die folgende Graphik über die Kursentwicklung an der Aktienbörse Indiens im Vergleich zur Entwicklung an der bedeutendsten Börse der Welt, der Wall Street in New York, bietet bereits eine Erklärung dafür.

Wie man sieht, ist die Entwicklung der beiden dargestellten Aktienbörsen sehr unterschiedlich verlaufen. Dieses Beispiel steht stellvertretend für die oftmals völlig unabhängig von den Aktienbörsen der Industriestaaten verlaufenden Börsen der Emerging Markets. Es bestehen anders ausgedrückt mitunter geringe Wechselbeziehungen (Korrelationen) zwischen den Schwellenmärkten und den vollentwickelten Märkten der Industrieländer. Wie die in Zürich ansässige Bank Pictet & Cie festsgestellt hat, liegen die Korrelationskoeffizienten zwischen dem amerikanischen Aktienmarkt und verschiedenen Emerging Markets zwischen +0,7 (Malaysia) und und -0,14 (Indien). Der Korrelationskoeffizient zwischen dem IFC-Emerging-Market-Composite-Index, einem globalen Aktienindex der Schwellenbörsen, und dem FT World Index (globaler Aktienindex der etablierten Märkte) betrug hingegen über eine Zeitspanne von fünf Jahren nur + 0,35.

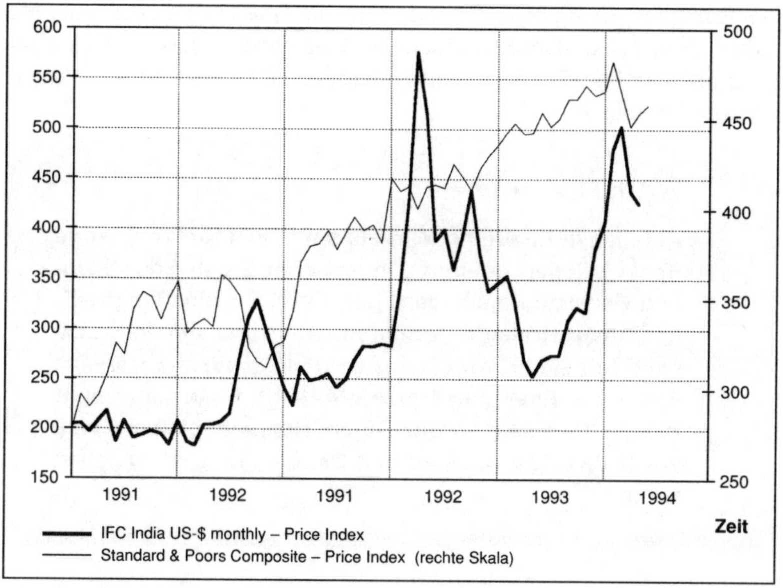

Abbildung 44: Datastream-Chart Indien seit 1989 im Vergleich zum S&P 500-Index

Quelle: Datastream

Grundsätzlich betrachtet läßt sich feststellen, daß die Korrelation eines exotischen Marktes mit den etablierten Märkten um so geringer ist, je weniger entwickelt die Wirtschaft des betreffenden Landes ist und je schwieriger es für ausländische Anleger ist, an der jeweiligen Börse Aktien zu erwerben.

Wie wir in Kapitel 2 bereits festgestellt haben, bieten die Korrelationskoeffizienten einen Maßstab für den Gleichlauf zweier Aktienmärkte. Die Korrelationen zweier Märkte zueinander können sich zwischen den beiden Extremwerten +1 und – 1 bewegen. Möglichst niedrige oder gar negative Korrelationskoeffizienten sind das Salz in der Suppe eines Portfolio-Managers, denn er weiß, daß sich diese Märkte unabhängig voneinander oder, im Falle negativer Korrelationen, sogar gegenläufig zueinander verhalten. Aufgrund der langfristig interessanten Wachstumsaussichten vieler Schwellen- und Entwicklungsländer und der geringen Korrelationen mit den etablierten Aktienbörsen kann ein Investor im Rahmen eines globalen Portfolios durch Investitionen in Emerging Markets den Ertrag langfristig betrachtet erhöhen – und das bei gleichem oder gar reduziertem Risiko. Der Schwellenbörsenanteil sollte dabei jedoch nicht mehr als zehn bis 15 Prozent eines international diversifizierten Aktienportfolios betragen.

WICHTIG

Anlagen in Emerging Markets sind nicht für kurzfristige Spekulationen geeignet. Investieren Sie in Schwellen- und Entwicklungsländern nur, wenn Sie eine langfristige Anlagestrategie verfolgen. Aufgrund der teilweise sehr volatilen Entwicklung an den „exotische Börsen" sollte der Emerging-Markets-Anteil am Gesamt-Depot jedoch in einem vernünftigen Rahmen bleiben, weil sonst das Gesamtrisiko des Depots zu hoch ausfallen kann.

Emerging Markets – welche Länder zählen dazu?

Nach einer von der International Finance Corporation (IFC), einer Tochter der Weltbank, im Jahr 1990 gelieferten Definition zählen zu den Emerging Markets all die Volkswirtschaften, deren Bruttoinlandsprodukt pro Kopf der Bevölkerung unter 7.620 US-Dollar liegt. Unter Berücksichtigung der Inflationsrate dürfte dieser Wert heute bei über 8.000 US-Dollar anzusiedeln sein. Derzeit klassifiziert die IFC über 45 Länder als Emerging Markets, die weitgehend im asiatisch-pazifischen Raum, in Lateinamerika und im Nahen und Mittleren Osten zu finden sind. Dazu zählen u.a. die in Tabelle 27 aufgeführten Länder.

Hongkong wird von der IFC dagegen nicht als Schwellenland klassifiziert. Das als Tor zu China geltende Land wird jedoch von vielen Anlegern zu den Emerging Markets gezählt, weil es mit China wirtschaftlich sehr stark verflochten ist und viele chinesische Aktien an der Hongkonger Börse gehandelt werden. Im übrigen soll die derzeit noch britische Kronkolonie im Jahr 1997 an China zurückgegeben werden.

Zwar werden sowohl Portugal als auch Taiwan noch als Emerging Markets geführt. Beide Länder sind jedoch aufgrund ihrer wirtschaftlichen Entwicklung, die sie in den letzten Jahren durchliefen, streng genommen

Tabelle 27: Emerging Markets

Emerging Markets gemessen am Bruttoinlandsprodukt pro Kopf der Bevölkerung				
Asien				
Indonesien	Korea	Malaysia	Philippinen	Vietnam
Thailand	Thaiwan	Pakistan	Indien	
Lateinamerika				
Argentinien	Brasilien	Chile	Kolumbien	
Mexiko	Venezuela	Peru		
Naher Osten/Afrika				
Jordanien	Ägypten	Nigeria		
Süd- und Osteuropa				
Ungarn	Tschechische Republik		Polen	Slowenien
Rußland	Griechenland		Türkei	Portugal

nicht mehr dazuzuzählen. Nach der Definition der IFC ist Taiwan bereits der Kategorie der Emerging Markets entwachsen, und Portugal steht kurz davor.

7.3.1 Risiken und Ertragserwartungen der Emerging Markets

Einen Anleger interessieren neben den Ertragserwartungen natürlich immer auch die Risiken, die er mit einem Engagement in den aufstrebenden Ländern eingeht. Wie wir bereits wissen, läßt sich das Risiko, definiert als Renditeschwankungen einer Geldanlage, mit Hilfe einer statistischen Kennzahl, der sogenannten Standardabweichung der Erträge, ermitteln. Die für die Vergangenheit ermittelten Werte dienen dann zumindest als Indiz für das künftige Schwankungsverhalten. Die nachfolgende Graphik zeigt die Risiken und Erträge der verschiedenen Emerging Markets, die im Globalindex der IFC enthalten sind. Sie stammt aus einer in der schweizerischen Finanz und Wirtschaft veröffentlichten Studie von Erwin W. Heri und Burkhard Poschadel, die sich mit dem Ertrags- und Risikoprofil der Emerging Markets aus Sicht eines schweizerischen Kapitalanlegers beschäftigt. Der Untersuchungszeitraum betrug fünf Jahre, von April 1988 bis April 1993.

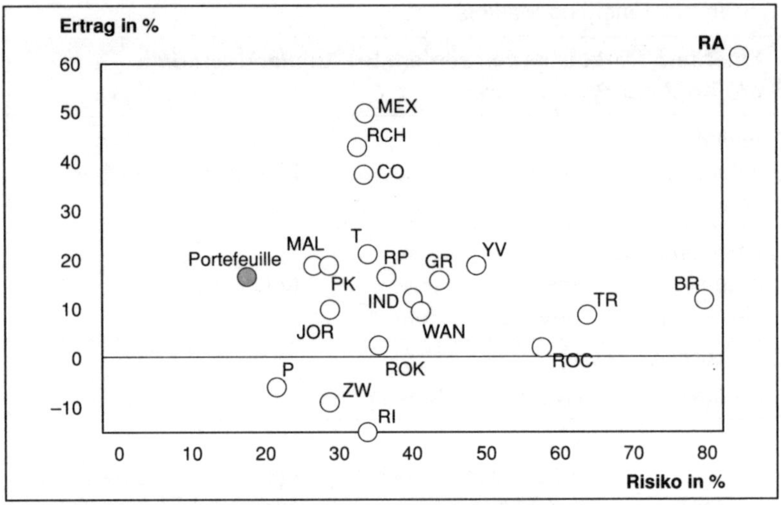

Abbildung 45: Die Emerging Markets zwischen Risiko und Ertrag
Quelle: FuW-Grafik

Sowohl die Risiken als auch die Ertragskennziffern sind auf Jahresraten umgerechnet, also annualisiert und gleichzeitig in Schweizer Franken konvertiert worden. Währungsveränderungen sind also in den Berechnungen enthalten. Die Graphik zeigt beispielsweise, daß Mexiko während dieser Periode für einen Schweizer Anleger ein Risiko von knapp 35 Prozent hatte, bei einem jährlichen Ertrag von rund 50 Prozent. Das Risiko lag damit etwa doppelt so hoch, wie beispielsweise am Schweizer Aktienmarkt. Noch extremer stellte sich die Situation am argentinischen Aktienmarkt für einen Schweizer Anleger dar, der bei einem jährlichen Ertrag von rund 60 Prozent mit Schwankungen von über 100 Prozent leben mußte. Das Risiko lag etwa sechsmal so hoch wie am Schweizer Aktienmarkt. Diese Auswertung zeigt, daß die Aussagen über das teilweise enorme Risiko einzelner Schwellenbörsen durchaus ihre Berechtigung haben.

Die beiden Finanzexperten untersuchten darüber hinaus noch das Risiko- und Ertragsverhalten der Emerging Markets, unter der Annahme, daß ein Schweizer Anleger alle in der Graphik aufgeführten 20 Länder während der angegebenen Fünfjahresperiode zu jeweils gleichen Anteilen in einem Portfolio gehalten hätte. Das dabei ermittelte Ergebnis mag viele erstaunen. Das auf diese Weise zusammengestellte Portfolio (in der Abbildung 44 als Portefeuille bezeichnet) erzielte einen Ertrag, der logischerweise dem Durchschnitt der einzelnen auf diesen Märkten erzielten Erträge entsprach.

Bezüglich des Risikos stellen sich die Zusammenhänge jedoch anders dar, denn wir wissen aus der Portfoliotheorie, daß das Risiko eines Portfolios nicht der gewichtete Durchschnitt der Einzelrisiken ist. Da die Ertragsentwicklungen der betrachteten Aktienmärkte und deren Schwankungen nicht gleich verlaufen, also nicht vollständig korreliert sind, stellt sich durch die Länderstreuung ein risikomindernder Effekt ein. Wie groß dieser Effekt bei Engagements in den Emerging Markets ist, zeigt Abbildung 44 sehr eindrucksvoll. Das Risiko eines aus allen 20 Aktienmärkten gleichgewichtig zusammengesetzten Portfolios war in der untersuchten Periode geringer als das niedrigste Risko, das einer der vertretenen Märkte (Portugal) aufwies. Wichtig ist vor allem auch, daß das Risko dieses aus 20 Ländern zusammengesetzten Emerging-Markets-Portfolios in etwa dem Risiko entsprach, das ein Schweizer Anleger am heimischen Aktienmarkt in Kauf nehmen mußte. Die Beobachtung enormer Kursschwankungen, die für die einzelnen Märkte ohne Zweifel zutreffend ist, gilt nicht mehr im Rahmen eines weltweit investierenden Emerging-Markets-Portfolio.

Es stellt sich nun natürlich die Frage, worauf diese deutliche Reduzierung der Einzelländerrisiken zurückzuführen ist. Das Geheimnis liegt darin, daß die manchmal sehr ausgeprägten Kursschwankungen der einzelnen Märkte so gut wie gar nicht miteinander korrelieren, d. h., sie verlaufen unabhängig voneinander. Die Richtung der Kursschwankungen in Mexiko hat wenig zu tun mit der Richtung der Kursschwankungen in Portugal, und diese wiederum sind unabhängig von den Schwankungen in Indien oder in Nigeria. Sinken die Kurse in Malaysia, kann es durchaus sein, daß der Aktienmarkt in Warschau oder Budapest in der gleichen Zeit steigt. In den ersten fünf Monaten des Jahres 1994 stiegen die Aktien in Kolumbien beispielsweise um rund 32 Prozent, während sie in der gleichen Zeit in der Türkei um 67 Prozent einbrachen. Den Berechnungen der beiden Schweizer Finanzexperten zufolge war die durchschnittliche Korrelation zwischen den zwanzig dargestellten Emerging Markets ungefähr + 0,19, während sie zwischen den Aktienmärkten der zehn wichtigsten Industrieländer bei + 0,60 gelegen hat. Aus Sicht eines DM-Anlegers mögen die Korrelationen währungsbedingt geringfügig abweichen. An den grundsätzlichen Aussagen ändert sich dadurch jedoch nichts.

Nun ist natürlich für einen Anleger nicht nur von Interesse, welches Risiko- und Ertragsverhalten die einzelnen Schwellenbörsen bzw. ein global diversifiziertes Emerging-Markets-Portfolio aufweist. Vielmehr ist natürlich auch wichtig zu wissen, wie sich Risiken und Erträge verhalten, wenn man einem aus den Märkten der etablierten Industrieländer zusammengesetzten Portfolio einen gewissen Aktienanteil aus den Emerging Markets beimischt. Deshalb untersuchten Heri und Poschadel auch die Wechselwirkungen zwischen den exotischen Börsen und dem Schweizer Aktienmarkt. Sie gingen der Frage nach, wie das weltweit diversifizierte Emerging Markets-Portfolio sich zusammen mit einer Anlage im Schweizer Aktienmarkt darstellt und welches Ertrags- und Risikoprofil sich ergibt, wenn man diese beiden Anlagemöglichkeiten wiederum zu einem Portfolio zusammenfügt (vgl. Abbildung 46).

In der untersuchten Periode wies ein Engagement in Schweizer Aktien einen jährlichen Ertrag von durchschnittlich 11,1 Prozent auf bei einem

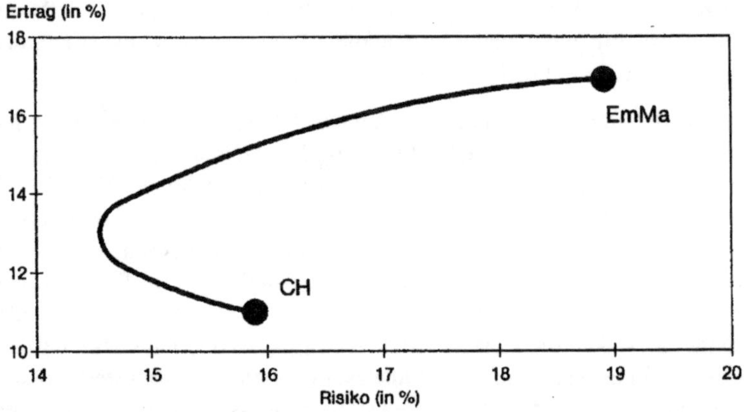

Abbildung 46: Diversifikation mit Energing Markets
Quelle: FuW-Grafik

Risiko, also einer durchschnittlichen jährlichen Standardabweichung der Erträge, von knapp 16 Prozent. Das aus zwanzig Schwellenbörsen gleichgewichtig zusammengesetzte Emerging-Markets-Portfolio brachte es im gleichen Zeitraum auf einen Ertrag von 16,6 Prozent pro Jahr, jedoch bei einem etwas höheren Risiko. Bei Kombination beider Anlagemöglichkeiten hätte man einen Ertrag in Höhe des gewichteten Mittels der Einzelerträge erhalten. Hätte man 50 Prozent in Emerging Markets und die andere Hälfte in Schweizer Aktien investiert, so hätte daraus ein Ertrag des Gesamtportfolios von 13,85 Prozent resultiert.

Bezüglich des Portfoliorisikos stellte sich das Ergebnis jedoch wiederum anders dar, weil die Schwankungen in der Schweiz und die der Emerging Markets nicht gleichläufig, sondern phasenweise gegenläufig sind. So konnte es durchaus sein, daß die Aktienkurse in der Schweiz sanken, während die Schwellenbörsen in der gleichen Zeit Kursgewinne zu verzeichnen hatten. Die sich daraus ergebenden Glättungen der Wertschwankungen bringen es mit sich, daß es Kombinationen aus beiden Anlagemöglichkeiten gibt, bei denen das Schwankungsrisiko geringer ist als bei einer Anlage nur in Schweizer Aktien. Die Kombination mit den geringsten Schwankungen hätte sich im betrachteten Zeitraum bei einer Mischung aus 34 Prozent Emerging Markets und 66 Prozent Schweizer Aktien ergeben. Die Beimischung von Aktien aufstrebender Länder zu einem traditionellen Aktienportfolio ist also nicht nur aufgrund der günstigen Ertragsaussichten dieser Länder interessant, sondern unter dem Aspekt der Risikoreduzierung sogar zwingend notwendig.

7.3.2 Anlagemöglichkeiten an den Emerging Markets

Nach diesen grundsätzlichen Überlegungen stellt sich natürlich die Frage, welche Schwellenbörsen sind interessant und welche sollte man möglichst meiden? Die Frage nach einzelnen Aktien sollte sich jedoch normalerweise nicht stellen, denn es macht wenig Sinn, sich als Anleger auf die Suche nach aussichtsreichen Einzeltiteln zu machen. In der Regel dürfte ein solches Vorhaben schon an den fehlenden Informationsmöglichkeiten und in vielen Fällen auch am zu geringen Anlagevolumen scheitern, das für Engagements in Einzeltitel an den jeweiligen Börsen zur Verfügung steht. Es werden zwar mittlerweile auch einige interessante exotische Aktien an deutschen und auch an anderen etablierten Weltbörsen wie New York oder London gehandelt, die man relativ spesengünstig erwerben könnte. Aber gerade bei Engagements in exotischen Werten gilt mehr als andernorts das Gebot der Risikostreuung. Ein Direkt-Investment an den exotischen Börsen sollte man deshalb tunlichst den Profis überlassen.

Private Geldanleger sollten ein Investment in Emerging Markets nur über gut gemanagte Investmentfonds in Betracht ziehen. Gerade in diesem Anlagesegment spielt die Kenntnis der politischen und wirtschaftlichen Entwicklung der entsprechenden Länder eine große Rolle. Auch die teilweise mühsamen Recherchen bei einzelnen Unernehmen können in der Regel nur von Analyseteams institutioneller Investoren, wie sie von Investmentgesellschaften unterhalten werden, erfolgreich durchgeführt werden. Die meisten Fonds-Gesellschaften haben ihre Fondsmanager und Analysten direkt in den betreffenden Ländern, so daß auch eine gewisse „Marktnähe" garantiert ist.

Das Angebot an Emerging-Markets-Fonds ist in den letzten beiden Jahren aufgrund der sehr guten Entwicklung an den Aktienbörsen dieser Länder stark gestiegen. Die Geldanlage in diesen exotischen Fonds ist bei den Anlegern geradezu zu einer Modeerscheinung geworden, was natürlich dazu geführt hat, daß sehr viel Geld in diese Fonds und somit auch an die Schwellenbörsen geflossen ist. Viele Aktienmärkte, insbesondere viele asiatische Börsen, gelten daher unter Kennern mittlerweile als recht teuer.

Die angebotenen Emerging-Markets-Fonds lassen sich in folgende zwei Gruppen aufteilen:

- Länder- und Regionenfonds
- Globalfonds

Zur ersten Gruppe zählen all jene Fonds, die nur in einzelnen Ländern oder in bestimmten Regionen anlegen. Reine Länderfonds sind beispielsweise:

- Fidelity Funds Malaysia Fund
- Templeton GS Indonesia Fund
- Mercury ST Hong Kong Fund.

Zu den Fonds, die ihre Investments nicht auf ein einziges Land beschränken, sondern in bestimmten Regionen anlegen, gehören u.a.:

- Gartomore Asean Fund
- Fleming Lating America Fund
- GT Asian Smaller Companies Fund.

Es gibt aber auch Emerging-Markets-Fonds, die ihre Anlagepolitik weltweit ausgerichtet haben. Sie versuchen, aus dem globalen Angebot sämtlicher Schwellenbörsen, die für ausländische Investoren zugänglich sind, die besten Investments herauszupicken. Zu dieser Kategorie zählen beispielsweise folgende Fonds:

- Templeton GS Emerging Markets Fund
- H.C.M. New Horizon
- Pictet UT Emerging Markets Fund.

Zur Beantwortung der Frage, welche Fonds für den „normalen" Anleger geeignet sind und bei welchen man eher vorsichtig sein sollte, untersuchen wir zunächst die Performance sowie das Risiko, die ein Investment in solchen Emerging-Markets-Fonds über einen Zeitraum von zwei Jahren mit sich brachte. Wir beschränken uns auf solche Fonds, die zum Vertrieb in Deutschland zugelassen sind, weil alle anderen Fonds für deutsche Anleger mit steuerlichen Nachteilen verbunden sind, was diese grundsätzlich uninteressant macht.

Das Handelsblatt, aus dem die Abbildung 47 entnommen ist, hat im Rahmen einer sehr interessanten Serie über Investmentanlagen in Zusammenarbeit mit der Londoner Datenbank Micropal insgesamt 13 Emerging-

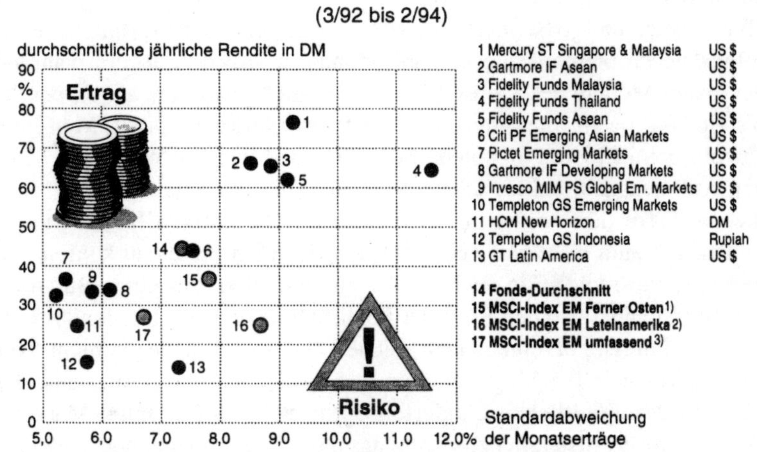

ST: Selected Trust, IF: Indosuez Fund, PF: Portfolio, PS: Premier Select, GS: Global Strategy, EM: Emerging Markets. 1) Enthalten: Indonesien, Malaysia, Philippinen, Thailand, Korea. - 2) Enthalten: Argentinien, Brasilien, Chile, Mexiko. - 3) Enthalten: Argentinien, Brasilien, Chile, Griechenland, Indonesien, Jordanien, Korea, Malaysia, Mexiko, Philippinen, Portugal, Thailand, Türkei.
Quelle: Micropal; © Handelsblatt-Grafik

Abbildung 47: Aktien-Fonds Emerging-Markets
Quelle: Handelsblatt, Micropal

Markets-Fonds untersucht und die verschiedenen Investmentstrategen der entsprechenden Häuser nach ihrer Einschätzung befragt. Bei Betrachtung der Abbildung 46 fällt sofort auf, daß die reinen Länder- und Regionenfonds (Plätze 1 bis 6 der Auswertung) im untersuchten Zeitraum von 2 Jahren im Vergleich zu den weltweit anlegenden Emerging-Markets-Fonds (Plätze 7 bis 11) eine höhere jährliche Rendite aufzuweisen hatten, allerdings bei teilweise wesentlich höherem Risiko. Da die meisten Fonds erst vor wenigen Jahren aufgelegt wurden, ist der Untersuchungszeitraum von zwei Jahren zwar etwas kurz bemessen. Dennoch zeigt die Abbildung 46 die ganze Problematik auf einen Blick: Mit reinen Länderfonds läßt sich zwar grundsätzlich am meisten verdienen. Allerdings ist dabei auch das Risiko, das hier als Standardabweichung der Monatserträge dargestellt ist, deutlich höher als bei den global anlegenden Emerging-Markets-Fonds. Das Ergebnis der Studie von Erwin W. Heri und Burkhard Poschadel wird somit auch im Fonds-Bereich eindrucksvoll bestätigt.

Diese Erkenntnis veranlaßt auch viele Investment-Strategen zu der Empfehlung, bei der Geldanlage in Emerging Markets grundsätzlich breit zu streuen, d. h., möglichst eine globale Anlagestrategie zu verfolgen. Reine Länderfonds sind in der Regel nur für erfahrene Anleger geeignet oder als hochspekulative Beimischung zu einem bestehenden Wertpapier-Portfolio. Die Problematik dieser Länderfonds ist vielen Anlegern während der ersten Monate des Jahres 1994 erst bewußt geworden, als sie bereits bis zu 25 Prozent ihres investierten Kapitals verloren hatten. Man muß sowohl beim Einstieg in solche Fonds als auch bei der Wahl des richtigen Ausstiegszeitpunktes sehr gut liegen, will man ordentlich Geld verdienen. Dazu dürften den meisten Anlegern die nötigen Informationen fehlen, um zum richtigen Zeitpunkt den richtigen Fonds zu kaufen und diesen später rechtzeitig auch wieder zu verkaufen. Für eine „Buy-and-Hold-Strategie", also den Kauf der Fondsanteile und anschließendes Liegenlassen im Depot, eignen sich solche Länderfonds dagegen nicht. Nur wer die finanziellen Möglichkeiten und die Kenntnisse besitzt, aus der Vielzahl der erhältlichen Länderfonds ein globales Emerging-Markets-Fondsportfolio zusammenzusetzen, das unter Umständen länder- oder regionenspezifisch Schwerpunkte setzt, sollte sich an solche reinen Länderfonds heranwagen.

Als Portfoliobeimischung sind bei einem längerfristigen Anlagehorizont dagegen global anlegende Emerging-Markets-Fonds besser geeignet. Der Vorteil gegenüber den reinen Länderfonds liegt auf der Hand. Durch die

Aufteilung der Anlagemittel auf teilweise 30 und mehr verschiedene Aktienmärkte erzielt der Fonds insgesamt eine sehr breite Streuung, so daß die Risiken, die bei einer Geldanlage in Schwellenländern im Durchschnitt um bis zu sieben mal höher liegt als bei Anlagen an den Börsenplätzen der Industrieländer, deutlich verringert werden können.

Die Manager solcher global anlegenden Emerging-Markets-Fonds verfolgen im übrigen eine aktive Anlagepolitik. Das Fonds-Portfolio wird ständig an die aktuelle Situation an den Aktienmärkten angepaßt und reflektiert daher die Einschätzung des Managements hinsichtlich der Aussichten an den einzelnen Aktienmärkten. Steigen beispielsweise die Risiken an einem bestimmten Markt, sei es nun aus wirtschaftlichen oder aus politischen Gründen, wird der Aktienanteil des betreffenden Landes reduziert oder ganz abgebaut. Hält das Management dagegen einen Aktienmarkt für zunehmend lukrativ, weil etwa politische und wirtschaftliche Reformen eine positive Entwicklung des betreffenden Aktienmarktes erwarten lassen, wie dies derzeit beispielsweise in Peru der Fall ist, wird man diesen Aktienmarkt im Fonds-Portfolio stärker gewichten. Mit einem global anlegenden Emerging-Markets-Fonds erhält der Anleger daher eine aktive Vermögensverwaltung im Bereich der Schwellen- und Entwicklungsländer bei gleichzeitig breiter Streuung der Anlagemittel in verschiedene Länder-, Branchen- und Einzeltitel.

Als Vorreiter in diesem Anlagesegment gilt die amerikanische Investment-Gesellschaft Templeton, die bereits Mitte der achtziger Jahre ihren ersten globalen Emerging-Markets-Fonds aufgelegt und sich damit auf die Suche nach lukrativen Investments in den aufstrebenden Ländern gemacht hat.

Die Abbildung 48 zeigt die Kursentwicklung des an der New Yorker Börse gehandelten Templeton Emerging Markets Fund in US-Dollar. Dieser Fonds wird seit einigen Jahren auch an der Stuttgarter Börse in DM gehandelt und kann zum jeweiligen Tageskurs ge- und verkauft werden. Allerdings gilt es zu berücksichtigen, daß es sich hierbei um einen geschlossenen Fonds handelt, der steuerlich gegenüber den offenen Fonds enorme Nachteile für den Anleger mit sich bringt. Neben den Ausschüttungen des Fonds sind 90 Prozent der anfallenden Kursgewinne, mindestens jedoch zehn Prozent des Inventarwerts per Jahresende zu versteuern. Aus diesem Grund sind solche geschlossenen Länderfonds, von denen es auch in Deutschland zwischenzeitlich mehrere gibt, für steuerehrliche deutsche Anleger nicht interessant.

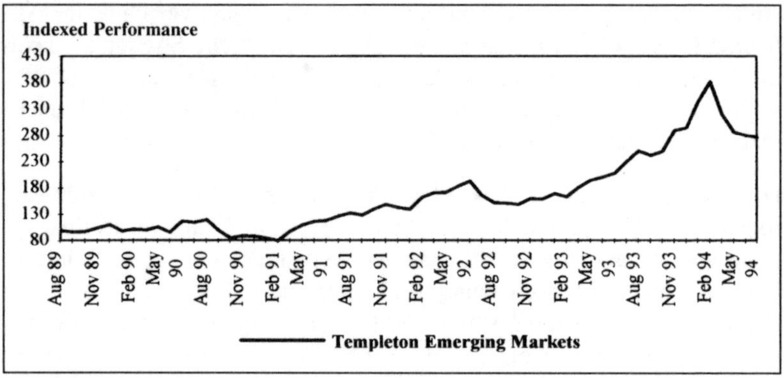

Abbildung 48: Templeton Emerging Markets Fund

Seit Anfang 1991 haben deutsche Anleger jedoch die Möglichkeit, den über Luxemburg aufgelegten Emerging-Markets-Fonds des Hauses Templeton zu erwerben. Dieser Fonds, der ebenfalls von dem als sehr erfahren und erfolgreich bekannten Dr. Marc Mobius gemanagt wird, ist in Deutschland zum Vertrieb angemeldet worden, so daß man als deutscher Anleger keinerlei steuerliche Nachteile im Vergleich zu deutschen Fonds in Kauf nehmen muß. Der in US-Dollar notierende Fonds kann ab einem Anlagebetrag von 5.000 US-Dollar erworben werden. Der Ausgabeaufschlag beträgt derzeit 5,75 Prozent.

Wie die Anlagepolitik eines solchen global anlegenden Emerging-Markets-Fonds aussieht, wollen wir anhand des in der obigen Micropal-Auswertung als Spitzenreiter geführten Pictet Umbrella Trust Emerging Markets Fund der in Genf beheimateten Bank Pictet & Cie darstellen. Diese Schweizer Privatbank verfolgt mit ihrem Fonds ebenfalls eine breit gestreute Anlagepolitik mit Anlagen in mehr als 30 Schwellen- und Entwicklungsländern.

Der Pictet Umbrella Trust Emerging Markets Fund kann über jede Bank für ein bestehendes Wertpapierdepot erworben werden. Der Mindestanlagebetrag sollte jedoch 20.000 US-Dollar nicht unterschreiten. Der Fonds selbst wird ebenfalls in US-Dollar notiert. Beim Kauf bzw. Verkauf werden jeweils zwei Prozent Auf- bzw. Abschlag fällig. Zusätzlich fallen dann noch die Gebühren der Bank an, bei der dieser Fonds erworben wird.

Tabelle 28: Zusammensetzung des Pictet Umbrella Trust Emerging-Markets-Funds

Geographische Aufteilung des Pictet UT Emerging Markets Fund			
Indonesien	11,79%	Philippinen	2,36%
Indien	11,68%	Ungarn	2,18%
Griechenland	9,64%	Pakistan	1,87%
Brasilien	9,38%	Thailand	1,58%
Türkei	8,47%	Marokko	1,54%
Malaysia	6,93%	Rußland	1,41%
Portugal	6,74%	Argentinien	1,37%
Taiwan	5,63%	Ghana	1,27%
Südkorea	4,79%	Bangladesch	1,01%
Tschechische Rep.	3,28%	Andere	4,02%
China	3,06%		

(Stand: Juni 1994, Quelle: Pictet&Cie)

Einige dieser Fonds wurden erst vor kurzem neu aufgelegt, so daß sie einen teilweise noch geringen Investitionsgrad aufweisen. Die Drei-Monats-Ergebnisse sind deshalb nur bedingt mit den bereits seit längerem am Markt agierenden Fonds vergleichbar.

Aufgrund des erhöhten Risikos, mit dem Engagements in Schwellenländern verbunden sind, sollte man vor dem Erwerb von Anteilen an einem Emerging-Markets-Fonds zunächst einmal die gegebenenfalls bereits vorhandenen Investmentfonds genauer unter die Lupe nehmen. Viele international anlegende Fonds haben einen entsprechenden Anteil des Fonds-Vermögens in Schwellenländern investiert. Ende April 1994 betrug der Emerging-Markets-Anteil beim Mischfonds Ceros Universal Fonds 1 beispielsweise rund 28 Prozent (incl. Südafrika), was für sich genommen bereits einen sehr hohen Anteil darstellt. Auch der Templeton DM Global Growth Fund war per Ende 1993 mit rund 14 Prozent des Fonds-Vermögens in Schwellenländern engagiert. Erwirbt man dann noch zusätzliche Anteile an einem speziellen Emerging-Markets-Fonds,

Tabelle 29: In Deutschland zugelassene Global-Fonds

Name des Fonds	**Wertentwicklung* in Prozent in den vergangenen**					
	drei Monaten	**Rang**	**zwölf Monaten**	**Rang**	**drei Jahren**	**Rang**
Gartmore Dev. Markets	-18,50	11	35,78	7	78,43	1
Invesco Global Em. Markets	-14,54	7	41,09	2	65,43	2
MSCI-Emerging Markets-Index	-9,09		46,15		61,18	
Templeton GS Emerging Markets	-15,05	9	37,03	5	46,46	3
Alliance Dev. Reg. Market	-14,40	6	40,53	4	–	
HCM New Horizon	-14,55	8	40,99	3	–	
Pictet Emerging Markets	-16,49	10	41,32	1	–	
Vontobel Emerging Markets	-13,41	5	36,16	6	–	
JP Morgan Emerging Markets	-8,91	2	–	–		
Mercury ST Emerging Markets	-11,65	3	–	–		
Fidelity Emerging Markets	-11,74	4	–	–		
Berenberg Emerging Markets	-7,50	1	–	–		

* Ausgabeaufschläge sind nicht berücksichtigt, Stand 30.5.1994, Quelle: Micropal, BVI

ist der gesamte Anteil des Vermögens, der an den Börsen von Schwellenländern angelegt ist, sehr hoch. Dies kann aufgrund der erhöhten Risiken, die mit Gelanlagen in Emerging Markets verbunden sind, problematisch werden.

WICHTIG

Engagements in Emerging Markets sind unter langfristigen Anlageaspekten interessant, nicht zuletzt auch, weil sie mit den etablierten Märkten nur in geringem Maße korrelieren. Sie sollten sich bei einer Anlage in Schwellen- und Entwicklungsländern auf einen nach Regionen, Ländern und Branchen breit diversifizierten Emerging-Markets-Fonds konzentrieren. Reine Länderfonds sind aufgrund der hohen Risiken allenfalls für erfahrene Anleger geeignet, die im übrigen die Entwicklung der Märkte genau beobachten.

7.4 Small is beautiful: Was macht Nebenwerte-Fonds so anziehend?

Es wird vielfach die Meinung geäußert, man könne mit Nebenwerten an der Börse mehr Geld verdienen als mit Standardaktien, den sogenannten Blue Chips. Die Small Caps, wie die Kategorie der Nebenwerte im Börsianer-Jargon gerne bezeichnet wird, unterscheiden sich von den Standardaktien hauptsächlich durch ihre Bilanzsumme. Während die bekannten Standardwerte wie Siemens, Daimler oder Deutsche Bank ein Grundkapital von 50 Milliarden und mehr DM aufweisen, liegt sie bei den klassischen Nebenwerten in der Regel deutlich unterhalb der Milliarden-Grenze. Dennoch gibt es bezüglich der Klassifizierung der Small Caps keine einheitliche Regelung. Einige Nebenwerte-Fonds haben jedoch ihre eigenen Richtlinien geschaffen, indem sie nur Aktien solcher Gesellschaften in ihr Vermögen aufnehmen dürfen, die bestimmte Umsatz- oder Kapitalgrößenordnungen nicht überschreiten.

Schröder Münchmeyer Hengst & Co, die in Deutschland als Experten für Small Caps gelten, stellten im Jahr 1989 einen eigens für dieses Marktsegement kreierten Aktien-Index, den GSC100, vor, der einhundert deutsche Nebenwerte mit einer Marktkapitalisierung von weniger als 1,2 Milliarden DM berücksichtigt. Weitere Voraussetzung für die Aufnahme in diesen Small Cap-Index stellt die Liquidität der betreffenden Titel dar. In den GSC100 werden nur solche Aktien aufgenommen, die neben dem Kriterium der im Vergleich zu den Standardwerten geringeren Marktkapitalisierung gleichzeitig auch noch zu den börsenumsatzstärksten Werten ihrer Kategorie zählen. Damit ist gewährleistet, daß einerseits kleine Werte Eingang in den Index-Sample finden und andererseits nicht auf illiquide, an der Börse kaum gehandelte Titel abgestellt wird. Von Zeit zu Zeit wird dieser Index angepaßt, d. h., Titel werden dann durch andere ersetzt, wenn sie die genannten Kriterien nicht mehr erfüllen. Damit wurde ein Index speziell für die deutschen Nebenwerte geschaffen, der es ermöglicht, das Kursverhalten dieses Marksegments mit dem der Standardwerte zu vergleichen. Auch für andere Märkte sind spezielle Small-Cap-Indizes verfügbar, die einen Vergleich mit den Standardwerten (Large Caps) ermöglichen. Hierzu einige Beispiele:

- USA: Russel 2000 (Small Cap) und S&P 500 (Large Cap)
- Japan: Second Section (Small Cap) und Topix (Large Cap)
- England: Hoare Govett (Small Cap) und FT-SE 30 (Large Cap)
- Frankreich: AGEFI (Small Cap) und SBF240 (Large Cap)
- Schweiz: Silo (Small Cap) und SBV (Large Cap).

Kleinere und mittlere Unternehmen haben gegenüber den Großunternehmen, die oftmals als Konzerne geführt werden, den Vorteil, daß sie sich auf wirtschaftliche Veränderungen oder auf veränderte Marktbedingungen sehr viel schneller einstellen können. Diese erhöhte Flexibilität macht sich gerade in wirtschaftlich schwierigen Zeiten, wie wir sie im Verlauf der weltweiten Rezession Anfang der neunziger Jahre erlebt haben, bezahlt. Die strukturelle Krise, in der sich ein Großteil der Unternehmen speziell in Deutschland befand bzw. noch befindet, wird von den kleineren und flexibleren Unternehmen wesentlich schneller überwunden, als dies den Großkonzernen möglich ist. Mitunter macht sich auch bezahlt, daß sich viele dieser keineren Unternehmen in Marktnischen bewegen, indem sie Produkte und Dienstleistungen anbieten, die von anderen Unternehmen in dieser Form und Qualität nicht geboten werden können. Dies macht sich vielfach in Form höherer Margen bemerkbar, da die oftmals nicht vergleichbare Produktqualität höhere Verkaufspreise ermöglicht.

Die in Zürich beheimatete Bank Vontobel hat für den schweizerischen Aktienmarkt beispielsweise festgestellt, daß das Segment der Small Caps im Vergleich zum breiten Markt deutlich stärker von der konjunkturellen Entwicklung des Landes abhängt und dabei weniger zins- und dollarsensitiv ist. Dabei fallen die deutlich höheren Schwankungen der Gewinne im Vergleich zum Gesamtmarkt auf. In konjunkturell schwierigen Phasen sind die kleineren Unternehmen mit größeren Schwierigkeiten konfrontiert als der Durchschnitt aller Unternehmen. Sie wiesen im Bereich konjunktureller Wendepunkte – beispielsweise 1978/79 – größere Gewinnveränderungen auf als der Durchschnitt.

Diese Ausführungen machen die besondere Problematik im Umgang mit den Nebenwerten deutlich. Neben der Auswahl vielversprechender Unternehmen, die aufgrund ihres Produktangebotes eine Sonderstellung genießen, spielen auch Timing-Überlegungen eine große Rolle. Besser als der Gesamtmarkt entwickeln sich Small Caps in der Regel dann, wenn auch die Konjunkturentwicklung allgemein aufwärts gerichtet ist. Besonders ausgeprägt war dieser Effekt in Deutschland während der Aufschwungphase Ende der achtziger Jahre im Zuge der Wiedervereinigung. In den Jahren 1988 bis 1990 konnte man mit Small Caps mitunter deutlich mehr verdienen, als mit den Standardwerten (vgl. Abbildung 49).

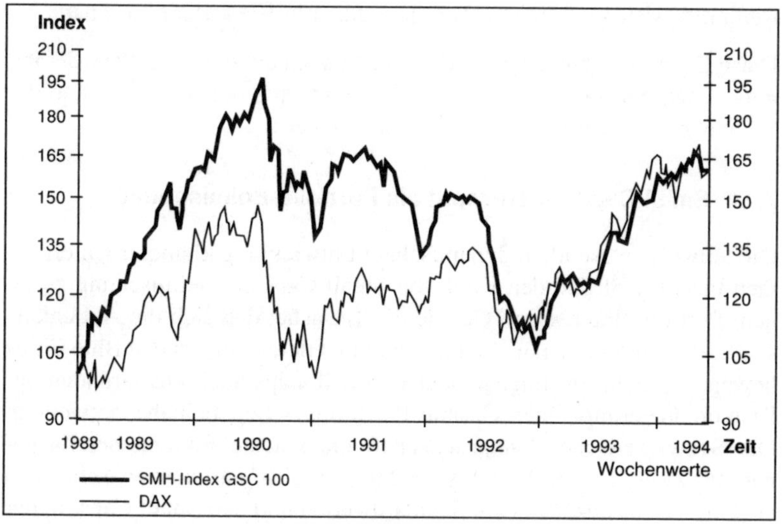

Abbildung 49: Small Caps im Vergleich mit Blue Chips

Ab Mitte 1991 allerdings hatten die Small-Cap-Fans im Zuge der Rezession Anfang der neunziger Jahre wiederum das Nachsehen. Die schwache wirtschaftliche Entwicklung bereitete den kleineren Unternehmen offensichtlich mehr Schwierigkeiten als den Großunternehmen. Erst etwa ab Mitte 1993 konnten die Nebenwerte in Deutschland wieder besser performen als die Standardwerte. Aber auch in Amerika entwickelten sich die Aktien kleinerer Gesellschaften während des Konjunkturaufschwungs Anfang der achtziger Jahre besser als die Standardwerte.

Die Schweizerische Bankgesellschaft, die das Verhalten der Small Caps in den Anlageländer USA, Japan, Großbritannien, Deutschland, Frankreich und der Schweiz für den Zeitraum von 1980 bis 1992 untersucht hat, kam zu dem Ergebnis, daß sich das Halten von Small Caps unter Berücksichtigung des Risikos über den gesamten Zeitraum lediglich in Deutschland und Großbritannien für den Anleger ausgezahlt hat. Von einer generell besseren Performance der Small Caps gegenüber den großen Werten konnte insgesamt betrachtet jedoch nicht die Rede sein. Demnach konnte man mit Nebenwerten in den genannten Ländern – mit Ausnahme Deutschlands und Großbritanniens – lediglich zeitweise eine bessere Performance erzielen als mit Standardwerten. Man mußte also jeweils den richtigen Zeitpunkt sowohl beim Ein- als auch beim Ausstieg in dieses bzw. aus diesem Small-Cap-Segment treffen, um mehr zu verdienen, als wenn man sich ausnahmslos auf die Standardwerte konzentriert hätte.

Diese Ergebnisse basieren auf Untersuchungen auf der Grundlage der bereits genannten Indizes für die beiden Segmente der Standard- und der Nebenwerte in den untersuchten sechs Ländern.

7.4.1 Small Caps: interessant als Portfolio-Beimischung

Die teilweise wesentlich dynamischere Entwicklung kleinerer Unternehmen macht natürlich den Kauf von Small Caps als Beimischung zu einem Portfolio interessant. Gerade die Tatsache, daß sich die Aktienkurse dieser Unternehmen nicht unbedingt im Gleichlauf mit den Blue Chips bewegen, macht ein Engagement in Small Caps auch aus Gründen der Risikoreduzierung eines Gesamt-Portfolios schon beinahe notwendig. Die Schweizerische Bankgesellschaft untersuchte für den bereits genannten Zeitraum von 1980 bis 1992 u.a. die Korrelationen zwischen den als Large Caps bezeichneten Standardwerten und den Small Caps. In der folgenden Tabelle sind die Diversifikationseffekte zusammengestellt, die aus der Sicht eines nur auf dem jeweiligen Heimatmarkt investierenden Large-Cap-Anlegers bei einem Engagement in Aktien anderer Länder zu erzielen wäre.

Tabelle 30: Korrelation der Large-Cap-Indizes und Korrelation der Small-Cap- mit Large-Cap-Indizes

	USA S&P 500	**Japan** Topix	**Groß-britannien** FT-SE 30	**Deutsch-land** DAX	**Frank-reich** SBF 240	**Schweiz** SBV
USA						
S&P 500	1					
Russell 2000	**0.8698**	0.3317	0.5922	0.3817	0.5608	0.6163
Japan						
Topix	0.3800	1				
Second Sect.	0.3214	**0.6179**	0.3454	0.3494	0.3784	0.4049
Großbritann.						
FT-SE 30	0.6476	0.3740	1			
Hoare Govett	0.5721	0.4377	**0.8441**	0.4728	0.5622	0.6097
Deutschland						
DAX	0.4206	0.2915	0.4607	1		
GSC 100	0.2499	0.2322	0.3433	**0.6688**	0.5146	0.4834
Frankreich						
SBF 240	0.6046	0.4817	0.5668	0.7029	1	
Agefi	0.5372	0.4543	0.4824	0.5804	**0.8647**	0.5966
Schweiz						
SBV	0.6695	0.3816	0.6101	0.6603	0.6966	1
Silo	0.8041	0.4059	0.5670	0.6537	0.7446	**0.8042**

Quelle: 1980–1992; Monatsdaten, Schweizerische Bankgesellschaft

Das Diversifikationspotential des Segments der Small Caps als Maß für die mögliche Risikobegrenzung kann durch die Korrelationen der verschiedenen einzelnen Anlagemöglichkeiten auf den sechs Märkten gemessen werden. Ein kleiner Korrelationskoeffizient deutet auf einen geringen Zusammenhang der Renditeentwicklung der beiden Indizes hin und spricht für ein hohes Diversifikationspotential. Die fett gedruckten Werte geben die jeweiligen Korrelationen zwischen den Standard- und Nebenwerten desselben Landes wieder. Im Falle deutscher Aktien läßt sich daraus ein Wert von 0,6688 als Korrelationskoeffizient zwischen deutschen Standardwerten (DAX-Werte) und deutschen Nebenwerten (GSC100-Werte) ermitteln.

Damit läßt sich das Gesamtrisiko eines Portfolios, das ausnahmslos aus deutschen Standardaktien besteht, durch Beimischung von deutschen Nebenwerten im Verhältnis 1:1 bereits deutlich reduzieren. Dies drückt sich, wie uns ja bereits bekannt ist, durch geringere Schwankungen der Renditeentwicklung des Portfolios aus. Wie die Tabelle eindeutig zeigt, läßt sich durch Beimischung ausländischer Small Caps zu einem rein deutschen Standardwerte-Portfolio ein noch besserer Diversifikationseffekt erzielen, als dies bei einer rein deutschen Kombination der Fall wäre. Dies drückt sich durch teilweise wesentlich geringere Korrelationen ausländischer Small Caps mit deutschen Standardwerten aus. Besonders ausgeprägt ist dieser Effekt, wenn man deutschen Standardwerten japanische Nebenwerte im Verhältnis 1:1 beimischt. Die Renditeentwicklung beider Segmente verlief im untersuchten Zeitraum relativ unabhängig voneinander, was sich in dem niedrigen Korrelationskoeffizienten von 0,3494 ausdrückt.

Allerdings dürfte wohl kaum jemand auf die Idee kommen, sein Aktiendepot ausnahmslos mit deutschen Standardaktien und japanischen Nebenwerten zu bestücken. In den vergangenen drei bis vier Jahren wäre er damit sicherlich auch nicht besonders gut gefahren, denn mit japanischen Aktien war aufgrund der seit Anfang 1990 anhaltenden Baisse, in der sich die Aktienwerte im Durchschnitt zeitweise mehr als halbierten, kein Staat zu machen. Wenngleich der japanische Aktienmarkt aus heutiger Sicht besser zu beurteilen ist, sollte man bei Wertpapierengagements aus Gründen der Risikobegrenzung natürlich möglichst breit, d. h. in der Regel über den gesamten Globus verteilt, diversifizieren.

Aus diesem Grund erscheint es sinnvoller, einmal zu untersuchen, welche Effekte zu erzielen sind, wenn man deutsche Standardaktien mit international gestreuten Nebenwerten kombiniert. Hierfür ermittelte die Schweizerische Bankgesellschaft im oben genannten Zeitraum einen Korrelationskoeffizienten von 0,5605, so daß es für einen deutschen Anleger – wie oben bereits dargestellt – sinnvoller ist, seinem aus deutschen Standardwerten bestehenden Portfolio anstelle von deutschen international gestreute Nebenwerte beizumischen. Nach den Feststellungen der Schweizerischen Bankgesellschaft liegt das optimale Verhältnis bei einem Small-Cap-Anteil von rund 40 Prozent. Allerdings kann es bei einem kürzeren Anlagehorizont zu stark abweichenden Resultaten kommen. Empfehlenswert ist daher in der Praxis, den Small Cap-Anteil etwa zwischen zehn bis 30 Prozent eines Aktien-Portfolios zu halten. Small Caps dürften auch in Zunkunft als Portfolio-Beimischung sehr interessant sein. Bei richtigem Timing dürften sich sogar noch bessere Ergebnisse erzielen lassen, als wenn man den Small-Cap-Anteil permanent gleich hoch beließe.

7.4.2 Small-Cap-Fonds – Wer die Wahl hat, hat die Qual

Das Segment der Nebenwerte ist nicht nur aufgrund der Anzahl der zur Verfügung stehenden Titel wesentlich schwieriger zu überschauen als das der Standardwerte. Allein in Deutschland findet man eine interessante Auswahl aus einigen hundert Nebenwerten. Die größte Auswahl bietet jedoch der amerikanische Aktienmarkt, an dem mehrere tausend solcher Nebenwerte notiert werden. Auch der japanische Aktienmarkt bietet eine schier unerschöpfliche Fülle von interessanten Anlagemöglichkeiten im Bereich der Nebenwerte, was sicherlich auch auf die Innovationsfreudigkeit der Japaner zurückzuführen ist. Der Aktienmarkt in den USA scheint derzeit wieder interessant zu sein, nachdem von 1984 bis 1991 mit Small Caps kaum mehr zu verdienen war als mit Standardwerten. Aus heutiger Sicht dürfte die Ausgangslage für Small-Cap-Fans wieder besser sein, denn die vielversprechende Konjunkturentwicklung bietet nach unserem Dafürhalten ausgezeichnete Perspektiven für Engagements in ausgewählten Nebenwerten.

Aufgrund der Vielzahl der zur Verfügung stehenden Titel ist die Selektion der vielversprechenden Werte nicht ganz einfach und dürfte für den typischen privaten Anleger, insbesondere bei einer international ausgerichteten Strategie, kaum zu realisieren sein. Nicht nur wegen der umfangreichen Auswahl, sondern vor allem auch wegen der notwendigen und teilweise mühsamen Analysen der in Betracht zu ziehenden Unternehmen ist es empfehlenswert, Small-Cap-Engagements über gut gemanagte Investmentfonds vorzunehmen. Dafür spricht sicherlich auch das erhöhte Risiko, das mit Nebenwerten, insbesondere mit den sogenannten Turn-around-Werten, einhergeht. Daß solche Werte durchaus ihren Reiz haben, zeigt das Beispiel des Maschinenbauers Traub, dessen Aktienkurs aufgrund der zu erwartenden wirtschaftlichen Besserung ab Ende 1992 von 75 DM auf rund 250 DM im Frühjahr 1994 regelrecht explodierte.

Vorsicht ist bei solchen Turn-around-Werten jedoch geboten, denn der Schuß kann leider auch nach hinten losgehen. Dies bekamen viele Anleger gerade in Deutschland in letzter Zeit vermehrt zu spüren, als sich einige an deutschen Börsen notierte Nebenwerte zu Flops entwickelten. Mitunter waren hier und da sogar Totalverluste hinzunehmen. Die Beispiele des einstigen Highlyers Technocell und des Maschinenbauers Maho zeigen, mit welchen Risiken man bei Engagements in solche „heißen" Kandidaten rechnen muß.

Die Gefahr schmerzlicher Kurseinbrüche oder gar eines Totalverlustes dürfte bei Nebenwerten grundsätzlich höher einzuschätzen sein, als dies bei Standardwerten der Fall ist, obgleich Beispiele, wie die im Frühjahr 1994 aufgrund von fehlgeschlagenen Spekulationen am Rohölterminmarkt arg in Bedrängnis geratene Metallgesellschaft gezeigt haben, daß auch Standardwerte keine risikolosen Papiere sind. Da Nebenwerte nicht selten Nischenanbieter sind und nur eine oder wenige Produktlinien vertreten, haben sie im Gegensatz zu den Großunternehmen, die in der Regel über eine breite Produktpalette verfügen, nicht die Möglichkeit, die in einem Unternehmensbereich unter Umständen auftauchenden Probleme durch eine gute Entwicklung in einem anderen Bereich zu kompensieren. Neben hohen Chancen, die Nebenwerte dem Aktionär bieten, sind diese – zumindest bei isolierter Betrachtung des jeweiligen Einzeltitels – grundsätzlich mit höheren Risiken behaftet als die Standardwerte.

Wie die Erkenntnisse der Vergangenheit zeigen, lassen sich diese Risiken durch eine entsprechende Verteilung der Anlagemittel auf eine Vielzahl solcher Small Caps deutlich reduzieren. Die Schweizerische Bankgesellschaft hat im Rahmen ihrer zuvor bereits erwähnten Studie festgestellt, daß mit Ausnahme der beiden Überseemärkte USA und Japan alle untersuchten Small-Cap-Segmente im Untersuchungszeitraum von 1980 bis 1992 eine geringere Volatilität aufwiesen als die Large Caps. Auch das Research-Team der Schröder Münchmeyer Hengst & Co stellte für den deutschen Aktienmarkt fest, daß kleinere deutsche Aktiengesellschaften, gemessen am 100 Nebenwerte umfassenden GSC100-Index, im langfristigen Vergleich (1975 bis 1990) bei geringerem Risiko eine bessere Wertentwicklung gezeigt haben, als die 30 im DAX-Index enthaltenen Standardaktien.

Es verbietet sich daher, alles auf eine Karte zu setzen, d. h. es ist unbedingt erforderlich, eine gewisse Anzahl an Nebenwerten zu kaufen, um

Tabelle 31: Ertrags-Risiko-Verhalten am deutschen Aktienmarkt*

	1975–1990	1975–1979	1980–1984	1985–1990
Ertrag in % p.a.				
DAX	12,0	5,7	11,8	17,7
GSC 100	13,2	4,4	12,1	22,0
Volatilität in % p.a.				
DAX	17,3	13,6	13,7	22,7
GSC 100	14,7	12,1	11,7	18,7

* Daten von Januar 1975 bis März 1990, Quelle: SMH

das Risiko zu verteilen. Gerade die Kombination einer Vielzahl von Einzeltiteln ist bei den Nebenwerten wesentlich wichtiger als im Bereich der Standardwerte. Dies führt dazu, daß die für sich genommen hohen Risiken, die den einzelnen Nebenwerten anhaften, durch Diversifikation erheblich reduziert werden können. Der Grund hierfür liegt darin, daß die Nebenwerte nicht nur im Vergleich zu den Standardwerten relativ gering korrelieren, sondern auch im Verhältnis untereinander einen geringen Gleichlauf der Renditeschwankungen aufweisen.

Auch bei der Klärung der Frage, wieviel Einzeltitel in einem Nebenwerteportfolio enthalten sein sollten, um einen hohen Grad an Diversifizierung zur Risikobegrenzung zu erzielen, hat SMH eine interessante Feststellung getroffen. Möchte man das Risiko, mit einem Aktienportfolio vom DAX-Index bzw. GSC 100-Index abzuweichen (sogenannter Tracking Error), auf ein Prozent p.a. begrenzen, werden hierfür 20 Standardaktien (= 66 % der DAX-Werte) bzw. 80 Nebenwerte (= 80 % der GSC 100-Werte) benötigt. Dies hat zur Folge, daß gleiche Diversifikationsgrade (d. h. der Anteil des durch die Entwicklung des Aktienmarktes bestimmten Risikos eines Portfolios an seinem Gesamtrisiko) bei kleineren Aktien, verglichen mit Standardwerten, nur durch eine breiter angelegte Titelselektion erreichbar sind. Aus diesem Grund ist es sicherlich sinnvoll, Small-Cap-Fonds zu kaufen, anstatt auf einen einzigen oder einige wenige Einzeltitel zu setzen. Solche Fonds haben in der Regel achtzig bis einhundert oder mehr verschiedene Titel im Fondsvermögen, so daß sich der eine oder andere Flop, der möglicherweise darunter ist, kaum auf die Wertentwicklung des Fonds auswirkt.

Die Auswahl an Small-Cap-Fonds ist insbesondere in den letzten beiden Jahren deutlich gestiegen. Dies gilt vor allem für deutsche Fonds-Anbieter. Aber auch einige ausländische Adressen haben in letzter Zeit vermehrt solche Fonds in ihr Angebot aufgenommen. Der Zeitpunkt dafür scheint auch ziemlich günstig zu sein. Den Nebenwerten könnte bei sich weiter erholender Konjunktur weltweit eine glänzende Zukunft bevorstehen, so daß sich der Einstieg in dieses Marktsegment durchaus lohnen könnte. Im Jahr 1993 konnte man mit deutschen Nebenwerte-Fonds überdurchschnittlich verdienen. Der beste deutsche Aktienfonds dieser Kategorie war der Provesta von DWS mit einem Wertzuwachs im Jahr 1993 von über 50 Prozent. Er konnte damit nicht nur den 30 deutsche Standardwerte umfassenden DAX-Index, der es auf ein Plus von rund 46 Prozent brachte, schlagen. Auch die meisten deutschen Aktienfonds, die es im Durchschnitt auf einen Wertzuwachs von knapp 40 Prozent im Jahr 1993 brachten, konnte der Provesta klar hinter sich lassen. Auch die beiden erstplazierten Aktienfonds Deutschlands, der Progress-Universal mit einem 93er Wertzuwachs von rund 64 Prozent, sowie der Zweitplazierte, der PEH-Universal I, mit einem Zuwachs von über 58 Prozent verdankten ihre Erfolge u.a. der Tatsache, daß sie zumindest zeitweise stark in deutschen Nebenwerten investiert waren und gezielt auf Turn-around-Situationen gesetzt haben.

Die Entwicklung der ersten vier Monate im Jahr 1994 zeigt ebenfalls, daß man mit Small-Cap-Fonds in einem Umfeld, das von einer Erholung der deutschen Volkswirtschaft geprägt ist, überdurchschnittlich viel Geld verdienen kann. Während der DAX-Index ungefähr auf dem gleichen Niveau wie zu Beginn des Jahres notierte, legte der beste deutsche Aktienfonds des Zeitraumes 1.1. bis 21.4.1994, der vor kurzem aufgelegte SMH-Small-Cap-Fonds, um immerhin sieben Prozent zu. Unter den ersten zehn Fonds der für den genannten Zeitraum erstellten Rangliste befinden sich immerhin 7 Fonds, die ausnahmslos oder zumindest zu einem hohen Anteil in deutsche Nebenwerte investieren.

Die Anlagestrategen der Schröder Münchmeyer Hengst & Co gelten hierzulande als die Small-Cap-Experten schlechthin. Bereits mit ihrem SMH Spezial Fonds I, der die Ranglisten der deutschen Aktienfonds in den achtziger Jahren für lange Zeit als Nummer 1 beherrscht hat, haben sie unter Beweis gestellt, daß man mit Nebenwerten bei entsprechender Selektion der einzelnen Titel und richtigem Timing mehr verdienen kann, als mit Standardwerten. Mittlerweile ist der SMH Spezial Fonds I jedoch kein Nebenwertefonds mehr, sondern hält hauptsächlich Standardwerte in seinem Fonds-Vermögen. Alle Small-Cap-Fans, die in diesem Fonds noch investiert sind, sollten daher einen Wechsel in den neuen SMH Small-Cap-Fonds in Erwägung ziehen. Vielleicht gelingt es den SMH-Experten, mit ihrem neu aufgelegten Small-Cap-Fonds an die einstigen Erfolge des SMH Spezial Fonds I anzuknüpfen.

Die deutschen Nebenwertefonds wiesen in den letzten Jahren im Vergleich zum Durchschnitt aller deutschen Aktienfonds stärkere Schwankungen in der Wertentwicklung auf. Hier macht sich wohl die Marktenge der Nebenwerte bemerkbar, die teilweise nur einen Bruchteil der Börsenkapitalisierung im Vergleich zu derjenigen der Standardwerte aufweisen. Steigt im Zuge des erwarteten Konjunkturaufschwungs das Interesse an den sich teilweise parallel zur Konjunktur dynamischer entwickelnden Nebenwerten, führt dies mitunter zu kräftigen Kurssprüngen, die bei manchen Werten nicht selten zehn Prozent und mehr an einem einzigen Börsentag ausmachen können. Umgekehrt führt eine sich verstärkende Verkaufsneigung der Börsenteilnehmer bei den Nebenwerten zu teilweise starken Kursabschlägen. Hier macht sich die Marktenge dieser Titel negativ bemerkbar. Mit deutschen Small-Cap-Fonds dürfte der Anleger bei genauer Marktbeobachtung und gutem Timing als Beimischung zu einem mit Standardwerten bestückten Portfolio auch in Zukunft gute Ergebnisse erzielen.

Tabelle 32: Auswahl an Small-Cap-Fonds, die in deutschen Aktien anlegen:

Fondsbezeichnung	Investmentgesellschaft
DIT-Spezial	DIT
DIT-Wachstumsfonds	DIT
Oppenheim Spezialwerte	Oppenheim
Provesta*	DWS
SMH-SmallCap-Fonds	SMH-Invest
Hypo-Invest Spezial	H.C.M.

* Der Provesta legt teilweise auch in europäischen Aktien kleinerer und mittlerer Gesellschaften an.

Wie die schweizerische Bankgesellschaft im Rahmen ihrer zuvor bereits erwähnten Studie festgestellt hat, lassen sich mit international anlegenden Small-Cap-Fonds, die einem mit deutschen Standardwerten bestückten Portfolio beigemischt werden, noch bessere Diversifizierungseffekte erzielen, als dies mit einer rein deutschen Kombination der Fall ist. Auch auf internationaler Ebene lassen sich einige sehr gut gemanagte Small-Cap-Fonds finden. Der wohl bekannteste und gleichzeitig auch einer der erfolgreichsten Vertreter dieser Kategorie der weltweit anlegenden Small-Cap-Fonds ist der Templeton Smaller Companies Growth Fund. Mit diesem Fonds konnten die Anleger im zurückliegenden Fünf-Jahres-Zeitraum immerhin eine durchschnittliche jährliche Rendite von 23 Prozent erzielen – und das in einer Zeit, in der man mit einem weltweit gestreuten Aktienportfolio als DM-Anleger gemessen am MSCI Weltindex im Durchschnitt lediglich rund 5,5 Prozent pro Jahr erwirtschaften konnte. Einschränkend muß man jedoch dazu sagen, daß die Anleger des Templeton Smaller Companies Growth Fund auch ein deutlich höheres Risko in Form von ausgeprägteren Schwankungen in der Renditeentwicklung in Kauf nehmen mußten, als dies bei einem nach dem MSCI Weltindex zusammengesetzten Aktienportfolios der Fall gewesen wäre. Hier zeigt sich wieder einmal, daß deutlich höhere Renditen in der Regel nur um den Preis eines höheren Risikos zu haben sind. Für langfristig orientierte Anleger dürften die höheren Schwankungen jedoch weniger problematisch sein, zumal dafür ja auch ein höherer Ertrag winkt.

Das sehr gute Anlageergebnis dieses Fonds ist ein Spiegelbild der Anlagestrategie, die die alteingesessene Investmentgesellschaft Templeton seit vielen Jahrzehnten erfolgreich verfolgt. Man geht im Gegensatz zu vielen anderen Investmentgesellschaften nicht nach einer strengen Asset-Allocation-Strategie vor, bei der zunächst anhand der volkswirtschaftlichen Analyse festgelegt wird, welche Länder mit welchem Aktienanteil im Portfolio vertreten sein sollen (Top-down-Methode), sondern es wird, vereinfacht dargestellt, weltweit nach billigen und unterbewerteten Aktien gesucht. Ländergewichtungen spielen dabei eine untergeordnete Rolle.

Daß die Gesellschaft mit dieser Philosophie bisher gut lag, zeigt ein Blick auf die Wertentwicklung des bereits im Jahre 1954 aufgelegten Templeton Growth Fund, der seit kurzem auch in Deutschland zum Vertrieb zugelassen ist. In den letzten 20 Jahren verdienten die Anleger mit diesem Fonds jährlich fast 15 Prozent und konnten ihren Einsatz seitdem rund verfünfzehnfachen. Dies ist ein weiteres Beipiel dafür, daß man bei der Geldan-

Tabelle 33: Auswahl an Small-Cap-Fonds, die international anlegen:

Fonds-Bezeichnung	**Investmentgesellschaft**
A) weltweite Aktienanlagen	
Hypo Invest-Potential	H.C.M.
Templeton GS Smaller Comp. Fund	Templeton GS SICAV
Templeton GS Dev. Growth Stock Fund	Templeton GS SICAV
Templeton Sm. Comp. Growth Fund	Templeton
B) Aktien Europa	
Invesco MIM European Enterpr. Fund	Invesco MIM
Mecury ST European Opportunities Fund	S.G. Warburg Asset Mgnt.
Pictet UT European Opportunity Fund	Pictet Umbrella Trust
Fleming FF Europ. Sm. Comp. Fund	Fleming Fund Management
C) Aktien Asien	
GT Asian Smaller Companies Fund	GT Management
D) Aktien USA/Kanada	
AGF Special Fund Ltd.	AGF Management Ltd.
Alliance Quasar	Alliance Funds, Inc.
Fleming FF American Fledgeling Fund	Fleming Fund Management
Orbitex Growth Fund	Orbitex Bahamas Ltd.
Hill Samuel GP US Sm. Comp. Equity	Hill Samuel
Invesco MIM Am. Enterprise Fund	Invesco MIM
Mercury ST North American Opp. Fund	S.G. Warburg Asset Mgnt.
Putnam OTC Emerging Growth Fund	Putnam Funds
Schroder US Smaller Comp. Fund	Schroder Fund Mgnt.
von Ernst GP US Sm. Comp. Equity	Von Ernst Gl. Portf.
E) Aktien Großbritannien	
von Ernst GP UK Sm. Comp. Equity	Von Ernst Gl. Portf.
Hill Samuel GP UK Sm. Comp. Equity	Hill Samuel
Mercury ST UK Opportunities Fund	S.G. Warburg Asset Mgnt.
F) Aktien Japan	
Fidelity Funds-Japan Sm. Comp. Fund	Fidelity Funds
GT Honshu Pathfinder Fund	GT Management
Mercury ST Japan Opportunities Fund	S.G. Warburg Asset Mgnt.
Schroder Japan Sm. Comp. Fund	Schroder Fund Mngt.

lage langfristig denken und dabei unbedingt einen Teil seines Vermögens in Aktien investieren sollte. Für die kurzfristig betrachtet höheren Schwankungen, die Aktienanlagen im Vergleich zu anderen Anlagemöglichkeiten aufweisen, wird man langfristig mit einem höheren Ertrag belohnt.

Tabelle 33 zeigt eine Auswahl der derzeit erhältlichen und in Deutschland zum Vertrieb zugelassenen Small-Cap-Fonds, jedoch ohne Anspruch auf Vollständigkeit. Da ständig neue Fonds aus diesem Segment an den Markt kommen, wird das Angebot zwar einerseits immer größer, andererseits macht dies die Auswahl für den Anleger nicht gerade einfacher.

Wie bei den Fonds, die in Emerging Markets anlegen, gilt auch für dieses Segment, daß eine Spezialisierung auf einzelne Länder zwar äußerst ertragreich sein kann. Dem steht jedoch wegen der grundsätzlich höheren Schwankungen dieser Fonds auch ein größeres Risiko gegenüber. Nur diejenigen, die eine ständige Marktbeobachtung betreiben und bereits über ein gehöriges Maß an Investmenterfahrung verfügen, sollten im Small-Cap-Segment auf einzelne ausgesuchte Länderfonds setzen. Da der Erfolg einer solchen Anlage sehr stark von der Entscheidung abhängt, wann jemand in welche Fonds ein- bzw. wieder aussteigt, stellt eine intensive Analyse des gesamten Umfelds, insbesondere der konjunkturellen Entwicklung in den betreffenden Ländern, die unbedingte Voraussetzung für ein erfolgreiches Investment dar. Wer sich das nicht zutraut, sollte lieber die Finger von Länderfonds lassen, um sich vor unliebsamen Überraschungen zu schützen.

Tabelle 34: Templeton Smaller Companies Growth Fund, Länderstruktur (Aktien)

Land	Anteil am Fonds-Vermögen
USA	34,0%
Europa	27,2%
Fernost	11,4%
Lateinamerika	7,6%
Australien	4,2%
Kanada	3,5%

Stand: März 1994, Quelle: Templeton

WICHTIG

Small Caps sind als Portfoliobeimischung interessant, zumal sie neben phasenweise interessanten Renditeperspektiven auch in hohem Maß zur Optimierung der Risiko-/Ertragsrelation eines Portfolios beitragen können. Anlagen in Nebenwerten, gerade wenn sie international diversifiziert sind, sollten Sie in der Regel über gut gemanagte Investmentfonds vornehmen. Direktanlagen sind insbesondere bei Beschränkung auf einige wenige Titel mit hohen Risiken behaftet.

Wesentlich unproblematischer sind sicherlich die Small-Cap-Fonds, die ihre Anlagemittel weltweit streuen. Bei diesen Fonds übernehmen die Fondsmanager nicht nur die Auswahl der aussichtsreich erscheinenden Aktien, sondern sie nehmen dem Anleger auch die Entscheidung ab, in welchen Märkten ein Investment am erfolgversprechendsten erscheint. Anleger, die sich selbst nicht sicher genug fühlen, einzelne ausgesuchte Länder für ein Engagement in Small-Cap-Fonds auszuwählen, sollten sich auf weltweit anlegende Fonds als Beimischung für ihr Portfolio beschränken.

7.5 „Exotische" Anlageform mit besonderem Reiz: Managed Futures

Die Amerikaner machen es uns Deutschen wieder einmal vor: Der Umgang mit Futures oder Futures-Funds, also der Handel mit der Zukunft, ist in den USA bereits seit Jahren bei vielen Anlegern ein fester Bestandteil ihres Vermögensaufbaus. Während hierzulande Futures erst allmählich Einzug in die Wertpapierportfolios der Anleger halten, legen in den USA sogar immer mehr amerikanische Pensions-Fonds, die bekanntermaßen eine konservative Anlagepolitik betreiben, einen Teil ihrer Gelder in Futures an. Sie tun dies sicherlich nicht nur aufgrund der sehr guten Anlageergebnisse, die einige der besten Futures-Trader in der Vergangenheit erzielt haben. Wichtig ist für die Verwalter der Pensions-Fonds insbesondere, daß Futures in der Vergangenheit nicht selten eine entgegengesetzte Wertentwicklung zu der von Aktienanlagen gezeigt haben. Viele sehen in Futures daher eine gute Möglichkeit, ihre Aktien-Portfolios gewissermaßen abzusichern.

Die Überlegung, die dahinter steht, ist denkbar einfach. Sinken die Aktienkurse, verdient man auf der anderen Seite mit den Futures und hat somit einen Ausgleich für die bei den Aktien entstehenden Kursverluste. Aus diesem Grund spielen Futures als neue Asset-Klasse neben Aktien-, Geldmarkt- und Rentenanlagen seit einiger Zeit unter Risiko- und Ertrags-Gesichtspunkten eine bedeutende Rolle.

7.5.1 Futures – Teufelszeug oder sinnvolles Investment?

Angenommen, jemand schließt heute einen Vertrag über den Kauf eines Hauses ab, das in einem Jahr fertiggestellt und bezogen werden soll. Das Haus soll eine Million DM kosten. Als Anzahlung leistet der Käufer dem Verkäufer zehn Prozent des vereinbarten Kaufpreises, also 100.000 DM. Der Rest des Kaufpreises ist bei Fertigstellung des Hauses, also in einem Jahr fällig. Der Käufer hat damit heute etwas gekauft, was er erst in Zukunft bezahlen muß und auch in Zukunft erst geliefert bekommt. Es handelt sich, wenn man so will, um ein Geschäft mit der Zukunft, also um ein Futures-Geschäft. Dies ist vereinfacht dargestellt der Gedanke, der hinter allen Futures-Geschäften steckt.

In der heutigen modernen Finanzwelt werden die meisten solcher Geschäfte über eigens dafür geschaffene Börsen abgewickelt. Im Unterschied zu unserem Beispiel sind die Geschäftsgepflogenheiten jedoch genau festgelegt, also spezifiziert, wie es im Fachjargon heißt. Will man beispielsweise Gold an der Commodity Exchange New York (Comex), einer der bekanntesten Warenterminbörsen der Welt, auf Termin kaufen, so muß man mindestens 100 Unzen (drei kg) Gold von 995'er Feinheit in Form eines Barrens oder drei Ein-Kilo-Barren handeln (sog. Handelseinheit). Neben anderen Gepflogenheiten sind sowohl die Handelszeiten, zu denen solche Termingeschäfte an der Comex abgewickelt werden können, als auch die Termine, an denen die Ware dann tatsächlich zur Lieferung kommt, genau spezifiziert. Wir kennen jedoch noch andere Formen von Termingeschäften, bei denen die Kontraktspezifikationen nicht standardisiert sind, sondern zwischen den beiden Handelsparteien unter Umständen individuell ausgehandelt werden. Dann spricht man von sogenannten Forward-Geschäften. In den weiteren Ausführungen wollen wir uns jedoch auf die standardisierten und an den Terminbörsen gehandelten Futures beschränken.

Die wenigsten der gehandelten Futures-Kontrakte, wie eine solche Handelseinheit genannt wird, kommen später auch tatsächlich zur Ausübung. Vielmehr wird das Geschäft in den meisten Fällen vor dem vereinbarten Liefertermin der Ware durch ein Gegengeschäft wieder kompensiert, die Futures-Position also wieder glattgestellt. In unserem Goldbeispiel würde das bedeuten, daß der Futures-Trader, der zuvor einen Kontrakt Gold auf Termin an der Börse gekauft hat, diesen Kontrakt wieder verkauft. Ist der Preis für einen Goldkontrakt in der Zwischenzeit gestiegen, hat er einen Gewinn erzielt, andernfalls hat er Pech gehabt und muß die Position mit Verlust wieder schließen. Der Grund, warum sich die Spekulanten auf ein solches Geschäft einlassen, liegt darin, daß sie beim Abschluß des Futures-Geschäftes, in unserem Beispiel beim Kauf des Gold-Kontraktes an der Comex, nicht sofort den vollen Kaufpreis bezahlen müssen, sondern lediglich eine Sicherheit zu leisten haben – die Profis nennen das Einschuß – die in diesem Fall beispielsweise 1.330 US-Dollar pro Kontrakt beträgt. Beträgt der Preis für die Lieferung eines Goldkontraktes zum Zeitpunkt des Geschäftsabschlusses beipielsweise 380 Dollar je Feinunze, hätte er bei einem „normalen“ Kaufgeschäft, also bei sofortiger Lieferung und Bezahlung immerhin 38.000 Dollar für die einem Kontrakt entsprechende Menge Gold (100 Unzen) hinblättern müssen. Aufgrund des wesentlich geringeren Kapitaleinsatzes, den ein Futures-Trader im Vergleich zu einem Käufer hat, der das Gold sofort erhält und bezahlt, entstehen bei sich ändernden Goldnotierungen am Terminmarkt hohe Hebelwirkungen bezogen auf das eingesetzte Kapital.

Auf das eingangs geschilderte Beispiel mit dem Hauskauf bezogen kann man sich diese Hebelwirkung so vorstellen: Steigt der Wert des Hauses vom Abschluß des Kaufvertrages und der Entrichtung der zehnprozentigen Anzahlung bis zur Fertigstellung um 30 Prozent könnte der Käufer das Haus bei Fertigstellung also für 1,3 Millionen DM verkaufen und hätte somit 300.000 DM verdient, auf seinen Kapitaleinsatz (Anzahlung) bezogen also 300 Prozent. Selbstverständlich funktioniert diese Hebelwirkung auch in die andere Richtung. Angenommen unser Immobilienspekulant kann sein Haus bei Fertigstellung lediglich für 900.000 DM an den Mann bringen, hätte er einen Verlust in Höhe von 100.000 DM zu verkraften. Seine zuvor geleistete Anzahlung wäre also zu 100 Prozent verloren gegangen.

Noch schlimmer wäre es für ihn gekommen, wenn er das Haus nur für 800.000 DM verkaufen könnte. In diesem Fall würde sein Verlust bereits 200.000 DM betragen, was bezogen auf seine Anzahlung einem Verlust von 200 Prozent entspräche. Dieses Beispiel zeigt die besondere Problematik, mit der ein Futures-Trader zu leben hat. Bezogen auf seinen Kapitaleinsatz, also den von ihm beim Abschluß eines Futures-Geschäftes zu erbringenden Einschuß, kann der anfallende Verlust mehr als 100 Prozent betragen. Entwickelt sich der Preis eines Futureskontraktes an der Terminbörse in die andere als vom Trader gewünschte Richtung, wird seine Bank oder sein Broker in aller Regel einen Nachschuß über das bereits eingezahlte Kapital hinaus von ihm verlangen, der dem rechnerischen Verlust der Position entspricht. Aus diesem Grund und wegen der teilweise hohen täglichen Kursschwankungen gelten Futures als risikoreiche Geldanlage, der andererseits aber auch hohe Gewinnmöglichkeiten gegenüberstehen.

An den internationalen Terminbörsen werden heute eine Vielzahl unterschiedlicher Terminkontrakte gehandelt, die man in folgende Gruppen einteilen kann:

- **Warenterminkontrakte**
  Zu den Commodities, wie Warentermingeschäfte auch genannt werden, zählen die Metalle (Gold, Silber, Platin, Kupfer, Aluminium u.a.) und die sogenannten „energies" (Gas-, Heizöl) sowie die „soft commodities" (Getreide, Schweinebäuche, Orangensaft usw.).

- **Finanzterminkontrakte**
  Zu den Financials, wie die Finanztermingeschäfte auch genannt werden, zählt man die Zinsen (z. B. Bund-Future), Aktienindizes (z. B. DAX-Index) und Währungen. Gerade in letzter Zeit wurden vermehrt neue Finanzterminkontrakte auf den Markt gebracht, wie vor kurzem beispielsweise der Bobl-Future, der sich auf Bundesobligationen mit fünfjähriger Laufzeit bezieht.

7.5.2 Terminhandel – wozu nützt er?

Eine der Anwendungsmöglichkeiten für Terminkontrakte haben wir anhand des Gold-Beispiels bereits kennengelernt. Neben spekulativen Einsatzmöglichkeiten findet der Terminhandel jedoch auch aus anderen Überlegungen statt. Mittels Termingeschäften lassen sich beispielsweise auch Wertpapierportfolios gegen drohende Kursverluste absichern. Wie eine solche Absicherungsstrategie (sogenanntes Hedging) funktioniert, wollen wir einmal anhand eines Beipiels darstellen.

Angenommen, ein Anleger besitzt ein Portfolio, das aus zehnjährigen Bundesanleihen mit einem aktuellen Wert von zehn Millionen DM besteht. Der Anleger sieht die Gefahr eines vorübergehenden Zinsanstiegs am deutschen Rentenmarkt, was für sein Bund-Portfolio Kursverluste bedeuten würde. Er könnte nun zwar seine Bundesanleihen verkaufen, um den drohenden Kursverlust zu vermeiden. Dies wäre jedoch mit enormen Kosten verbunden, so daß er von dieser Möglichkeit nicht Gebrauch machen möchte. Stattdessen entschließt er sich, sein Rentenportfolio am Terminmarkt gegen Kursverluste abzusichern.

Außer an der Deutschen Terminbörse (DTB) in Frankfurt werden auch an der Londoner LIFFE Terminkontrakte auf Bundesanleihen, der sogenannte Bund-Future, gehandelt.

Tabelle 35: Kontrakt-Spezifikation des Bund-Futures

Kontraktgröße:	250.000 DM
Preisnotierung:	pro nominal 100 DM auf zwei Dezimalstellen genau
Minimale mögliche Preisbewegung (Tick):	0,01 (Wert 25 DM)
Verfallmonate:	März, Juni, September, Dezember
Laufzeiten:	3, 6, 9 Monate

Grundlage für den Bund-Future ist eine fiktive, idealtypische Bundesanleihe mit einer Nominalverzinsung von 6 % und einer Restlaufzeit von 8,5 bis zu 10 Jahren. Idealtypisch heißt, daß dem Bund-Future keine konkrete 6 %ige Bundesanleihe zugrundeliegt, sondern daß er auf Anleihen mit unterschiedlicher Nominalverzinsung und Restlaufzeit basiert. Die DTB ermittelt für jede lieferbare Anleihe einen Umrechnungsfaktor. Anhand dieses Faktors werden die zur Auswahl stehenden unterschiedlichen Bundesanleihen vergleichbar gemacht. Die Mindesteinheit für einen Kontrakt beträgt 250.000 DM.

Die Strategie des Hedgers

Da der Inhaber des Anleihenportfolios steigende Zinsen, also sinkende Kurse erwartet, verkauft er vereinfacht dargestellt an der Deutschen Terminbörse eine seinem Portfolio wertmäßig enstprechende Anzahl an Bund-Future-Kontrakten. Steigen die Zinsen nun tatsächlich am Rentenmarkt, muß er Kursverluste bei seinen Anleihen hinnehmen. Gleichzeitig sinkt dann aber auch der Kurs der auf Termin verkauften Bund-Futures. Scheint die Gefahr weiter steigender Zinsen gebannt zu sein, kauft der Anleihebesitzer die vormals verkauften Bund-Future-Kontrakte zu einem dann niedrigeren Kurs an der DTB wieder zurück. Da er die Futures-Kontrakte zuvor zu einem höheren Kurs verkauft hatte, erzielt er beim Rückkauf einen Gewinn, den er mit den in seinem Anleihenportfolio entstandenen Verlusten verrechnen kann.

Die Strategie des Spekulanten

Der Grund, weshalb Futures als Beimischung zu einem mit Aktien und Anleihen bestückten Depot interessant sind, liegt im wesentlichen darin, daß man damit auch bei fallender Markttendenz Geld verdienen kann. Dies zeigt folgendes Beispiel, wiederum dargestellt am Bund-Future:

Ein Futures-Trader, der Futures ausnahmslos aus spekulativen Gründen handelt, um damit kurzfristig Gewinne zu erzielen, rechnet mit steigenden Zinsen, also sinkenden Kursen für den Bund-Future-Kontrakt. Er geht deshalb eine sogenannte Short-Position ein und verkauft am 14.4.1994 zehn Juni-Kontrakte dieses Bund-Futures an der DTB zu einem Kurs von 96,80 je Kontrakt. Pro Kontrakt hat er einen Einschuß von 2.000 DM zu leisten, insgesamt also 20.000 DM. Tatsächlich bewegt er jedoch ein Volumen von rund 2,5 Millionen DM (10 Kontrakte x 250.000 DM). Der Kurs des Bund-Futures fällt tatsächlich, so daß er sein Engagement am 31.5.1994 zum Kurs von 92,80 je Kontrakt glattstellen, d. h. die 10 Kontrakte des Bund-Futures zurückkaufen kann (siehe Abbildung 50).

Ergebnis

Verkauf von 10 Juni-Kontrakten am 14.4.1994 zu 96,80 und (Rück-) Kauf von 10 Juni-Kontrakten am 31.5.1994 zu 92,80.

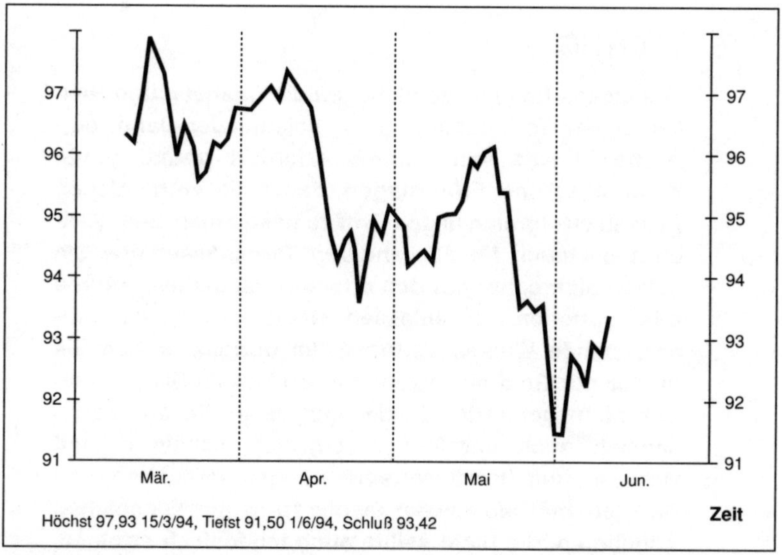

Abbildung 50: Entwicklung des Bund-Futures an der DTB (1994)
Quelle: Datastream

Verkaufskurs 96,80 minus Kaufkurs 92,80 = 400 Ticks x 25 DM x 10 Kontrakte = 100.000 DM Gewinn. Bezogen auf den erbrachten Einschuß, den erbrachten Kapitaleinsatz sind dies 400 Prozent Gewinn.

Anders wäre die Rechnung natürlich gewesen, wenn der Bund-Future nach dem Verkauf am 14.4.1994 nicht gefallen, sondern bis zum 31.5.1994 auf beispielsweise 98,20 gestiegen wäre. In diesem Fall hätte der Trader 35.000 DM verloren (98,20 minus 96,80 = 140 Ticks x 25 DM x 10 Kontrakte = 35.000 DM). Er hätte demnach also mehr verloren, als er zuvor als Einschuß eingebracht hatte.

WICHTIG

Wie dieses Beispiel zeigt, liegen die Chancen und Risiken an den Terminmärkten eng beieinander. Der erfolgreiche Einsatz von Futures erfordert grundlegende Kenntnisse und Erfahrungen, damit die vorhandenen Risiken erfolgreich in den Griff zu bekommen sind. Gleiches gilt auch für alle anderen Termingeschäfte. Sie sollten sich daher auf den direkten Handel mit Futures oder Optionen nur einlassen, wenn Sie über das entsprechende Wissen verfügen. Im übrigen sollten Sie hierfür nur Geld einsetzen, dessen Verlust Sie existenziell nicht gefährdet. Leider gibt es in diesem Marktsegment auch eine Menge schwarzer Schafe, die mit verlockenden Renditeversprechungen versuchen, den Anlegern ihr Geld aus der Tasche zu ziehen. Vor solchen Angeboten, die nicht selten auch telefonisch erfolgen, können wir Sie nur eindringlich warnen!

7.5.3 Futures – nur etwas für Profis?

Wären Futures tatsächlich nur etwas für Profis, würde es wenig Sinn machen, in einem Buch, das sich vorwiegend an den privaten Kapitalanleger wendet, darüber zu schreiben. Schließlich ist es unsere Absicht, Informationen und Anregungen weiterzugeben, die dem interessierten Leser auch bei seiner privaten Vermögensplanung nützlich sind. Die Antwort auf die Frage, ob Termingeschäfte auch für den „normalen“ Anleger taugen, kann deshalb mit einem klaren „ja – aber“ beantwortet werden. Sinnvoll sind Geldanlagen in Futures allein schon deshalb, weil sie mit anderen Anlageformen kaum korrelieren und weil man damit auch in Zeiten, in denen mit anderen Assets wie Aktien, Anleihen und Immobilien kein Geld zu verdienen ist, Gewinne erzielen kann. Außer einer Direktanlage in Terminkontrakten, die aufgrund der damit verbundenen Risiken für den Privatanleger kaum geeignet erscheint, haben sich gerade in den USA, in zunehmendem Maße aber auch hierzulande, die sogenannten „Managed Futures“ durchgesetzt. Hierbei handelt es sich um Beteiligungen in Futures-Funds oder in Futures-Pools.

Futures-Funds

Ähnlich wie bei den eingangs dieses Kapitels dargestellten Investmentfonds sind auch Futures-Funds nichts anderes als Beteiligungen verschiedener Anleger an einem gemeinschaftlichen Vermögen. Dafür erhalten sie ebenfalls Anteilscheine, die ihre Beteiligung verbriefen. Das Fonds-Vermögen wird von einem oder mehreren Commodity Trading Advisors (CTA), das ist die Berufsbezeichnung für Futures-Fund-Manager, in Futures und teilweise auch in Optionen an den internationalen Terminmärkten investiert. Unterstützt von modernster Computertechnik beobachten die CTAs ständig die Märkte und versuchen die erkennbaren Trends in erfolgreiche Terminmarktspekulationen umzusetzen. Viele dieser Futures-Funds werden als sogenannte Multi Advisor Funds geführt, was nichts anderes bedeutet, als daß das Fonds-Vermögen nicht nur von einem, sondern von mehreren CTAs gemanagt wird. Dies hat gegenüber den Single Advisor Funds den Vorteil, daß durch den Einsatz mehrerer Manager an verschiedenen Terminmärkten und mit teilweise auch unterschiedlichen Handelssystemen eine bessere Risikoverteilung erfolgt.

Es gibt zwei Typen von Futures-Funds, die mit und die ohne Garantie auf Rückzahlung des vom Anleger eingezahlten Betrages. Die mit Rückzahlungsgarantie versehenen Fonds haben eine feste Laufzeit, nach deren Ablauf der Anleger das seinem Anteil entsprechende Kapital inklusive der angefallenen Gewinne ausbezahlt erhält. Wurden anstelle von Gewinnen jedoch Verluste „erwirtschaftet", erhalten die Anleger mindestens das einbezahlte Kapital zurück. In diesem Fall hätte der Anleger keinerlei Verzinsung für sein angelegtes Geld erhalten. Um die Kapitalrückzahlung auch dann gewährleisten zu können, wenn der Fonds im Futures-Handel Verluste erleidet, wird von vornherein ein Teil des Anlagekapitals in abgezinsten Wertpapieren, sogenannten Zerobonds angelegt. Je nach Laufzeit des Fonds und der mit Zerobonds aktuell zu erzielenden Renditen kann der in Zinspapieren angelegte Betrag durchaus 60 bis 70 Prozent des Fondsvermögens ausmachen, so daß für den Futures-Handel nur noch 30 bis 40 Prozent des Kapitals übrigbleiben. Ein Blick auf die Ergebnisse der letzten fünf Jahre zeigt, daß die garantierten Futures-Funds deutlich schlechter abschnitten als die Funds ohne Garantie. Nach der in Eberts Terminmarkt Magazin veröffentlichten Rangliste (Ausgabe Mai 1994) brachten es die garantierten Fonds im angegebenen Zeitraum auf einen Wertzuwachs von durchschnittlich rund 38 Prozent, während die Fonds ohne Garantie im gleichen Zeitraum mehr als 61 Prozent zulegen konnten.

Die teilweise deutlich besseren Ergebnisse der Futures-Funds ohne Garantie dürften wohl der Hauptgrund dafür sein, daß sich diese Kategorie auch in Deutschland immer größerer Beliebtheit erfreut. Im übrigen kann sich ein Anleger ohne weiteres seinen eigenen garantierten Futures-Fund konstruieren, indem er circa 60 bis 70 Prozent seines gesamten für Termingeschäfte vorgesehenen Kapitals in festverzinsliche Wertpapiere investiert und nur den Rest in Futures-Funds anlegt. Damit dürfte er hinsichtlich der Kosten besser fahren als mit einem garantierten Fonds. Der im Fünfjahreszeitraum beste der 35 in Eberts Terminmarkt Magazin aufgelisteten Futures-Funds, der GNI Spread Programme des Londoner Terminmarktspezialisten GNI, brachte es im Fünfahresteitraum von März 1989 bis Februar 1994 auf ein Plus von immerhin über 400 Prozent (s. Abbildung 51).

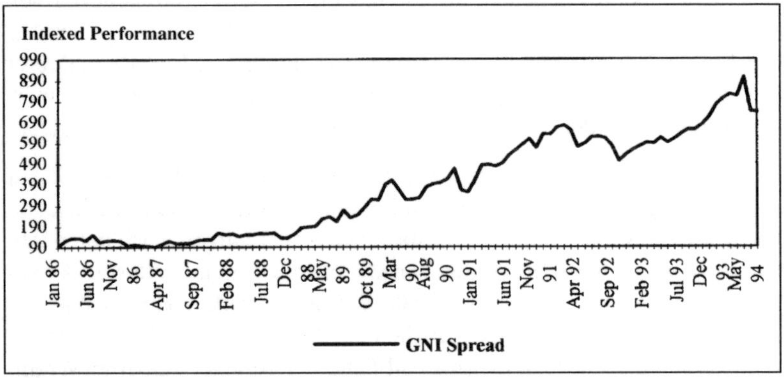

Abbildung 51: Performance des GNI Spread
Quelle: Micropal

Im Zeitraum von Januar 1986 bis Mai 1994 brachte es der GNI Spread auf eine Rendite von knapp 27 % pro Jahr, allerdings bei einem sehr hohen Risiko. Die Standardabweichung der Jahreserträge betrug immerhin stolze 33 %, so daß die Schwankungen in der Renditeentwicklung erheblich waren. Wie sinnvoll es sein kann, einen solch hochrentierlichen aber auch hochspekulativen Futures-Fund einem aus Aktien und Rentenpapieren bestehenden Wertpapierportfolio beizumischen, werden wir am Schluß dieses Kapitels sehen.

Im Dreijahreszeitraum hat der in Wien beheimatete Hasenbichler Commodities AG mit einem Wertzuwachs von über 300 Prozent die Nase vorne. Leider sind diese beiden sehr erfolgreich gemanagten Fonds mittlerweile für Neukunden geschlossen. Interessenten können sich allenfalls auf die Warteliste setzen lassen in der Hoffnung, daß möglichst viele wieder abspringen werden. Dies scheint jedoch, zumindest zur Zeit, sehr unwahrscheinlich zu sein. Allerdings bieten beide Terminmarktspezialisten neue Beteiligungsmöglichkeiten.

Futures-Pools

Bei den Futures-Pools handelt es sich zwar auch um Anlegergemeinschaften. Im Gegensatz zu den Futures-Funds wird das von einem Anleger in einen Futures-Pool eingebrachte Anlagekapital jedoch auf einem eigenen, getrennten Konto verwaltet. Es schließen sich hierbei eine unbestimmte Anzahl von interessierten Anlegern zusammen und eröffnen ein Broker-Konto. Ein CTA, der seine Dienste als Futures-Trader anbietet, wird zur Verwaltung des Kapitals im Rahmen eines Vermögensverwaltungsvertrags beauftragt. Bei dieser Beteiligungsform erhält der Anleger vom Verwalter ständig aktuelle Unterlagen über die getätigten Geschäfte, so daß er ständig auf dem laufenden ist.

Auch bezüglich der Kosten dürften solche Beteiligungsformen in der Regel vorteilhafter sein als Fonds-Beteiligungen. Der Nachteil ist jedoch, daß eine Beteiligung an einem Futures-Pool oftmals erst ab einem Betrag von 30.000 US-Dollar aufwärts möglich ist.

Um die eingangs gestellte Frage zu beantworten: Futures sind beileibe nicht nur etwas für Profis, sondern als Portfolio-Ergänzung durchaus für den Privatanleger geeignet, wie wir gleich noch sehen werden. Man muß sich jedoch der damit verbundenen enormen Risiken bewußt sein, so daß allenfalls ein geringer Teil des Wertpapierportfolios in Futures-Funds oder Futures-Pools investiert werden sollte.

7.5.4 Managed Futures – Diversifikation ist Trumpf

Es ist bekannt, daß man mit einem guten Mix aus Aktien, festverzinslichen Wertpapieren und Geldmarktanlagen langfristig viel Geld verdienen kann. Auch Immobilienanlagen haben in der Vergangenheit sehr gute Erträge erbracht. Dennoch gibt es immer wieder mehr oder minder ausgedehnte Phasen an den Märkten, in denen diese Anlageformen kaum einen Ertrag erbringen oder sogar im Wert sinken. Es liegt daher nahe, nach

Alternativen zu suchen, die auch in solchen Phasen mit negativer Entwicklung an den Wertpapier- bzw. Immobilienmärkten Gewinne versprechen. Hier bieten sich natürlich Anlagen an den Terminmärkten geradezu an, weil man hiermit auch auf sinkende Kurse bei Anleihen, Aktien, Währungen oder aber auf sinkende Preise an den Rohstoffmärkten spekulieren kann. Geld verdienen bei sinkenden Finanzmärkten ist für nahezu jeden Börsianer ein Traum, für die meisten ist es jedoch auch tatsächlich ein Traum geblieben. Es ist nämlich alles andere als einfach, beispielsweise von sinkenden Aktienkursen zu profitieren, denn es gehört auch hier sehr viel Erfahrung, Disziplin und vor allem eine genaue Marktbeobachtung dazu, um Baisse-Phasen an den Märkten in klingende Münze umzusetzen. Daß dies jedoch nicht unmöglich ist, zeigt folgendes Beispiel:

Maximaler Verlust	**Zeitraum**	**Wertentwicklung Man. Futures in US$[2]**
–29,6% S&P 500[1]	Aug. '87 – Nov. '87 „Crash 1987"	8,6 %
–20% EAFE[3]	Mai '81 – Sep. '82 „Rezession USA“	56,9 %
–30,7% EAFE	Jan. '90 – Sep. '90 „Kursrückgänge in Japan und Kuwait-Krise“	18,0 %

1 S&P Index
2 Managed Futures: MAR Dollar-gewichteter CTA Index
3 Internat. Aktien: Morgan Stanley Europe, Australia and Far East (EAFE) Index

Abbildung 52: Performance-Vegleich von Managed Futures und Aktienmärkten bei Crashs und Krisen

Quelle: Chicago Board of Trade und Managed Account Report

Jahr	U.S.-Aktien[1]	Renten[2]	Intern. Aktien[3]	Managed Futures[4]
1980	32,13%	3,06%	19,01%	52,99%
1981	–4,91%	7,26%	–4,85%	1,11%
1982	21,11%	31,10%	–4,63%	5,09%
1983	22,37%	7,99%	20,91%	0,28%
1984	6,11%	15,02%	5,02%	18,05%
1985	32,03%	21,30%	52,97%	27,11%
1986	18,55%	15,62%	66,80%	3,08%
1987	5,23%	2,29%	23,18%	57,78%
1988	16,82%	7,59%	26,66%	14,63%
1989	31,52%	14,23%	9,22%	7,25%
1990	–3,18%	8,29%	–24,71%	27,29%
1991	30,57%	16,13%	10,19%	16,82%
1992	7,69%	7,58%	–13,89%	9,90%
Ø Jahres-rendite	**15,90%**	**11,86%**	**11,79%**	**17,34%**

1 U.S.-Aktien: S&P 500 Index (Dividenden reinvestiert)
2 Renten: Shearson Lehmann Government/Corporate bonds Index (über 1 Jahr, Kupons reinvestiert)
3 Internat. Aktien: Morgan Stanley Europe, Australia and Far East (EAFE) Index
4 Managed Futures: MAR Qualified Universe Index

Abbildung 53: Wertentwicklung verschiedener Vermögensklassen 1980–1992 in US-Dollar

Quelle: Chicago Board of Trade und Managed Account Report

Es zeigt sich anhand dieses Performance-Vergleichs, daß Managed Futures durchaus geeignet sind, Verluste bei Aktien in Phasen unverhofft auftretender Rückschläge an den Aktienmärkten durch entsprechende Gewinne auf der Futures-Seite zumindest teilweise auszugleichen. Aber nicht nur in solchen Extremsituationen sind Managed Futures als Portfolio-Beimischung interessant. Aufgrund ihrer geringen Korrelation mit Aktien und Anleihen sind sie grundsätzlich ein wichtiger Baustein bei der Vermögensplanung. Während für deutsche Anleger und auch für die meisten Anlage- und Vermögensberater hierzulande solche Überlegungen noch völlig fremd sind, werden Managed Futures in den USA und auch in Japan bereits heute als wichtige Ergänzung zu Anlagen in Aktien und Anleihen betrachtet und auch entsprechend berücksichtigt.

Wie Abbildung 53 zeigt, konnte man mit Managed Futures in den aufgeführten 13 Jahren im Durchschnitt kaum höhere Renditen erzielen als mit US-Aktien. Verblüffend ist jedoch die Tatsache, daß die Renditeentwicklung der Managed Futures im Vergleich zu der von Aktienanlagen bei Betrachtung der Entwicklung einzelner Jahre sehr unterschiedlich verlief. Ganz gravierend war die Entwicklung in den Jahren 1981 und 1990, als man mit Aktienanlagen sowohl in den USA als auch international betrachtet Verluste hinnehmen mußte, mit Managed Futures dagegen im selben Zeitraum Gewinne erzielen konnte. Das Crash-Jahr 1987, in dem mit Aktien in den USA kaum Geld zu verdienen war, war für Managed Futures das ertragreichste Jahr in den untersuchten 13 Jahren.

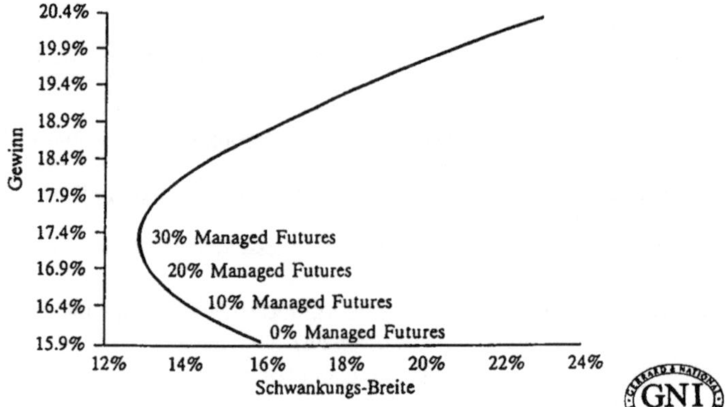

Quelle: LaPorte Asset Allocation System

Abbildung 54: Diversifikation im ausgewogenen globalen Portfolio

Dieses völlig andere Verhalten der Managed Futures im Vergleich zu Aktien- und Rentenanlagen war auch Gegenstand einiger portfolio-theoretischer Untersuchungen, die insbesondere von amerikanischen Wissenschaftlern vorgenommen wurden. Die wichtigste Studie auf diesem Gebiet stammt von Professor John Lintner von der renommierten Universität Harvard aus dem Jahre 1983. Er erbrachte für den untersuchten Zeitraum von 1979 bis 1982 den empirischen Beweis, daß das Gesamtrisiko eines Portfolios, das aus Aktien und Anleihen besteht, durch die Beimischung eines gewissen Anteils an Futures-Funds reduziert werden konnte (siehe Abbildung 54). Darüber hinaus konnten weitere Studien den Nachweis erbringen, daß Managed Futures niedrige und zum Teil negative Korrelationen zu Aktien und Anleihen aufweisen.

Den bisher aufgeführten Auswertungen über die Wechselbeziehung zwischen Managed Futures und Aktien bzw. Anleihen lagen ausnahmslos Untersuchungen auf der Grundlage von repräsentativen Indizes zu Grunde, für amerikanische Aktien beispielsweise der S&P 500-Index, der die Entwicklung 500 amerikanischer Aktien darstellt. Für den Bereich der Managed Futures wurde der MAR Qualified Univers Index vewendet, der von der amerikanischen Fachzeitschrift Managed Account Report für einen repräsentativen Querschnitt weltweit gehandelter Futures-Funds berechnet wird. Untersuchungen, die diesen Diversifizierungseffekt nachweisen, gibt es jedoch auch für einzelne Futures-Funds bzw. Futures-Pools.

Die Ergebnisse dieser Untersuchungen zeigen, daß es sinnvoll ist, dem aus Aktien und Anleihen bestehenden Portfolio in gewissem Umfang Managed Futures beizumischen. Die Beweggründe dafür liegen nicht nur darin, daß Futures für sich genommen einen höheren Erfolg versprechen als andere Anlageformen. Die Erkenntnis, daß die Renditeschwankungen der Managed Futures größtenteils unabhängig von den bei Aktien und Renten zu beobachtenden Renditeschwankungen verlaufen, machen diese Anlageform zu einem wichtigen und für viele bereits heute nicht mehr wegzudenkenden Vehikel bei der Zusammensetzung eines Anlageportfolios. Die Tatsache, daß die als sehr konservativ geltenden amerikanischen Pensionskassen immer mehr Managed Futures in ihren verwalteten Portfolios berücksichtigen, spricht eine deutliche Sprache. Sie tun dies mit Sicherheit nicht aus spekulativen Überlegungen, sondern weil sie wissen, daß sie damit das Risiko ihres Portfolios erkennbar senken und gleichzeitig die Rendite erhöhen können. Auf Managed Futures zu verzichten heißt demnach nichts anderes, als bei unverändertem Risiko einen Teil des möglichen Ertrags zu verschenken.

In den USA und in Japan gelten Managed Futures seit vielen Jahren neben Aktien und Anleihen als dritte, nicht mehr wegzudenkende Säule beim Vermögensaufbau. Auch der Nobelpreisträger für Finanzwissenschaften, William F. Sharpe, erweiterte bereits im Jahre 1975 die bis dato berücksichtigten Asset-Klassen aus Gründen der Portfoliodiversifizierung um die Managed Futures. Er dokumentierte damit, daß es an der Zweckmäßigkeit dieser Anlageform im Zuge einer möglichst risikoarmen Geldanlage keine Zweifel geben kann.

Es bleibt zu hoffen, daß sich diese Erkenntnis auch hierzulande mehr und mehr in den Köpfen der Anleger und vor allem auch der Anlage- und Vermögensberater durchsetzt. Mittlerweile ist das Angebot an Managed Futures, die von deutschen Banken und in Deutschland ansässigen Brokern vorwiegend amerikanischer Gesellschaften vertrieben werden, so groß, daß sich im Prinzip für jeden interessierten Anleger bereits ab einer Mindestanlage von wenigen tausend Mark etwas finden läßt.

Es wäre weiter auch wünschenswert, daß die Politik die gesetzlichen Rahmenbedingungen für die Auflegung von Managed Futures in Deutschland, sei es nun in Form von Futures-Funds oder als Futures-Pools, schafft. Bis jetzt sind die hierzulande vertriebenen Beteiligungsmöglichkeiten ausnahmslos im Ausland aufgelegt worden, weil die gesetzlichen Bestimmungen dies in Deutschland nicht zulassen. Es ist auch nicht geklärt, ob und wenn ja in welcher Form Managed Futures hierzulande der Besteuerung unterliegen. Aufgrund der fehlenden gesetzlichen Bestimmungen sind den „Schwarzen Schafen" in diesem Segment praktisch Tür und Tor geöffnet. Deren Aktivitäten und Machenschaften sind im wesentlichen auch dafür verantwortlich, daß den Futures-Funds und Futures-Pools in Deutschland immer noch der Malus des Anrüchigen und Unseriösen anhaftet. Wer bereits mit den telefonischen Angeboten unseriöser Vermittler oder besser gesagt „Abzocker" konfrontiert wurde, die eine lukrative Anlage in Weizen- oder Kaffee-Futureskontrakten und dergleichen anbieten, weiß hiervon ein Lied zu singen. Vor solchen Angeboten kann man nur warnen; hier heißt das Motto eindeutig: Finger weg!

Worauf man bei Managed Futures achten sollte

Das Wichtigste beim Investment in einen Futures-Fund oder Futures Pool ist der gute Leumund des Verwalters und des Initiators. Ist der Verwalter bereits viele Jahre erfolgreich am Markt, ist das Risiko, eine böse Überraschung zu erleben, bereits deutlich eingeschränkt. Es ist deshalb unerläßlich, im Vorfeld des Investments Referenzen, Leistungsnachweise sowie Auskünfte über Bonität und Seriösität der Verantwortlichen einzuholen. Von Vorteil ist sicherlich, wenn der Fund oder Pool von mehreren CTAs gemanagt wird, die in unterschiedlichen Märkten bzw. mit unterschiedlichen Handelssystemen arbeiten. Ansonsten kann man sich damit behelfen, das für Engagements in Futures vorgesehene Kapital auf verschiedene Funds oder Pools zu verteilen, um das Risiko auf diese Art und Weise wiederum zu streuen.

Vor einem Investment sollte man sich auch den Wirtschaftsprüfungsbericht genau ansehen, sofern einer verfügbar ist. In der Regel gibt er Auskunft über die bisher erzielten Ergebnisse und die Wertschwankungen. Von großer Bedeutung ist dabei, ob die Wertentwicklung kontinuierlich verlief oder ob große Einbrüche das Bild trüben. Wichtig ist auch das Verhältnis zwischen Ertrag und Risiko, ausgedrückt beispielsweise durch die Sharpe-Ratio, im Vergleich zu anderen Angeboten. Es sollte auch untersucht werden, ob der Initiator zur Risikobegrenzung die Handelsergebnisse überwacht und kontrolliert. Dies sollte möglichst täglich erfolgen.

Um sich vor schwarzen Schafen zu schützen, sollte man gerade bei unbekannteren Anbietern darauf achten, daß der Verwalter des Funds oder Pools bei der amerikanischen Aufsichtsbehörde „Commodity Futures Trading Comission (CFTC)“ oder bei der britischen Aufsichtsbehörde „Securities and Futures Authority (SFA)“ registriert ist. Da alle Teilnehmer entsprechende Prüfungen ablegen müssen, bevor sie mit Investoren in direkten Kontakt treten dürfen, gibt dies die Sicherheit, daß man es mit Profis zu tun hat, die über entsprechendes Know-how verfügen. Diese Kontrollorgane haben es sich zum Ziel gesetzt, Mißbräuche und Insider-Betrug zu Lasten der Allgemeinheit auf den Märkten zu stoppen. Werden Marktteilnehmer von diesen Aufsichtsbehörden bei einem Verstoß gegen die teilweise harten Regeln erwischt, drohen meistens ein sofortiges Berufsverbot sowie eine hohe Geld-und Haftstrafe.

Wichtig ist auch die Größe des Fonds-Volumens. Es ist einfacher, mit 500.000 U$ eine gute Performance zu erzielen, als mit 50 Millionen DM. Auch die Frage, in welchen Märkten gehandelt wird, sollte geklärt werden. Werden illiquide Märkte gehandelt, was mitunter bei Warentermingeschäften der Fall ist, kann dies zu Problemen führen.

7.5.5 Managed Futures in der Praxis

Für unsere Begriffe sind Managed Futures nicht nur aufgrund ihrer teilweise spektakulären Ergebnisse interessant, die man damit in der Vergangenheit erzielen konnte. Viel wichtiger erscheint uns die Tatsache, daß man mit Hilfe dieser für sich genommen hochspekulativen und sehr ertragsträchtigen Anlage die Risiko-/Ertragsstruktur eines Wertpapier-Portfolios teilweise erheblich verändern kann. Wir haben diese Aussage anhand verschiedener Investmentfonds untersucht.

Zunächst haben wir untersucht, wie sich das Risiko-/Ertrags-Verhalten eines Portfolios verändert, das aus Aktien, festverzinslichen Wertpapieren und Barmitteln (Festgeld usw.) besteht, wenn man zu einem gewissen Anteil Managed Futures beimischt. Zur Untersuchung haben wir die beiden bereits vorgestellten Fonds, den GlobalSar Fergus der Baseler

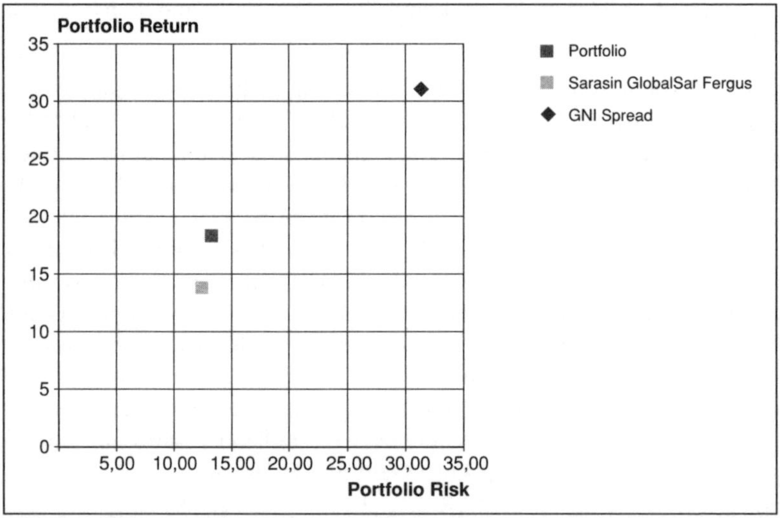

Abbildung 55: Analyse eines mit Managed Futures bestückten Portfolios
Quelle: Micropal

Bank Sarasin & Cie sowie den GNI Spread des Londoner Terminmarktspezialisten GNI herangezogen. Die Untersuchung umfaßt den Zeitraum vom 1.8.1988 bis zum 1.7.1994. Die Ergebnisse sind aus der Sicht eines britischen Anlegers in britischen Pfund dargestellt.

Im untersuchten Zeitraum erbrachte der Futures-Fund GNI Spread eine durchschnittliche Rendite von knapp 31 % pro Jahr bei einem sehr hohen Risiko, was in der Standardabweichung von ebenfalls rund 31 % zum Ausdruck kommt. Der GlobalSar Fergus erbrachte rund 14,7 % bei einer Standardabweichung von durchschnittlich 13,5 % pro Jahr. Ein Portfolio, das in den dargestellten sechs Jahren zu 80 % aus GlobalSar Fergus und zu 20 % aus GNI Spread bestand (in der Abbildung 54 als Portfolio bezeichnet), erbrachte einen um rund vier Prozentpunkte höheren Ertrag als die alleinige Anlage im GlobalSar Fergus und das bei praktisch unverändertem Risiko. Im Ergebnis bedeutet das, daß man auf einen risikolos möglichen Mehrertrag verzichtet hat, wenn man den Futures-Fund nicht im Portfolio hatte. Mit diesem Beispiel zweier Investmentfonds läßt sich die wissenschaftlich erwiesene Erkenntnis, daß man mit Managed Futures eine Portfoliooptimierung erreichen kann, eindrucksvoll darstellen. Möglicherweise würde man mit anderen Fonds zu einem anderen Ergebnis gelangen, nicht zuletzt weil gerade bei den Futures-Funds eine enorme Streuung der Anlageergebnisse zu beobachten ist. Die Auswahl geeigneter Futures-Funds trägt deshalb maßgeblich zum Anlageerfolg des Gesamtportfolios und nicht zuletzt auch zur Steuerung der Risiko-/Ertragsrelation eines Portfolios bei.

Im Rahmen einer zweiten Auswertung haben wir, dieses Mal auf DM-Basis, das Risiko/Ertragsverhalten von fünf verschiedenen Fonds, sowie ein Portfolio, das gleichgewichtig zu jeweils 20 % aus diesen Fonds bestand, über den selben Zeitraum untersucht. Es handelt sich hierbei um folgende Investmentfonds:

- GNI Spread (Futures-Fund)
- DIT-Fonds f. Vermögensbildung (dt. Aktien)
- Inter-Renta (internationale Anleihen)
- DBIM DM Reserve (Geldmarktnahe Anlagen)
- Templeton Growth Fund (internationale Aktien)

Auch bei diesem Beispiel ergibt sich durch die Kombination der Fonds zu einem gleichgewichteten Portfolio (in der Abbildung 56 als Portfolio bezeichnet) eine sehr interessante Risiko-/Ertragsstruktur. Das Portfolio weist einen jährlichen Return (Ertrag) von durchschnittlich rund 14,9 % bei einer als Risiko bezeichneten durchschnittlichen Standardabweichung der Erträge von 12,3 % p.a. auf. Sowohl bezüglich des Risikos als auch hinsichtlich der Erträge liegt das Portfolio besser als die beiden Aktien-

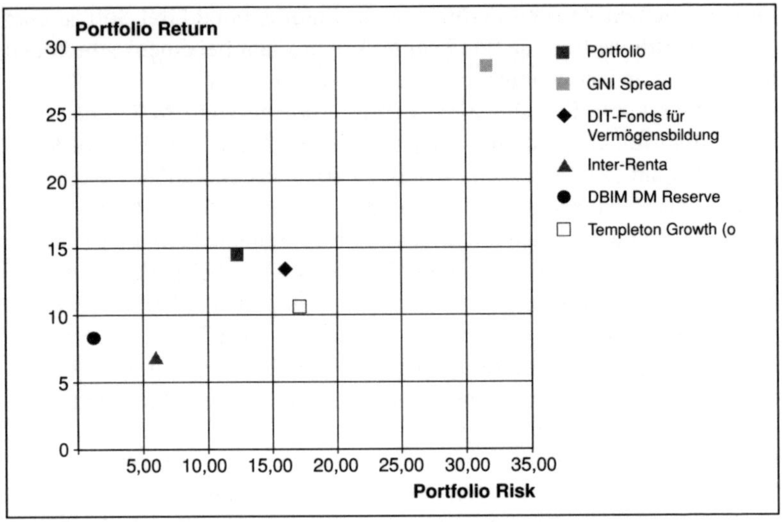

Abbildung 56: Portfolio-Analyse vom 1.8.88–1.7.94 in DM
Quelle: Micropal

fonds. Auch in diesem Fall hat der als hochspekulative Anlage zu bezeichnende Futures-Fund, der einen Ertrag von knapp 29 % p.a. bei einer Standardabweichung von rund 32 % p.a. erreichte, maßgeblichen Anteil an diesem äußerst positiven Ergebnis.

Der Grund für dieses interessante Ergebnis liegt im wesentlichen am geringen Gleichlauf der Renditeschwankungen der vier Renten-bzw. Aktienfonds mit dem Futures-Funds GNI Spread. Die Korrelationen des GNI Spread mit den vier übrigen untersuchten Fonds lag im dargestellten Zeitraum zwischen etwa +0,15 und -0,05. Durch diese vollkommen unabhängig voneinander verlaufende Renditeentwicklung des GNI Spread im Vergleich zu den übrigen vier Fonds erhält man aufgrund der in diesem Beispiel dargestellten Diversifikation eine Optimierung des Fondsportfolios. Integriert man einen für sich genommen hochspekulativen, auf der anderen Seite jedoch sehr erfolgreichen Futures-Fund in ein herkömmlich strukturiertes Wertpapierportfolio, dann läßt sich damit die Risiko-/ Ertragsrelation des Gesamtportfolios mitunter wesentlich verändern. Soll das Risiko dabei möglichst gering gehalten werden, darf der Futures-Anteil jedoch nicht über circa 20 % des Gesamtportfolios liegen. Wer den Futures-Anteil über diesen Rahmen hinaus erhöht, muß sich darüber im klaren sein, daß dadurch auch das Risiko des Gesamtportfolios mitunter beträchtlich höher liegt.

Einschränkend muß jedoch gesagt werden, daß es sich bei der dargestellten Untersuchung um eine Langfristbetrachtung handelt, bei der im übrigen auf eine Veränderung der Asset Allocation (40 % Renten, 40 % Aktien, 20 % Managed Futures) verzichtet wurde. Bei kurzfristiger Betrachtung kann es natürlich zu erheblichen Abweichungen vom dargestellten Untersuchungsergebnis kommen. Man könnte selbstverständlich noch untersuchen, ob eine Veränderung der Asset Allocation zu einem noch besseren Ergebnis führen würde. Daß selbst eine passive Buy-and-Hold-Strategie, wie sie dem dargestellten Beispiel zugrundeliegt, langfristig erfolgreich ist, zeigt die positiven Aspekte der Asset Allocation bei internationaler Diversifikation. Wer seinen Vermögensaufbau langfristig plant, was leider die wenigsten Anleger tun, fährt mit einer Anlagestrategie, die auf eine breite Streuung der Anlagemittel bedacht ist, in der Regel besser als diejenigen, die alles auf eine Karte setzen. Dies gilt bei Direktanlagen gleichermaßen wie bei Anlagen via Investmentfonds.

Das Ergebnis zeigt im übrigen auch, daß der Anlageerfolg langfristig betrachtet wesentlich von der strategischen Aufteilung der Anlagemittel in Aktien, Renten, Geldmarktanlagen sowie Managed Futures abhängt. Wir sind davon überzeugt, daß die strategische Planung des eigenen Vermögensaufbaus sowie die risikobewußte Aufteilung der Anlagemittel bei internationaler Diversifikation langfristig erfolgreicher ist als ein permanentes Hin- und Herspringen zwischen den einzelnen Märkten und Währungen. Im übrigen schont eine solche Anlagestrategie nicht nur die Nerven des Anlegers, sondern hilft auch eine Menge Kosten einzusparen, die bei häufigen Veränderungen im Portfolio anfallen.

7.6 Vermögensverwaltung mit Investmentfonds – das Erfolgsrezept der neunziger Jahre?

Im Rahmen der bisherigen Ausführungen dieses Kapitels haben wir darzustellen versucht, wie sich die Verwaltung des eigenen Vermögens mittels Investmentfonds unter Risiko- und Ertragsaspekten am besten realisieren läßt. Wer die aufgezeigten „Spielregeln“ einhält, kann sich aus dem riesigen Angebot an in- und ausländischen Investmentfonds möglicherweise ein eigenes Fondsportfolio zusammenstellen, das hinsichtlich Ertragserwartungen und Risikobereitschaft den eigenen Vorstellungen gerecht wird. Sicherlich werden viele, die sich nicht vor der teilweise etwas mühseligen Arbeit bei der Durchsicht der verschiedenen Fonds-Prospekte und Ranglisten abschrecken lassen, irgendwann einmal an dem Punkt angelangen, wo man vor lauter Bäumen den Wald nicht mehr sehen kann.

Bei mittlerweile über 2.000 verschiedenen Investmentfonds in- und ausländischer Fondsgesellschaften, die in Deutschland zum Vertrieb zugelassen sind, die zudem teilweise gravierende Unterschiede in ihrer Anlagepolitik aufweisen, kann man sicherlich sehr schnell den Überblick verlieren. Im übrigen sind Investmentfonds längst nicht mehr die bequeme und sichere Geldanlage, als die sie vor einigen Jahren noch galten. Mit dem heutigen Angebot aus teilweise hochspezialisierten Investmentfonds ist eine ständige Marktbeobachtung unerläßlich, um möglichst schnell auf die sich mitunter rasant ändernde Situation an den Finanzmärkten reagieren zu können. Im übrigen unterliegen die Märkte selbst auch immer größeren Schwankungen.

Für diejenigen, die die Entscheidung, in welche Fonds investiert werden soll, aus Bequemlichkeit oder aufgrund fehlender Erfahrung nicht selbst treffen wollen, könnte eine Vermögensverwaltung auf der Basis von Investmentfonds, wie sie zwischenzeitlich von über 50 Gesellschaften in Deutschland angeboten wird, die ideale Lösung darstellen. Im Vergleich zur herkömmlichen Vermögensverwaltung, die bei der Portfolio-Zusammensetzung hauptsächlich auf einzelne Wertpapiere (Aktien, Anleihen) zurückgreift, arbeiten die meisten „Fondspicker“, wie die Fonds-Vermögensverwalter auch genannt werden, ausnahmslos mit Investmentfonds. Was liegt näher, als bei der Vermögensverwaltung aus Gründen der Risikostreuung auf Investmentfonds mit ihrem breitgestreuten Wertpapiervermögen zu setzen, anstatt aus dem weltweit riesigen Angebot selbst die vielversprechendsten Titel herausfischen zu wollen. Dies gilt in den Fällen um so mehr, in denen ein zu geringer Anlagebetrag zur Verfügung steht, um mit Einzeltiteln eine breit diversifizierte Anlagestrategie realisieren zu können. Der Vorteil hierbei ist, daß man beim Erwerb von Investmentanteilen bereits mit wenig Geld an einem breit gestreuten und vom Fondsmanager aktiv verwalteten Wertpapiervermögen beteiligt ist. Werden mehrere verschiedene Fonds zu einem Fondsportfolio kombiniert, kann damit bereits mit vergleichsweise kleinen Anlagebeträgen ein Depot zusammengesetzt werden, das aus einer Vielzahl von einzelnen Wertpapieren besteht. Gerade bei Aktienanlagen spielt die Diversifikation ja bekanntermaßen eine große Rolle, um vorhandene Risiken weitestgehend zu reduzieren.

Ein Fonds-Vermögensverwalter entscheidet sich für die aus seiner Sicht attraktiv erscheinenden Anlageländer bzw. -regionen und pickt die Fonds aus dem vorhandenen Angebot heraus, die seinen Vorstellungen entsprechend die jeweiligen Märkte am besten abdecken. Er engagiert praktisch für jeden einzelnen Aktienmarkt wiederum einen Vermögensverwalter, nämlich in Gestalt des Fondsmanagers, dessen Fonds er in das zu verwaltende Fondsportfolio aufnimmt.

Die meisten Fonds-Vermögensverwalter bieten ihre Dienste bereits ab erschwinglichen Mindestanlagebeträgen an. Während die Einstiegshürde bei herkömmlichen Vermögensverwaltern zumeist bei 200.000 DM und mehr liegt, kann man bei manchen Fondspickern bereits ab wenigen tausend Mark Glück haben. Einige Fondspicker bieten sogar die Möglichkeit, ein Fondsvermögen mit monatlichen Sparraten ab 100 Mark aufzubauen. Schließt man mit einem Fondspicker einen Vermögensverwaltungsvertrag ab, übernimmt dieser dann Auswahl und Überwachung der einzelnen Fonds, so daß der Anleger selbst damit nichts mehr zu tun hat. Hält er den Wechsel von einem Fonds in einen anderen für erforderlich, nimmt er diesen ohne vorherige Rücksprache mit seinem Kunden vor. In gewissen Zeitabständen, in der Regel ein- bis zweimal pro Jahr, erhält der Anleger von seinem Vermögensverwalter einen Bericht über Stand und Entwicklung seines Vermögens. Diese Dienstleistung stellt für diejenigen, die ihr Vermögen nicht selbst verwalten wollen, eine sehr gute Möglichkeit dar, dennoch ihr Geld ordentlich arbeiten zu lassen. Es handelt sich hierbei jedoch keineswegs um eine Vermögensverwaltung für arme Leute. Auch bei siebenstelligen Anlagebeträgen ist eine ertrags- und risikooptimierte Verwaltung des Vermögens bei weltweiter Streuung der Mittel ohne den Einsatz von Investmentfonds kaum mehr denkbar.

7.6.1 Fondspicker – so gehen sie vor!

Das wichtigste Motiv für einen Fonds-Vermögensverwalter sollte in jedem Fall der Erhalt des vom Kunden zu verwaltenden Vermögens sein. Erst in zweiter Linie sollten Ertragsüberlegungen eine Rolle spielen. Dies hört sich zwar wenig spektakulär an, denn schließlich will man dabei ja auch Geld verdienen. Dennoch steht die möglichst risikoarme Geldanlage im Vordergrund und nicht die heiße Spekulation zur Erzielung spektakulärer Gewinne. Deshalb sollte man auch von solchen Fondspicking-Modellen keine Wunder erwarten. Denn auch für sie gilt, daß überdurchschnittliche Erträge in aller Regel nur um den Preis eines deutlich höheren Risikos erzielbar sind.

Ein verantwortungsbewußter Fonds-Vermögensverwalter wird, genauso wie seine Kollegen im Bereich der individuellen Vermögensverwaltung, immer darauf bedacht sein, eine entsprechende Streuung in den Fondsportfolios zu realisieren, um die Chancen an den internationalen Finanzmärkten zu nutzten – und das bei möglichst geringem Risiko.

Die in der Vergangenheit erzielten Anlageergebnisse eines Investmentfonds sind nur ein Aspekt bei der Auswahl geeigneter Fonds. Viel wichtiger ist sicherlich die Einschätzung der weiteren Entwicklung an den Finanzmärkten sowie die Frage nach der Risikobereitschaft des jeweiligen Anlegers. Gerade diese ist für die Anlagestrategie der Fondspicker von entscheidender Bedeutung. Es macht selbstverständlich einen Unterschied, ob ein Anleger möglichst geringe Wertschwankungen in seinem Fonds-Portfolio akzeptieren möchte, weil er das Vermögen in den nächsten Jahren möglicherweise für andere Zwecke benötigt, oder ob es eher langfristig und möglichst ertragbringend angelegt werden soll. Daß im ersten Fall der Schwerpunkt auf festverzinslichen Anlagen, also auf Rentenfonds liegen dürfte und ein beispielsweise in Hongkong anlegender Aktienfonds die genannten Kriterien sicherlich nicht erfüllt, liegt wohl auf der Hand. Daher ist es von entscheidender Bedeutung, sich vorab mit dem Vermögensverwalter über die mit der Geldanlage verfolgten Ziele zu unterhalten.

Viele Fonds-Vermögensverwalter bieten ihren Kunden standardisierte Portfoliovarianten mit unterschiedlichen Risikopräferenzen an, wie beispielsweise die zu den Volks- und Raiffeisenbanken gehörende Union Investment:

- sicherheitsorientiertes Portfolio
- ertragsorientiertes Portfolio
- chanceorientiertes Portfolio

Bei der Wahl der für den Anleger geeigneten Portfoliovariante wird in vielen Fällen auch eine sogenannte Benchmark definiert, an der sich der Verwalter orientieren soll. In der Regel handelt es sich dabei um Marktindizes, wie den J.P.-Morgan-Government Bond-Index (Index für deutsche Rentenwerte), der beispielsweise als Meßlatte für den Fonds-Vermögensverwalter beim sicherheitsorientierten Portfolio geeignet wäre. Die Benchmark dient im übrigen auch der Erfolgskontrolle, um im nachhinein feststellen zu können, ob der Verwalter nicht nur in absoluten Zahlen gerechnet ein gutes Ergebnis erzielte, sondern ob es ihm gelang, zumindest genauso gut zu sein wie der Markt selbst oder sogar besser. Ein mit einem global diversifizierten Aktienportfolio erzieltes Jahresergebnis von 20 % klingt zwar nicht schlecht. Haben die Aktienmärkte gemessen am MSCI-Weltaktienindex in der gleichen Zeit beispielsweise 40 % zugelegt, dann sieht das erzielte Ergebnis dagegen eher bescheiden aus.

Die Vorgabe einer Benchmark ist auch deshalb empfehlenswert, weil der Verwalter dadurch ungefähr weiß, in welchem Rahmen er sich bewegen kann. Für die möglichen Abweichungen von diesem Rahmen sind feste Grenzen vorgegeben, was aus Sicht des Verwalters zu einer Disziplinierung des Entscheidungsprozesses beiträgt. So soll es beispielsweise nicht vorkommen, daß im sicherheitsorientierten Portfolio Aktienfonds enthalten sind oder daß im wachstumsorientierten Portfolio internationale Aktien ganz fehlen. Aus diesem Grund ist es beispielsweise im Bereich der individuellen, also nicht fondsgebundenen Vermögensverwaltung zwischen Anleger und Portfolio-Manager seit längerem üblich, Benchmark-Vorgaben zu vereinbaren.

Die in Deutschland tätigen Anbieter von Fondspicking-Modellen lassen sich in zwei Gruppen einteilen. Einerseits sind es die Großbanken, die direkt über ihre in Luxemburg ansässigen Niederlassungen oder über ihre dort ansässigen Investmentgesellschaften eine Vermögensverwaltung mit ihren hauseigenen Fonds anbieten. Andererseits sind es Gesellschaften, die unabhängig von Banken arbeiten und in der Regel nicht auf die Fonds einzelner Investmentgesellschaften beschränkt sind. Pionier dieser zuletzt genannten Gruppe ist die Graf Lambsdorff Vermögensverwaltung AG, mit Sitz in St. Gallen, die Anfang 1990 als erster Anbieter das Fondspicking in der heutigen Form einführte. Da Fondspicking eine noch relativ junge Dienstleistung ist, wollen wir die Arbeitsweise der Fonds-Vermögensverwaltungen anhand einiger Beispiele darstellen.

7.6.1.1 Unabhängig arbeitende Fonds-Vermögensverwalter

Wie bereits erwähnt, gehört die Graf Lambsdorff Vermögensverwaltung AG, die mit dem gleichnamigen deutschen Politiker übrigens nichts zu tun hat, zu der Gruppe der bankenunabhängigen Vermögensverwaltungen. Bereits vor der Aufnahme ihrer eigentlichen Arbeit im Jahre 1990 haben die Anlagespezialisten das aus den USA bereits bekannte Fondspicking getestet, bevor sie es nach zweijähriger Erprobungsphase ihren Kunden angeboten haben.

Den Lambsdorff-Kunden bietet sich eine Auswahl aus vier Depotvarianten. Depot A für den konservativen Anleger besteht aus maximal 60 Prozent festverzinslichen Wertpapieren. Depot B, in das bisher über 87 Prozent der Kundengelder einflossen, legt hauptsächlich in internationalen Aktien-Fonds an, verlegt aber, wie es im Prospekt so schön heißt, je nach Marktlage den Schwerpunkt von Aktien auf festverzinsliche Wertpapiere oder Sachwertanlagen. Dabei wird antizyklisch durch Fonds abgesichert, die Absicherungs-, Options- und Futures-Techniken nutzen. Depot C ist spekulativ orientiert und hat zum Ziel, überdurchschnittliche Wertsteigerungen zu erzielen. Dies soll durch Anlagen in aggressiv operierenden Fonds ermöglicht werden. Mit bisher lediglich etwas mehr als zwei Prozent verwaltetem Kundenvermögen hat diese Depotvariante jedoch kaum Bedeutung. Die vierte Variante, das Depot D, hat Deutschland als Anlageschwerpunkt mit einem auf maximal 40 Prozent begrenzten Anteil an Wertpapieren, die aus dem übrigen Europa stammen dürfen.

Bevor sich die Lambsdorff-Strategen an die Auswahl der einzelnen Fonds heranmachen, wird in einem ersten Schritt die wirtschaftliche Entwicklung der nächsten sechs bis zwölf Monate analysiert bzw. prognostiziert. Nachdem das volkswirtschaftliche Szenario festgelegt wurde, trifft das Team als nächstes die Entscheidung, mit welchen Fonds-Gattungen (z. B. Aktien-, Renten-, Geldmarktfonds usw.) man die erwartete wirtschaftliche Entwicklung am besten ausnutzen kann. Erst wenn die Aufteilung je nach Risikoabstufung der einzelnen Depotvarianten festgelegt ist, folgt die eigentliche Tätigkeit des Fondspickings, d. h. erst zu diesem Zeitpunkt wählt man aus dem riesigen Angebot von über 20.000 unterschiedlichen Fonds die am geeignetsten erscheinenden aus. Dabei sind folgende Auswahlkriterien entscheidend:

- bisherige Kursentwicklung,
- Konstanz der Ergebnisse,
- Größe des Fonds,
- Management-Qualität.

Bei der Analyse der bisherigen Ergebnisse eines Fonds spielen nicht nur die erzielten Erträge eine entscheidende Rolle, sondern auch das Risiko, mit dem diese Erträge erwirtschaftet wurden. Ziel ist es, aus dem Angebot an verschiedenen Fonds, die das gewünschte Anlagesegment (z. B. Aktien Nordamerika) abdecken, denjenigen herauszupicken, der in der Vergangenheit den besten Kompromiß zwischen Ertrag und Risiko aufzuweisen hatte. Eine möglichst konstante Wertentwicklung ist demnach neben der in der Vergangenheit erzielten Rendite ein wichtiges Anlagekriterium.

Die Größe des Fonds spielt deshalb eine Rolle, weil Fonds mit zu großem Sondervermögen nicht mehr flexibel genug auf Marktveränderungen reagieren können. Andererseits darf der Fonds auch nicht zu klein sein, denn sonst könnte eine Risikostreuung nicht mehr gewährleistet sein. Ganz wichtig ist auch das persönliche Gespräch, das die Lambsdorff-Leute mit dem jeweiligen Fondsmanagement führen, denn nur so läßt sich ermitteln, welche Anlagestrategie der Fonds in der Zukunft verfolgen wird. Andernfalls könnte es leicht passieren, daß ein Fondsmanager nach Aufnahme des Fonds in ein Lambsdorff-Depot sein Fondsvermögen derart umstrukturiert, daß es der von Lambsdorff selbst festgelegten Anlagestrategie zuwiderläuft.

Trotz der sehr hohen Spesenbelastung, die auf den Anleger zukommt, haben die von der Graf Lambsdorff Vermögensverwaltung AG verwalteten Fondsdepots durchweg gute Ergebnisse erzielt. Augenfällig sind dabei die geringen Schwankungen in der Wertentwicklung der einzelnen Portfolios. Die Portfolios konnten die jeweiligen Benchmarks selbst unter Berücksichtigung aller anfallenden Spesen nicht nur teilweise deutlich übertreffen, sondern verzeichneten zudem noch wesentlich geringere Schwankungen. Die beste Entwicklung verzeichnete das Depot B, das vom 1.1.1990 bis zum 31.3.1994 immerhin über 48 Prozent zulegen konnte (s. Abbildung 57).

Besonders erfreulich ist für die Anleger vor allem, daß in Zeiten, als die Börse nach unten tendierte, kein Geld verloren wurde. Die Kuwait-Krise im Sommer 1990 wurde von den Lambsdorff-Strategen glänzend gemeistert. Dies ist ein Indiz dafür, daß die Vermögensverwalter nicht nur in erfreulichen Börsenphasen gute Ergebnisse erzielen können, sondern auch schlechte Börsensituationen zu meistern verstehen. Diese Ergebnisse stimmen den Anleger trotz hoher Kosten wieder versöhnlich. Sie

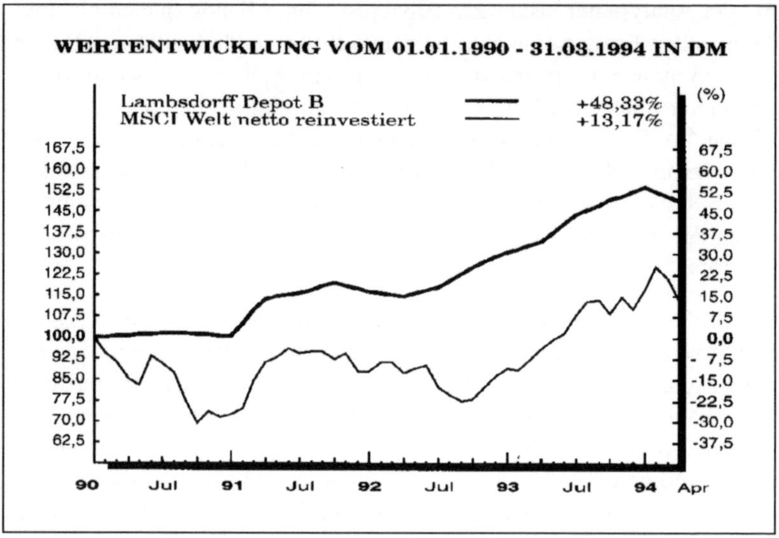

Abbildung 57: Lambsdorff-Depot B (aus dem Prospekt)
Quelle: Graf Lambsdorff Vermögensverwaltungs AG

sind auch ein beredtes Beispiel dafür, daß die Höhe der Kosten alleine noch keine abschließende Aussage über die Qualität einer Dienstleistung zuläßt. Viele Vermögensverwalter, die mit teilweise wesentlich geringeren Kosten arbeiten, können längst nicht solche Ergebnisse vorweisen.

Ab einem Anlagebetrag von 30.000 DM kann man in den Genuß der Lambsdorff-Vermögensverwaltung kommen. Allerdings kann man auch mit monatlichen Sparraten ab 100 DM bei mindestens zehnjähriger Sparplandauer bei Lambsdorff anklopfen.

Die Auswahl der geeigneten Fonds, mit deren Hilfe sich die eigene Anlagestrategie am besten realisieren läßt, wird bei vielen Fondspickern sowohl anhand quantitativer als auch anhand qualitativer Selektionskriterien vorgenommen. Da dieses Auswahlverfahren nach unserer Erfahrung zu wesentlich besseren Anlageentscheidungen bei Investmentfonds führt als die bloße Auswertung irgendwelcher Ranglisten, wollen wir das Verfahren hier kurz darstellen. Diese Selektionskriterien sind von engagierten Anlegern, zumindest teilweise, mit einfachen Hilfsmitteln nachvollziehbar.

Quantitative Selektionskriterien

Hierzu zählen u.a. die Performance-Kennzahlen der Fonds, die jedoch in vielen Fällen – mitunter leider auch von vielen Beratern – als alleinige Aufhänger für die Fondsauswahl herangezogen werden. Die Betrachtung der zurückliegenden Renditeentwicklung reicht jedoch längst nicht aus, um auch nur annähernd verläßliche Anlageentscheidungen treffen zu können. Performance-Fans, die aufgrund der herausragenden 93er-Ergebnisse Anfang 1994 beispielsweise in Asien-Fonds investiert haben, werden hiervon ein Lied singen können. Da bekanntlich die Rendite nur um den Preis eines entsprechenden Risikos zu erkaufen ist, kommt der Ermittlung des Risikogrades (sog. Risk-Level) der Fonds große Bedeutung zu. Genauso wie bei einer Direktanlage in einzelnen Wertpapieren (Aktien, Anleihen usw.) bezeichnet die Volatilität, mathematisch als Schwankung der Rendite eines Fonds um den Mittelwert (Standardabweichung) ausgedrückt, das Risiko, mit dem ein Anleger bei seinen Fonds-Engagements leben muß. Je höher die Volatilität, die bei der Risikoanalyse zumeist als Wochen- oder Monatsvolatilität gemessen wird, desto größer sind die Schwankungen in der Wertentwicklung eines Fonds.

Wer es noch genauer wissen will, untersucht auch noch die spezifischen Kursbewegungen. Vielfach gewinnt man erst anhand solcher Detail-Studien interessante Informationen über die Qualität des Fondsmanagements. Aus den Performance- und Risikokennzahlen lassen sich Verhältniskennzahlen wie die Risk-Return-Ratio oder die Sharpe-Ratio ermitteln, mit deren Hilfe sich verschiedene Fonds besser miteinander vergleichen lassen. Zur Ermittlung dieser beiden Kennziffern werden vereinfacht dargestellt die bei den untersuchten Fonds ermittelten Renditen und Volatilitäten zueinander ins Verhältnis gesetzt. Erst durch die Zusammenführung von Risiko- und Ertragskennzahlen eines Fonds zu einer einzigen Kennzahl kann eine Beurteilung der Performance eines Fonds und vor allem auch der Vergleich zweier oder mehrerer Fonds untereinander erfolgen.

Die Sharpe-Ratio wird beispielsweise anhand folgender Formel ermittelt:

$$SR = \frac{\text{jährl. Rendite} - \text{Festgeldzins}}{\text{jährl. Volatilität}}$$

Seite 17

Hierzu ein Beispiel: Der Festgeldzins (die sogenannte risikolose Verzinsung) betrage sechs Prozent. Fonds A hat in den vergangenen fünf Jahren eine Rendite von zwölf Prozent p.a. bei einer jährlichen Volatilität von 22 % erzielt. Fonds B erzielte eine Rendite von 13 % p.a. bei einer jährlich Volatilität von 26 %. Auf den ersten Blick betrachtet wäre man geneigt, sich für Fonds B zu entscheiden, denn schließlich hat er bisher die bessere Rendite erwirtschaftet. Betrachtet man jedoch zusätzlich das Risiko, mit dem die beiden Fonds ihre Renditen erwirtschaftet haben, sieht die Reihenfolge nämlich anders aus. Anhand der o.a. Formel errechnet sich für Fonds A eine Sharpe-Ratio von 0,2727, während für Fonds B eine Sharpe-Ratio von 0,2692 ermittelt wird.

Fonds A schneidet in dieser Betrachtung also besser ab, d. h., seine Performance ist besser als die des Fonds B, weil er über eine höhere Sharpe-Ratio verfügt. In Worten ausgedrückt bedeutet das, daß das Verhältnis von Rendite zu Risiko umso besser ausfällt, je größer die erwirtschaftete Portfoliorendite pro übernommener Einheit Risiko liegt.

Wichtig für die Fondsauswahl ist auch die Bestandsdauer eines Fonds. Je länger ein Fonds existiert, umso besser kann dieser im Zeitvergleich analysiert werden. Bei einem Aktienfonds ist es beispielsweise wichtig, wie er sich in der Vergangenheit bei unterschiedlichen Konjunkturzyklen verhalten hat. Dazu sollten die Daten über mindestens zwei Beobachtungsperioden zur Verfügung stehen. Auch die Größe eines Fonds ist von Bedeutung. Ein zu großes Fondsvermögen kann bei der Liquidierung der Wertpapiere, insbesondere bei kritischen Marktverhältnissen, zu Nachteilen führen. Die Flexibilität des Managements kann bei großem Fondsvermögen erheblich beeinträchtigt sein. Andere relevante Kriterien sind bei Aktienfonds die Turn-over-Ratio, die angibt, wie oft das Fonds-Portfolio im Laufe eines Jahres gedreht worden ist. Bei Anleihefonds läßt die Duration bzw. Modified Duration Rückschlüsse auf die Entwicklung des Fonds bei zu erwartenden Zinsveränderungen am Rentenmarkt zu. Je höher diese beiden Kennziffern sind, desto stärker reagiert der Fonds nämlich auf Veränderungen des Renditeniveaus am Rentenmarkt. Rentenfonds mit hoher Duration versprechen in Phasen sinkender Kapitalmarktrenditen bessere Anlageergebnisse als solche mit niedriger Duration. Erwartet man dagegen steigende Zinsen, sollte man sich grundsätzlich für Rentenfonds mit niedriger Duration entscheiden.

Qualitative Selektionskriterien

Zu diesen Kriterien zählt u.a., ob es sich um einen offenen oder geschlossenen Fonds handelt. Geschlossene Fonds sind für deutsche Anleger in der Regel mit erheblichen steuerlichen Nachteilen verbunden (nicht zu verwechseln mit geschlossenen Immobilienfonds!), so daß es sich für den steuerehrlichen Anleger nicht lohnt, in solche Fonds zu investieren.

Wichtig ist auch die Analyse des Management-Stils (Bottom-up oder Top-down), der Anlagegrundsätze und der einzelnen Fondspositionen. Aus solchen Analysen sind gezielte Rückschlüsse auf Kursverläufe in bestimmten Marktphasen möglich. Wichtig ist beispielsweise, ob das Fondsmanagement in kritischen Marktphasen eine Kursabsicherung am Terminmarkt tätigt oder inwieweit eine Streuung der Anlagemittel in bestimmte Regionen, Länder und Branchen erfolgt. Es ist beispielsweise ein gewaltiger Unterschied, ob ein Fonds im gesamten asiatischen Raum anlegt oder lediglich in den ASEAN-Ländern (Malaysia, Thailand, Singapur, Indonesien, Philippinen). Ein Irrtum in der Länderstreuung kann sich für den Anleger sehr nachteilig auswirken.

Die von Fonds zu Fonds teilweise unterschiedliche Kostenstruktur macht deren Vergleichbarkeit mitunter schwierig. Manche Fonds erheben beim Erwerb der Anteile einen Ausgabeaufschlag, andere wiederum verzichten darauf und erheben vielleicht dafür eine Rücknahmegebühr, die beim Verkauf der Fondsanteile anfällt. Auch die jährliche Managementgebühr ist teilweise unterschiedlich. Die Kostenstrukturen der Fonds stellen deshalb ein wichtiges Selektionskriterium dar, denn schließlich schmälert jede gezahlte Mark die erzielbare Rendite.

Das Ergebnis eines Fonds wird natürlich sehr stark von der Person des jeweiligen Managers bestimmt. Oftmals liegt es an den besonderen Fähigkeiten und Kenntnissen eines Einzelnen, daß sich ein Fonds besonders gut entwickelt hat. Verläßt dieser Manager aus irgendwelchen Gründen die Fondsgesellschaft ober übernimmt beispielsweise einen anderen Fonds, kann sich dies gravierend negativ auf die weitere Entwicklung des betreffenden Fonds auswirken. In diesem Fall ist also Vorsicht geboten. Viele Investmentgesellschaften sind deshalb dazu übergegangen, die Fonds von mehreren Managern, also in einem Team, verwalten zu lassen. In diesem Fall dürfte sich der Weggang eines dieser Manager wohl nicht gravierend auf die weitere Entwicklung des betreffenden Fonds auswirken.

Teilweise lassen sich die zur Fonds-Auswahl erforderlichen Daten aus den jeweiligen Prospektangaben entnehmen. In vielen Fällen enthalten die Prospekte Angaben zur Fondsgröße, zum Fondsmanager, zur Wertentwicklung in der Vergangenheit sowie zu den Anlagegrundsätzen. Vereinzelt stellen die Fondsgesellschaften in ihren Prospekten auch Angeben zur Volatiliät zur Verfügung, so beispielsweise die Firma Fidelity Investments. Sie gibt drei Volatilitätskennzahlen für jeden ihrer Fonds an, die dem Anleger Aufschluß über die Entwicklung des Fonds im Vergleich zum jeweiligen Marktindex geben. Vereinzelt werden in speziellen Fonds-Ranglisten bereits Angaben über die Risiken der einzelnen Fonds gemacht (z. B. „Das Wertpapier“, „Finanzen“), so daß dem Anleger weitere Informationsmöglichkeiten zur Verfügung stehen.

Die in Europa wohl umfangreichste Informationsdatenbank auf dem Gebiet der Investmentfonds bietet die britische Firma „Micropal“. Auch die in diesem Kapitel enthaltenen Auswertungen basieren zum größten Teil auf Micropal-Daten. Die Londoner Fonds-Spezialisten haben nahezu sämtliche für die Fondsauswahl relevanten Daten von über 25.000 weltweit erhältlichen Investmentfonds zusammengetragen, die sie ständig aktualisieren. Mit diesem EDV-Programm läßt sich beispielsweise der in der Vergangenheit beste Asien-Fonds oder der beste Lateinamerika-Fonds usw. herausfiltern. Der einzige Nachteil an dieser Datenbank ist eigentlich nur der Preis. Für die Grundausstattung, mit der sich die für Deutschland zugelassenen Fonds analysieren lassen, zahlt man derzeit über 20.000 DM pro Jahr, was nicht gerade für jeden Anleger erschwinglich ist.

7.6.1.2 Fonds-Vermögensverwaltungen der Banken und Investmentgesellschaften

Neben den sogenannten „unabhängigen“ Anbietern von Vermögensverwaltungen auf Fondsbasis bieten in letzter Zeit auch zunehmend Banken und Investmentgesellschaften diese Dienstleistung an. Im Unterschied zu den unabhängig arbeitenden Fondspickern verwenden die Banken und Investmentgesellschaften in der Regel ausnahmslos ihre hauseigenen Fonds. Kritiker führen immer wieder ins Feld, daß es sich hierbei im ein „unechtes“ Fondspicking handele, weil es dem Grundgedanken widerspreche, wonach die Vermögensverwalter völlig frei in ihrer Wahl der zu kaufenden Fonds bleiben sollen. Sie befürchten durch die Beschränkung der Anlagestrategie auf die hauseigenen Fonds gewisse Interessenkonflikte. So könnten beispielsweise Fonds in das zu verwaltende Portfolio Einzug finden, die unter Umständen nicht aufgrund sachlicher Kriterien ausgewählt wurden. Vielmehr bestehe die Gefahr, so die kritischen Stimmen, daß die Anlageentscheidungen von eigenen Interessen der Bank bzw. der Investmentgesellschaft beeinflußt werden.

Wenngleich diese Kritik durchaus verständlich ist, steht dem entgegen, daß auch die Banken und Investmentgesellschaften bestmögliche Ergebnisse vorweisen wollen bzw. sogar müssen, wenn sie im harten Wettbewerb untereinander und vor allem auch im Wettbewerb mit den unabhängig arbeitenden Fondspickern bestehen wollen. Daß Eigeninteressen einen bestimmenden Einfluß auf die Anlagepolitik der Banken und Investmentgesellschaften haben könnten, erscheint daher eher unwahrscheinlich. Im übrigen sind sie im Vergleich zu den unabhängigen Fondspickern in gewisser Hinsicht im Vorteil. Die Anlagegremien, die für die Entscheidungen im Rahmen der Fonds-Vermögensverwaltung zuständig sind, ziehen regelmäßig die jeweiligen Fondsmanager hinzu, um über deren Anlagestrategie und vor allem über deren geplante Dispositionen unterrichtet zu sein.

Eine Ausnahme unter den Banken und Investmentgesellschaften bildet nach unserem Kenntnisstand derzeit alleine die zur Hypobank-Gruppe gehörende H.C.M. HYPO Capital Management. Die auf ganzheitliche Betreuung von vermögenden Pirvatkunden spezialisierte Consulting-Gesellschaft greift im Rahmen ihrer Fonds-Vermögensverwaltung „Global Investment Portfolio" neben den konzerneigenen auch auf Fonds von derzeit rund 25 weiteren in- und ausländischen Investmentgesellschaften zurück. Neben Produkten deutscher Fondsgesellschaften werden dabei auch die ausländischen Renommiergesellschaften Templeton, Fidelitiy, Fleming usw. berücksichtigt. Damit soll nicht nur der Qualität Rechnung getragen, sondern auch ein Zeichen für die Unabhängigkeit des Unternehmens gesetzt werden.

Wie die meisten anderen Fondspicker, die es derzeit am deutschen Markt gibt, gehen auch die Banken und Fondsgesellschaften bei der Portfoliozusammensetzung von strategischen Überlegungen aus. Mittels Analyse der volkswirtschaftlichen Rahmendaten für die einzelnen Länder bzw. Regionen und Währungen werden Renditeprognosen für Anlagen am Geldmarkt (z. B. Festgeld), in Anleihen und Aktien über einen bestimmten Zeitraum (z. B. sechs oder zwölf Monate) für die in Betracht gezogenen Länder und Regionen erstellt. Danach erfolgt im Rahmen der Asset Allocation die prozentuale Aufteilung der Anlagemittel auf die verschiedenen Anlageklassen (Aktien, Anleihen, Geldmarkt) und die verschiedenen Länder bzw. Regionen und Währungen. Hierbei spielen nicht nur Ertragserwartungen eine Rolle, sondern auch Überlegungen hinsichtlich einer risikooptimierten Zusammensetzung eines Wertpapierportfolios. Für ein wachstumsorientiertes Portfolio könnte die Asset Allocation beispielsweise wie folgt aussehen (Stand: 31.1.1994):

Tabelle 36: Asset Allocation für ein wachstumsorientertes Portfolio

Titel	Anteil	Titel	Anteil
Liquidität	11,4%	Aktien Deutschland	8,8%
Renten Deutschland	13,8%	Aktien Europa	22,3%
Renten Europa	5,8%	Aktien Nordamerika	13,3%
Renten Nordamerika	14,7%	Aktien Japan	0,9%
Renten Sonstige	2,1%	Aktien Asien/Pazifik	6,9%

(Quelle: Union Investment) 47.8 — 100 % — 52.2

Die im Rahmen der Asset Allocation vorgenommene Aufteilung der Anlagemittel wird anschließend mit Hilfe der hauseigenen Fonds möglichst genau nachgezeichnet. Die zu den Genossenschaftsbanken gehörende Union Investment entschied sich aufgrund dieser Vorgaben beim wachstumsorientierten Portfolio zu der in Tabelle 37 dargestellten Fonds-Zusammensetzung (Stand: 31.1.1994):

Der Anleger ist bei dieser Fonds-Kombination an rund 500 verschiedenen Wertpapieren beteiligt. Dies zeigt, daß man mit Hilfe von Investmentfonds eine wesentlich größere Streuung der Anlagemittel erzielen kann, als dies sonst mit Beträgen dieser Größenordnung möglich wäre.

Die Vermögensveralter der Banken und Investmentgesellschaften treffen sich regelmäßig zur Überprüfung der Anlagestrategie. Diese wird soweit erforderlich an die aktuelle Situation an den Finanzmärkten angepaßt. Im Rahmen einer aktiven Vermögensverwaltung wird dem Anleger damit praktisch die Entscheidung abgenommen, in welche Fonds investiert werden soll oder ob ein Fonds-Tausch erforderlich scheint.

Tabelle 37: Fondsaufteilung bei Union Investment

Titel	Anteil
a) Renten-Fonds:	
UniplusZins (Lux)	10%
UniplusRenta (Lux)	21%
UniDollarBond (Lux)	8%
b) Aktien-Fonds:	
UniEuropa (Lux)	35%
UniNordamerika	16%
UniAsia (Lux)	10%

(Quelle: Union Investment)

Üblicherweise kann man bei allen Banken und Investmentgesellschaften, die eine Vermögensverwaltung auf Fondsbasis anbieten, zwischen mehreren standardisierten Depotvarianten wählen, die ein unterschiedliches Risiko- und Ertragspotential aufweisen. Bei den Portfolios für risikoscheue Anleger werden meistens ausnahmslos Renten- und Geldmarktfonds verwandt. Für längerfristig an Wachstum interessierte Anleger wird je nach Risikoneigung der Anteil an Aktienfonds mehr oder minder stark berücksichtigt.

Einige Beispiele aus der Praxis:

Tabelle 38: Depotmodelle der Deutschen Bank

DEUTSCHE BANK	
Depotmodelle:	a) Einkommen ■ Renten ■ maximal 30% Aktien b) Einkommen und Wachstum ■ Renten ■ 30 bis 60% Aktien c) Chance ■ mindestens 50% Aktien
Mindestanlage:	100.000 DM
Kosten:	2% Verwaltungsgebühr jährlich; einmalige Eintrittskosten bzw. Umtauschkosten werden nicht berechnet.

Tabelle 39: Depotmodelle der Dresdner Bank

DRESDNER BANK	
Depotmodelle:	a) Einkommen ■ Renten- und Geldmarkt b) Einkommen und Wachstum ■ Renten ■ maximal 30% Aktien
Mindestanlage:	100.000 DM
Kosten:	1% Verwaltungsgebühr jährlich zzg. 1% Transaktionskosten je Fonds-Tausch

Tabelle 40: Depotmodelle der Commerzbank

COMMERZBANK	
Depotmodelle:	a) Renten-Management ■ 100% Renten b) Konservatives Management ■ 80% Renten ■ 20% Aktien c) Wachstum ■ 55% Renten ■ 45% Aktien d) Chance ■ 70% Aktien ■ 30% Renten Die Rentenanlagen erfolgen in der Regel nicht über Fonds, sondern als Direktanlagen.
Mindestanlage:	100.000 DM
Kosten:	0,5% Verwaltungsgebühr jährlich zzgl. Transaktionskosten von 1% bei Aktien bzw. 0,5% bei Renten.

Tabelle 41: Depotmodelle der H.C.M. Hypo Capital Management

H.C.M. Hypo Capital Management	
Es gibt keine standardisierten Depotmodelle. Die Depotzusammensetzung erfolgt individuell nach Absprache mit dem Kunden. Die Gesellschaft führt jedoch drei Muster-Portfolios	
Mindestanlage:	250.000 DM
Kosten:	0,5% Verwaltungskosten pro Quartal zzgl. 100 DM Transaktionskosten pro Jahr

Tabelle 42: Depotmodelle der Sparkassen

SPARKASSEN	
Depot-Modelle:	a) Ertrag ■ Renten und Geldmarkt (max. 25% außereuropäisch) b) Wachstum ■ Renten und Geldmarkt ■ Immobilien ■ Aktien (bis max. 50%, max. 25% außereuropäisch) c) Chance ■ Aktien- und Rentenmarkt (ohne prozentuale Beschränkung) ■ Geldmarkt
Mindestanlage:	30.000 DM
Kosten:	*Eintrittskosten:* ■ Ertrag: 2,0% ■ Wachstum: 2,5% ■ Chance: 3,0% *Verwaltungsgebühr:* ■ Ertrag: 0,65% ■ Wachstum: 0,85% ■ Chance: 1,05%

Tabelle 43: Depotmodelle der Genossenschaftsbanken

GENOSSENSCHAFTSBANKEN	
Depot-Modelle:	a) Sicherheit ■ 80% Renten Deutschland ■ 20% Renten weltweit b) Wachstum ■ 60% Aktien weltweit ■ 40% Renten weltweit c) Chancen ■ 100% Aktien weltweit
Mindestanlage:	50.000 DM
Kosten:	*Eintrittskosten:* ■ Ertrag: 2,0% ■ Wachstum: 3,0% ■ Chance: 3,0% *Verwaltungsgebühr:* 0,5% jährlich

Die Depots der hier vorgestellten Modelle werden allesamt in Luxemburg verwaltet. Dieser Überblick stellt lediglich einen Anhaltspunkt zur Orientierung für interessierte Anleger dar und erhebt keinesfalls den Anspruch auf Vollständigkeit. Wer einen vollständigen Überblick über sämtliche derzeit in Deutschland angebotenen Fondspicking-Modelle sucht, kann sich an den F&V Finanzverlag GmbH, Nürnberger Str. 67, 10787 Berlin, wenden. Der Verlag hat in seinem Investmentfonds-Newsletter, Ausgabe Juli 1994, alle Angebote untersucht und die wichtigsten Kennzahlen und Daten veröffentlicht.

Wie allgemein zu hören ist, wird diese neue Dienstleistung der Banken und Investmentgesellschaften seitens der Kunden sehr gut angenommen, ein Zeichen dafür, daß Fondspicking als zeitgemäße Dienstleistung auch in Deutschland auf dem Vormarsch ist. Ein entscheidendes Kriterium für den längerfristigen Anlageerfolg stellen sicherlich die Kosten dar, die bei den Fondspickern sehr unterschiedlich ausfallen. Hier dürfte sich ein genauer Vergleich der verschiedenen Angebote bezahlt machen.

7.6.2 Fondsgebundene Lebensversicherung – die gemanagte Fonds-Police

Lebensversicherungen nehmen in der Gunst deutscher Anleger bekanntermaßen einen hohen Stellenwert ein. Absicherung der Familie, falls dem Ernährer etwas zustößt, aber auch die finanzielle Vorsorge für die Zeit nach dem aktiven Berufsleben sind die Hauptmotive, die den betont auf Sicherheit bedachten Deutschen zum Abschluß einer Lebensversicherung drängen. Hinzu kommt noch das Steuerprivileg, das Lebensversicherungen gegenüber anderen Kapitalanlagen genießen.

Daß es aber auch viele Anleger gibt, die von Lebensversicherungen als Geldanlage nicht viel halten, hängt sicherlich damit zusammen, daß sich manche Versicherer in der Vergangenheit in puncto Rendite nicht gerade mit Ruhm bekleckert haben. Nicht selten gab es lange Gesichter, wenn die Lebensversicherung nach oftmals jahrzehntelangem geduldigem Sparen endlich zur Auszahlung kam. Magere Renditen von teilweise kaum mehr als fünf Prozent pro Jahr waren keine Seltenheit, sehr zum Verdruß der Betroffenen. Für renditeorientierte Sparer wurde daher bereits vor vielen Jahren eine neue Art kreiert, nämlich die fondsgebundene Lebensversicherung. Während bei der herkömmlichen Kapitallebensversicherung die nicht zur Deckung des Todesfallrisikos und der Kosten benötigten Prämienteile vornehmlich in Sicherheitsanlagen, wie Immobilien oder Rentenpapiere angelegt werden, fließt dieser Prämienanteil des Versicherten bei der fondsgebundenen Lebensversicherung in Investmentfonds. Hierfür stehen in der Regel mehrere Fonds verschiedener Investmentgesellschaften zur Auswahl.

Doch gerade das ist wiederum das Problem, das viele Fondssparer bereits kennen. In welchen bzw. welche Fonds soll ich das Sparkapital stecken? Wann ist es möglicherweise an der Zeit, einen Fondstausch vorzunehmen? Fragen über Fragen, die vielen Besitzern von fondsgebundenen Lebensversicherungen Kopfzerbrechen bereiten. Nicht zu reden von den Beratern, die zwar eine Fondspolice erfolgreich verkaufen, in vielen Fällen aber ihren Kunden bei der Auswahl geeigneter Fonds kaum hilfreich zur Seite stehen können.

Das Beratungsunternehmen Marschollek Lautenschläger und Partner AG (MLP), einer der erfolgreichsten Finanzdienstleister Deutschlands, kam daher auf den Gedanken, die fondsgebundene Lebensversicherung mit ei-

Tabelle 44: MLP – die gemanagte Police

Investment-Gesellschaften	
■ Frankfurt Trust	■ Robeco Gruppe
■ Fidelity Investments	■ DWS
■ Oppenheim	■ Hypo Invest
■ Credit Suisse	■ SMH
■ Deutsche Grundbesitz Invest	■ Fleming Fund Management
■ H.C.M. Hypo Capital Management	■ DB Investment Management

Tabelle 45: Gemanagte Fonds-Police – vier Risikoklassen

Sicherheit	Sicherheit mit Wachstum	Sicherheit mit begrenztem Risiko	Aktives Risiko-management
Anlagearten: ■ Renten Welt ■ Geldmarkt Welt ■ Immobilien Welt	Anlagearten: ■ Renten Welt ■ Geldmarkt Welt ■ Immobilien Welt ■ Aktien Welt	Anlagearten: ■ Renten Welt ■ Geldmarkt Welt ■ Immobilien Welt ■ Aktien Welt	Anlagearten: ■ Renten Welt ■ Geldmarkt Welt ■ Immobilien Welt ■ Aktien Welt ■ Gold
Auslandsanteil: max. 50%	Auslandsanteil: max. 50%	Auslandsanteil: max. 50%	Auslandsanteil: max. 50%

(Quelle: MLP)

ner Vermögensverwaltung auf Fondsbasis zu kombinieren. Damit war die Idee von der „gemanagten Fondspolice" geboren. Seit dem 1. Juli 1994 steht dieses neue Produkt zur Verfügung und soll das Dilemma mit der lästigen Fondsauswahl beseitigen. Die Fondsauswahl soll nicht mehr der Kunde selbst übernehmen. Diese verantwortungsvolle Aufgabe erledigt ein professioneller Vermögensverwalter. Hierfür konnte die Feri Trust GmbH, einer der renommiertesten Fondspicker, gewonnen werden, der seine Dienste ansonsten nur Anlegern mit einem Geldvermögen von mindestens fünf Millionen DM anbietet. Rund 160 Fonds von insgesamt zwölf in- und ausländischen Investment-Häusern stehen für diese Aufgabe zur Verfügung. Die Einzahlungen der Versicherten werden in der MLP-Vermögensverwaltung AG gepoolt. Der Interessent kann sich zwischen vier angebotenen Risikoklassen enscheiden, die ähnlich strukturiert sind wie bei den bereits dargestellten Fondspickern.

Pro Risikoklasse werden die Anlagemittel auf maximal zehn Fonds verteilt. Auf diese Art und Weise wird erstmals in Deutschland eine Lebensversicherung mit einem Fondspicking-Modell kombiniert. Laut Auskunft von MLP wird für die Vermögensverwaltung keine Managementgebühr, sondern lediglich eine Wechselgebühr von 0,4 % je Fondswechsel berechnet. Um den Versicherten jedoch bei häufigerem Fondswechsel nicht allzu sehr zu belasten, wurde die maximale Gebühr bei der Risikoklasse „Sicherheit" auf 0,4 % und bei den übrigen drei Risikoklassen auf 0,8 % des durchschnittlichen Anlagevolumens pro Kalenderjahr begrenzt. Wird in einem Jahr überhaupt kein Fondswechsel vorgenommen, fällt auch keine Gebühr an.

Inwieweit sich solche Kombinationen zwischen einer Lebensversicherung und einer Vermögensverwaltung auf Fondsbasis durchsetzen werden, bleibt abzuwarten. Für viele, die sich im Rahmen einer langfristigen Planung ein umfangreiches Vermögen ansparen wollen, kann eine gemanagte Fondspolice, nicht zuletzt aufgrund ihres Steuerprivilegs, durchaus eine Alternative zu anderen Sparformen darstellen. Renditebewußte, die mit den Ergebnissen der Kapitallebensversicherungen nicht einverstanden sind, sehen in dieser Anlageform möglicherweise auch eine Alternative.

8. Ausblick

Zum Abschluß des Buches soll es an dieser Stelle darum gehen, neue Entwicklungen in der Kapitalmarktanalyse und dem Modernen Portfoliomanagement zu beschreiben. Es geht dabei vor allem um drei Dinge:

- Den Einsatz von Computern in der Kapitalmarktanalyse,
- dem neuen Trend von Multi-Manager-Konzepten im Portfoliomanagement sowie
- die Entwicklung immer neuer Finanzprodukte am Beispiel von Boost- und Digital Warrants.

8.1 Neuronale Netze oder: Wenn der Computer die künftigen Börsenkurse stellt

Schon seit es Computer gibt, war es ein Traum eines jeden Börsianers: Auf Knopfdruck die künftigen Aktienkurse zu erhalten oder doch zumindest den zukünftigen Trend. Leider haben sich diese Hoffnungen seither nicht erfüllt. Dies erscheint logisch, denn wäre es möglich, zukünftige Börsenkurse exakt zu berechnen, so würde das System der Börse nicht mehr funktionieren: Angenommen, eine Aktie kostet heute 500 DM, wobei der Computer einen zukünftigen Kurs von 600 DM in sechs Monaten errechnet. Sollte diese Kursprognose absolut (d. h., zu 100 %) zutreffend sein, so würde heute niemand mehr die Aktien verkaufen, sondern jeder würde nur noch kaufen, um den Kursgewinn von 20 % in sechs Monaten einzustreichen. Selbst diejenigen, die eigentlich heute verkaufen müßten, würden noch warten und sich gegebenenfalls die entsprechende Summe zwischenfinanzieren, was immer noch günstiger käme als ein sofortiger Verkauf.

Schon aus diesem einfachen Beispiel wird ersichtlich, daß es das perfekte Prognosemodell nicht geben kann. Dennoch gibt man nicht auf, Computermodelle zu konstruieren, mit denen sich zumindest der Trend mit einer einigermaßen hohen Wahrscheinlichkeit (die jedoch nie 100 % sein wird) im voraus erkennen läßt. Die Befürworter solcher Modelle haben nicht die schlechtesten Argumente: Schließlich ist im großen und ganzen bekannt, welche Faktoren die Aktienkurse beeinflussen. Darüber hinaus bietet uns die Geschichte genügend Anschauungsunterricht, wie sich die einzelnen Effekte auswirken.

Kein Wunder also, daß derzeit hunderte von Millionen Mark in die Forschung und Entwicklung computergestützter Modelle investiert werden. Mit unzähligen mathematischen Verfahren wurde versucht, die Trefferquote zu erhöhen, allerdings nur mit mäßigem Erfolg. Die ständigen Rückschläge entmutigten die Tüftler keineswegs. Man begann mit dem Fortschreiten der Technologie, intelligente Programme (Neuronale Netzwerke) zu entwickeln, die aus ihren eigenen Fehlern selbständig lernen sollten. Auch von den simplen Ursache-Wirkung-Modellen ist man abgekommen und legt nun die wichtigsten Prämissen der Chaos-Theorie zugrunde.

Das Wort „Chaos" stammt aus der griechischen Mythologie und kennzeichnet eine gestaltlose Urmasse. Am Anfang war das Chaos, so ist es auch in der Schöpfungsgeschichte der Bibel belegt: „Und die Erde war wüst und leer". Naturwissenschaftler sprechen von chaotischen Systemen, wenn deren Entwicklung nicht vorhersagbar ist. Chaos ist überall zu entdecken: Wenn der Qualm einer Zigarette hochzieht, in der Kaffeetasse nach dem Eingießen der Milch oder im Verhalten einer Gruppe. Was diese tut, ist nicht zwangsläufig eine Reaktion auf die Umwelt, fanden Soziologen heraus. Unterstellt man die Random-Walk-Hypothese (also die Zufälligkeit der Kursbewegungen) für die Börsen, so würde sich die Chaos-Theorie in der Tat hervorragend anwenden lassen.

Nach der Chaos-Theorie entwickeln sich Strukturen jedoch nicht rein zufällig, sondern in universalen Ähnlichkeiten. Nach Sonne kommt Regen und umgekehrt. Somit gibt es aufgrund universaler Ähnlichkeiten ein deterministisches, also ein vorhersagbares Chaos. Hinter den zum deterministischen Chaos führenden Zufälligkeiten verbirgt sich, wie im Wetter, eine gesetzmäßige Dynamik, die kurzfristige verläßliche Prognosen zuläßt.

Doch die Praxis zeigt: Herkömmliche mathematische Verfahren sind wenig geeignet, deterministisch chaotische Zeitreihen zu analysieren oder sie gar vorherzusagen. Dazu bedarf es sogenannter Neuronaler Netzwerke, also künstlicher Intelligenz.

Was sind nun Neuronale Netzwerke? Hierbei handelt es sich um Software (= Computerprogramme), die stark an der Funktionsweise des menschlichen Gehirns orientiert ist und somit aus vielen einzelnen Rechenelementen, den Neuronen, besteht. Diese Neuronen sind miteinander verknüpft, so daß sie untereinander – und zwar gleichzeitig – sehr viele Informationen austauschen können. Die Neuronalen Netzwerke haben aufgrund dieser Parallelität (= gleichzeitige Verarbeitung der Informationen) nicht nur den Vorteil, daß sie die Datenverarbeitung um ein Vielfaches schneller bewältigen können als sogenannte Expertensysteme, sondern auch den Vorteil, abstrahieren zu können, d. h. sie besitzen die Fähigkeit, in Sekundenbruchteilen komplizierte Muster oder Bilder zu erkennen und zu interpretieren.

So wie wir Menschen meist ohne Mühe Personen wiedererkennen, die wir lange nicht gesehen und die sich sehr verändert haben, kann das Neuronale Netzwerk im Direktzugriff die Datei heraussuchen, die der Vorgabe am ähnlichsten ist, und zwar ohne die Datenbank umständlich von A bis Z zu durchsuchen und alle Dateien anzuschauen und zu vergleichen.

Aber nicht nur im Bereich dieser sogenannten Klassifikationsprobleme sind Neuronale Netzwerke herkömmlichen Computermodellen weit überlegen. Auch und gerade für die Zeitreihenanalyse, d. h. Mustererkennung im zeitlichen Verlauf, sind sie bestens geeignet. Hier kommt den Neuronalen Netzwerken zugute, daß eben nicht viele (oder besser möglichst alle) Bedingungen zur Entscheidungsfindung programmiert werden müssen, wie bei Computerprogrammen sonst der Fall, sondern ihnen lediglich einige relevante Beispiele und Lösungen von Problemen gezeigt werden. Die Neuronalen Netzwerke lernen selbständig aus den Beispielen und können so ihr Wissen auf neue, auch unbekannte Problemfälle anwenden.

Obwohl wir Menschen einen Bekannten selbst nach starker Veränderung auch noch nach Jahren wiedererkennen können, so können wir dennoch Strukturen innerhalb von Kurskurven und bestimmten Zeitabläufen nicht erkennen. Als aberwitzig und totale Überforderung unserer Gehirnzellen erscheint uns, aus präsentierten Kursverläufen mit hoher Präzision den weiteren Kursverlauf aufgrund „gelernter“ Abläufe von Zeitreihen mit großer Ähnlichkeit ableiten zu können. Doch gerade dafür sind Neuronale Netzwerke hervorragend geeignet. Sie zeichnen sich durch eine Reihe wertvoller und wichtiger Eigenschaften für die Zeitreihenanalyse aus:

- Neuronale Netzwerke sind lernfähig.
- Sie können aufgrund gelernter Daten verallgemeinern und so exakte Prognosen abgeben, gerade auch dann, wenn sie mit neuen unbekannten Problemen konfrontiert werden.

- Neuronale Netze können sich während des Lernvorganges selbst organisieren, d. h., relevante Abhängigkeiten und Gewichtungen selbständig herausfinden.

WICHTIG

Die Stärke Neuronaler Netzwerke beruht auf der Erkennung auch nichtlinearer Zusammenhänge zwischen verschiedenen, dem Neuronalen Netzwerk präsentierten Informationen, z.B. Indikatoren und aktuellen Kursen. Die begrenzte Aufnahmefähigkeit des menschlichen Gehirns läßt lediglich zwei bis drei derartige Variablen zu – bei Neuronalen Netzwerken ist ihre Anzahl ausschließlich durch die verwendete Hardware begrenzt. Die Computertechnologie ist jedoch mittlerweile glücklicherweise so weit fortgeschritten, daß dies heutzutage bei geschickter Anwendung kaum mehr ein Problem darstellt.

Wie werden Neuronale Netze nun programmiert? Was geschieht im „Inneren" des Computers? Dabei läßt sich die Arbeitsweise Neuronaler Netze so charakterisieren: Grundbaustein ist das funktionale Modell einer Nervenzelle, das als „Unit" bezeichnet wird. Die Aufgabe der Nervenzellen besteht darin, von anderen Units abgesandte Signale aufzunehmen, mit einem Gewichtungsfaktor (synaptische Verbindungsstärke) zu multiplizieren und anschließend zu einem Nettoeingangs-Signal zusammenzufassen. Daraus bestimmt die Unit ihren Aktivitätszustand. Durch Transformation mit einer Übergangsfunktion, die eine lineare, eine Schwellwert- oder eine S-förmige Funktion sein kann, wird der Output-Zustand der Unit berechnet, den sie dann an andere Units übermittelt. Aus dem Output der letzten Schicht von Units ist dann abzulesen, zu welchem Urteil das Netz für die zugrundeliegende Fragestellung gekommen ist und welche Folgerung der Anwender daraus zu ziehen hat.

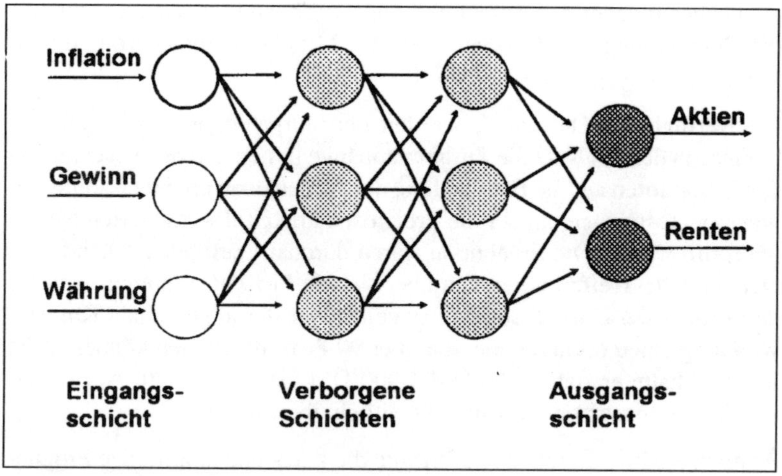

Abbildung 58: So arbeitet ein Neuronales Netz

Gegenüber klassischen Verfahren haben Neuronale Netze folgende Vorteile:

- Die Ursache-/Wirkungs-Zusammenhänge der zu lösenden Aufgabe brauchen nicht bekannt zu sein. Es genügt, das zu handhabende Problem durch eine möglichst umfassende Sammlung von Beispielen und denkbaren Einflußfaktoren zu beschreiben. Durch ihre Lernfähigkeit sind die Netze prinzipiell in der Lage, die in den Beispielfällen enthaltenen Strukturen zu entdecken.
- Die Input-Daten dürfen unvollständig sein.
- Auch hochgradig nichtlineare Zusammenhänge können erkannt werden.

Praxistest

Daß diese Hoffnungen durchaus berechtigt sind, belegen mehrere Untersuchungen. Das Beispiel der Aktienkursprognose zeigt die Vorgehensweise und die erzielten Ergebnisse: Die Aufgabenstellung war vorherzusagen, ob der Aktienindex des Statistischen Bundesamtes, der alle an deutschen Börsen notierten Aktien enthält, in den jeweils nächsten zwölf Monaten steigen oder fallen wird. Dazu wurden 64 denkbare fundamentale Einflußgrößen aus den Jahren 1964 bis 1988 herangezogen – etwa die Entwicklung des Bruttosozialprodukts, der Exporte, der Auftragseingänge, des Indexes des Geschäftklimas, aber auch Finanzmarktdaten wie die Entwicklung der Zinssätze oder das Mittelaufkommen von Aktien-Fonds.

Die verfügbaren Datensätze wurden nun aufgeteilt in eine Trainingsmenge, an der das Netz die Zusammenhänge lernen und die wesentlichen Einflußfaktoren auf die Entwicklung der Aktienkurse erkennen sollte, sowie eine Testmenge, an der die Prognosefähigkeit des trainierten Netzes überprüft wurde. Die Ergebnisse waren durchaus zufriedenstellend. Das Netz erzielte Trefferquoten von über siebzig Prozent. Wäre ein Anleger den Prognosen gefolgt, so hätte er gegenüber der allgemeinen Kursentwicklung einen Mehrgewinn von über 90 Prozent erzielen können. Zum Beispiel hätte er statt 1.000 DM 1.900 DM Gewinn erzielt. Auch statistische Prognosemodelle wurden deutlich übertrumpft.

Ähnlich positive Ergebnisse erbrachte die kurz- und langfristige Prognose von Zinsen und Wechselkursen. Die absoluten Trefferquoten unterscheiden sich zwar sehr stark – zum Beispiel ist der Kurs des US-Dollars auf einen Tag im voraus nur mit etwa 61 Prozent richtig vorherzusagen – aber die leistungsfähigsten zeitreihenanalytischen Verfahren und auch die meisten Experten liegen noch schlechter.

Allerdings zeigt sich beim Arbeiten mit Neuronalen Netzen sehr schnell, daß sie keine „Selbstläufer" sind. Gute Prognoseergebnisse stellen sich nicht automatisch und in jedem Fall ein, vielmehr muß mühsam um sie gerungen werden. Die Modelle enthalten nämlich eine große Zahl von Wahlmöglichkeiten, von denen es gilt, die richtigen zu finden. Hier liegen viele Fallstricke aus; die Möglichkeiten zu scheitern sind daher groß. Zunächst ist die Art und Qualität der verwandten Daten zu erwähnen. Auch bei Neuronalen Netzen gilt „Garbage in – Garbage out" was nichts anderes heißt als: „Wo Schrott reingesteckt wird, kommt auch nur Schrott raus". Wenn die herangezogenen Daten die interessierenden Zusammenhänge nicht enthalten, können sie auch nicht entdeckt werden. Wichtig ist auch, über eine genügende Anzahl von Lernbeispielen zu verfügen, damit das Modell vernünftig trainiert werden kann und nicht auf „Rauschen", also auf zufällige Datenkonstellationen hereinfällt. Das ist ein Problem bei Kursprognosen, denn hier gibt es häufig nur wenige verfügbare historische Daten.

Ebenso entscheidend ist die Wahl des richtigen Netztyps. Derzeit existieren wenigstens zwanzig bis dreißig Netztypen mit spezifischen Stärken und Schwächen. Für deren problemgerechte Auswahl gibt es dagegen kaum Regeln. Bei der Aktienkursprognose streuten die Trefferquoten und die erzielbaren Gewinne bei unterschiedlichen Netztypen beträchtlich.

Auch die Festlegung der Netzarchitektur, das heißt, der Zahl der Schichten und der Units auf den Schichten, vermag die Qualität der Prognose erheblich zu beeinflussen. Inzwischen sind Verfahren entwickelt worden, die den Anwender beim Auffinden des optimalen Netzwerks unterstützen. Weitere Wahlmöglichkeiten bieten das Lernverfahren und die Wahl der Übergangsfunktion.

Ein besonderes Problem in der Trainingsphase ist das Überfüttern des Netzes. Je komplexer dessen Struktur ist, desto eher neigt es dazu, in den Trainingsdaten auch Scheinzusammenhänge zu erkennen. Die Netze damit zwar die ihnen präsentierten Beispiele weitgehend fehlerlos zuordnen, versagen aber, wenn sie auf neue Fälle angewandt werden. Diese Gefahr kann man durch einen frühzeitigen Abbruch der Lernphase beseitigen, nämlich dann, wenn in einer Kontrollgruppe der Zuordnungsfehler wieder anzusteigen beginnt.

WICHTIG

Das Arbeiten mit künstlichen Neuronalen Netzen und ihre Anwendung für die Finanzanalyse hat zwar eine sehr kurze Geschichte. Doch schon jetzt ist deutlich zu erkennen, daß KNN keine Geldmaschinen sind, mit deren Hilfe jedermann risikolos rentable Kapitalanlagen auswählen kann. Einzelne Banken sind – nach vorherigen Millioneninvestitionen – sogar wieder davon abgekommen, in diesem Bereich kostenintensiv zu forschen. Ob sich derartige Modelle durchsetzen, wird sich insofern erst in einigen Jahren zeigen.

8.2 Fraktale: Vom Mikroskop zum Weltraum

Einen weiteren modernen Forschungsansatz stellt die Fraktaltheorie dar. Das Wort „Fraktale“ kommt aus dem Lateinischen und bedeutet, daß etwas gebrochen, in Bestandteile zerlegt wird. Im Gegensatz zu den Begrenzungslinien eines Kreises oder eines Vierecks kann man Fraktale im Prinzip unendlich zerstückeln. Der amerikanisch-französische Mathematiker Benoft Mandelbrot hat die Theorie der Fraktale in den sechziger Jahren entwickelt. Er bezeichnet mit dem Begriff unregelmäßige Formen, denen jegliche Struktur oder Ordnung zu fehlen scheint: Bergketten, Wolken oder die Windungen einer Küstenlinie.

Mandelbrot dachte darüber nach, warum die Geometrie oft als nüchtern und trocken bezeichnet wird. Einer der Gründe liege in ihrer Unfähigkeit, die Form einer Wolke, eines Berges einer Küstenlinie oder eines Baumes zu beschreiben, folgerte er. Wolken seien keine Kugeln, Berge keine Kegel, Küstenlinien keine Kreise. Rinde sei nicht glatt, und der Blitz folge keiner geraden Linie. Die Existenz solcher Formen fordere ihn dazu auf, die Strukturen des Gestaltlosen zu untersuchen. Die Mathematiker hätten diese Aufforderung verschmäht und sich immer mehr von der Natur entfernt, indem sie Theorien entwickelten, „die keinen Zusammenhang haben mit dem, was wir sehen und fühlen können“, meint Mandelbrot.

Er selbst entdeckte außerordentlich viel Ordnung und Struktur in den scheinbar gestaltlosen Formen, den Fraktalen. Eine ihrer wichtigsten Eigenschaften bezeichnete er als Selbstähnlichkeit: Alle Teile eines Fraktals sehen einander ähnlich, und jeder Teil ähnelt dem ganzen Fraktal. Das bekannteste Beispiel dafür ist die Küstenlinie von Großbritannien. Wenn man einen Abschnitt fotografiert und einen Ausschnitt des Fotos so vergrößert, daß beide Bilder gleich groß sind, stellt man wahrscheinlich keinen wesentlichen Unterschied fest. Nichts deutet darauf hin, welches Bild den größeren Küstenabschnitt darstellt und welches den kleineren. So lassen sich einzelne Fraktalketten von mikroskopisch kleinen Strukturen bis hin zur Anordnung der Planeten im Universum finden. Auch viele nichtlineare Systeme verhalten sich fraktal und bieten dadurch Ansatzpunkte für Prognosen, insbesondere im Devisenbereich.

Dabei handelt es sich um einen besonders effizienten Markt, von dem rund um die Uhr Kurse vorliegen. Tick-Daten, also auf Monitoren sekündlich angezeigte Kurse, sind seit einigen Jahren auch ein neuer Ansatzpunkt für Forscher. Noch in den siebziger Jahren beruhten viele Studien auf jährlichen, vierteljährlichen oder monatlichen Daten. Etwas tiefergehend ergründeten Wissenschaftler die Datenvielfalt in den achtziger Jahren. Wöchentliche oder sogar tägliche Kursdaten lieferten Erkenntnisse für ökonomische Modelle. Den Gesetzen des Marktes richtig auf der Spur sind einige Ökonomen aber erst, seit sie auch die Kurse innerhalb eines Tages auswerten.

Diese Zahlen ergeben viele schöne Kursbilder. Nichts verrät einem unvoreingenommenen Betrachter jedoch, ob er einen Chart auf stündlicher, täglicher oder wöchentlicher Basis vor sich hat. Sie ähneln sich alle irgendwie. Das ist für Chart-Techniker nichts Neues; sie analysieren seit langem Kursbilder, die unterschiedlich stark zeitlich aufgelöst sind. Das Neue an der fraktalen Geometrie ist, daß sie das Rüstzeug liefert, dieses Phänomen in Mathematik zu fassen und wissenschaftlich zu untersuchen. Dabei werden die einzelnen Märkte und Zeithorizonte nicht unabhängig voneinander betrachtet, sondern wie in der technischen Analyse als Teile eines ganzen, zusammenhängenden Systems.

Ein Ergebnis dieser Forschungen ist das „Skalierungsgesetz". Es setzt Preisänderungen in eine direkte Beziehug zur Zeit. Die durchschnittliche absolute Kursänderung innerhalb einer bestimmten Zeitspanne ist eine Funktion von deren Dauer: Sie steigt immer um den gleichen Faktor, ganz gleich, ob man die Zeitspanne von zehn auf zwanzig Minuten erhöht, von einem Tag auf zwei Tage oder von einem Jahr auf zwei Jahre. Das heißt: Wenn sich ein Kurs innerhalb von zehn Minuten um 20 Basispunkte verändert, schwankt er in 20 Minuten um 40 Basispunkte und in 40 Minuten um 80 Basispunkte und so weiter.

Erstaunlich daran ist, daß dieses Skalierungsgesetz selbst für Zeiträume bis zu einem Jahr und länger gilt. Es ist für jede Währung feststellbar, wenn auch der jeweilige Vervielfältigungsfaktor nicht für alle Devisen gleich ist. Er liegt jedoch nach den Berechnungen Züricher Forscher bei allen um 50 %. Aufgrund des jeweiligen Faktors kann man zum Beispiel Devisen in einem flexiblen System von solchen unterscheiden, die einem System fester Wechselkurse, wie dem EWS, angebunden sind. Das Skalierungsgesetz belegt außerdem, daß zwischen ganz kurzfristigen Kursschwankungen und Kursänderungen über Monate und Jahre ein enger Zusammenhang besteht. Insofern wird das fraktale Prinzip bestätigt.

„Gebrochen“ denken die Forscher auch bei einer weiteren Anwendung dieser Methode. Der Dollar-Markt ist nicht so homogen, wie das ein Teil der ökonomischen Theorie gerne annimmt. Er ist fraktal. Die Kurse lassen zum Beispiel erkennen, wie die Essensgewohnheiten in Tokio, Frankfurt und New York sind. Die Japaner gehen alle gleichzeitig zum Mittagessen; das Geschäft liegt dementsprechend fast brach. Die deutschen Händler laufen gestaffelt in die Pause; am Markt ist schon etwas mehr los. Die Amerikaner jedoch essen ihre Hamburger am Händlertisch; zur Mittagszeit in den USA ist die Aktivität am Markt daher genauso stark wie vor- und nachmittags.

Die Wechselkursbewegungen innerhalb eines Tages zeigen ein ausgeprägtes Muster, das bei allen Währungen festgestellt werden kann. Trotzdem bieten die traditionellen Analysemethoden keine Möglichkeit, Kursänderungen verschieden zu werten. Eine Preisänderung von zum Beispiel 100 Basispunkten wird immer gleich gewichtet, obwohl sie manchmal im Normalbereich liegt, zu einer anderen Tageszeit aber absolut ungewöhnlich sei und daher auch eine außergewöhnliche Auswirkung auf die weitere Kursentwicklung haben wird.

8.3 Multi-Manager-Konzepte: Der künftige Trend im modernen Portfoliomanagement

Der Einsatz neuartiger Computermodelle ist der eine zukunftsweisende Weg, der im modernen Portfoliomanagement beschritten wird, ein anderer nennt sich „Multi-Manager-Konzept“. Dabei geht es nicht um Software-Programme, sondern wieder um Menschen. Diese Idee des Multi-Manager-Konzeptes basiert auf dem Kampf um Marktanteile im Vermögensverwaltungsgeschäft, die in erster Linie durch die erreichte Performance bestimmt werden. Das gilt im institutionellen Bereich ebenso wie in der Verwaltung privater Portfolios. Und noch eine Beobachtung wird derzeit immer häufiger gemacht: Der langfristig orientierte Anleger gehört der Vergangenheit an. In der Tat wird heute von professionellen Anlageberatern erwartet, daß sie auch über einen kürzerfristigen Zeitraum gut abschneiden. Daß die kurzfristige Performance-Messung nichts über das wirkliche Talent eines professionellen Vermögensverwalters aussagt, dürfte inzwischen bekannt und sowohl in Theorie als auch Praxis akzeptiert sein.

Trotzdem: In der Praxis wird der kurzfristige Anlagehorizont heute übergewichtet. Die Medien sind für diesen unbefriedigenden Zustand mitverantwortlich: Kleine, oft wenig bekannte Anlageberatungsfirmen und obskure Fonds, die im eben abgelaufenen Quartal ausgezeichnet abgeschnitten haben, werden schnell einmal hochgejubelt. Nur allzu oft schneiden diese Superstars im nächsten Dreimonatsvergleich nur noch mittelmäßig ab – und werden kaum mehr zur Kenntnis genommen.

Die Moderne Portfoliomanagement-Theorie hat tatsächlich eine Neubewertung und Neubeurteilung des Begriffs Performance durchgesetzt. Das Anlageresultat wird zweidimensional verstanden und gemessen, indem die erreichte Performance immer in Relation zum Risiko gesetzt und verstanden wird. Basierend auf der Modernen Portfoliomanagement-Theorie ist es statistisch möglich, ein Portfolio von Anlagen zu kreieren, das optimal an die Bedürfnisse des Investors bezüglich seiner Risikotoleranz angepaßt ist. Hier wird nicht nur in konventionellen Instrumenten angelegt, wie Aktien oder Renten, sondern grundsätzlich in allen Anlageformen – und darunter fallen auch die Manager selbst.

Es ist durchaus möglich, ein Portfolio zu kreieren, das auf verschiedene Manager abstellt. Die Idee des „Funds of Funds", eines Investmentfonds, der in andere Fonds investiert, hat sich international längst durchgesetzt: Im institutionellen Bereich werden einzelne Manager direkt ausgesucht; auf diese Weise wird das Portfolio optimal zusammengestellt. Es ist naheliegend, aus einer Vielzahl von Vermögensverwaltern jene zu suchen, die in ihrem Teilbereich die beste Performance aufweisen und sie so miteinander vermischen und gewichten, daß das Risiko des Portfolios, bestehend aus einer Vielzahl von verschiedenen Anlagespezialisten, auf den Anleger zugeschnitten wird. Wichtig ist in diesem Zusammenhang, daß die einzelnen Vermögensverwalter mit verschiedenen Anlagephilosophien arbeiten und nicht gleichzeitig identisch handeln.

Ein sogenanntes „Multi-Manager-Portfolio" kann zum Beispiel auf drei Aktienspezialisten aufgeteilt werden. Diese haben alle in der Vergangenheit ausgezeichnete längerfristige Resultate erzielt. Jeder hat aber einen anderen Anlagestil. Manager eins ist auf die Verwaltung gut bekannter und hochkapitalisierter Wachstumswerte spezialisiert. Manager zwei ist Experte in der Verwaltung von Aktien wenig bekannter, schnell wachsender Gesellschaften. Und Manager drei ist in der Verwaltung zyklischer Werte versiert.

Diese drei Manager werden kaum immer alle gleichzeitig gut abschneiden, so daß eine natürliche Diversifikation stattfindet und eine Streuung des Risikos gewährleistet ist. Indem nun noch als vierter Manager ein Fachmann für Anleihen herbeigeholt wird und vielleicht noch zehn Prozent des Gesamtvermögens einem Fachmann für Termingeschäfte anvertraut werden, ist das Risiko um ein Vielfaches gestreuter, als wenn traditionell angelegt würde.

Während die großen institutionellen Anleger ihren Selektionsprozeß auf die individuellen Anlageberatungsfirmen ausrichten, hat der Privatanleger die Möglichkeit, sich aus einer Vielzahl von Investmentfonds ein Multi-Manager-Portfolio zusammenzustellen, das den Anforderungen des modernen Portfoliomanagements durchaus genügt. Wie erwähnt, besteht konzeptionell kein Unterschied, ob ein Vermögen in verschiedene, sich ergänzende Anlage-Fonds aufgeteilt oder einer Gruppe von unabhängigen Anlageberatern zugewiesen wird.

Doch welches sich die Selektionskriterien? Institutionelle und vermögende Privatanleger können sich zunächst an Berater wenden. Beraterfirmen verfügen über detaillierte Dateien, die aufgrund verschiedener Selektionskriterien erstellt wurden. In jüngster Zeit haben auch renommierte amerikanische Broker-Häuser ähnliche Dateien aufgebaut. Den Privatanlegern wird insbesondere das sogenannte Wrap-Fee-Account angeboten. Dabei werden aus einer Liste von ausgesuchten Vermögensverwaltern diejenigen für den Kunden herausgepickt, die seinen Bedürfnissen am besten entsprechen. Der Kunde bekommt auf diese Weise Zugang zu ausgewiesenen Vermögensverwaltungsfirmen. Weil die Broker-Firma die Aufträge bündelt, kann ein Kunde die Dienste eines Vermögensverwalters in Anspruch nehmen, ohne diesem einen Mindestbetrag anvertrauen zu müssen. Einzigartig ist auch, daß der Kunde dem Broker eine Globalkommission entrichtet, welche die Courtage, das Verwaltungshonorar für den Portfoliomanager sowie die Depotgebühren einbezieht.

Als Mindestanlagebetrag werden in der Regel für ein Wrap-Fee-Account 100.000 Dollar pro Vermögensverwalter verlangt. Die Spesenstruktur bewegt sich zwischen 2 und 3 %. Um von dieser Dienstleistung optimal profitieren zu können, bedarf es mindestens eines Betrages von 500.000 $. So kann das Vermögen auf fünf Experten verteilt werden.

Für kleinere Beträge hat der Pirvatanleger die Möglichkeit, sich mit Hilfe von speziellen Softwareprogrammen ein Portfolio aus Investmentfonds

CFP

zusammenstellen zu lassen. So wird es möglich, bereits ein 20.000 $-Portfolio optimal zu diversifizieren. Individuelle Finanzberater, sogenannte Financial Planers, haben sich auf diese Dienstleistung spezialisiert. Der Kunde bezahlt ein Verwaltungshonorar von rund einem Prozent. Dafür erhält er ein Portfolio zusammengestellt, das vorzugsweise aus Investmentfonds besteht, für die keine Ausgabeaufschläge und sonstige Gebühren erhoben werden. So halten sich die Spesen für den Anleger in Grenzen.

In Deutschland wird dies heute durch verschiedene Fondspicker praktiziert. Dabei legen Verwaltungsgesellschaften die Gelder ihrer Kunden ausschließlich in Investmentfonds an. Automatisch profitiert dieser dabei von einer „Diversifikation der Anlagestile", da die Fonds aus den unterschiedlichsten Investmenthäusern stammen. Ein Problem besteht allerdings noch: Mit einer Gebühr von einem Prozent ist es nicht getan. Der Marktführer, die Graf Lambsdorff AG, berechnet beispielsweise Einstiegsgebühren von bis zu acht Prozent.

Aber unabhängig vom Fondsgeschäft wird sich die Tatsache durchsetzen, daß nicht jeder Vermögensverwalter in jedem Anlagesegment ein Spezialist sein und eine überdurchschnittliche Performance erzielen kann. Dies wird immer mehr zu einer Spezialisierung der Verwalter und der Berater führen. Die Kundschaft der Banken und der unabhängigen Vermögensverwalter wird zunehmend performance- und risikobewußter. Vom Anlageberater wird erwartet, daß er in der Lage ist, sich in einer Vielfalt von Anlagemedien kompetent auszuweisen. In Anbetracht der umfangreichen Palette von Investmentprodukten und Anlagetechniken ist es bereits ein Ding der Unmöglichkeit geworden, sich in jedem Teilbereich auszukennen.

Es wäre deshalb wohl klüger für jeden Anlageberater und Vermögensverwalter, ob selbständig oder angestellt, sich in einem Segment zu spezialisieren und sich durch einen repräsentativen Erfolgsausweis einen Namen zu schaffen. Zur Reputation beitragen wird auch, sich die Expertise in anderen Bereichen durch Dritte abdecken zu lassen: Der Vermögensverwalter der Zukunft wird zum Beispiel als Kapazität in der Verwaltung globaler Anleihe-Portfolios und im Management deutscher Aktien Anerkennung finden. Dafür wird er einen großen Teil seines Anteils an amerikanischen Aktien von einer Gruppe auswärtiger, lokal ansässiger Manager mit verschiedenen Anlagestilen und durchweg ausgewiesener überdurchschnittlicher Leistung verwalten lassen. Auf diese Weise kann er sein eigenes bewiesenes Anlagetalent mit der Expertise anderer verbinden und ist jenen Konkurrenten, die alles im Alleingang versuchen, eine gute Nasenlänge voraus. Dem Anleger kann dies nur zugute kommen.

8.4 Spekulieren in der Dritten Dimension

Im bisherigen Ausblick über die künftigen Megatrends im modernen Portfoliomanagement sind wir auf neue Analysemethoden (künstliche Intelligenz) eingegangen und haben ein neues richtungsweisendes Managementkonzept vorgestellt. Im dritten und letzten Teil soll es noch kurz um die eigentlichen Produkte gehen. Bisher war größtenteils von Aktien und Renten die Rede. Allenfalls noch von Optionen und Termingeschäften. Damit ist die Palette der möglichen Anlageformen längst nicht vollständig. Mittlerweile gibt es Hunderte von Finanzinnovationen (= neuartige Anlageprodukte) mit ganz eigenen Risiko-/Ertragsstrukturen, von denen keine der anderen in ihrer Ausstattung ähnelt.

Begonnen hatte alles mit der Emission von Covered Warrants im Jahr 1989. Dabei handelte es sich um Optionsscheine, die nicht von einer Optionsanleihe, die von der Gesellschaft selbst emittiert wird, stammen, sondern von Banken, also Dritten, aus deren Depotbeständen verkauft werden. Es handelte sich also praktisch um einen Verkauf von verbrieften Kaufoptionen, wobei dem Anleger der riskante Part des Kaufes des Optionsrechtes blieb. Die ganze Sache endete in einem Fiasko: Nach scharfen Kursrückgängen in den Jahren 1989 und 1990 wurden nahezu alle Covered Warrants wertlos. Privaten Anlegern entstand ein Schaden in Milliardenhöhe.

Dieser Schock mußte erst einmal verdaut werden. Doch schon bald darauf gab es neue Covered Warrants, diesmal nicht nur auf Aktien, sondern auf Renten, Devisen, Aktienkörbe oder Aktien-Indizes. In der nächsten Generation wurde versucht, mit neuartigen Finanzkreationen den Fiskus auszutricksen. Ziel war es, aus steuerpflichtigen Zinsen steuerfreie Kursgewinne zu machen. Nachdem es Kauf- und Verkaufsoptionsscheine bereits seit längerem gibt, sind nun sogenannte „Boost"- oder „Hamster"-Optionsscheine der letzte Schrei. „Boost" steht für „Banking on overall stability". Damit soll es Anlegern auch in Zeiten, in denen an der Börse kaum etwas los ist und die Kurse seitwärts tendieren, ermöglicht werden, kräftig Geld zu verdienen. Das Boost-Prinzip funktioniert so: Für eine

Aktie, Anleihe oder Währung wird eine bestimmte Bandbreite festgelegt. Für jeden Tag, an dem der Kurs innerhalb dieser Spanne verharrt, bekommt der Investor einen bestimmten Geldbetrag gutgeschrieben. Sobald der Kurs aus der Bandbreite nach oben oder unten ausbricht, endet die Lebensdauer des Boost. Der Anleger erhält das bis dahin angesammelte Guthaben.

Der Ausgabepreis der Scheine orientiert sich an der Erwartung, wann der Kurs des zugrundeliegenden Papiers den vorgegebenen Korridor verläßt. Rechnet die Bank etwa spätestens nach 90 Tagen mit einem Ausbruch, kostet der Boost 90 DM (bei einer DM pro Tag). Liegt die wahrscheinliche Laufzeit bei 150 Tagen, muß der Anleger 150 Mark zahlen. Die Gewinnschwelle erreicht er jeweils, wenn die von der Bank vermutete Endfälligkeit überschritten ist.

Da Boosts auch an der Börse gehandelt werden, ist ein späterer Einstieg oder ein vorzeitiger Verkauf möglich. Hier setzt sich der Preis aus dem bereits angesammelten Kapital und der erwarteten Lebensdauer des Optionsscheins zusammen (siehe Abbildung 59). Wenn für den Inhaber des neuen Produkts alles gutgeht, sammelt sich beispielsweise während der ersten 30 Tage ein Guthaben von 30 DM an. Bleibt der Kurs des zugrundegelegten Wertpapiers in der Mitte der Bandbreite, ändert sich die Wahrscheinlichkeit für einen Ausbruch nicht. Die Chancen stehen weiterhin 50 zu 50, daß der Preis in den kommenden 30 Tagen innerhalb der Bandbreite liegen wird. Der 30 Tage alte Boost kostet deshalb an der Börse schon nach 30 Tagen 60 DM, für den Käufer bereits ein Kursgewinn von 100 % in vier Wochen, obwohl sich der Kurs des zugrundeliegenden Anlageobjekts nicht bewegt hat.

Fällt der Kurs des Basiswertes nach 60 Tagen an den unteren Rand der Bandbreite, setzt sich der Boost-Preis aus 60 DM angesammeltem Guthaben sowie nur noch fünf DM als Wahrscheinlichkeitsprämie für die erwartete Restlaufzeit zusammen. Bricht der Kurs schließlich nach 90 Tagen dann doch nach oben aus der Bandbreite aus, verfällt der Boost und der Anleger erhält sein angesammeltes Kapital von 90 DM ausbezahlt. In diesem Fall hätte ein Anleger, der den Boost zum Ausgabepreis von 30 DM gekauft, einen Gewinn von 200 Prozent eingefahren. Umgekehrt kann ein schneller Ausbruch zu relativ hohen Verlusten führen. Verläßt der Preis die Bandbreite bereits nach 15 Tagen, hat der Anleger die Hälfte seines Einsatzes verloren. Die in Sachen Boost-Optionsscheine führen-

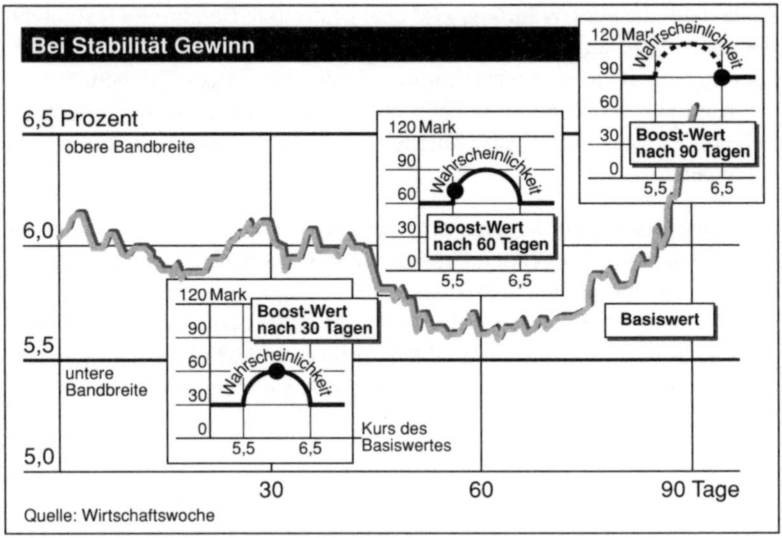

Abbildung 59: Wertentwicklung eines Boosts in Abhängigkeit vom Kursverlauf des Basiswertes

de Bank Societe Generale räumt ein, daß Boosts wie alle Optionsscheine ein Nullsummenspiel sind. Einmal gewinnt die Bank, einmal der Kunde.

WICHTIG

Neue Anlageformen sind häufig von ihrer Risiko-/Chancen – Struktur her gesehen nur schwer auszurechnen. Anleger sollten beachten, daß die Preise für diese Instrumente von den Banken in der Regel so kalkuliert sind, daß es ein reines Glücksspiel wird, ob die Anlage letztendlich mit einem Gewinn abschließen kann. Damit stellen Finanzinnovationen pauschal kein Wundermittel dar, mit dem sich schnell Geld verdienen läßt. Wir halten lediglich die kurssichernden bzw. risikobegrenzenden Finanzinnovationen für sinnvoll. Bei allen übrigen ist in der Regel große Vorsicht angebracht.

Stichwortverzeichnis

N

P

R

S

T

V

W

Z